주역

주周역易

김인환 역해

고려대학교출판부
KOREA UNIVERSITY PRESS

주역의 번역과 해석

주역은 지금부터 3천 년 전에 이루어진 책이다. 주역의 괘와 효에 대한 서술에는 상나라 말 주나라 초의 생활이 반영되어 있다. 그것은 유목생활에서 농경생활로 전환하는 이행기의 생활상이다. 당시에 점이란 사람의 길흉화복을 판단하는 방법이었을 뿐 아니라 구체적인 자료를 처리하고 문제를 해결하는 방법이기도 하였다. 말하자면 문명이 탄생하던 무렵에 살던 사람들의 상상력이 남김없이 발휘되어 있는 책이 주역이라고 할 수 있다. 주역은 오랜 세월에 걸쳐 여러 사람의 손으로 조금씩 형성되어 온 책이므로 정돈된 체계를 찾기 어렵다. 최근에 발견된 《백서주역》에서 보듯이 죽간과 비단에 기록한 점사들이 세월에 마멸되어 공자가 괘와 효를 정리할 무렵에 이미 연속된 구성에 따라 읽기 어렵게 되어 있었을 것이다. 우리는 글의 여기저기에 나 있는 구멍과 틈새를 그대로 놓아둔 채 주역을 읽어야 한다. 그 구멍과 틈새를 억지로 메우려 하면 주역의 내용이 왜곡된다. 주역에 나오는 예들을 모두 다 진지하게 받아들일 필요도 없을 것이다. 어느 한 사람이 지은 책이 아니므로 주역은 애초에 사개가 빈틈없이 맞아 들어갈 수 없게 되어 있기 때문이다. 주역 '설괘전'에 동서남북이 우레, 호수, 불, 물에 배정되어 있는데, 같은 '설괘전'에는 또 용, 양, 꿩, 돼지와 같은 짐승들이 우레, 호수, 물, 불에 배정되어 있으니, 그렇다면 동방은 용, 서방은 양, 남방은 꿩, 북방은 돼지와 연관되어 있다고 해석해야 할 것인가? 주역에서 말하는 동서남북은 여간 혼란스러운 것이 아니다. '설괘전' 2장 5절에 나오는 문왕의 팔괘도는 동서남북을 진태이감에 배정하였다. 그러면 우레는 동, 호수는 서, 불은 남, 물은 북이 되고, 산은 북동, 바람은 동남, 하늘은 서북, 땅은 서남이 된다. 그런데 송나라 소옹(邵雍)은 복희의 팔괘도라 하여 동서남북을 화수천지에 배정하였다. 소옹의 방위도는 아마도 뇌풍과 산택을 짝지은 '설괘전' 2장 6절을 확대하여 해석한 듯한데, 소옹에 의하면 불은 동, 물은 서, 하늘은 남, 땅은 북이 되고, 우레는 북동, 호수는 동남, 산은 서북, 바람은 서남이 된다.

주역은 틈새와 간극이 많은 책이지만 거의 2천 년 동안 끊임없이 연구되어 온 책이므로 내용이 어느 정도 안정되어 있는 책이기도 하다. 내가 주역을 번역하면서 가장 크게 의존한 책은 반우정(潘雨廷)의 《주역표해(周易表解)》(上海社會科學院出版社, 1993)인데 이 책은 한 문장 한 문장의 문법 관계를 분석하고 문장과 문장의 연관 맥락을 해명하여 도표로 정리해 놓음으로써 주역의 본문을 문법적으로 파악하는 데 편리한 책이었기 때문이다. 본문의 문법적 이해는 번역의 일차적 요건이라고 할 수 있을 것이다. 《주역왕한주(周易王韓注)》(臺北 : 臺灣中華書局, 1885)와 《역정전(易程傳)》(臺北 : 文津出版社, 1987)과 《주역본의(周易本義)》(臺北 : 新文豊出版公司, 1979)는 주역을 번역하는 사람이면 누구나 참조할 수밖에 없는 공통 교과서이지만, 나의 번역에는 정이(程頤)와 주희(朱熹) 대신에 주역 본문의 역사성을 강조하여 해석한 호박안(胡樸安)의 《주역고사관(周易古史觀)》

(上海古籍出版社, 1989)과 고형(高亨)의《주역고경금주(周易古經今注)》(北京 : 中華書局, 1984)에 따라 번역한 괘도 적지 않다. 일일이 모든 사례를 열거하는 것은 번거로울 것이므로 나는 나의 번역 기준을 해명하기 위하여 주희의《주역본의》와 정약용의《주역사전(周易四箋)》만 대상으로 하여 둘 중의 하나를 선택한 경우, 두 설을 다 고려한 경우, 두 설과 다르게 해석한 경우를 제시해 보고자 한다.

I

몽(蒙)괘 육삼(六三)의 "견금부불유궁(見金夫不有躬)"의 주어를 주희는 여자로 해석하였고 정약용은 남자로 해석하였다.

육삼은 여자를 취하지 말 것이니, 돈 많은 남자를 보면 그 몸을 보존하지 못하니 이로울 것이 없으리라.

취(取)의 음은 취이다. 육삼은 음유(陰柔)로 중도 아니고 정도 자리 잡지 않았다. 여자가 돈 많은 남자를 보면 그 몸을 능히 보존할 수 없는 상(象)이다. 점친 자가 그것을 만나면 여자를 취함에 반드시 이와 같은 사람을 얻으니 이로울 것이 없다. 돈 많은 남자는 대개 돈을 주어 유혹하려 하니 노나라의 추호(秋胡)와 같은 행위를 하는 이를 말한다.[1)]

추호가 결혼한 지 5일 만에 진(陳)나라에 벼슬을 얻어 가서 5년 만에 집에 돌아오게 되었다. 돌아오는 길에 뽕을 따고 있는 아름다운 여자를 보고 반해서 수레에서 내려 내게 금이 있으니 그대에게 주겠다고 유혹하였다. 그 여자는 나는 남의 금을 원하지 않노라고 거절하였다. 추호가 집에 가서 보니 그 여자가 바로 자기의 아내였다. 그의 아내는 부모를 떠나 5년 만에 집에 돌아오면서 길거리의 여자를

1) 朱熹,《周易本義》, 臺北 : 新文豊出版公司, 1979, p.55.

금으로 유혹하는 것은 부모를 잊고 불효한 것이다. 나는 불효한 남편을 참을 수 없다고 하고 물에 빠져 자살하였다. '열녀전'에 나오는 이야기이다.

육삼은 장가듦을 쓰지 말 것이니 돈을 보고 여자에게 장가들어 사내가 몸을 두지 못하면 이로울 바가 없다. 상에 이르기를 "여자에게 장가들지 말라"고 한 것은 행실이 순종치 못하기 때문이다.

이것은 산수몽이 산풍고(蠱)로 간 것이다. 태(兌)인 여자가 안에 있고 간(艮)인 사위가 밖에 있으니 혼인하여 짝 짓는 괘로 반쪽씩 합했지만 쓰지 말라고 한 것은 모양이 길하지 못하기 때문이다. 산풍고가 지천태(泰)에서 왔으며 아래의 건(乾)이 금이니 이 금을 보고 부드러움이 밖에서 와서 이 태인 여자에게 장가드니 돈을 보는 것이다. 슬프다. 저 간인 사위가 본래 곤(坤)의 가난함으로 이 여자의 금을 얻었으니 지아비가 몸을 두지 못함이다. 혼인할 때 재물을 논하는 것은 군자가 부끄럽게 여기는 바이다. 아내가 재물 때문에 교만해져서 행실이 반드시 순종치 않을 것이니 장부가 이에 몸을 스스로 간직하지 못할 것이다. 비록 금을 얻었다 하더라도 이로울 바가 없다.[2)]

나는 문장 안에서 주어를 찾는 것이 문법에 맞는다고 판단하여 정약용의 해석을 따라 "그 여자를 아내로 취하지 말라. 돈을 보고 사내가 제 몸을 간직하지 못하면 이로울 바가 없다. 그 여자를 아내로 취하지 말라. 그 여자는 행실이 온순하지 않다"고 번역하였다. 우리말 토도 "물용취녀(勿用取女)니 견금(見金)하고 부불유궁(夫不有躬)하면 무유리(無攸利)하니라. 물용취녀(勿用取女)는 행불순야(行不順也)니라"로 붙였다.

---

2) 金在泓, 《周易四箋口訣》, 이회, 2007, p.112.

II

'계사상전'에 나오는 설시법(揲蓍法)에 대해서는 주희의 설과 정약용의 설을 참고하였다.

大衍之數 五十이니 其用은 四十有九라
分而爲二하여 以象兩하고
掛一하여 以象三하고 揲之以四하여 以象四時하고
歸奇於扐하여 以象潤하나니
五歲에 再潤이라 故로 再扐而後에 掛하나니라.

乾之策이 二百一十有六이요 坤之策이 百四十有四라.
凡三百有六十이니 當期之日하고
二篇之策이 萬有一千五百二十이니 當萬物之數也하니

是故로 四營而成易하고 十有八變而成卦하니
八卦而小成하여 引而伸之하며 觸類而長之하면
天下之能事畢矣니라

주역의 점은 50개의 시초를 사용한다. 50개 가운데 하나를 뽑아낸다. 이 한 개는 괘 하나를 얻을 때까지 나머지 49개와 섞지 않는다. 49개를 임의로 양분하여 두 손에 나누어 쥔다. 오른손에 있는 것을 바닥에 놓고 그 가운데 하나만 집어 왼손 약손가락과 새끼손가락 사이에 낀다. 왼손에 있는 것을 네 개씩 세어 나눈 나머지를 왼손 가운뎃손가락과 약손가락 사이에 낀다. 바닥에 놓은 것을 네 개씩 세어 나눈 나머지를 왼손의 집게손가락과 가운뎃손가락 사이에 낀다. 왼손의 손가락 사이에 끼었던 것들을 모으면 5나 9가 되는데, 그 5나 9를 제외한 나머지를 두고 동일한 절차를 반복하면 4나 8이 되며, 다시 그 4나 8을 제외한 나머지를 두고 반복하면 또 4나 8이 나온다.

마흔 아홉 개를 두 손에 나눈다.
오른손에서 하나를 뽑는다.
왼손에 있는 것을 네 개씩 세어 나눈다.
오른손에 있는 것을 네 개씩 세어 나눈다.
5나 9가 나온다.

5나 9를 제외한 나머지를 두 손에 나눈다.
오른손에서 하나를 뽑는다.
왼손에 있는 것을 네 개씩 세어 나눈다.
오른손에 있는 것을 네 개씩 세어 나눈다.
4나 8이 나온다.

4나 8을 제외한 나머지를 두 손에 나눈다.
오른손에서 하나를 뽑는다.
왼손에 있는 것을 네 개씩 세어 나눈다.
오른손에 있는 것을 네 개씩 세어 나눈다.
4나 8이 나온다.

이어진 또는 끊어진 선 하나하나는 손가락 사이에 끼운 시초로 결정할 수도 있고 바닥에 놓인 시초로 결정할 수도 있으나 흔히 바닥에 놓인 시초를 세어 그것이 사구 36이면 동그라미로 표시하고 사팔 32면 끊어진 선으로 표시하고 사칠 28이면 이어진 선으로 표시하고 사육 24면 곱하기표로 표시한다. 49-(5+4+4)=36, 49-(9+4+4)=32, 49-(5+8+4)=32, 49-(9+8+4)=28, 49-(5+ 8+8)=28, 49-(9+8+8)=24이다. 원래 9는 이어진 선을 나타내는 수이고 6은 끊어진 선을 나타내는 수이나 여기에 이어진 선을 나타내는 7과 끊어진 선을 나타내는 8을 추가한 것이다. 여기서 24와 36은 변효를 가지고 있어서 곱하기표는 음/양을 가리키고 동그라미는 양/음을 가리킨다. 손가락 사이에 있는 시초로 세면 21이면 양이고 17이면 음이고 13이면 양/음이고 25면 음/양이다.

괘를 얻은 후에는 다음과 같이 판단한다.

1. 여섯 줄이 다 변하지 않으면 으뜸괘의 단사로 판단한다.
2. 한 줄이 변하면 으뜸괘의 변한 줄로 판단한다.
3. 두 줄이 변하면 으뜸괘의 변한 줄 가운데 위에 있는 것으로 판단한다.
4. 세 줄이 변하면 으뜸괘와 버금괘의 단사를 관련지어 판단한다.
5. 네 줄이 변하면 버금괘의 변하지 않은 줄 가운데 밑에 있는 것으로 판단한다.
6. 다섯 줄이 변하면 버금괘의 변하지 않은 줄로 판단한다.
7. 여섯 줄이 변하면 버금괘의 단사로 판단한다.

이와 같은 주희의 설시법에 따라 나는 위의 본문을 다음과 같이 번역하였다.

점에 필요한 시초의 수는 50개이지만 사용하는 시초의 수는 49개이다. 49개의 시초를 둘로 나누어서 하늘과 땅을 상징하고 한 개를 따로 떼어내어 하늘과 땅 사이에 있는 사람을 상징하고 네 개씩 계산하여 네 철을 상징한다. 나머지 시초를 손가락 사이에 끼워서 윤달을 상징한다. 5년 동안에 윤달이 두 번 있으므로 손가락에 끼우는 일을 두 번 거듭한 후에야 이어진 선 또는 끊어진 선 하나를 얻게 된다. 중천건을 산출하는 시초의 수는 36×6=216이고 중지곤을 산출하는 시초의 수는 24×6=144이니, 214와 144를 더한 360은 한 해의 날수에 해당한다. 주역 64괘 384효를 산출하는 시초의 수는 이어진 선 192개에 192×36=6912와 끊어진 선 192개에 192×24=4608을 합하여 11,520이니 만물의 수와 일치한다. 그러므로 네 번 경영하여 변화를 이루고 열여덟 번 변화하여 괘 하나를 이룬다. 8괘는 작은 괘를 이룬다. 작은 괘를 바탕으로 삼아 거듭하면 64괘가 되고 동류에 접촉하여 증가시켜 나가면 384효가 전개되어 세상의 가능한 상황이 모두 포함된다.

40개의 시초를 둘로 나누는 것이 첫 번째 경영이다. 그 가운데 하나를 손가락 사이에 끼워 놓는 것이 두 번째 경영이다. 네 개씩 세어서 덜어내는 것이 세 번째 경영이다. 남은 시초를 손가락 사이에 끼우고 그 수효를 계산하는 것이 네 번째 경영이다. 이것을 세 번 반복하면 괘의 한 줄을 알게 되고 열여덟 번 반복하면 괘의 여섯 줄을 다 알게 된다.

주희의 설시법은 11,520이 무엇을 나타내는 것인지 분명하게 설명되어 있지 않다. 정약용은 점치는 절차를 50개의 시초로 하는 단계와 11,520개의 시초로 하는 단계로 나누어 첫째 단계에서 괘를 결정하게 하고 둘째 단계에서 효를 결정하게 하였다.

50개의 시초에 각각 1에서 10까지의 수자를 새기어 다섯 개의 1·2·3·4·5·

6·7·8·9·10을 표시해 둔다. 49개의 시초를 둘로 나눈 다음에 홀수 쪽에서 하나를 뽑아놓고, 양쪽에 있는 시초를 넷씩 덜어낸다. 남은 시초의 합은 언제나 4가 되는데 그 넷 가운데 하나를 뽑아 앞서 홀수 쪽에서 뽑은 하나와 합쳐 비벼 돌리고는 그 가운데 하나를 고른다. 그 시초에 표시된 수자를 기록하되 홀수는 모두 3으로 기록하고 짝수는 모두 2로 기록한다. 세 번 설시하여 나온 세 개의 수자를 더함으로써 한 줄의 음(8) 양(7) 음/양(6) 양/음(9)을 결정한다. 한 괘를 얻으려면 18번 설시해야 한다.

11,520개의 시초를 따로 마련하여 각각 괘 이름과 괘의 줄 수를 수뢰준(屯)1, 수뢰준2 등으로 기록하여 둔다. '계사상전' 9장에 나오는 11,520이란 수를 정약용은 점에 사용하는 시초 전체의 수로 보았다. 주역의 본문은 이어진 선 192개와 끊어진 선 192개로 이루어져 있다. 11,520개의 시초에 각각 괘 이름과 줄 수를 표시할 때, 괘마다 이어진 선은 36개를 만들고 끊어진 선은 24개를 만든다. 수뢰준의 경우에 수뢰준 1을 36개 만들고 수뢰준2를 24개 만든다.[3)]

192×36+192×24=11,520

실제로는 192에 28과 32를 곱하여 더하더라도 11,520이 되지만 24와 36을 음과 양의 대표로 여긴 것이다. 음(8) 양(7) 음/양(6) 양/음(9) 가운데서 주역은 변화를 중요하게 여기므로 음/양과 양/음을 더 전형적인 수로 보고 4×7과 4×8의 7과 8 대신에 4×6과 4×9의 6과 9를 선택한 것이다

각 줄의 음, 양, 음/양, 양/음을 결정한 후에 여섯 줄이 다 변하지 않으면 그 괘의 단사로 판단하고, 한 줄이 변하면 그 변하는 줄로 판단하고, 두 줄 이상이 변할 수 있는 것으로 나타나면 그 가운데 변하는 줄 하나를 찾아서 그 줄로 판단한다. 수뢰준의 첫째 줄과 둘째 줄이 음/양, 양/음으로 나왔다면 수뢰준1, 수뢰준2

3) 金在泓, 같은 책, p.575.

라고 표시된 60(36+24)개의 시초를 4개씩 덜어내고 마지막에 남은 4개 중에서 하나를 골라 거기에 수뢰준1이라고 적혀 있으면 수뢰준의 첫째 줄로 판단하고 거기에 수뢰준2라고 적혀 있으면 수뢰준의 둘째 줄로 판단한다. 다만 건괘와 곤괘의 경우에 여섯 줄이 다 변하면 용구(用九)와 용육(用六)으로 판단한다. 철저하게 주역의 본문에 근거하여 도출한 정약용의 설시법은 괘의 어느 한 줄을 결정하는 방법이 주희의 설시법보다 훨씬 정밀하다. 그러나 주희의 설시법이 일반화되어 있으므로 나는 두 방법을 함께 고려하되 번역은 《주역본의》를 따랐다.

III

풍수환(渙)을 해석할 때에 나는 주희의 설과 정약용의 설을 모두 따르지 아니하였다. 주희의 해석을 직역하면 다음과 같다.

초육은 구제함에 말이 건장하니 길하리라. 초육의 길함은 순하기 때문이다.

구이는 떠나감에 편안한 곳에 달려가니 후회가 없으리라. 떠나감에 편안한 곳에 달려간다는 것은 원하는 것을 얻는다는 뜻이다.

육삼은 자기에게 있는 사사로움을 버리니 후회가 없을 것이다. 자기에게 있는 사사로움을 버린다는 것은 뜻이 밖에 있다는 말이다.

육사는 그 무리를 해산시킨다. 크게 길하니 해산시켜 언덕과 같이 두는 것이 보통사람이 생각할 수 있는 것이 아니다. 그 무리를 해산시키니 크게 길하리라는 것은 광대(光大)하기 때문이다.

구오는 큰 호령을 땀 흘려 내리고 왕의 재산을 나눠주면 허물이 없을 것이다. 왕의 재산을 나눠주면 허물이 없다는 것은 정위(正位)이기 때문이다.

상구는 그 피를 흘리면 죽고 두려움을 해소하면 벗어나리니 허물이 없을 것이

다. 그 피를 흘린다는 것은 해를 멀리한다는 것이다.[4)]

같은 환(渙)자가 '버린다' '해산한다' '나눠준다' '흘린다' 등으로 해석되어 일관성이 없다. 다의적 용법이라도 의미 분화의 층위가 해명되어야 할 것이다. 정약용의 해석은 다음과 같다. 역시 주석은 제외하고 본문 해석만 인용하겠다.

초육은 건짐을 쓰되 말이 건장하니 길하니라. 초육의 길함은 순하기 때문이다.

구이는 풀어짐에 도마를 놓았는데 소가 달아남이니 변함이 없음이니라. 풀어짐에 도마를 놓았는데 달아남은 원한 것을 얻음이다.

육삼은 그 몸을 흩어지게 함이니 뉘우침이 없을 것이다. 그 몸을 흩어지게 함은 뜻이 밖에 있기 때문이다.

육사는 그 무리를 흩어지게 함이다. 우두머리가 길함이니 언덕이 있음을 흩어지게 함이 무리가 생각할 바가 아니니다. 그 무리를 흩어지게 하여 우두머리가 길함은 빛나고 큼이다.

육오는 흩어짐에 그 큰 명령을 땀낸 듯이 하면서 임금의 거처를 흩어지게 하면 허물이 없으리라. 임금의 거처니 허물이 없음은 바른 자리이기 때문이다.

상구는 그 피를 흩어지게 하며 두려움을 제거함이니 허물이 없음이니라. 그 피를 흩어지게 함은 해를 멀리함이다.[5)]

환(渙)자를 모두 흩어진다는 뜻으로 해석한 데에 일관성이 있다. 옥편에는 흐른다, 흩어진다, 물이 불어난다, 얼음이 녹아 물이 풀어진다, 글에 문채가 난다

---

4) 朱熹, 같은 책, pp.196-198.
5) 金在泓, 같은 책, pp.451-455.

등의 의미로 풀이되어 있고《설문해자(說文解字)》에는 환(渙)자와 유(流)자가 서로 통한다고 설명되어 있다.《시경》정풍의〈진유溱洧〉에는 "진수와 유수가 넘실대는데 남자와 여자가 난초를 잡는다(溱與洧 方渙渙兮어늘 士與女 方秉蕑兮로다)"는 구절이 있다. 봄이 되어 남녀가 강가에 나와 즐겁게 노는 모습을 그린 것이다. 결국 환(渙)자의 의미는 얼음이 녹아 강물이 풀리는 것, 강물이 출렁거리며 흐르는 것, 문장이 물 흐르듯 유려한 것 등의 세 갈래로 규정할 수 있다. 물의 이미지를 제외하고 흩어진다〔散〕는 뜻만 강조하는 것은 바른 해석이 될 수 없다.

1973년에 호남성 장사(長沙)의 마왕퇴 삼호한묘(三號漢墓)에서《마왕퇴한묘백서주역(馬王堆漢墓帛書周易)》이 출토되었고 1977년에 안휘성 부양현(阜陽縣)의 쌍고퇴(雙古堆) 일호한묘(一號漢墓)에서《부양한묘죽간주역(阜陽漢墓竹簡周易)》이 출토되었고 1993년에는 호북성 강릉현(江陵縣) 왕가대 십오호진묘에서《왕가대진묘죽간귀장(王家臺秦墓竹簡歸藏)》이 출토되었다. 통행본 주역과 기본 내용은 동일하다 하겠으나 괘 명의 절반 정도가 상이하다는 점에서《주역본의》의 해석을 절대시할 수 없는 증거가 될 만한 자료들이라고 할 수 있다. 중국의 주역 번역은 마르크스주의의 영향하에 지나치게 자유로운 것이 결함인 반면에 한국의 주역 번역은 아직도《주역본의》에 갇혀서 해석 자체를 거부하는 것이 결함이 된다. 등구백(鄧球栢)은《백서주역교석(帛書周易校釋)》(長沙 : 湖南出版社, 1996, 337-340쪽)에서 환(渙)괘에 대하여 다음과 같이 해석하였다.

환은 형통한다. 왕이 종묘에 도달한다. 큰 강을 건너듯 과감하게 추진하는 것이 유익하고 바르게 지키는 것이 유익하다. 환은 홍수가 범람하여 강하가 넘치는 것이다.《설문해자》에 환은 물이 이리저리 흐르는 것이니 음은 호와 난의 반절이고 뜻은 흩어짐이라고 기록되어 있다.《귀장역》에는 渙이 奐으로 되어 있다.

홍수가 범람하여 재앙을 일으키나 왕이 종묘에 도달하여 제사를 진행하고 시초로 문의하니 큰 강을 건너도 유익하다는 점이 나왔다. 홍수가 나서 시초로 점을 쳐 보았더니 좋은 괘가 나왔다는 것이 이 괘의 의미이다.

초육 : 말을 타고 외출하는 데 시초로 문의했더니 "길하다. 후회할 일이 없다"란 점이 나왔다.

구이 : 홍수가 나서 집과 누각이 무너졌다. 사람이 죽지 않았으니 점에 "후회할 일이 없다"고 한 것은 이것을 말한 것이다.

육삼 : 홍수가 몸에 미쳤으나 미리 방비하고 물질적·사상적 준비를 해 두었기 때문에 재앙이 되지는 않았다. 점에 "허물이 없다"고 한 것은 이것을 의미한 것이다.

육사 : 홍수가 수레의 언저리에 이르렀으나 어떤 사고도 없었다. 크게 길한 점이다. 홍수가 언덕에까지 차올라왔다. 언니가 홍수에 대비하는 방법을 찾아내었다. 동생은 알아내지 못하였으니 언니를 따라야 한다.

구오 : 홍수가 서울까지 침범하였다. 사람들이 놀라 소리를 질렀다. 홍수가 왕이 거주하는 도시까지 들어왔다. 재앙이 왕가에 미치기 시작한 것이다. 그러나 허물이 없다는 점을 얻었다.

상구 : 큰 홍수가 났으나 희생을 올리며 제사를 드리고 씻어내니 건조해지고 정결해졌다.

渙亨. 王假有廟 利涉大川 利貞. 渙 洪水氾濫 江河橫溢. 說文解字 渙水流散也 音義 渙呼亂反 散也. 序卦云離也 歸藏易 渙作奐.

這條卦辭的意思是 洪水氾濫成災, 王到達宗廟 進行事祀. 問蓍利于涉大川 利于問蓍之占.

初六 這條爻辭的意思是 爲乘馬外出 而問蓍得吉善與悔亡之占.

九二 洪水冲垮了臺階房屋遭災 沒有淹死人 問蓍得悔亡之占.

六三 洪水冲到身上來了 但由于有了充分的防洪 物質準備和思想準備, 所以沒有遭殃 問蓍得 無咎之占.

六四 洪水冲到了車子傍邊 但沒有出什麽事故, 問蓍得元吉之占. 洪水又冲到了山丘 姐姐想出了 防洪的好辦法, 這不是妹妹所能想得到的.

九五 洪水淹及肝部 其人驚恐呼號. 洪水淹到了 王所居住的地方了, 災始及王家 問蓍得無咎之占.

上九 洪水冲走了, 祭祀用牲血 蕩滌得一乾二淨.[6)]

등구백은 환괘를 홍수로 보는 시각에서 해석했으나 내가 그의 해석에서 주목한 것은 마지막 여섯째 줄의 해석에 나오는 탕척(蕩滌)이라는 낱말이었다. 탕(蕩)은 없앤다는 뜻이고 척(滌)은 씻는다는 뜻으로서 탕척(蕩滌)은 죄명을 씻어 준다는 의미이다. 나는 환(渙)을 물로 씻어 깨끗하게 한다는 의미로 해석하고 다음과 같이 번역하였다.

돕는 말이 장대하니 좋다.

첫째 음에 좋다고 한 것은 순하기 때문이다.

흐르는 물로 분주히 앉을 자리를 씻는다. 후회할 일이 소멸한다.

"흐르는 물로 분주히 앉을 자리를 씻는다." 그는 바라는 것을 얻는다.

흐르는 물로 몸을 씻으니 후회할 일이 소멸한다.

"흐르는 물로 몸을 씻는다." 셋째 음의 뜻은 서로 호응하는 윗양을 향한다.

흐르는 물로 무리의 더러움을 모두 씻으니 크게 좋다. 흐르는 물로 언덕을 씻는

---

6) 鄧球栢,《帛書周易校釋》, 長沙: 湖南出版社, 1996, pp.337-340.

것은 쉽게 생각할 수 있는 일이 아니다.

“흐르는 물로 무리의 더러움을 모두 씻으니 크게 좋다.” 광명이 위대한 것이다.

흐르는 물이 호한(浩汗)하여 큰 소리를 낸다. 흐르는 물로 임금이 거처하는 도시를 씻으니 허물이 없다.

“흐르는 물로 임금이 거처하는 도시를 씻으니 허물이 없다.” 다섯째 양이 바른 자리에 있기 때문이다.

흐르는 물로 전쟁의 핏자국을 씻어 멀리 보내니 허물이 없다.

“흐르는 물로 전쟁의 핏자국을 씻는다” 해를 멀리하는 것이다.

등구백의《백서주역교석》에서 힌트를 얻은 것이기는 하지만 환(渙)자를 ‘흩어진다’가 아니라 ‘씻는다’로 해석한 것은 나의 독자적인 해석이다. 등구백은 환(渙)자를 홍수의 의미로 사용하였고 괘의 의미는 홍수를 만나 희생을 바치며 제사드리는 것으로 해석하였다. 한문 문법에 어긋나지 않는다면 해석의 모험을 피할 것이 없다고 생각해서 이미 나온 해석들을 따르지 않은 것이다.[7)]

---

7) 나는《한국고대시가론》에 광개토왕릉비문의 전문을 번역해 실었는데, 그 가운데 말썽 많은 “百殘新羅舊是屬民 由來朝貢 而倭以辛卯年來 渡海破 百殘 ○○新羅以爲臣民 以六年丙申 王躬率水軍討伐殘國軍 ○○道”를 “백제와 신라는 예로부터 속민이었기 때문에 조공을 바쳐왔는데 왜가 신묘년(391)에 신라를 내침하기에 바다를 건너가 쳐부수었더니 이때를 틈타 백제가 임라와 연합하여 신라를 신민으로 삼으려고 하였다. 영락 6년 병신년(396)에 왕이 몸소 수군을 거느리고 ○○도에서 백제군을 토벌하였다”라고 번역하였다. 왜가 바다를 건너와 신라를 깨뜨렸다고 한 일본 학자들의 번역에 반대하고 왜가 신라에 내침하기에 고구려가 바다를 건너가 왜를 깨뜨렸다고 번역한 것이다. 나는 나의 해석에 문법상의 문제가 없다고 생각하고 왜가 바다를 건너올 수 있었다면 고구려도 바다를 건너갈 수 있었을 것이라고 보고 이렇게 번역한 것이었다. 나는 이것도 나의 독창적인 번역이라고 생각하는데 논문 형태로 쓰지 않아서인지 지금까지 아무런 반응을 듣지 못하였다.

차 례

주역의 세계는 일종의 땅굴이며,
땅속에 박힌 줄기들이
얼크러져 있는 세계이다.

重天乾

䷀

乾下乾上

1. 重天乾

䷀

乾下乾上

乾은 元亨이나 利貞하니라.

初九는 潛龍이니 勿用이니라.

九二는 見龍在田이니 利見大人이니라.

九三은 君子 終日乾乾하여 夕惕若이니 厲하나 無咎니라.

九四는 或躍在淵이니 無咎니라.

九五는 飛龍在天이니 利見大人이니라.

上九는 亢龍이니 有悔니라.

用九는 見群龍無首니 吉하니라.

見(현) - 나타나다 | 惕(척) - 두렵다 | 厲(려) - 위태롭다 | 咎(구) - 허물
亢(항) - 높다

중천건(重天乾) : 위대하게 성취하나 견고해야 유익하다.

첫째 양 : 숨어 있는 용이다. 행동하지 말라.

둘째 양 : 나타난 용이 밭에 있다. 대인을 만나야 유익하다.

셋째 양 : 군자는 종일 삼가며 저녁에도 마음을 놓지 않는다. 위험한 자리에 있더라도 허물을 짓지 않는다.

넷째 양 : 어쩌다가 뛰려고 시도해 보기도 하나 여전히 못에 머물러 있다. 허물이 없다.

다섯째 양 : 나는 용이 하늘에 있다. 대중은 이 대인을 만나 유익함을 얻는다.

윗양 : 교만한 용에게는 뉘우칠 일이 있다.

여섯 줄이 한결같이 이어진 선을 사용하여 뭇 용 가운데 우두머리 되려고저 혼자 나서는 자가 없음을 보는 것과 같으니 좋다.

■ 풀이

건(乾)은 창조능력이다. 자기 안에 있는 창조능력을 실현하는 사람은 어떠한 처지에 놓이더라도 장애물을 제거하고 온갖 식구, 온갖 친구와 화합하여 공동작업을 위대하게 성취한다. 그러나 공동작업을 성취하려는 사람은 먼저 자기 안의 창조능력이 계발될 때까지 견고하게 인내하지 않으면 유익한 일을 해낼 수 없다.

괘의 여섯 줄은 "견고해야 유익하고 위대하게 성취한다"는 문장의 의미를 사례를 들어 서술한다.

아랫줄의 물에 잠겨 있는 용은 자기 안의 창조능력을 연마하고 있는 사람이다. 그는 창조능력의 실현에 유익한 것과 유해한 것을 구분할 줄 알며 견고하게 인내하며 스스로 자신을 단련한다. 그는 자신의 능력이 아직 모자람을 알고 있으므로 행동하지 않는다. 그에게는 자아집착과 자아편향이 없다. 능력이 모자란 채 행동하는 것은 흔히 공동작업에 해를 끼친다.

둘째 줄의 밭에 있는 사람은 창조능력을 함양하여 주변 사람들의 눈에 띄게 되었으나 아직 공동작업을 감당할 정도의 수준에는 이르지 못하였다. 천하의 대인들을 찾아 널리 배워야 할 때이다.

셋째 줄의 군자는 공동작업의 작은 부분을 맡아 활동하고 있다. 꾸준히 배우고 익히며 인내하는 태도를 굳게 지켜야 한다. 사업의 조건들을 자세히 살피되 작업을 위태롭게 할 수 있는 요인들에 대하여 특별히 숙고해야 한다. 위태롭게 여기는 마음이 없으면 누구라도 작업을 보존하지 못한다.

넷째 줄의 "어쩌다가 뛰려고 시도해 보기도 하나 여전히 못에 머물러" 있는 용의 창조능력은 이미 공동작업을 감당할 만큼 향상되었으나 객관적 상태가 적당하지 않으므로, 그 용이 여러 모로 비약을 시도해 보는 것은 무방하나 아직 큰일을 담당하는 것은 곤란하다. 그는 자기에게 익숙한 일자리에 좀더 오래 머물러 있어야 한다.

오랫동안의 견고한 자기연마를 통해 다섯째 줄의 '나는 용'은 공동작업을 위대하게 성취하고 대중의 의향을 갈피 짓는 대인이 된다. 그에게는 자아편향이 없으므로 그의 작업은 대중을 이롭게 한다. 그가 무리한 일을 하지 않으므로 대중도 투기를 노리지 않으며 그가 정직하고 관대하게 행동하므로 대중도 권모술수를 부리지 않는다. 둘째 줄의 유익은 자리(自利)이고 다섯째 줄의 유익은 이타(利他)이다.

그러나 대인도 인간인 만큼 지나친 행동을 하게 될 때가 있다. 자기 안의 창조능력에 대한 믿음이 지나쳐서 대중을 무시하고 교만하게 행동하게 될 때가 있다. 대인은 항상 자신을 반성해야 하며 자신의 행동이 절도를 넘었다고 판단되면 즉시 뉘우쳐야 한다. 뉘우침은 그릇된 행동을 고침이다. 지나친 행동을 뉘우치지 않을 때 공동작업은 실패에 이르지 않을 수 없다. 운이 막혔다고 하는 것은 잘못하고도 뉘우치지 않는 행동을 말하는 것이다.

중천건(重天乾)의 여섯 줄에 모두 이어진 선이 사용된 것은 공동작업을 위하여 여섯 용들이 화합하고 협력하는 모습을 나타내는 것이다. 여섯 용들 가운데 어느 하나가 우두머리가 되려고 저 혼자 나서서 다른 용들을 독단적으로 통제하고자 하면 대립이 발생한다. 머리되기를 스스로 포기하는 것이 협력을 보존하는 방법이다. 그들은 협력하여 공동작업을 수행하나 어느 하나가 두드러지게 나타나지 않는다. 그들은 모두 밖으로 보이지 않게 실제적인 공동작업에 열중하고 있다.

* * *

彖曰 大哉라 乾元이여

萬物이 資始하여 乃統天하나니

雲行雨施하여 品物이 流形이로다.

大明終始하면 六位時成하나니

時乘六龍하여 以御天하나니라.

乾道變化에 各正性命하여 保合太和하나니 乃利貞이로다.

首出庶物에 萬國이 咸寧하나니라.

彖(단) - 판단하다 | 御(어) - 말을 몰다

판단 : 광대하구나, 건(乾)의 위대한 힘이 미치는 범위는.

만물이 건의 창조능력에 의지하여 생성되니 만물은 곧 하늘과 떨어질 수 없이 이어져 있다. 구름이 가고 비가 내리듯 온갖 물건이 그 생김새에 알맞게 움직인다.

끝과 처음을 뚜렷이 밝히면 그 중간의 여섯 자리가 때맞추어 형성되는 과정을 이해하게 되어 여섯 용이 모는 수레를 타고 달리듯이 하늘로 나아갈 수 있다.

건(乾)의 길은 변화하면서 개체들의 본성과 운명을 바르게 하여 크나큰 조화를 지키고 모은다. 이것이 곧 견고해서 유익하게 한다는 것이다.

건의 창조능력이 여러 가지 사물들 위에 우뚝 솟을 때에 모든 나라들이 다 평화롭게 된다.

■ 풀이

"건은 위대하게 성취하나 견고해야 유익하다"는 문장의 위대와 성취와 견고와 유익에 대하여 서술한 것이 중천건(重天乾) 괘에 대한 판단이다. 건의 창조능력이 구체적인 사물에서 보편적인 원리에까지 두루 적용된다는 것은 위대에 대한 서술이다. 구름이 가고 비가 내리듯 모든 존재가 고유한 형식에 따라서 작용한다는 것은 성취에 대한 서술이다. 사건의 시작과 끝, 그리고 괘의 여섯 줄로 대표되는 여섯 가지 단계를 이해하고 변화와 변형을 통하여 존재자들의 본성과 운명 또는 천명을 완성하고 존재 자체의 조화를 보존한다는 것은 견고와 유익에 대한 서술이다.

건의 창조능력은 만국의 평화를 목적으로 한다. 예로부터 "위대하게 성취하나 견고해야 유익하다"를 문왕(文王)의 단사(彖辭)라 하고 이 단사에 대한 주석을 공자의 단전(彖傳)이라 하였다.

* * *

象曰 天行이 健하니 君子 以하여 自彊不息하나니라.
潛龍勿用은 陽在下也요
見龍在田은 德施普也요
終日乾乾은 反復道也요
或躍在淵은 進無咎也요
飛龍在天은 大人造也요
亢龍有悔는 盈不可久也요
用九는 天德 不可爲首也니라.

彊(강) - 굳세다 | 盈(영) - 차다

형상 : 하늘의 운행은 굳건하다. 군자는 하늘을 본받아 스스로 힘쓰며 쉬지 않는다.

"숨어 있는 용이다. 행동하지 말라." 이어진 선이면서 아래에 있기 때문이다.

"나타난 용이 밭에 있다." 덕행의 혜택이 널리 퍼지기 시작한다.

"종일 삼간다." 언제나 도를 반복해서 실천한다.

"어쩌다가 뛰려고 시도해 보기도 하나 여전히 못에 머물러 있다." 나아갈 때 실수하지 않도록 조심한다.

"나는 용이 하늘에 있다." 대인이 공동작업을 조성한다.

"교만한 용에게는 뉘우칠 일이 있다." 이어진 선이 꼭대기에 오르면 오래 갈 수 없기 때문이다.

"이어진 선 여섯이 가지런하다." 하늘의 덕은 먼저 나서서 머리가 되려고 하지 않는다.

■ 풀이

괘 전체의 형상을 대상이라고 하고 한 줄 한 줄의 형상을 소상이라고 한다. 여섯 줄의 하나하나는 창조능력이 성숙되는 단계를 의미하면서 동시에 한 줄 한 줄이 괘 전체의 의미를 포함하고 있다. '잠긴 용'과 '나는 용'이 따로 있는 것이 아니라 잠겨 있으면서 비상하는 마음을 간직하며, 날면서 잠겨 있는 마음을 간직하기 때문이다. 밭일을 하거나 나랏일을 하거나 그는 작업의 종류를 가리지 않고 언제 어디서나 함께 일하는 사람들이 잘되도록 은덕을 널리 베푼다.

그는 나아갈 수 있을 때에도 반드시 자신이 나서야 한다고 여기지 않는다. 남보다 앞서려 하지 않고 남의 머리가 되려고 하지 않으며 비약하는 것보다 머물러 있는 것을 즐긴다. 그는 혁혁한 업적을 바라지 않고 어디까지나 무리 없이 자연스럽게 자신이 속한 공동작업에 정성을 다한다.

* * *

文言曰 元者는 善之長也요
亨者는 嘉之會也요
利者는 義之和也요
貞者는 事之幹也라.

君子體仁이 足以長人이며

嘉會足以合禮며

利物이 足以和義며

貞固足以幹事니

君子 行此四德者라

故로 曰乾元亨利貞이니라.

幹(간) - 줄기

문언 : 위대함은 착한 일들이 장성한 것이고 성취함은 아름다운 일들이 모인 것이고 유익함은 옳은 일들이 어울린 것이고 견고함은 해야 할 일의 뼈대가 되는 것이다.

군자는 인자를 체현하므로 남들에게 어른 노릇 할 수 있고, 모임을 아름답게 하므로 예절에 따라 사람들을 결합할 수 있고, 사물을 이롭게 하므로 정의에 어울릴 수 있고, 견고하게 인내하므로 공동작업을 맡아 처리할 수 있다.

군자는 이 네 가지 덕을 실행하는 사람이기 때문에 중천건(重天乾)은 "위대하게 성취하나 견고해야 유익하다"고 하는 것이다.

■ 풀이

"건은 위대하게 성취하나 견고해야 유익하다"는 문장에 나타나는 위대함과 성취함과 견고함과 유익함을 중천건의 네 가지 속성으로 규정하고 그것들을 군자의 네 가지 행동에 대응하였다.

남들에게 어른 노릇 함은 착한 일들이 장성한 것에 대응하고, 예절에 따라 사람들을 결합함은 아름다운 일들이 모인 것에 대응하고, 정의에 어울림은 옳은 일들이 어울린 것에 대응하고, 공동작업을 맡아 처리함은 해야 할 일의 뼈대가 되는 것에 대응한다.

군자는 인자를 체현하고 모임을 아름답게 하고 사물을 이롭게 하고 견고하게 인내함으로써 "위대하게 성취하나 견고해야 유익하다"는 문장의 위대와 성취와 견고와 유익을 생활 속에서 실현한다.

* * *

初九曰 潛龍勿用은 何謂也오.

子曰 龍德而隱者也니 不易乎世하며 不成乎名하여 遯世無悶하며 不見是而無悶하여 樂則行之하고 憂則違之하여 確乎其不可拔이 潛龍也니라.

九二曰 見龍在田 利見大人은 何謂也오.

子曰 龍德而正中者也니 庸言之信하며 庸行之謹하여 閑邪存其誠하여 善世而不伐하며 德博而化니 易에 曰 見龍在田 利見大人이라 하니 君德也니라.

九三曰 君子終日乾乾 夕惕若厲無咎는 何謂也오.

子曰 君子 進德修業하나니 忠信은 所以進德也요.

修辭立其誠은 所以居業也니라.

知至至之라 可與幾也며 知終終之라 可與存義也니

是故로 居上位而不驕하며 在下位而不憂하나니

故로 乾乾하여 因其時而惕하면 雖危나 無咎矣리라.

九四曰 或躍在淵 無咎는 何謂也오.

子曰 上下無常이 非爲邪也며 進退無恒이 非離群也라.

君子 進德修業은 欲及時也니 故로 無咎니라.

九五曰 飛龍在天利見大人은 何謂也오.

子曰 同聲相應하며 同氣相求하여 水流濕하며 火就燥하며

雲從龍하며 風從虎라.

聖人이 作而萬物이 覩하나니 本乎天者는 親上하고

本乎地者는 親下하나니 則各從其類也니라.

上九曰 亢龍有悔는 何謂也오.

子曰 貴而無位하며 高而無民하며

賢人이 在下位而無輔라 是以動而有悔也니라.

遯(둔) - 달아나다 | 悶(민) - 민망하다 | 拔(발) - 빼다 | 庸(용) - 평소
閑(한) - 막다 | 覩(도) - 보다 | 輔(보) - 돕다

첫째 양은 "숨어 있는 용이다. 행동하지 말라"고 한 것은 무엇을 이름인가?

공자 말씀하시되, "용의 덕을 간직하고 숨어 있는 사람이다. 그는 세상에 맞추어 자신을 바꾸지 않으며 명성을 이루려 하지 않는다. 세상에서 은둔하여도 답답하게 여김이 없으며 옳다고 인정받지 못하여도 답답하게 여김이 없다. 즐거울 만하면 행동하고 근심스러울 만하면 피한다. 그 누구도 그를 그의 안에 있는 그의 근원으로부터 뽑아 낼 수 없다는 사실은 너무나 분명하다. 그는 숨어 있는 용이다."

둘째 양에 "나타난 용이 밭에 있다. 대인을 만나야 유익하다"고 한 것은 무엇을 이름인가?

공자 말씀하시되, "용의 덕을 간직하고 바로 중심에 머무는 사람이다. 그는 평범한 말도 신실하게 하고 평범한 행동도 신중하게 하며, 거짓을 막고 참됨을 보존한다. 세상을 잘되게 하고서도 자랑하지 않으며 덕으로 사람들을 포용하고 변화시킨다. 주역에 '나타난 용이 밭에 있다. 대인을 만나야 유익하다'고 하였으니 이것은 곧 임금의 덕에 대하여 말한 것이다."

셋째 양에 "군자는 종일 삼가며 저녁에도 마음을 놓지 않는다. 위험한 자리에 있더라도 허물을 짓지 않는다"고 한 것은 무엇을 이름인가?

공자 말씀하시되, "군자는 덕을 향상시키며 작업을 수련한다. 정성과 믿음은 덕을 향상시키는 방법이며 언사를 닦아 참됨을 확립하는 것은 작업을 지속하는 방법이다. 그는 이를 때를 알고 이르므로 함께 일하는 사람들과 더불어 기미를 살필 수 있으며 마칠 때를 알고 마치므로 함께 일하는 사람들과 더불어 정의를 보존할 수 있다. 이러한 연고로 그는 윗자리에 있으면서 교만하지 않고 아랫자리에 있으면서 근심하지 않는다. 그러므로 늘 삼가며 때에 따라 두려워하면 비록 위험한 자리에 있더라도 허물을 짓지 않을 것이다."

넷째 양에 "어쩌다가 뛰려고 시도해 보기도 하나 여전히 못에 머물러 있다. 허물이 없다"고 한 것은 무엇을 이름인가?

공자 말씀하시되, "오르고 내리는 데 일정함이 없는 것이 그릇된 일을 하는 것은 아니며 나아가고 물러나는 데 일정함이 없는 것이 함께 작업하는 동료들을 여의는 것은 아니다. 군자는 덕을 향상시키고 작업을 수련할 때에 적절한 시기를 놓치지 않으려고 노력하기 때문에 허물을 짓지 않는다."

다섯째 양에 "나는 용이 하늘에 있다. 대중은 이 대인을 만나 유익함을 얻는다."고 한 것은 무엇을 이름인가?

공자 말씀하시되, "같은 소리는 서로 울리고 같은 기운은 서로 당긴다. 물은 젖은 데로 흐르고 불은 마른 데로 나아간다. 구름은 용을 따르고 바람은 범을 따른다. 성인이 일어나면 만물이 그를 본다. 하늘에 바탕을 둔 것들은 위를 가까이 하고 땅에 바탕을 둔 것들은 아래를 가까이 한다. 사물들은 각각 그 종류를 따르는 것이다."

윗양에 "교만한 용에게는 뉘우칠 일이 있다"고 한 것은 무엇을 이름인가?

공자 말씀하시되, "신분이 귀하나 지위가 없고 지위가 높으나 따르는 사람이 없고 현인들이 아래에 있으나 와서 도울 이가 없다. 이 때문에 행동하면 뉘우칠 일이 생긴다."

■ 풀이

첫째 양은 도를 지키고 스스로 즐거워하면서 세상에 알려지기를 바라지 않고 세상을 따라 즐기는 바를 바꾸지 않는다. 어느 누구도 그를 도에서 떼어놓을 수 없다.

둘째 양은 괘의 가운데에서 그릇됨을 막고 있다. 그릇됨을 막으면 참됨이 보존되고, 중심에서 참됨을 보존하면 그 참됨이 주변에 영향을 주어서 세상을 잘되게 한다. 평범한 행동이란 관대한 행동이고 평범한 언사란 정직한 언사이다.

셋째 양은 위에 있다고 교만하지 않으며 아래 있다고 불안해하지 않는다. 그러므로 허물을 짓지 않는다. 이를 때를 알고 이르는 것은 덕을 향상시키는 일이고 마칠 때를 알고 마치는 것은 작업을 수련하는 일이다. 남에게 정성스럽고 믿음직스럽게 행동하면 저절로 언사 가운데 참됨이 드러난다.

넷째 양은 나아갈 수 있으나 나아가지 않고 머물러 있다. 그는 적당한 시기에 전진하고 적당한 시기에 정지하고 적당한 시기에 후퇴한다. 그에게는 무리하게 나아가고자 하는 자아편향이 없다.

다섯째 양은 인위와 조작 없이 자연스럽게 행동하나 그로 인해 공동작업이 활기를 띠게 되고 그로 인해 작업의 목표가 성취된다. 사람들로 하여금 자유롭게 말하게 하고 그들의 말을 갈피 지어 사람들을 단합하게 하는 것이 그의 임무이다.

윗양은 항상 뉘우치는 마음으로 절도를 넘지 않는다. 교만이란 뉘우칠 줄 모르는 마음이다. 그의 신분은 고귀하고 그의 지위는 높고 그의 주위에는 실제로 현인들이 있다. 그러나 그는 자신에게 지위도 없고 추종자도 없고 보조자도 없다는 마음으로 공동작업을 수행한다. 이것이 그가 어느 곳에서 누구를 만나도 함께 일할 수 있는 이유이다.

* * *

潛龍勿用은 下也요 見龍在田은 時舍也요
終日乾乾은 行事也요 或躍在淵은 自試也요
飛龍在天은 上治也요 亢龍有悔는 窮之災也요
乾元用九는 天下治也니라.
潛龍勿用은 陽氣潛藏이요 見龍在田은 天下文明이요
終日乾乾은 與時偕行이요 或躍在淵은 乾道乃革이요
飛龍在天은 乃位乎天德이요 亢龍有悔는 與時偕極이요
乾元用九는 乃見天則이니라.

"숨어 있는 용이다. 행동하지 말라." 왜냐하면 그가 아래에 있기 때문이다.

"나타난 용이 밭에 있다." 아직 때가 되지 않았다.

"종일 삼간다." 그는 일을 수행하고 있다.

"어쩌다가 뛰려고 시도해 보기도 하나 여전히 못에 머물러 있다." 그는 스스로 자신의 능력을 여러 모로 시험해 본다.

"나는 용이 하늘에 있다." 그는 위에서 다스리고 있다.

"교만한 용에게는 뉘우칠 일이 있다." 극단까지 가면 재앙을 만난다.

중천건이 위대하여 여섯 줄에 모두 이어진 선을 사용함은 세상이 질서 있게 다스려짐을 상징한다.

"숨어 있는 용이다. 행동하지 말라." 양의 기운이 아직 잠겨 있어 드러나지 않는다.

"나타난 용이 밭에 있다." 그로 인해서 세상이 우아하게 밝아진다.

"종일 삼간다." 그는 시기에 알맞게 행동한다.

"어쩌다가 뛰려고 시도해 보기도 하나 여전히 못에 머물러 있다." 건의 길이 곧 바뀌어 그는 아래에서 위로 나아간다.

"나는 용이 하늘에 있다." 그는 하늘의 덕을 지니고 하늘의 자리에 있다.

"교만한 용에게는 뉘우칠 일이 있다." 극단에 이르러 때가 이미 지나갔다.

중천건이 위대하여 여섯 줄에 모두 이어진 선을 사용할 때 사람들은 여기서 하늘의 법칙을 본다.

■ 풀이

첫째 양은 내면의 능력이 미숙하고 양의 기운이 은미하여 행동하지 않는다.

둘째 양은 작업의 임무를 맡고 있지는 않으나 주위에 영향을 미치고 있다. 셋째 양은 덕을 향상시키며 업무를 수행하고 있다. 넷째 양은 갑자기 어떤 일에 손을 대지 않고 무슨 일이든 사전에 계획하고 실험한다. 다섯째 양은 공동작업의 방향을 설정하고 업무를 추진한다. 윗양은 윗자리에 있어도 아랫사람들의 마음을 자기의 마음으로 삼고 겸손하게 스스로 반성하며 재앙에 대비한다.

여섯 줄의 이어진 선들은 공동작업에 꿋꿋한 마음과 부드러운 행동, 강인한 정직성과 유연한 관용성이 필요함을 나타낸다.

* * *

乾元者는 始而亨者也요 利貞者는 性情也라.
乾始 能以美利로 利天下호대 不言所利하니 大矣哉라.
大哉라 乾乎여 剛健中正하여 純粹精也니
六爻發揮는 旁通情也니라.
時乘六龍하여 以御天也니 雲行雨施라 天下平也니라.
君子 以成德爲行하나니 日可見之行也라.
潛之爲言也는 隱而未見하며 行而未成이니
是以君子弗用也니라.
君子 學以聚之하고 問以辨之하며
寬以居之하고 仁以行之하나니
易에 曰 見龍在田利見大人이라 하니 君德也니라.
九三은 重剛而不中하여 上不在天하며 下不在田이라

故로 乾乾하여 因其時而惕하면 雖危나 無咎矣리라.

九四는 重剛而不中하여 上不在天하며 下不在田하며 中不在人이라.

故로 或之니 或之者는 疑之也라 故로 無咎니라.

夫大人者는 與天地로 合其德하며 與日月로 合其明하며 與四時로 合其序하며 與鬼神으로 合其吉凶하여 先天而天弗違하며 後天而奉天時하나니 天且不違어든 而況於人乎며 況於鬼神乎아.

亢之爲言也는 知進而不知退하며 知存而不知亡하며 知得而不知喪이니 其唯聖人乎아.

知進退存亡而不失其正者 其唯聖人乎ㄴ저.

揮(휘) - 휘두르다 | 旁(방) - 곁

건(乾)이 위대하다고 하는 것은 시작하면 반드시 성취하는 것을 가리키고 견고해야 유익하다고 하는 것은 사람의 타고난 성질과 심정을 가리킨다. 건은 바야흐로 아름다운 공동의 이익으로 세상을 유익하게 할 수 있다. 그러나 이롭게 한 바에 대해서 말하지 아니하니 위대하구나. 크다, 건이여, 강건하고 중정하며 순수하고 알뜰하다.

건(乾)의 힘은 여섯 줄에 발휘되어 인간의 심정을 구석구석까지 환히 꿰뚫고 있다. 때가 오면 건은 여섯 용을 타고 하늘로 나아간다. 구름이 가고 비가 내리니 세상은 평화롭다.

군자는 완성된 덕으로 행동한다. 그의 행동은 날마다 누구나 볼 수 있는 행동이다. "잠겨 있다"고 말함은 숨겨져서 드러나지 못하며 행동하여도 이루지 못한다는 것이다. 이 때문에 군자는 행동하지 않는다. 군자는 배워서 자료를 모으고 물어서 옳고 그름을 가리며 관대하게 생활하고 인자하게 행동한다. 주역에 "나타난 용이 밭에 있다. 대인을 만나야 유익하다"고 하였으니 임금의 덕이다.

셋째 양은 양의 자리인 셋째 줄에 이어진 선이 있으므로 굳셈이 거듭되었으나 괘의 가운데 있지 아니하다. 위로 하늘에 있지 아니하고 아래로 밭에 있지도 아니하다. 그러므로 늘 삼가고 때에 따라 두려워하면 비록 위험한 자리에 있더라도 허물을 짓지 않는다.

넷째 양은 지나치게 굳세면서 가운데 있지 아니하다. 그것은 위로 하늘에 있지 아니하고 아래로 밭에 있지 아니하고 가운데로 사람 사이에 있지도 아니하다. 그러므로 "어쩌다가"라 한 것이니 "어쩌다가"라 함은 의심을 내는 것이다. 의심하기 때문에 허물이 없다.

대저 대인은 천지로 더불어 그 덕이 합치하며 일월로 더불어 그 밝음이 합치하며 사시로 더불어 그 차례가 합치하며 귀신으로 더불어 그 길흉이 합치한다. 하늘보다 앞서 행동해도 하늘이 그에게 반대하지 않으며 하늘보다 뒤에 행동하면서도 하늘의 도움을 받을 시기를 따른다. 하늘도 반대하지 않는데 하물며 사람이 반대하며 귀신이 반대할 것인가.

"교만"이라 말함은 나아갈 줄은 알지만 물러날 줄은 모르고, 존속하는 것은 알지만 소멸하는 것은 모르고, 획득에 대해서는 알지만 상실에 대해서는 모른다는 것이다.

오직 성인뿐인가. 전진과 후퇴, 존속과 소멸을 알고 자기의 바른 본성을 잃지 않는 사람은 그 오직 성인뿐이로구나.

■ 풀이

무리 없이 발휘되는 창조능력은 일을 시작하면 반드시 완성한다. 아름다운 공동의 이익은 유익함이고 이롭게 한 바를 말하지 않음은 견고함이다. 건(乾)의 창조능력은 이롭게 하지 않는 바가 없으므로 위대하다고 한 것이다. 군자의 덕은 일상생활에서 평이하고 명백하게 나타나는 것이다. 감춰진 것을 찾고 괴상한 짓을 부리는 것은 군자의 덕이 아니다.

셋째 양의 중강(重剛)은 양의 자리인 셋째 줄에 이어진 선이 있으므로 "굳셈을 거듭한다"고 옮겨야 하고, 넷째 양의 중강(重剛)은 음의 자리인 넷째 줄에 이어진 선이 있으므로 "지나치게 굳세면서"라고 옮겨야 한다.

의심을 낸다는 것은 선택의 자유를 보존하고 있다는 뜻이다. 하늘과 땅과 사람과 하느님은 애초에 서로 통하여 작용하였으나 사람들의 좁은 시야가 그 서로 통하는 길을 막고 가리었다. 주역에서 말하는 귀신은 요즈음 우리가 말하는 도깨비 귀신이 아니라 하느님이다.

군자가 전진과 후퇴, 존속과 상실을 안다고 한 것은 그가 바른 길에서 벗어나면 곧 뉘우쳐 바른 길로 돌아온다는 것이지 해를 피하기 위하여 전진과 후퇴, 존속과 상실을 헤아린다는 것은 아니다. 늙고 병들어도 바른 길을 지키는 것은 군자가 아니면 할 수 없다.

重地坤

䷁

坤下坤上

2. 重地坤

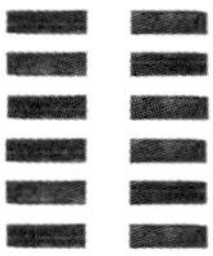

坤下坤上

坤은 **元亨**이나 **利牝馬之貞**이니

君子 有攸往인댄

先하면 **迷**하고 **後**하면 **得主**하니

利西南得朋東北喪朋이라.

安貞하여 **吉**하리라.

牝(빈) - 암컷 | 攸(유) - 바 | 朋(붕) - 벗

중지곤(重地坤) : **위대하게 성취하나 암말처럼 절개가 곧아야 유익하다.**

군자에게 가야 할 곳이 있을 때에 앞서 가면 길을 잃고 뒤따르면 인도할 주인을 만난다.

서남쪽이 상징하는 여름에서 초가을까지는 친구들을 얻어 함께 일하는 것이 유익하고, 동북쪽이 상징하는 늦겨울에서 초봄까지는 친구들 없이 혼자서 공동작업을 준비하는 것이 유익하다.

견고하게 인내하는 것을 편안하게 여겨야 좋다.

■ 풀이

주역의 〈설괘전〉에는 여덟 괘의 방위와 계절이 기록되어 있다.

삼련건(三連乾)은 서북쪽이고 늦가을에서 초겨울까지이다.

상절태(上絶兌)는 서쪽이고 가을이다.

허중리(虛中離)는 남쪽이고 한여름이다.

하련진(下連震)은 동쪽이고 봄이다.

하절손(下絶巽)은 동남쪽이고 늦봄부터 초여름까지이다.

중련감(中連坎)은 북쪽이고 겨울이다.

상련간(上連艮)은 동북쪽이고 늦겨울에서 초봄까지이다.

삼절곤(三絶坤)은 서남쪽이고 여름에서 초가을까지이다.

여름에서 초가을까지는 동료들과 함께 일하고 늦겨울에서 초봄까지는 혼자서 준비하는 것이 중지곤(重地坤)으로 대표되는 수용능력을 기르는 데 도움이 된다.

유순하고 튼튼한 암말은 곤의 수용능력을 나타낸다. 곤의 수용능력은 건의 창조능력을 주인으로 삼고 창조능력의 인도를 받으며 활동해야 한다.

* * *

彖曰 至哉라 坤元이여

萬物이 資生하여 乃順承天하나니

坤厚載物이 德合無疆이라.

含弘光大하여 品物이 咸亨이로다.

牝馬는 地類니 行地無疆하니
柔順利貞이 君子攸行이로다.
先하면 迷하며 失道하고 後하면 順하여 得常하리니
西南得朋은 乃與類行이요 東北喪朋은 乃終有慶이니
安貞之吉이 應之無疆이니라.

疆(강) - 지경 | 含(함) - 머금다

판단 : 지극하구나, 곤의 위대함이여.

만물이 곤에 힘입어 탄생하여 유순하게 하늘을 받든다. 곤은 두터워 사물들을 싣고 있으며 곤의 덕은 한정 없음과 일치한다. 널리 만물을 품어 안고 크게 만물을 빛나게 하니 곤에 의지하여 여러 종류의 사물들이 모두 타고난 형식을 성취한다.

암말은 땅에 속한 생물로서 땅을 다니는 데 한정이 없다. 유연하고 온순하며 견고하여 유익하게 하는 것이 군자가 걷는 태도와 같다. 앞서면 미혹하여 길을 잃고 뒤따르며 헌신하면 떳떳한 자리를 얻는다.

서남쪽에서 친구를 만난다는 것은 곧 같은 종류의 작업에 종사하는 동료들과 함께 간다는 것이고 동북쪽에서 친구 없이 지낸다는 것은 혼자서 끊임없이 준비함으로써 마침내 즐겁고 기쁜 일이 있으리라는 것이다. 견고한 인내를 편안하게 여기는 상서로움은 땅의 본성인 한정 없음에 상응한다.

■ 풀이

건(乾)은 창조와 생성의 원리이고 곤(坤)은 수용과 헌신의 원리이다. 곤은 건의 창조능력을 수용하여 구체적인 사물을 잉태하고 사물들에 물질적인 형태를 부여한다. 수용능력의 본질은 창조능력에 한정 없이 헌신하는 데에 있다.

건이 시간을 따라 진행하는 능동적 활동이라면 곤은 공간을 따라 전개하는 수동적 활동이다. 곤은 건의 빛을 받아 만물을 밝힌다.

건이 하늘을 나는 용이라면 곤은 땅을 닫는 암말이다. 암말은 유순한 동시에 강인하다. 견고한 인내가 없으면 수용능력은 창조능력을 보조하지 못한다. 수용능력은 창조능력을 주동자로 인정하고, 작업을 주도하려 하지 않을 때에만 공동작업에서 항구적인 자리를 찾을 수 있다.

모든 사람은 다른 어떤 사람들과 함께 살고 있다. 더불어 삶과 어울려 삶은 인간의 운명이다. 그러나 한 사람이 자기의 잠재력을 드러내려면 남들과 함께 일하면서도 그 자신에게 고유한 영역을 한정하고 혼자서 고심하여 결정하고 자신의 행동에 대하여 스스로 책임져야 한다. 고독을 잘 견딤으로써 오히려 공동의 작업에 기여할 수 있는 것이다. 더구나 보조자의 경우에는 언제나 주동자가 맡긴 일이 있으므로 혼자 일하는 시간에도 그는 주동자와 함께 일하는 셈이 된다.

저만 내세움이 공동작업에 해를 끼침은 더 말할 나위도 없는 사실이나 그렇다고 해서 남만 붙좇음이 공동작업에 이익이 된다고 말할 수는 없는 노릇이다. 공동작업을 성취하기 위하여 우리는 우리에게 내재하는 창조능력의 수용자가 되어야 한다.

* * *

象曰 地勢 坤이니
君子 以하여 厚德載物하나니라.
初六은 履霜하면 堅冰이 至하나니라.

象曰 履霜堅冰은 陰始凝也니

馴致其道하여 至堅冰也니라.

六二는 直方大니 不習이라도 無不利니라.

象曰 六二之動이 直以方也니

不習無不利는 地道光也니라.

六三은 含章可貞이니 或從王事하면 無成有終하리라.

象曰 含章可貞이나 以時發也요

或從王事는 知光大也니라.

六四는 括囊이니 無咎며 無譽리라.

象曰 括囊無咎는 愼不害也니라.

六五는 黃裳이니 元吉하니라.

象曰 黃裳元吉은 文在中也니라.

上六은 龍戰于野하니 其血이 玄黃이로다.

象曰 龍戰于野는 其道窮也니라.

用六은 利永貞하니라.

象曰 用六永貞은 以大終也니라.

履(리) - 밟다 | 冰(빙) - 얼음 | 凝(응) - 엉기다 | 馴(순) - 길들이다
章(장) - 빛나다 | 括(괄) - 매다 | 囊(낭) - 주머니

형상 : 땅의 형세가 곤의 수용능력이다. 군자는 곤을 본받아 덕을 두텁게 쌓아 사물들을 지탱하고자 한다.

첫째 음 : 서리가 밟히면 굳은 얼음이 멀리 있지 않다.

형상 : "밟힌 서리와 굳은 얼음." 음의 찬 기운이 비로소 엉기니, 점점 변하여 그 길로 나아가면 굳은 얼음에 이른다.

둘째 음 : 곧고 바르고 크다. 일부러 익히지 아니하여도 이롭게 되지 않는 것이 없다.

형상 : 둘째 음의 움직임은 곧고 바르다. "일부러 익히지 아니하여도 이롭게 되지 않는 것이 없다." 땅의 도가 빛나기 때문이다.

셋째 음 : 빛나는 무늬를 감추고 견고하게 인내할 수 있다. 어떤 때에 왕의 나랏일에 참여하게 된다면 이루려고 하는 마음이 없어야 끝마침이 있을 것이다.

형상 : "빛나는 무늬를 감추고 견고하게 인내할 수 있다." 빛나는 무늬는 적합한 때에 드러나게 해야 한다. "어떤 때에 왕의 나라 일에 참여한다." 그의 지혜가 밝고 크기 때문이다.

넷째 음 : 단단히 묶은 자루처럼 입을 열지 않는다. 책망도 없고 칭찬도 없다.

형상 : "단단히 묶은 자루처럼 입을 열지 않는다." 삼가면 손해를 입지 않는다.

다섯째 음 : 황색 치마를 입고 있다. 크게 좋다.

형상 : "황색 치마를 입고 있다. 크게 좋다." 우아함이 그 가운데 있다.

윗음 : 용들이 들에서 싸운다. 흑룡은 검은 피를 흘리고 황룡은 누런 피를 흘린다.

형상 : "용들이 들에서 싸운다." 그들의 길이 다한 것이다.

여섯 줄이 한결같이 끊어진 선을 사용하여 영구하게 견고해야 유익하다는 것을 가리킨다.

형상 : "여섯 줄이 한결같이 끊어진 선을 사용하여 영구한 정절을 가리킨다." 곤은 일을 위대하게 끝낸다.

■ 풀이

사물을 사물로 규정하는 것을 도라고 한다. 그러므로 국가와 세계도 사물에 속한다. 땅은 그 위에 존재하는 모든 것을 보존한다.

추위는 첫서리가 내릴 무렵에 시작되어 정도를 더해 가다가 끝내는 얼음으로 덮인 겨울에 최고조에 이른다. 양은 빛을 의미하고 음은 그늘을 의미한다. 그늘이 드리워지면 머지않아 밤이 올 것을 예측해야 한다. 쇠퇴의 징조가 보이면 곧 닥칠 파멸에 대비해야 한다.

곤은 자신의 목적을 독자적으로 추구할 필요가 없다. 건의 창조능력을 따르면 특별히 익히지 않아도 작업을 완수할 수 있다. 여자는 배우지 않아도 남편만 따르면 아이를 낳을 수 있다. 곧고 바르고 큰 땅의 본성은 땅속에 묻혀 있는 보석들처럼 은밀한 광휘를 간직하고 있다. 유순하면서도 정절을 굳게 지키고 있으므로 곤은 곧으며, 사물들의 불변하는 형식을 보존하고 있으므로 곤은 바르며 온갖 사물을 관대하게 포용하고 있으므로 곤은 크다.

천박한 사람은 자기가 한 일을 남들이 알지 못할까 염려한다. 그러나 셋째 음은 남이 주의를 끌지 않도록 조심하면서 자기의 잠재력을 실현할 시간을 확보한다. 공동작업에 참여할 때에도 그는 명예를 자기에게 돌리려 하지 않는다. 빛나는 무늬를 숨기는 것은 참여하기에 적절한 시기가 아니면 행동하지 않으려는 것이고 작업에 필요한 실력을 더 착실하게 마련하여 갖추려는 것이다. 건과의 공동작업은 곤이 지닌 불변의 목적이다.

자기의 명예를 추구하는 것은 원래 곤의 성격에 맞지 않는다. 곤은 건에게 헌신하는 데에서만 자기의 보람을 발견한다. 자신이 이룬 작은 성취가 건의 작업에 오히려 방해가 될 수도 있다는 사실을 곤은 늘 염두에 두고 있다. 혼자 있든지 함께 있든지 곤은 말을 극도로 조심해야 한다. 곤에게는 고립이 반드시 나쁜 것만은 아니다. 곤은 건에게 손해를 입히지 않기 위하여 되도록 말을 하지 않고 자기연마와 자기훈련에 공을 들인다.

오행에 색채와 위치를 배정하면 목금화수토(木金火水土)는 각각 청백적흑황(靑白赤黑黃)이 되고 동서남북중(東西南北中)이 된다. 황색은 흙의 색채이고 중앙의 색채인 것이다. 치마는 여자의 아래옷이다. 다섯째 음은 공동작업의 책임을 맡고 있으나 건의 창조능력에 호응하여 우아함을 내면에서 우러나는 효과로서 간접적으로 나타내야 한다. 곤이 곤으로서 곤답게 행동하면서 공동작업을 성취하려면 자아편향을 철저하게 배제하는 분별과 사려가 필요하다. 양의 자리인 다섯째 줄에 끊어진 선이 있다. 굳음과 여림이 서로 중화되어 어느 하나가 두드러지지 않게 한다.

옛날 사람들은 청룡·백룡·적룡·흑룡·황룡의 다섯 가지 색깔의 용이 있다고 생각했고 찬피동물인 용은 붉은 피가 아니라 몸의 색깔과 동일한 색깔의 피를 흘린다고 생각했다. 음은 양을 따르나 음이 성하여 극에 달하면 양과도 싸우게 된다. 곤이 보조자의 자리에 머무르지 않고 주동자가 되려 하면 건의 분노를 초래한다. 현(玄)은 붉은색이 섞여 있는 검은색으로서 한밤의 하늘빛이다. 용과 용인 체하는 암말의 싸움은 건과 곤 모두에게 상처를 입힌다. 수용능력이 아무리 탁월하다 해도 수용능력을 창조능력으로 착각하면 안 된다. 대체로 박학한 자는 창조하지 못한다.

전진이 없으면 반드시 퇴보가 있다. 음의 성질은 유순하여 견고하게 인내하지 못할 염려가 있다. 여섯 줄에 끊어진 선이 사용된 중지곤(重地坤)은 견고하게 인내하며 곧은 절개를 영구히 지켜야 한다. 또 곤의 성질은 숙고만 하고 행동하지 못할 염려가 있다. 중지곤은 일상생활의 평범하고 명백한 일에 정성을 다해야 한다. 건과의 공동작업에 헌신하여 건의 일을 성취하는 데 기여하므로, 곤은 일을 위대하게 끝마칠 수 있다고 한 것이다.

* * *

文言曰 坤은 至柔而動也剛하고 至靜而德方하며
後得主而有常하고 含萬物而化光하니 坤道 其順乎ㄴ저.
承天而時行하나니
積善之家는 必有餘慶하고 積不善之家는 必有餘殃하나니
臣弑其君하며 子弑其父 非一朝一夕之故라.
其所由來者 漸矣니 由辨之不早辨也니라.
易에 曰 履霜堅冰至라 하니 蓋言順也니라.
直은 其正也요 方은 其義也니
君子 敬以直內하고 義以方外하며 敬義立而德不孤하나니
直方大不習無不利는 則不疑其所行也라.
陰雖有美나 含之하여 以從王事하여도 弗敢成也니
地道也며 妻道也며 臣道也니
地道는 無成而代有終也니라.
天地變化하면 草木이 蕃하고 天地閉하면 賢人이 隱하나니

易에 曰 括囊無咎無譽라 하니 蓋言謹也니라.

君子黃中通理하여 正位居體하여 美在其中而暢於四支하며

發於事業하나니 美之至也니라.

陰疑于陽하면 必戰하나니 爲其嫌于無陽也라.

故로 稱龍焉하고

猶未離其類也라 故로 稱血焉하니

夫玄黃者는 天地之雜也니 天玄而地黃하니라.

弑(시) - 죽이다 | 蕃(번) - 무성하다 | 暢(창) - 빛나다 | 嫌(혐) - 의심하다

문언 : 중지곤(重地坤)은 지극히 유순하나 움직임에는 굳세고 지극히 조용하나 그 덕은 바르다. 뒤따르면 인도할 주인을 만나 떳떳한 자리를 가지게 된다.

곤은 만물을 포용하고 변화시키고 빛나게 한다. 곤의 도는 참으로 온순하구나. 하늘을 받들고 때에 맞추어 행동한다.

선행을 쌓은 집에는 반드시 많은 경사가 있고 악행을 쌓은 집에는 반드시 많은 재앙이 있다. 신하가 그의 임금을 죽이고 아들이 그의 아버지를 죽이는 것은 하루아침이나 하루저녁에 일어나는 변고가 아니다. 그것이 유래한 원인은 오랫동안 천천히 조금씩 형성되었는데 분별해야 할 것을 일찍 분별하지 못하였던 것이다.

주역에 "서리가 밟히면 굳은 얼음이 멀리 있지 않다"고 하였다. 이것은 모든 사건이 순차로 진행됨을 말하고 있다. 곧음은 정직이고 바름은 정의이

다. 군자는 공경으로 내면을 곧게 하고 정의로 외면을 바르게 한다. 공경과 정의가 확립되면 반드시 따르는 사람이 있는 법이므로 덕 있는 사람은 외롭지 아니하다. "곧고 바르고 크다. 일부러 익히지 아니하여도 이롭게 되지 않는 것이 없다." 그는 그가 해야 할 바에 대하여 의심하지 않는다.

음은 자신에게 아름다움이 있더라도 그것을 가려야 한다. 왕의 나랏일에 참여하더라도 감히 자기가 일을 이루려고 하지 않아야 한다. 이것이 땅의 길이고 아내의 길이고 신하의 길이다. 땅의 도에는 이루려고 함이 없이 하늘에 대신하여 이루어 끝마침이 있다. 천지가 변화하며 창조할 때는 푸나무조차 번성하고 천지의 변화가 막힐 때는 현인조차 물러난다.

주역에 "단단히 묶은 자루처럼 입을 열지 않는다. 책망도 없고 칭찬도 없다"라고 하였는데 대개 늘 삼가야 함을 말한 것이다.

군자는 중심에 있으면서 사물의 이치를 환히 밝히고 몸을 바른 자리에 머무르게 한다. 주역에서는 둘째 줄과 다섯째 줄을 황(黃) 또는 중(中)이라고 한다. 아름다움이 그 중심에 있어서 손발에 나타나며 작업에 드러난다. 아름다움의 지극함이다.

음이 양으로 의심받게 되면 반드시 투쟁이 벌어진다. 사람들이 양이 없다고 생각하지 않을까 염려하여 용에 대하여 언급하였다. 그러나 윗음이 아직 그것의 동류들을 떠나지 아니하였기 때문에 피에 대하여 언급하였다. 기운이 양에 속한다면 피는 음에 속한다.

무릇 검고 누렇다고 한 것은 하늘의 빛과 땅의 빛이 섞인 것을 가리킨다. 하늘은 검고 땅은 누렇다.

■ 풀이

온갖 사물들에 구체적인 형태를 부여하는 곤(坤)의 덕은 사랑과 헌신의 법에 근거하여 활동한다. 모든 악은 자아편향에 기인한다. 악이란 한 마디로 한다면 저만 앎 이외에 다른 것이 아니다. 공동작업을 책임지는 건(乾)은 망설이고 의심하며 신중하게 결정해야 하지만, 건의 결정대로 수행하기만 하면 되는 곤은 동요와 혼란 때문에 괴로워하지 않아도 된다. 많은 사람의 생각들을 받아들여 갈피지어야 하는 건은 대중의 한가운데 있으면서도 늘 고독하지만 곤은 건과의 관계 안에서 행동하기 때문에 혼자 있을 때에도 고독하지 않다.

곤은 성공을 건에게 돌리는 것을 자기의 당연한 의무라고 여긴다. 곤은 결코 자신의 명예를 염두에 두어서는 안 된다. 건의 인정을 받지 못하는 경우에 곤은 물러나 침묵해야 한다. 건에게 우선권을 넘겨주고 후면에 머무는 것이 곤의 바른 자리이다.

다섯째 음은 괘의 높은 자리인 다섯째 줄에 끊어진 선이 있는 것이니 존귀한 지위에 있더라도 아래에서 헌신하고자 하는 곤의 태도를 나타낸다. 곤은 결코 주동자가 될 수 없다. 건이 배정한 자리만이 곤의 바른 자리가 된다. 만일 곤이 자기의 바른 자리에서 벗어나 주동자가 되려고 한다면 참된 용(龍)은 이 거짓된 용을 물리치지 않을 수 없다. 전쟁이 일어나면 건도 피를 흘리고 곤도 피를 흘린다. 음이 마치 양이 없는 듯이 행동하면 양은 음을 반대하여 물리친다.

끊임없이 노력하는 인간의 삶은 파괴될 수 없는 신비이다. 지상의 삶에는 창조능력과 수용능력의 균형과 조화가 필요하다. 창조능력과 수용능력이 서로 반대하고 서로 제거하려고 싸운다면 인간의 삶은 뒤죽박죽이 되고 만다.

〈문언〉에는 "하늘은 검고 땅은 누렇다"고 기록되어 있고 〈설괘전〉에는 "하늘은 붉고 땅은 검다"고 기록되어 있다. 황색을 중앙에 배정한 것은 목금화수토를 청백적흑황과 동서남북중에 대응한 오행설에 근거한 것인데, 《서경》의 〈홍범구주(洪範九疇)〉에 나오는 오행 자체는 주역에 인용될 수 있다고 하겠으나, 오행과 색채를 연관 지은 오행설은 전국 시기 중엽(기원전 300년 전후)에 발생하였으니, 늦어도 상나라 말 주나라 초(기원전 1200년 전후)에는 성립되어 있었을 주역의 본문을 오행설에 연관 짓는 데는 적지 않은 무리가 있다. 다산은 〈원의변론(原義辨論)〉에서 "오행은 만물 중 다섯 가지 물건에 지나지 않으며 한가지로 이것들은 물질인데 다섯으로 만을 낳는다 하니 어찌 어렵다고 여기지 않겠는가?"(五行不過萬物中五物, 則同是物也, 而以五生萬 不亦難乎)라고 오행설이 주역의 논리에 어긋남을 비판하였다. 주역은 오랜 세월에 걸쳐서 형성된 책이기 때문에 그 안에는 서로 맞지 않는 내용들이 적지 않게 들어 있다. 주역을 글자 그대로 다 믿는다면 주역을 안 읽느니만 못하다.

水雷屯

䷂

震下坎上

3. 水雷屯

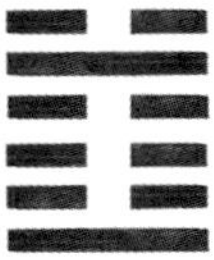

震下坎上

屯은 元亨코 利貞하니

勿用有攸往이요 利建侯하니라.

象曰 屯은 剛柔始交而難生하며 動乎險中하니

大亨貞이니라.

雷雨之動이 滿盈하여 天造草昧라.

宜建侯而不寧이니라.

昧(매) - 어둡다

수뢰준(水雷屯) : 크게 성취하고 견고해야 유익하다. 책임질 자리를 맡지 말라. 협조자들을 세워 일을 맡게 하는 것이 유익하다.

판단 : 강건한 것과 유순한 것이 처음 만나 교제하니 성과를 낳기 어렵다. 위험한 속에서 행동하니 견고하게 인내해야 크게 성취한다. 우레와 비의 움직임이 주위에 가득 차 있다. 하늘의 움직임이 어지럽고 어둡다. 협조자들의 도움을 받으면서 편안하게 여기지 않아야 한다.

■ 풀이

수뢰준(水雷屯)은 장애물을 밀어내면서 땅으로부터 돋아나오는 싹을 가리킨다. 일을 시작할 때 겪는 어려움을 의미한다. 아직 일에 서투를 때에는 책임질 자리를 맡지 말고 도와줄 수 있는 사람을 찾아야 한다.

한 양(陽)이 두 음(陰)의 아래서 움직이는 것이 우레의 형상이고, 한 양이 두 음의 사이에 떨어지는 것이 구름과 비의 형상이다. 혼란과 동요에는 창조의 가능성이 있다. 혼란과 동요를 견고하게 인내하면 위험을 극복하고 공동작업을 크게 성취할 수 있다. 혼란과 혼돈에 직면했을 때는 혼자 떨어져 있지 않도록 조심해야 한다. 난국에 처한 사람은 협조자의 지혜를 빌려야 한다. 갓 돋은 움을 보살피듯 돌보아 줄 사람이 필요한 것이다. 공동작업을 시작할 때에는 무엇보다 함께 작업하는 사람들끼리 다투지 않는 것이 중요하다.

첫째 줄과 다섯째 줄에 있는 이어진 선이 수뢰준(水雷屯)의 중심선이다. 이 두 선이 서로 협조하여 난국을 헤쳐 나가야 한다. 이 세상에는 견고한 인내가 이겨내지 못할 난관이란 없다. 곡식을 자라게 하는 비가 천둥과 번개와 돌풍을 수반하듯이 공동작업은 위험하고 불확실한 문제들을 가지고 있다. 그것은 잘못 풀면 작업 자체를 결딴나게 하는 심각한 문제들이다.

* * *

象曰 雲雷屯이니 君子 以하여 經綸하나니라.

初九는 磐桓이니 利居貞하며 利建侯하니라.

象曰 雖磐桓이나 志行正也며 以貴下賤하니
大得民也로다.

六二는 屯如邅如하며 乘馬班如하여 匪寇婚媾니

女子貞하여 不字라가 十年에 乃字로다.

象曰 六二之難은 乘剛也요 十年乃字는 反常也니라.

六三은 卽鹿無虞라 惟入于林中이니

君子幾하여 不如舍니 往하면 吝하리라.

象曰 卽鹿無虞는 以從禽也요 君子舍之하니

往吝은 窮也니라.

六四는 乘馬班如니 求婚媾하여 往하면

吉하여 無不利하리라.

象曰 求而往은 明也라.

九五는 屯其膏니 小貞이면 吉하고 大貞이면 凶하리라.

象曰 屯其膏는 施未光也니라.

上六은 乘馬班如하여 泣血漣如로다.

象曰 泣血漣如어니 何可長也리오.

綸(륜) - 짜다 | 磐(반) - 너럭바위 | 桓(환) - 머뭇거리다 | 邅(전) - 머뭇거리다
班(반) - 벌려 서다 | 字(자) - 시집가다 | 虞(우) - 사냥터 관리인
膏(고) - 기름 | 漣(련) - 눈물 줄줄 흘리다

형상 : 구름과 우레가 수뢰준(水雷屯)의 형상이다. 군자는 이것을 본받아 나라를 다스린다.

첫째 양 : 나아가지 못하고 망설인다. 머물러 인내해야 유익하며 협조자를 두어야 유익하다.

형상 : 비록 나아가지 못하고 망설이나, 의지와 행동이 바르다. 높은 신분으로 낮은 자리에 내려설 때 그는 대중의 마음을 크게 얻는다.

둘째 음 : 여자가 머뭇거리고 또 머뭇거린다. 낯선 사람이 말을 타고 와서 내려선다. 그는 훔치려는 남자가 아니고 혼인하려는 남자이다. 여자가 절개를 지키고 비녀를 꽂으려 하지 않다가 10년이 차서야 비녀를 꽂는다.

형상 : 둘째 줄에 있는 끊어진 선의 어려운 처지는 이어진 선 위에 놓여 있는 데 기인한다. "10년이 차서야 비녀를 꽂는다"고 하는 것은 원칙에 어긋나지만 허용할 수밖에 없는 행동이다.

셋째 음 : 사슴을 사냥하는 데 안내자 없이 숲 속에 들어간다. 군자는 기미를 알아챈다. 그만두는 것만 못하니 나아가면 막힌다.

형상 : "사슴을 사냥하는 데 안내자가 없다." 그는 사냥감을 쫓아가고 있다. 군자는 그만둔다. "가면 막힌다" 벗어날 도리가 없다.

넷째 음 : 말을 타고 와 내려서서 혼인하기를 구한다. 가면 좋다. 유익하지 아니함이 없다.

형상 : 찾을 때에 비로소 가는 것이 지혜로운 행동이다.

다섯째 양 : 대중을 윤택하게 하기에는 어려움이 있다. 작은 일에는 인내하면 좋으나 큰일에는 인내해도 나쁘다.

형상 : "윤택하게 하기에는 어려움이 있다." 베풂이 아직 빛나지 않음이다.

윗음 : 말을 타고 와서 내려선다. 피눈물이 흐른다.

형상 : "피눈물이 흐른다." 어떻게 오래갈 수 있겠는가.

■ 풀이

공동작업에는 언제나 어느 정도의 혼란이 작용하게 마련이다. 작업을 시작하는 것은 고치에서 실을 뽑아내듯이 혼란에서 질서를 조직해 내는 것이다. 작업을 시작할 때 장애를 만나면 억지로 나아가려고 하지 말고 멈춰서 고심해야 한다. 그는 목표를 한정하고 견지하며 겸손하게 협조자를 구해야 한다. 어느 것도 급작스럽게 성취되지는 않는다. 혼란은 천천히 풀려나간다.

첫째 줄의 이어진 선은 귀한 신분이면서 낮은 지위에서 험한 일을 즐겨 하는 사람이다. 많은 사람이 그를 돕는다. 변덕스럽게 행동하기보다는 머뭇거리는 것이 낫다.

둘째 음은 정숙한 여자에 비유된다. 낯선 사람들이 말을 타고 와서 벌려 선다. 그 여자는 도둑이 아닌가 하고 의심하나, 그들이 구혼하려는 사람과 같이 온 사람들임을 알게 된다. 그러나 그 여자는 그의 구혼을 받아들이지 않는다. 그것이 예절에 적합한 구혼인지 아닌지 아직 분명하지 않기 때문이다. 여자가 시집가는 것은 중대한 일이지만, 아무리 급하더라도 절차를 어기고 시집갈 수는 없는 일이다. 둘째 줄에 있는 끊어진 선이 다섯째 줄에 있는 이어진 선과 상응하나 첫째 줄에 있는 이어진 선의 영향을 받아 동요한다. 여자가 10년씩 기다리는 것은 이치에 맞지 않으나 유혹을 이겨내고 다섯째 줄의 이어진 선과 혼인하기 위하여 인내하는 것이므로 허용될 수밖에 없는 행동이다. 맹자에 따르면 "남자와 여자가 주고받을 때에 몸소 하지 않는 것은 원칙법규이고 형수가 물에 빠졌을 때 손으로 구원하는 것은 예외법규이다"(男女授受不親 禮也. 嫂溺 援之以手者 權也).

안내자 없이 모르는 숲에서 사냥을 하다간 길을 잃기 쉽다. 맹목적으로 나아가려고 하지 말고 사건의 기미를 살피고 인도해 줄 안내자를 찾아야 한다. 억지로 강행하다 수치를 당하느니보다 하던 일을 포기하는 것이 위험을 피하는 방법이다. 안내자 없이 사냥감을 쫓아가는 것은 욕심으로 마음이 흐려져서 경거망동하는 것이다. 《춘추좌씨전》 소공(昭公) 20년조에 보면 우인(虞人)이란 산림을 관리하는 노예였음을 알 수 있다.

넷째 음은 능력을 충분히 갖추고 있지는 않으나 많은 사람의 도움을 받아 작업을 수행할 기회를 얻을 수 있다. 그는 자아편향을 제거하고 동료들과의 결속을 공고하게 한다. 공동작업의 적은 자기기만과 자기과시이다. 지혜로운 사람은 자기의 부족함을 알고 현인의 도움을 받는다. 남자 집안에서 먼저 중매인을 통하여 청혼하면 여자 집안에서 뒤에 혼인 의사를 받아들이듯 지혜로운 사람은 먼저 나서지 않고 요청할 때까지 기다린다.

다섯째 줄에 있는 이어진 선은 괘의 중심선이다. 덕을 베풀지 않는 것은 아니나 큰일을 감당할 정도로 그의 덕이 널리 미치지는 못하고 있다. 작업을 시작하는 단계에 있기 때문에 주변 사람들은 그의 의도를 이해하지 못한다. 그는 작은 일을 겸손하고 성실하게 수행하면서 주위의 신뢰를 얻어야 한다. 그는 결코 혁혁한 업적을 바라면 안 된다.

윗음은 호응하여 원조하는 사람이 전혀 없으므로 가만히 있어도 불안하고 움직이려 하나 갈 곳이 없다. 말을 타고 온 사람들이 그 여자의 집 앞에 벌려 서나, 그들은 중매하러 온 사람들이 아니라 싸움하러 온 사람들이다. 고립된 상태에서 싸움을 벌이면 피눈물을 흘리게 된다. 이처럼 위태로운 고립 상태에서는 모든 관계를 끊고 물러날 수밖에 없다.

수뢰준(水雷屯)의 두 중심선인 첫째 양(陽)과 다섯째 양은 다섯째 양의 호응자인 둘째 음에 첫째 양이 영향력을 행사하므로 협조관계가 아니라 대립관계에 있다. 둘째 음과 넷째 음은 다섯째 양과 첫째 양이라는 구혼자 또는 협조자를 발견하나, 여섯째 음은 셋째 줄에도 끊어진 선이 있기 때문에 철저하게 고립된다. 여섯째 음과 셋째 음은 피눈물을 흘리며 싸운다.

山水蒙

坎下艮上

4. 山水蒙

䷃

坎下艮上

蒙은 亨이나 匪我求童蒙이라 童蒙이 求我니
初筮어든 告하고 再三이면 瀆이라
瀆則不告이니 利貞하니라.
彖曰 蒙은 山下有險하고 險而止 蒙이라
蒙亨은 以亨이 行時中也일새요
匪我求童蒙 童蒙求我는 志應也요
初筮告은 以剛中也요
再三瀆 瀆則不告은 瀆蒙也일새니
蒙以養正이 聖功也니라.

筮(서) - 점치다 | 告(곡) - 알려주다 | 瀆(독) - 더럽히다

산수몽(山水蒙) : 성취한다. 내가 어린아이에게 배우라고 요구하는 것이 아니라 어린아이가 나에게 가르쳐 달라고 요구하는 것이다. 처음 물으면 보여주나 두 번 세 번 물음은 성가시게 함이니 성가시게 하면 보여주지 않는다. 인내해야 유익하다.

판단 : 산수몽(山水蒙)은 산 아래 위험이 있는 것이다. 위험하여 멈추게 하는 것이 산수몽이다. "몽은 성취한다." 그가 일을 성취하는 것은 그의 행동이 때에 적합하기 때문이다. "내가 어린아이에게 배우라고 요구하는 것이 아니라 어린아이가 나에게 가르쳐 달라고 요구하는 것이다." 두 사람의 의지가 서로 호응한다. "처음 물으면 보여준다." 둘째 줄에 있는 이어진 선은 꿋꿋한 태도로 중심에 위치하는 스승을 가리킨다. "두 번 세 번 물음은 성가시게 함이니 성가시게 하면 보여주지 않는다." 성가시게 조르는 것은 어리석은 짓이다. 몽괘로써 학습자의 바른 기운을 양성하는 일은 성인의 보람이다.

■ 풀이

어린아이에게 어리석음은 잘못이 아니다. 그러나 자신이 미숙하다는 사실을 인식하지 못하거나 참된 앎에 대하여 절실하게 욕구하지 않는 어린아이에게는 자기를 실현할 수 있는 기회가 부여되지 않을 것이다. 간절히 알고 싶어 하지 않는 문제를 질문하거나 선생을 신뢰하지 않으면서 질문하는 것은 선생을 모욕하는 것이다. 선생은 그러한 질문에 대답하기를 단연코 거절해야 한다.

선생과 학생은 각자 문제를 해결하려고 안타깝게 노력하는 사람들로서 만나야 한다. 그들은 문제의 핵심이 남김없이 정복될 때까지 계속해서 긴장하고 인내해야 한다. 공자도 "분발하지 않으면 깨우쳐 주지 않았고 애태우지 않으면 이끌어 주지 않았고 한 귀를 보여줄 때 나머지 세 귀로 응대하지 못하면 다시 되풀이하지 않았다"(不憤不啓하며 不悱不發이니 擧一隅에 不以三隅反이어든 則不復也호라).

교육이란 우둔한 학습자에게, 위험을 만나면 더 나아가지 않도록 가르치는 작업이다. 벗어나지 않도록 하는 것과 넘치지 않도록 하는 것이 교육의 첫걸음이다. 둘째 줄에 있는 이어진 선은 강건하게 중용의 도를 지키는 선생이다. 나머지 다섯 줄에 있는 선들은 모두 학생들이다. 여섯째 줄의 이어진 선은 억제할 수 없이 마구 내닫는 불량 학생이고, 둘째 양과 함께 산수몽의 중심선이 되는 다섯째 줄의 끊어진 선은 현재는 우둔하고 미숙하나 장차 공동작업의 책임자가 될 가능성을 지닌 학생이다. 학생과 선생이 함께 주인공이 된다는 데에 교육의 특색이 있다.

* * *

象曰 山下出泉이 蒙이니
君子 以하여 果行하며 育德하나니라.
初六은 發蒙이라 利用刑人이니
用說桎梏하여 以往이면 吝하리라.
象曰 利用刑人은 以正法也니라.
九二는 包蒙하여 吉이요 納婦하여 吉이니 子克家로다.
象曰 子克家는 剛柔接也니라.
六三은 勿用取女니 見金하고 夫不有躬하면 無攸利하니라.
象曰 勿用取女는 行不順也니라.
六四는 困蒙이니 吝토다.

象曰 困蒙之吝은 獨遠實也니라.

六五는 童蒙이니 吉하니라.

象曰 童蒙之吉은 順以巽也일새니라.

上九는 擊蒙이니 不利爲寇요 利禦寇하니라.

象曰 利用禦寇는 上下順也니라.

說(탈) - 벗기다 | 桎(질) - 족쇄 | 梏(곡) - 수갑 | 納(납) - 들이다
禦(어) - 막다

형상 : 산 아래서 샘이 솟는 것이 산수몽(山水蒙)의 형상이다. 군자는 이것을 본받아 행동을 과감하게 하고 덕을 자라게 한다.

첫째 음 : 몽매함을 계발할 때에는 규율을 지키기 위해서 벌을 주는 것도 유익하나 차꼬와 수갑은 제거해야 한다. 계속해서 속박하면 막힌다.

형상 : "벌을 주는 것도 유익하다." 법을 바르게 준수하는 것이다.

둘째 양 : 어린아이를 포용하는 것이 좋고 여자를 용납하는 것이 좋다. 그 집의 아들이 집안일을 맡을 수 있다.

형상 : "그 집의 아들이 집안일을 맡을 수 있다." 강건한 둘째 양이 유순한 다섯째 음과 가까이 한다.

셋째 음 : 그 여자를 아내로 취하지 말라. 돈을 보고 사내가 제 몸을 간직하지 못하면 이로울 바가 없다.

형상 : "그 여자를 아내로 취하지 말라." 그 여자는 행실이 온순하지 않다.

넷째 음 : 곤란한 일을 당하여 난처해하는 어린아이이다. 막힌다.

형상 : 곤란한 일을 당하여 난처해하는 어린아이가 막히는 것은 혼자서

잘못 판단하고 현실을 무시하기 때문이다.

다섯째 음 : 어린아이가 사리에 어둡다. 당연한 일이니 좋다.

형상 : "어린아이가 사리에 어두움은 당연한 일이니 좋다." 그가 온순하고 공손하게 행동하기 때문에 좋은 결과가 따른다.

윗양 : 몽매함을 공격할 때에 법을 어기는 것은 무익하고 법을 지키는 것이 유익하다.

형상 : "법을 지키는 것이 유익하다." 윗사람과 아랫사람이 서로 거스르지 않는다.

■ 풀이

물이 산자락에서 솟아날 때 그 물의 근원은 깨끗하나 그 물의 흐름은 미약하다. 어린아이의 바탕은 천진하나 어린아이의 자질은 미약하다. 물이 잘 흐르도록 물길을 트는 행동은 과감해야 하고 물의 근원을 깨끗하게 보존하는 덕은 조심스럽게 육성되어야 한다.

교육은 정직과 관대의 기율에서 시작한다. 그러나 지나치게 엄격한 기율은 학습자의 자발성을 훼손한다. 교사는 벌을 중요하게 여기면 안 되지만, 그렇다고 해서 벌을 폐지해서도 안 된다. 잘못을 저지르고서도 벌만 피하면 된다고 생각하게 하는 교육은 교육이라고 말할 수도 없는 최악의 교육이다. 정직과 관대의 기율은 모든 법의 근거가 된다. 어린아이는 이러한 기본기율을 되도록 이른 시기에 자기 것으로 내면화해야 한다. 정직과 관대가 습관이 되게 하는 것이 교육의 목적이다. 선생이 가하는 벌은 감정이 아니라 법에 따라야 한다.

학생을 가르치는 것은 아내를 맞는 것과 같다. 지어미는 지아비와 다른 집안에서 자랐으나 지아비가 같은 집에서 함께 살면서 예절과 공경으로 용납하면 지아비에게 동화되어 집안일을 담당하게 된다. 사람됨의 영광과 비참을 깊이 이해하고 사회생활에 내재하는 수치와 비열을 깊이 인식함으로써 교사는 몽매한 학생들의 갖가지 단점들을 관대하게 포용해야 한다. 교육은 언제나 거절하고 거부하는 행동이 아니라 포용하고 용납하는 행동이다. 어린아이는 스스로 고통스러운 학습과정을 겪고 그 자신의 가족을 책임지는 사회의 성원이 된다.

돈 많은 여자를 좋아하는 남자는 비열한 행동도 피하지 않는다. 이익을 위하여 배우려고 하는 아이를 학생으로 받아들이면 안 된다. 사람의 본성은 한결같이 단순하고 소박하여 누구나 가르칠 수 있으나, 다만 이익을 탐하는 사람만은 가르칠 수 없다. 그의 좁은 시야가 자기의 진심과 현실의 사태를 스스로 은폐하기 때문이다. 양의 자리에 있는 끊어진 선에게는 유혹에 저항하지 못할 위험이 있다. 더구나 셋째 음은 아래에서 위로 이행하는 자리이므로 자칫하면 동요하기 쉽다. 이러할 때에는 손쉬운 친밀보다 견고한 고독이 좋다. 이익을 탐하는 학생은 선생이 이익을 주지 않으면 선생을 원망하고 이익을 줄 선생을 찾아간다.

곤란한 일을 당한 어린아이는 사태를 냉정하게 인지하지 못하고 공허한 상상이나 허망한 공상에 따라 현실을 오인한다. 그의 자아편향과 인지착오는 그 자신을 점점 더 난처한 궁지로 몰아넣는다. 선생은 결코 학생을 피하지 않는다. 학생이 난처하게 된 이유는 그가 선생을 회피하고 자의에 따라 사태를 해결하려 한 데에 있다. 이어진 선과 관계를 맺지 못하고 끊어진 선들 사이에 있는 끊어진 선은 강건한 선의 도움을 피하므로 갈 길이 막힌다. 현명한 스승의 가르침을 회피하는 학생에게는 갈 수 있는 길이 아무 데도 없다. 선생도 없고 친구도 없이 그는 무지에 집착하고 있다.

겸손하게 배울 자세만 되어 있다면 학생이 사리에 어두운 것은 전혀 나쁜 일이 아니다. 병이 오히려 몸을 보존하게 하듯이 무지의 자각은 오히려 지식을 증진할 수 있게 한다. 어린 아이의 몽매함 속에는 어린아이의 창조능력이 깃들여 있다. 어른이라 하더라도 그가 자기를 몽매한 어린아이와 같다고 여기지 않는다면, 그는 스승을 향해 마음을 열 수 없다. 교만한 학생은 선생이 다가갈 길을 스스로 막고 있다. 다섯째 음은 괘의 중심선이나 끊어진 선이므로 둘째 줄의 이어진 선에 대해 귀담아 듣는 자세를 취하지 않으면 안 된다. 그는 지금 몽매하나 스승의 도움으로 곧 사리를 알게 된다.

몽매함을 깨우치게 하는 데는 스스로 눈을 뜨게 하는 것 이외에 다른 방법이 없다. 그러나 때로는 처벌이 교육의 방법이 될 수도 있다. 처벌이란 질서를 회복하는 행동이 될 수도 있기 때문이다. 처벌은 정당한 객관적 척도에 근거해야 한다. 공동작업의 질서를 교란하는 학생을 객관적 척도에 의해 처벌함은 도둑을 막는 것과 같다. 그러나 비록 잘못을 범한 학생에게라 하더라도 자의적 감정으로 화를 내며 처벌함은 선생 자신이 도둑질을 돕는 것과 같다. 교육은 "도둑질하지 말라"는 명령문 위에서 성립된다. 보편적 척도를 위반하는 자아편향은 모두 일종의 도둑질이다. 개인적 신조나 독단적 의견을 가르치는 선생은 그의 자아편향으로 해서 일종의 도둑이 되는 것이다.

水天需

乾下坎上

5. 水天需

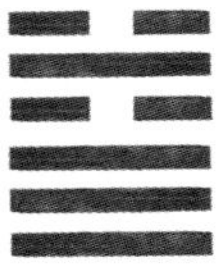

乾下坎上

需는 有孚면 光亨코 貞吉하니 利涉大川하니라.

象曰 需는 須也니 險이 在前也라.

剛健而不陷하니 其義不困窮矣니라.

需有孚光亨貞吉은 位乎天位하여 以正中也요

利涉大川은 往有功也니라.

孚(부) - 미덥다 | 須(수) - 기다리다 | 陷(함) - 빠지다

수천수(水天需) : 성실하게 일하면 영광스럽게 성취하니 굳게 견디는 것이 좋다. 큰 강을 건너더라도 유익하다.

판단 : 수천수(水天需)는 기다림을 의미한다. 위험이 앞에 있어도 강건하여 위험에 떨어지지 않는다. 기다림의 의미는 괴롭게 막히지 아니함에 있다. "성실하게 일하면 영광스럽게 성취하니 굳게 견디는 것이 좋다." 괘의 중심선인 다섯째 양이 하늘의 자리에 있으면서 바른 태도로 중심을 지킨다. "큰 강을 건너더라도 유익하다." 계속해서 나아가면 보람이 있다.

■ 풀이

비는 때가 되어야 내리고 곡식은 철이 되어야 익는다. 우리는 비를 내리게 할 수 없고 곡식을 익게 할 수 없다. 강한 사람(삼련건)은 위험(중련감)에 직면하여 동요하지 않고 기다린다. 기다림은 헛된 기대가 아니라 내적 확신이다. 성실이란 자아편향 없이 있는 그대로의 사물들에 직면하는 용기를 말한다. 사물들을 있는 그대로 인식하는 사람은 큰 강도 건널 수 있다. 그는 사태를 정확하게 판단하여 위험을 피할 수 있기 때문이다. 때가 오면 진실은 사물들의 질서 속에서 저절로 드러난다.

성실한 사람만이 기다릴 줄도 알고 행동할 줄도 안다. 기다림은 그때그때 해야 할 일을 포기하거나 유예하는 것이 아니다.

* * *

象曰 雲上於天이 需니 君子 以하여 飮食宴樂하나니라.

初九는 需于郊라 利用恒이니 無咎리라.

象曰 需于郊는 不犯難行也요 利用恒無咎는 未失常也니라.

九二는 需于沙니 小有言이나 終吉하리라.

象曰 需于沙는 衍在中也니 雖小有言이나 以吉終也리라.

九三은 需于泥니 致寇至리라.

象曰 需于泥는 災在外也라.

自我致寇하니 敬愼이면 不敗也리라.

六四는 需于血이니 出自穴이로다.

象曰 需于血은 順以聽也니라.

九五는 需于酒食이니 貞코 吉하니라.

象曰 酒食貞吉은 以中正也니라.

上六은 入于穴이니 有不速之客三人이 來하리니

敬之면 終吉하리라.

象曰 不速之客來敬之終吉은 雖不當位나 未大失也니라.

郊(교) - 들 | 衍(연) - 너그럽다 | 泥(니) - 진흙 | 速(속) - 부르다

형상 : 구름이 하늘에 오르는 것이 수천수(水天需)의 형상이다. 군자는 이것을 본받아 먹고 마시며 편안히 즐긴다.

첫째 양 : 마을 주변의 들에서 기다린다. 한결같이 꾸준해야 유익하고 허물을 짓지 않는다.

형상 : "마을 주변의 들에서 기다린다." 하기 어려운 일을 무모하게 저지르지 않는다. "한결같이 꾸준해야 유익하고 허물을 짓지 않는다." 그는 떳떳한 도리를 상실하지 않고 있다.

둘째 양 : 모래밭에서 기다린다. 조금 말이 있으나 끝은 좋다.

형상 : "모래밭에서 기다린다." 평온함이 아랫괘의 중심에 있다. 비록 조금 말이 있으나 좋은 결과로 끝난다.

셋째 양 : 진흙 밭에서 기다린다. 도적의 도래를 야기한다.

형상 : "진흙 밭에서 기다린다." 재앙은 외부에 있다. 나로 인해 도적이 드는 것이니 경건하고 신중하게 행동하면 실패하지 않는다.

넷째 음 : 피 흐르는 싸움터에서 기다린다. 움집에서 나와야 한다.

형상 : "피 흐르는 싸움터에서 기다린다." 도적을 막기 위하여 결정한

대책을 온순하게 듣고 따라야 한다.

다섯째 양 : 술 마시고 밥 먹으며 기다린다. 바르게 행동하는 것이 좋다.

형상 : 술 마시고 밥 먹을 때도 바르게 행동하는 것이 좋다. 다섯째 줄의 이어진 선이 바른 태도로 윗괘의 중심에 있다.

윗음 : 움집에 들어가 쉰다. 초대하지 않은 손님 세 사람이 오는 일이 있다. 조심하면 결국에는 좋을 것이다.

형상 : 초대하지 않은 손님들이 오더라도 조심하면 결국에는 좋을 것이다. 비록 그가 자기의 자리를 마땅하게 여기지 않으나 크게 실수하지는 않는다.

■ 풀이

구름이 하늘에 오르는 것은 비가 내릴 조짐이다. 인간에게는 비가 내릴 때까지 기다리는 것 이외에 아무것도 할 일이 없다. 시기가 성숙하기 전에 사물들의 관계에 개입하는 것은 오히려 작업에 방해가 된다. 우리는 마시는 것과 먹는 것으로 우리의 몸을 튼튼하게 하고 기쁨과 즐거움으로 우리의 마음을 편안하게 하면서 기다릴 줄 알아야 한다.

농사일에 서두른다고 하여 반드시 곡물을 많이 거두게 되지는 않는다. 논밭을 갈고 씨를 뿌리거나 모를 내어 가꿀 때에 일마다 각각 알맞은 시기가 있으므로 한결같이 꾸준히 일하면 되는 것이지 일부러 조급하게 어려운 일을 행할 필요는 없는 것이다. 확고부동한 원칙에 따라 작업을 추진해 나가면 언젠가는 작업을 마무리할 수 있게 된다. 처음 먹은 마음을 한결같이 지키고 자신의 불운함을 탓하지 않는 사람은 허물을 저지르지 않는다.

누구나 좋은 땅에서 경작하고 싶어 하지만 농민들 중에는 흙에 모래가 많이 섞인 밭에서 일하는 사람들도 있다. 모래밭에는 물이 괴지 않으므로 물을 끌어 밭을 일구는 데 곱절이나 힘이 든다. 어려운 상황에서 작업할 때에는 어느 정도의 분란이나 뒷공론이 있게 마련이다. 그러나 평온한 마음으로 중심을 지키고 인내하면 다소 늦더라도 수확의 날은 반드시 온다.

진흙밭은 경작하기 좋은 땅이다. 거두어들일 농작물이 많아지면 뜻밖에도 공동작업의 수확을 남보다 많이 차지하려는 사람이 나타난다. 분배의 질서가 확립되지 않은 마을에는 도적이 활동하기 쉽다. 수확의 불공정한 분배로 동요하는 동네는 외부의 도적을 불러들인다. 명예를 탐하는 자는 명예를 훼손받고 이익을 탐하는 자는 이익을 빼앗긴다. 이익에 눈먼 사람들이 도적이 침입할 기회를 만들어 놓기 때문이다. 그러나 공동으로 작업한 사람들이 공정하게 분배하고 화합하여 외부의 위험을 경계한다면 도둑은 그러한 마을에 들어가기를 꺼린다. 내부의 분란이 외부의 도적을 유혹하는 것이므로 마을 사람들이 사람을 존경하고 사물을 존중하며 욕심을 줄이고 정직하게 행동한다면 도적 때문에 실패하는 일은 없을 것이다. 상나라 말에는 도망하여 유랑하는 농민과 노예가 늘어나고 이들 가운데는 집단을 형성하여 도적이 되는 무리가 있었다. 문왕은 노예를 잡아 원주인에게 돌려주어 귀족들의 지지를 받았다.

도둑들이 쳐들어오면 도둑들과 생사를 걸고 싸워야 한다. 동네 사람들 각자가 자기들의 움집에서 나와 단결하여 싸움터에 나서야 한다. 상나라 말 주나라 초의 민간주거는 굴집의 형태가 일반적이었다. 피흘림은 절박함을 의미한다. 피 흐르는 싸움터에서는 무엇보다 침착하고 냉정해야 한다. 당황은 사태를 악화시킨다. 공동으로 작업하는 사람들이 서로 정직하고 관대하게 행동하는 것이 도둑들과 싸우는 최선의 방법이다. 그들은 전략과 전술을 협의하고 결정된 대책에 모두 순종해야 한다. 싸움터에서 제 마음대로 나서거나 물러서는 자는 사태를 악화시킨다. 이쪽에서 단결하는 모습을 보여주면 적들은 스스로 물러난다.

수확과 분배가 끝난 후에는 평화로운 휴식이 따른다. 이러한 휴식시간을 이용하여 새로운 공동작업의 준비를 해야 한다. 작업과 작업의 사이에 놀이하고 잔치하는 것은 개인의 건강에도 좋고 마을의 단합에도 좋다. 그러나 술 마시고 밥먹을 때에도 해야 할 일을 잊어버리면 안 된다. 초대하지 않은 손님 세 사람은 곳간에 쌓아 놓은 곡식단을 훔치러 들어온 초적이다. 셋째 양은 나락을 밭에 두었으므로 큰 도둑이 쳐들어오나 윗음은 나락을 창고에 두었으므로 작은 도둑이 슬그머니 스며든다. 정신을 바짝 차리고 경계하면 크게 잃어버리지는 않을 것이다. 아랫괘에 있는 이어진 세 선이 초대하지 않은 손님 세 사람을 암시한다. 음의 자리인 여섯째 줄의 끊어진 선은 제자리에 있으나 도둑과 맞서기에는 좀 나약한 편이다. 그러나 도둑 또한 초적에 지나지 않으므로 방비하면 피해를 줄일 수 있다.

天水訟

坎下乾上

6. 天水訟

坎下乾上

訟은 有孚나 窒하니

惕中하면 吉이요 終하면 凶하니

利見大人이요 不利涉大川하니라.

彖曰 訟은 上剛下險하여 險而健이 訟이라

訟有孚窒惕中吉은 剛來而得中也요

終凶은 訟不可成也요

利見大人은 尙中正也요

不利涉大川은 入于淵也니라.

窒(질) - 막히다 | 惕(척) - 두려워하다

천수송(天水訟) : 진실하게 행동하는데도 불구하고 방해로 갈 길이 가로막힌다. 중도에 내내 조심하고 두려워하며 그만두려고 하면 좋고, 끝까지 가려고 하면 나쁘다. 대인을 만나야 유익하고 큰 강을 건너는 것은 무익하다.

판단 : 천수송(天水訟)은 윗괘가 강건하고 아랫괘가 험난하다. 위험하나 강건한 것이 천수송이다. 다툴 때에는 "진실하게 행동하는 데도 불구하고 방해로 갈 길이 가로막힌다. 중도에 내내 조심하고 두려워하며 그만두려고 하면 좋다." 강건한 선이 와서 중심을 얻는다.

"끝까지 가려고 하면 나쁘다." 다툼은 마칠 때까지 가도록 허용하면 안 된다.

"대인을 만나야 유익하다." 다섯째 줄의 이어진 선이 바른 자세로 중심에 있음을 존경한 것이다. "큰 강을 건너는 것은 무익하다." 그는 자칫하면 심연에 빠진다.

■ 풀이

소송은 서로 스스로 옳다고 여기는 사람들이 다투는 것이다. 소송을 당하면 머리를 맑게 하고 언제 어디서든지 적과 대면할 수 있는 각오를 하고 있어야 한다. 그는 겉으로 강한 체하지 말고 속마음이 강하도록 준비해야 한다.

그가 옳다고 하더라도 소송을 끝까지 끌고나가는 것은 중도에서 타협하는 것만 못한다. 분쟁을 갈피 짓고 화해를 성사시켜 줄 수 있는 대인이 필요하다. 다섯째 줄의 이어진 선이 대인을 암시한다. 대인은 다투는 사람들의 말을 귀담아 듣고 분쟁을 갈피 지어야 하기 때문에 소송에 연루된 사람들의 외부에 있다. 그는 불편부당한 위치에서 사태에 적합한 판단을 내려야 한다.

우리는 전쟁을 의미하는 지수사(地水師)와 소송을 의미하는 천수송(天水訟)을 비교해 볼 수 있다. 전쟁에 휘말리면 적극적으로 대처해야 하지만 소송에 휘말리면 소극적으로 대처해야 한다. 소송을 당한 상태에서는 무모한 일을 피해야 한다. 그는 안으로 여러 방책을 마련해야 하나 결코 밖으로 공격적인 행동에 나서면 안 된다.

소송에서 가장 위험한 것은 행동의 이중성이다. 안으로 교활하고 겉으로 난폭한 사람은 반드시 소송에 진다.

* * *

象曰 天與水違行이 訟이니

君子 以하여 作事謀始하나니라.

初六은 不永所事면 小有言이나 終吉하리라.

象曰 不永所事는 訟不可長也니

雖小有言이나 其辯明也라.

九二는 不克訟이니 歸而逋하여

其邑人三百戶無眚하리라.

象曰 不克訟하여 歸逋는 竄也니

自下訟上이 患至掇也니라.

六三은 食舊德하여 貞하면 厲하나 終吉이리니

或從王事라도 無成이리라.

象曰 食舊德은 從上이면 吉也리라.

九四는 不克訟이라 復卽命하여 渝하여 安貞이니 吉하리라.

象曰 復卽命渝安貞은 不失也니라.

九五는 訟에 元吉이리라.

象曰 訟元吉은 以中正也니라.

上九는 或錫之鞶帶라도 終朝三褫之리라.

象曰 以訟受服이 亦不足敬也니라.

逋(포) - 도망하다 | 眚(생) - 재앙 | 竄(찬) - 숨다 | 掇(철) - 취하다
渝(투) - 변하다 | 鞶(반) - 띠 | 褫(치) - 빼앗다

형상 : 하늘과 물이 반대쪽으로 가는 것이 천수송(天水訟)의 형상이다. 군자는 이것을 본받아 일을 할 때 처음을 세심하게 계획한다.

첫째 음 : 소송을 계속하지 않는다. 조금 말이 있으나 끝내는 좋다.

형상 : "소송을 계속하지 않는다." 소송은 길게 끌지 말아야 한다. 비록 조금 말이 있겠으나 똑똑히 가려질 것이다.

둘째 양 : 고소한 자가 소송에 이기지 못하여 달아난다. 마을 삼백 호에 재앙이 없어졌다.

형상 : "소송에 이기지 못하여 달아난다." 그는 돌아가 숨는다. 아랫자리에서 윗자리에 있는 사람에 대하여 소송을 제기하면 근심거리가 생긴다.

셋째 음 : 예전부터 갖추고 있던 덕으로 살아간다. 굳게 인내하면 위험한 일을 만나더라도 끝내는 좋다. 어쩌다가 왕의 일에 종사하게 되더라도 공을 이루려고 하지 말라.

형상 : "예전부터 갖추고 있던 덕으로 살아간다." 윗사람에게 복종하는 것이 좋다.

넷째 양 : 소송에 이기지 못하겠거든 본디의 자리로 되돌아가 분부를 따르라. 마음을 바꾸고 인내를 편안하게 여기는 것이 좋다.

형상 : 본디의 자리로 되돌아가 분부를 따르며 마음을 바꾸고 인내를 편안하게 여기면 실패하지 않는다.

다섯째 양 : 그에게 소송의 판결을 맡기면 크게 좋다.

형상 : "그에게 소송의 판결을 맡기면 크게 좋다." 그가 중심에 있으면서

바르게 판단하기 때문이다.

윗양 : 어떤 임금이 그에게 관복의 가죽 띠를 주었다가 조회가 끝나기 전에 다 빼앗는다.

형상 : 소송으로 관복을 얻는 것은 존경받을 만하지 않은 일이다.

■ 풀이

하늘은 위에서 돌고 물은 아래서 흐른다. 하늘과 물 사이의 틈이 자꾸 커지니 이것이 천수송(天水訟)의 형상이다. 공동작업을 할 때에 분쟁을 피하려면 시작하기 전에 미리 각 성원의 권리와 의무를 분명하게 한정하여 틈이 생기는 실마리를 없애야 한다.

어쩔 수 없이 소송 사건에 휘말리게 된 경우라도 분쟁이 길어지지 않도록 매사에 조심하면서 융통성 있게 대처해야 한다. 자아편향을 제거하고 문제를 명확하게 한정함으로써 사리를 가려내어 밝힐 수 있을 것이다.

전쟁과 소송은 다르지만 어느 경우에나 상대를 고립시키면 이기고 상대에 의해 고립되면 진다는 점에서 동일하다. 마을 사람들과 척을 지지 않고 살아야 한다. 상대가 소송에 패배하여 물러나자 온 동네 사람들이 둘째 양과 함께 기뻐한다. 마을 전체가 분쟁에서 벗어나 이익을 얻었기 때문이다. 마을 사람들의 협조를 얻을 때 고립된 상대는 대적할 용기를 잃고 달아난다. 강한 적과 싸우다가는 재난을 당하리라는 사실을 깨닫지 않을 수 없기 때문이다. 천수송의 이어진 선 넷 가운데 둘째 양을 제외한 나머지 세 선이 인구 삼백 호의 마을을 암시한다.

그러나 지식이건 재산이건 건강이건 정직하게 공들여 얻은 것만이 그 자신의 것으로 남는다. 누구도 본성의 힘을 통하여 얻은 것을 빼앗을 수는 없다. 내면의 도덕적 품성 대신에 명예나 공적에 집착하면 분쟁을 피하지 못한다. 어떤 일을 하더라도 이루려는 마음 없이 정성을 다하면 분쟁의 위험에서 벗어날 수 있다. 분쟁의 위험 속에서야말로 극도로 조심하며 이기느냐 지느냐가 아니라 옳으나 그르냐를 신중하게 식별해야 한다. 셋째 음은 아래에서 위로 이행하는 자리에 있으므로 불안하고 끊어진 선이 양의 자리에 있으므로 불안하고 이어진 두 선에 싸여 있으므로 불안하다. 이렇게 불안한 처지에 있을 때에는 괘의 중심선인 다섯째 줄의 이어진 선을 따르는 것이 좋다. 이것은 덩굴이 소나무에 의지하여 높이 오르는 것과 마찬가지이다.

넷째 양은 음의 자리에 있는 이어진 선이기 때문에 중심에 있지 않을 뿐 아니라 바른 자리에 있지도 않다. 그러나 넷째 양은 위에 있는 괘의 중심선에 의존하여 분쟁을 피할 수 있는 가능성을 지니고 있다. 시야가 좁은 사람들은 끊임없이 이기적인 탐욕에 시달린다. 그러한 사람들이 내면의 평화를 얻을 수 있는 길은 정직과 관대의 기율을 따르는 것 이외에 다른 수가 없다. 정직과 관대는 하늘이 분부한 이치이기 때문이다.

괘의 중심선인 다섯째 양은 강건하고 정의로운 중재자이다. 분쟁은 전적인 신뢰 속에서 그에게 위임된다. 그는 양쪽으로 하여금 충분히 말하게 하고 공평하게 듣고 이치에 맞게 판결한다. 그는 항상 악의 존재를 인식하고 있으므로 정당한 결정이 유효하게 작용할 수 있는 조건을 마련하기 위하여 극도로 신중하게 행동한다.

여섯째 양은 권세 있는 자에게 빌붙어 얻은 승리의 공허함을 보여준다. 모든 권력자는 형편없는 변덕쟁이이다. 그들은 항구한 권력을 위하여 의미 있는 모든 가치들을 파괴한다. 권모술수로 승리하여 임금에게 관복을 받았다 하더라도 그에게 벼슬을 준 바로 그 임금이 얼마 안가서 자기가 준 벼슬을 빼앗는다. 투기로 얻은 것은 투기로 날리게 마련이다. 억지로 얻은 것은 억지로 빼앗긴다. 단순하고 소박하게 얻은 것이 아니면 그것은 모두 무리하게 얻은 것이다. 주나라의 귀족들은 모두 천자의 친족이었으므로 제후들을 아저씨뻘의 항렬을 가리키는 공(公) 또는 백(伯)으로 불렀고, 성주들을 조카뻘의 항렬을 가리키는 자(子) 또는 남(男)으로 불렀다. 작위 승진의 왕명을 세 번 받으면 자와 남이 되고 일곱 번 받으면 후와 백이 되고 아홉 번 받으면 공이 된다.

地水師

坎下坤上

7. 地水師

坎下坤上

師는 貞하며 丈人이라야 吉코 無咎리라

彖曰 師는 衆也요 貞은 正也니

能以衆正하면 可以王矣리라.

剛中以應하고 行險而順하니

以此毒天下호대 而民이 從之하니

吉코 又何咎矣리오

지수사(地水師) : 견고하게 인내해야 한다. 어른이 책임을 맡는다면 좋다. 허물을 짓지 않기 때문이다.

판단 : 지수사는 군인의 집단을 의미한다. 인내함은 바르게 함이니 능히 군대를 바르게 할 수 있으면 임금 노릇을 할 수 있다.

둘째 줄의 강건한 장군이 아랫괘의 중심에 있으면서 다섯째 줄에 있는 유순한 임금과 서로 호응한다. 위험한 일을 시행하나 온순하게 법도를 따른다. 군대로 세상의 생명을 해치되 민중이 그를 따르니 좋다. 또 무엇을 허물하리오.

■ 풀이

지수사는 물을 저장하고 있는 땅으로 상징된다. 군대의 힘은 평상시에는 보이지 않게 보존되어 있어야 한다. 위험에 직면해도 당황하지 않는 군인의 용기는 기율과 훈련의 결과이다.

둘째 줄의 장군은 군대 안에 질서를 유지하며 다섯째 줄의 임금과 호응한다. 전시에는 임금도 장군의 전략을 존중해 주어야 한다. 그러나 군대의 기율을 강제로 세울 수는 없다. 군인들에게 인정받는 지휘관이 군대의 중심에 있을 때 훈련과 기율은 비로소 자발적인 질서가 된다. 지휘관에게는 임금의 신뢰와 군인들의 인정이 필요하다.

정의의 전쟁이라 하더라도 전쟁에는 파괴와 참화가 따르므로 전쟁은 언제나 최후의 수단으로만 사용되어야 한다. 전쟁을 독약이라고 생각하는 장군만이 대중의 마음을 얻을 수 있다. 대중도 전쟁의 원인과 목표에 대하여 분명하게 파악하고 있도록 홍보활동을 강화해야 한다. 민중은 허위와 조작에 오래 속아 넘어가지 않는다. 진실만이 민중을 움직일 수 있다.

임금과 장군과 군인과 대중 어느 편에건 전쟁도취와 승리망상이 나타나면 그 나라는 망한다. 지휘관은 굳세면서 유연하고, 인정 있으면서 기강을 지키며, 극도의 위험 속에서도 온화하게 대처할 수 있어야 한다.

* * *

象曰 地中有水 師니
君子 以하여 容民畜衆하나니라.
初六은 師出以律이니 否臧이면 凶하리라.
象曰 師出以律이니 失律하면 凶也리라.

九二는 在師中하여 吉코 無咎하니

王三錫命이로다.

象曰 在師中吉은 承天寵也요

王三錫命은 懷萬邦也니라.

六三은 師或輿尸니 凶하니라.

象曰 師或輿尸는 大無功也니라.

六四는 師左次니 無咎로다.

象曰 左次無咎는 未失常也니라.

六五는 田有禽에 利執言이니 無咎어니와

長子帥師니 弟子輿尸하면 貞이라도 凶하리라.

象曰 長子帥師는 以中行也요

弟子輿尸는 使不當也니라.

上六은 大君이 有命하여 開國承家니 小人勿用이니라.

象曰 大君有命은 以正功也요

小人勿用은 必亂邦也일새니라.

畜(휵) - 기르다 | 臧(장) - 착하다 | 錫(석) - 주다 | 次(차) - 나아가지 못하다
執(집) - 잡다 | 帥(솔) 거느리다

형상 : 땅 가운데 물이 있는 것이 지수사의 형상이다. 군자는 이것을 본받아 민중을 포용하고 교육한다.

첫째 음 : 군대는 기율에 맞춰 움직여야 한다. 기율이 바르지 않으면 나쁘다.

형상 : "군대는 기율에 맞춰 움직여야 한다." 기율을 상실하면 나쁘다.

둘째 양 : 그가 군대의 중심에 있어서 좋다. 허물이 없다. 임금이 세 차례나 계급을 올려준다.

형상 : "그가 군대의 중심에 있어서 좋다." 그는 하늘의 은총을 받고 있다. "임금이 세 차례나 계급을 올려준다." 그는 모든 나라를 편안하게 한다.

셋째 음 : 군대가 시체를 수레에 싣게 될지도 모른다. 나쁘다.

형상 : "군대가 시체를 수레에 싣게 될지도 모른다." 공이 크게는 없다.

넷째 음 : 군대가 후퇴한다. 허물이 없다.

형상 : 후퇴함에 허물이 없다. 질서를 상실하지 않았기 때문이다.

다섯째 음 : 숲에 있어야 할 새가 밭에 있다. 거기서 그것을 잡는 것이 유익하다. 연장자가 군대를 통솔해야 한다. 연하자가 군대를 통솔하면 수레에 시체를 싣게 된다. 연하자가 바르게 행동한다 하더라도 결과는 나쁘다.

형상 : "연장자가 군대를 통솔해야 한다." 그는 중용을 실행한다. "연하자가 군대를 통솔하면 수레에 시체를 싣게 된다." 그에게 일을 맡기는 것은 적당하지 않다.

윗음 : 임금이 분부하여 나라를 세우게 하고 가문을 계승하게 한다. 소인들은 등용하면 안 된다.

형상 : 임금이 분부를 내려 공적을 정당하게 포상한다. "소인들은 등용하면 안 된다." 그들은 반드시 나라를 어지럽게 한다.

■ 풀이

땅에서 물이 솟듯 군인은 국민에서 나온다. 그러므로 국민교육이 군대강화의 첩경이다. 정부와 국민 사이에 보이지 않는 유대가 있을 때에만 군대는 전쟁에서 승리할 수 있다. 국민이 정부에 의하여 보호받고 있다고 느끼지 않을 때 전쟁의 결과는 비참할 것이다. 국민은 군대의 원천이다. 국민이 빈곤하게 되면 군대가 아무리 강해도 전쟁에 진다. 국가란 실체나 도구가 아니라 온갖 세력이 겯고트는 힘밭〔力場〕이다. 국민이 정부를 불신할 때에 전쟁을 하면 군대가 적을 치지 않고 정부를 공격할 수도 있다.

군대의 생명은 질서와 규율에 달려 있다. 전쟁에는 반드시 두루 통할 수 있는 정당한 이유가 있어야 한다. 침략 전쟁은 정당한 이유가 없는 전쟁이므로 반드시 패배한다. 침략 전쟁을 할 때에 군대의 규율을 유지할 수 있는 수단은 강제 이외에 아무것도 없다. 율(律)이란 원래 피리이다. 전진하고 후퇴하고 정지하고 발포하는 것이 모두 가락에 맞아야 한다는 뜻이다. 분별없이 공격하는 군대는 화력을 한 곳에 집중하지 못하기 때문에 패배한다. 군대에게는 승리와 패배 이전에 과정과 절차에 대한 이해가 필요하다.

장교는 항상 군대 속에 있어야 한다. 사병들의 사정을 모르고 독단적으로 결정하는 장교의 지시는 제대로 시행되지 않는다. 장교를 장교답게 하는 것은 아랫사람의 신뢰와 윗사람의 신임이다. 주나라에서는 벼슬을 일명(一命)에서 구명(九命)까지의 아홉 등급으로 나누고 등급에 따라 색을 달리한 옷을 입게 했다. 임금이 세 차례나 명복(命服)을 준다는 것은 최고의 지위까지 승진시켜 준다는 뜻이다.

전쟁을 수행할 경우에 임금은 장군의 의견을 충분히 듣고 결정해야 하고, 한번 결정하면 흔들리지 말아야 한다. 임금이 장군을 믿고 장군이 임금에게 호응하면 전쟁에 승리한다. 그러나 아무리 강한 군대라 하더라도 일시적인 패배를 피할 수는 없다. 부분적인 패배가 전반적인 패배를 피하는 수단이 될 수도 있다. 변화하는 상황에 적절하게 대처하여 피해를 최소한으로 줄일 줄 알아야 한다. 피해가 너무 크면 공을 세우더라도 칭찬받지 못한다.

우세한 적과 희망 없이 전투를 계속하는 것보다는 질서 있게 후퇴하는 것이 낫다. 후퇴가 패배를 피하게 해줄 수 있다면 물러나기를 부끄러워할 필요가 없다. 다만 후퇴는 언제든지 기민한 반격의 준비가 되어야 한다. 음의 자리인 넷째 줄에 끊어진 선이 있다. 힘이 약하여 물러나지만 제자리에 있으므로 질서를 어긴 것은 아니다.

숲에 있어야 할 새가 밭에 와서 곡식을 먹으면 잡아야 한다. 기민한 공격이 필요한 시기이다. 공격에는 무모한 용기보다 노련한 판단이 더 중요하다. 지휘관은 상황에 민첩하게 반응하는 과감성과 위험에 균형 있게 대응하는 유연성을 갖춰야 한다. 경험이 없는 지휘관은 부분적인 국면에 집착하여 전쟁의 전반적인 국면을 고려하지 못하고 일시적인 승리에 자만하거나 일시적인 패배에 좌절하기 쉽다. 지휘관은 현 단계의 의미를 국면 전체의 맥락으로 읽을 수 있어야 한다.

"利執言"의 '言'자는 '焉'자와 통하는 어조사이다. 《시경》〈소아〉의 '대동'(大東)에 "한길은 숫돌처럼 평평하여 그 곧기가 화살과 같아라. 관리들은 밟고 다녀도 백성들은 보기만 하니, 둘러보고 돌아봐도 눈물만 주루룩 흐른다"(周道如砥하니 其直如矢로다. 君子所履이오 小人所視니, 睠言顧之오 潸言出涕호라), "권언고지 산언출체"(睠言顧之 潸言出涕)의 '言'자가 그 예이다.

전쟁에 승리한 후에 임금은 전공(戰功)에 따라 봉토를 분배해 준다. 그러나 도량이 좁고 간사한 사람은 설령 공이 있다 하더라도 봉토를 가지지 못하게 해야 한다. 소인에게 재물을 상으로 주는 것은 무방하나 소인이 지역에 할거하여 나라를 혼란하게 하는 것은 절대로 막아야 한다. 평화가 회복되면 처벌과 처형은 극소화하고 투기와 독점을 막아 정치적 안정과 경제적 성장을 도모해야 한다.

水地比

坤下坎上

8. 水地比

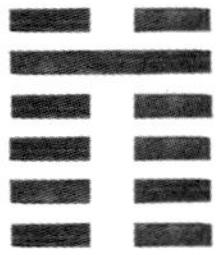

坤下坎上

比는 吉하나 原筮하여 元永貞하여야
無咎리라.
不寧이 方來니 後夫는 凶하리라.
彖曰 比는 吉也며 比는 輔也니 下順從也라.
原筮元永貞無咎는 以剛中也요
不寧方來는 上下應也요
後夫凶은 其道窮也니라.

수지비(水地比) : 대체로 좋으나 참되게 확인하고 크게 길이 인내해야 허물을 짓지 않는다. 편안하게 여기지 않던 사람들도 바야흐로 와서 가담한다. 지나치게 늦게 오는 사람은 나쁜 결과를 만난다.

판단 : "수지비는 대체로 좋다." 나란함은 서로 도움을 의미한다. 아랫사람들이 순종한다.

"참되게 확인하고 크게 길이 인내해야 허물을 짓지 않는다." 강건한 선이 중심에 있는 것이다.

"편안하게 여기지 않던 사람들도 바야흐로 와서 가담한다." 상하가 호응하는 것이다.

"지나치게 늦게 오는 사람은 나쁜 결과를 만난다." 그의 길이 다한 것이다.

■ 풀이

땅에 있는 물은 나란히 바다로 흘러든다. 다섯 개의 끊어진 선들이 다섯째 줄에 있는 이어진 선의 계획대로 행동한다. 나란함은 군주적 통일의 원리에 근거한 일치이다. 분열보다 일치가 더 좋다는 것은 두말할 나위도 없는 일이지만, 공동체의 구성원들이 단순하고 소박하게 생활하며 정직하고 관대하게 행동하며 친밀하게 상부상조함으로써 자연스럽게 형성된 것이 아니면 참된 일치라고 할 수 없다.

일치협력의 분위기가 사회에 가득 차면 처음에는 다섯째 줄의 이어진 선을 불신하여 망설이던 사람들도 공동작업에 참여하게 된다. 공동작업이 다 끝난 뒤에야 오는 사람에게는 아무런 일도 남아있지 않을 것이다. 남들과 나란히 발맞추어 작업하려면 늘 자신을 돌아보고 너무 빨리 가거나 너무 늦게 가지 않도록 조심해야 한다.

시초로 점치는 것은 진심으로 간절하게 묻는 것이다. 본문의 '원서'(原筮)를 "진정으로 묻는다"는 뜻으로 해석하여 "참되게 확인한다"로 번역하였다.

다섯째 줄의 이어진 선이 둘째 줄의 끊어진 선과 호응하고 윗괘의 중심에 있으면서 다섯 개의 끊어진 선들을 가지런하게 정돈한다. 아랫사람이 순종하여 상하가 호응한다. 그러나 올바른 길에서 벗어나 있는 자들까지 도와줄 수는 없다.

* * *

象曰 地上有水 比니

先王이 以하여 建萬國하고 親諸侯하니라.

初六은 有孚比之니 無咎요

有孚盈缶니 終來有他吉하리라.

象曰 比之初六은 有他吉也니라.

六二는 比之自內니 貞하여 吉로다.

象曰 比之自內는 不自失也니라.

六三은 比之匪人이니라.

象曰 比之匪人이 不亦傷乎아.

六四는 外比之니 貞하면 吉하리라.

象曰 外比于賢은 以從上也니라.

九五는 顯比니 王用三驅에 失前禽이나

邑人도 不誡니 吉하리라.

象曰 顯比之吉은 位正中也요

舍逆取順이 失前禽也요

邑人不誡는 上使中也일새니라.

上六은 比之無首니 凶하니라.

象曰 比之無首 無所終也니라.

缶(부) - 질그릇 | 顯(현) - 나타나다 | 驅(구) - 말을 몰다 | 誡(계) - 경계하다

형상 : 땅위에 물이 있는 것이 수지비(水地比)의 형상이다. 옛날의 성왕이 이것을 본받아 봉토를 분배하여 여러 나라를 세우고 제후들을 친밀하게 대하였다.

첫째 음 : 진실하게 나란히 간다. 허물이 없다. 물이 질그릇에 차듯이 믿음이 가슴에 가득 찬다. 마침내 다른 사람들이 와서 도와주니 좋다.

형상 : 수지비의 첫째 음에는 다른 사람들이 있어서 좋은 것이다.

둘째 음 : 내심으로부터 나란히 간다. 인내해야 좋다.

형상 : "내심으로부터 나란히 간다." 스스로 도를 상실하지 아니한 것이다.

셋째 음 : 사람답지 않은 사람들과 나란히 간다.

형상 : "사람답지 않은 사람들과 나란히 간다." 어찌 다치지 않겠는가?

넷째 음 : 드러나게 나란히 간다. 인내하면 좋다.

형상 : 그는 드러나게 공개적으로 현인과 나란히 걷는다. 그가 윗사람을 따르는 것이다.

다섯째 양 : 나란함을 나타낸다. 임금은 사냥할 때에 몰이꾼을 세 방면에 사용하고 정면에 보이는 짐승만 쫓는다. 임금이 앞에 있는 짐승을 놓친다 해도 마을 사람들은 경계할 필요가 없다. 상하가 서로 편안히 여기니 좋다.

형상 : 나란함을 나타내는 것이 좋음은 바른 태도로 중심에 있기 때문이다. 거스르는 사람들을 버리고 따르는 사람들을 거둔다. 이것이 "앞에 있는 짐승을 놓친다"는 문장의 의미이다. "마을 사람들은 경계할 필요가 없다." 위에서 시키는 일이 이치에 맞기 때문이다.

윗음 : 나란히 가려 해도 거느릴 사람이 없다. 나쁜 결과를 초래한다.

형상: "나란히 가려 해도 거느릴 사람이 없다." 끝맺음이 없을 것이다.

■ 풀이

물은 흐르다가 다른 물을 만나면 나란히 함께 흐른다. 사회의 조직은 개인들이 자신을 사회의 구성원으로 느끼게 하는 이익의 일치에 의거한다.

질그릇은 꾸밈이 없어 단순하고 소박한 느낌을 준다. 질그릇에 가득 담긴 물은 정직하고 관대한 마음을 의미한다. 사람들은 누구나 정직하고 관대한 사람과 함께 일하려고 한다. 그리고 사람들은 누구나 개인과 개인, 지역과 지역, 국가와 국가 사이에 믿음이 통하는 세상에서 살고 싶어 한다. 권모술수로 사리를 도모하는 사람은 세상의 질서를 파괴할 뿐 아니라 내심의 평화도 파괴한다.

둘째 줄의 끊어진 선과 다섯째 줄의 이어진 선 사이에는 내적인 친화가 흐르고 있다. 내적인 친화가 외적인 친화의 근거이다. 자기 자신의 마음 바탕을 버리고 권세에 붙좇는 것을 권모술수라고 한다. 권모술수는 인간의 창조능력을 파괴한다.

셋째 줄의 끊어진 선은 여섯째 줄의 끊어진 선과 호응하지 않으므로 사람답지 않은 사람과 나란히 간다고 하였다. 세상에는 의례적이고 사교적인 관계 이상으로 친밀하게 대하지 말아야 할 사람들이 있다. 그들과의 그릇된 친밀함은 해로울 뿐이다. 함께할 가치가 없는 사람과는 함께할 필요가 없다. 우리에게 정말로 중요한 것은 공동작업을 수행해야 할 사람들과의 우정이다.

넷째 음은 다섯째 줄의 이어진 선에 가깝게 붙어 있으므로 공개적으로 중심선인 다섯째 양과 나란히 가는 것이 좋다. 현인과 함께 일하는 사람은 마음 놓고 자신의 신의를 보여도 좋다.

임금이 사냥을 할 때에, 마을 사람들을 동원하여 짐승을 세 방향에서 몰게 하고, 임금의 정면에 문을 세워 놓아 임금은 그 문 안에 들어온 짐승만 쏘았고, 문 앞에서 도망치는 짐승은 놓아주는 것이 상나라의 풍습이었다. 마찬가지로 공동작업에는 오는 사람을 오게 하고 가는 사람 가게 하는 관대함이 필요하다. 누구도 박대하지 않고 누구에게도 아첨하지 않는 자세가 필요한 것이다. 경계와 경비와 보안은 자발적인 친화를 가로막을 뿐이다. 공평하고 무사하여 누구에게도 특혜를 주지 않음으로써 투기분자들이 날뛰지 못하게 해야 한다.

공동작업에는 설계하고 계획하는 사람이 있어야 한다. 일치의 계기를 형성하고 결속의 동기를 제공하는 사람이 필요한 것이다. 무식하면서도 함부로 행동하는 사람은 사회적 결속을 파괴한다. 귀담아 들으려는 마음가짐과 보고 배우려는 몸가짐이 더불어 사는 능력을 향상시킨다.

風天小畜

䷈

乾下巽上

9. 風天小畜

乾下巽上

小畜은 亨하나

密雲不雨 自我西郊로다.

象曰 小畜은 柔得位而上下應之할새 曰小畜이니

健而巽하며 剛中而志行하여

乃亨하니라.

密雲不雨는 尙往也요

自我西郊는 施未行也니라.

巽(손) - 공손하다 | 尙(상) - 오히려

풍천소축(風天小畜) : 성취한다. 구름은 밀집되었으나 우리 서쪽 지역에서 비는 아직 몰려오지 않는다.

판단: 풍천소축(風天小畜)은 유순한 선이 제자리를 얻고 상하가 호응하므로 작은 것이 키운다고 한 것이다. 굳건하고 부드럽다. 강건한 것이 중심에 있으면서 뜻대로 행동하니 모든 일이 곧 성취된다.

"구름은 밀집되었으나 비는 아직 몰려오지 않는다." 그는 아직도 더 가야 한다. "우리 서쪽 지역에서" 베푼 공덕이 아직 보람을 거두지 못한 것이다.

■ 풀이

넷째 줄의 끊어진 선이 다섯 개의 이어진 선들에 영향을 미치고 있으므로 작은 것이 키운다고 한 것이다. 넷째 음은 천자가 아니면서 천자인 상나라의 제신(帝辛), 즉 주왕(紂王)보다 더 큰 영향력을 지닌 주나라의 문왕을 가리킨다.

기원전 1185년에 문왕 창(昌)은 아버지 계력(季歷)의 뒤를 이어 서쪽 제후들의 우두머리인 서백(西伯)이 되었다. 그가 상나라의 수도에서 멀지 않은 여(黎)나라를 쳐 이겼을 때 상나라의 조정이 크게 동요하였다는 사실이 《서경》에 기록되어 있다. 주역의 기본 구조는 상나라의 폭군 제신의 재위 기간(기원전 1154—1122년)에 주나라 문왕의 손에 완성되었다.

《시경》〈소아〉'대동'(大東)의 "동쪽 나라 사람들은 고생만 하고 위로 받지 못하는데 서쪽 나라 사람들은 옷차림도 찬란해라"(東人之子는 職勞不來요 西人之子는 粲粲衣服이로다)는 무왕의 혁명이 성공한 후에 제후국으로 전락한 상나라 유민들의 탄식이다. 《주역》에서 서쪽과 동쪽이 대조되는 경우에 대체로 서쪽은 성장하는 주나라를 대표하고 동쪽은 쇠퇴하는 상나라를 대표한다.

풍천소축(風天小畜)은 혁명의 가능성이 아직 요원한 상황을 암시하고 있다. 구름은 밀집되었으나 서쪽 주나라에서 시작될 태풍은 아직 몰아치지 않는다. 풍천소축의 비는 택천괘의 비처럼 쉽게 내리지 않는다.

그리고 "우리 서쪽 지역으로부터"(自我西郊)라는 구절은 자연현상을 가리키는 것이 아니라 상나라와 주나라의 사정을 가리키는 것이다. 중국의 경우에 비구름은 언제나 바다가 있는 동쪽에서 시작하기 때문이다.

* * *

象曰 風行天上이 小畜이니

君子 以하여 懿文德하나니라.

初九는 復이 自道어니 何其咎리오. 吉하니라.

象曰 復自道는 其義吉也니라.

九二는 牽復이니 吉하니라.

象曰 牽復은 在中이라 亦不自失也니라.

九三은 輿說輻이니 夫妻反目이로다.

象曰 夫妻反目은 不能正室也니라.

六四는 有孚하여 血去코 惕出이니 無咎리라.

象曰 有孚惕出은 上合志也니라.

九五는 有孚攣如하여 富以其隣이로다.

象曰 有孚攣如는 不獨富也니라.

上九는 旣雨旣處라 上德載니

婦는 貞하여도 厲요

月幾望이니 君子征이면 凶하리라.

象曰 旣雨旣處는 德이 積載也요

君子征凶은 有所疑也니라.

懿(의) - 아름답다 | 說(탈) - 벗다 | 輻(복) - 바퀴살 | 攣(련) - 걸다
載(재) - 싣다

형상 : 바람이 하늘을 지나가는 것이 소축(小畜)의 형상이다. 군자는 이것을 본받아 예절과 음악으로 교화하는 덕을 아름답게 닦아 이룬다.

첫째 양 : 길을 따라 되돌아온다. 어떻게 그것을 허물하겠는가? 좋다.

형상 : "길을 따라 되돌아온다." 그것이 옳은 행동이므로 좋다.

둘째 양 : 남들을 이끌고 함께 되돌아온다. 좋다.

형상 : "남들을 이끌고 함께 되돌아온다." 그것이 중심에 있고 또 제자리를 잃지 않았다.

셋째 양 : 수레에서 바퀴가 빠지고 남편과 아내가 반목한다.

형상 : "남편과 아내가 반목한다." 그는 집을 바로잡지 못한다.

넷째 음 : 진실하게 행동하면 혈전이 그치고 공포도 사라진다. 허물을 짓지 않는다.

형상 : 진실하게 행동하면 공포가 사라진다. 윗사람의 의지와 합치하기 때문이다.

다섯째 양 : 진실하게 서로 끌어주어 이웃 때문에 부유하게 된다.

형상 : "진실하게 서로 끌어준다." 그는 혼자서 넉넉해지려고 하지 않는다.

윗양 : 비가 오려고 하다가 그쳤고 덕도 아직 다 이룩되지 않았다. 여자가 정절을 지켜도 위태롭다. 달은 거의 보름달에 가까우나 아직 다 차지 않았다. 군자가 지금 자기의 뜻을 관철하려 하면 결과가 나쁠 것이다.

형상 : "비가 오려고 하다가 그쳤다." 그러나 덕은 계속해서 가득 쌓이고 있다. "군자가 지금 자기의 뜻을 관철하려 하면 결과가 나쁠 것이다." 의심스러운 바가 있기 때문이다.

■ 풀이

하늘은 인간의 창조능력을 의미하고, 바람은 창조능력의 우아한 표현을 의미한다. 풍천소축(風天小畜)은 무력으로 인간을 변화시키려 하지 않고 예절과 음악, 즉 문덕으로 인간을 심복시키려 한다.

앞으로 나아가려고 하다 보면 다른 사람들의 반대에 부딪히게 된다. 무리하게 싸우려 하지 말고 정도를 지키면서 물러나는 것이 지혜로운 행동이다. 공동작업의 진행 방향이 잘못 설정되어 강력한 장애에 직면했을 때는 뜻을 같이하는 사람들과 의논하고 함께 잠시 물러나는 것이 좋다. 공동작업 자체를 위태롭게 하는 무모한 행동은 피해야 한다. 물러서는 것은 포기하는 것과 다르다.

자기를 연마하고자 하면 무엇보다 남과 싸우지 말아야 한다. 자기 훈련에 필요한 시간과 정력을 싸우는 데 낭비할 수는 없기 때문이다. 부부가 싸우는 것은 수레에서 바퀴가 빠져나가는 것과 같다. 남편이 성난 눈으로 아내를 쳐다보면 아내도 화난 눈으로 남편에게 응수한다. 가정의 평화가 파괴되면 가족 구성원 하나하나의 자기실현은 애초부터 불가능하게 된다.

국가의 경우에 집단과 집단의 반목은 흔히 내전의 형태로 전개된다. 권력이란 원래 움키고 삼키고 빼앗고 죽이는 힘이었다. 폭군은 성이 나면 학살도 서슴지 않는다. 내전의 공포 속에서도 우리는 완강하게 우리의 성실성을 지켜내야 한다. 그리고 어떠한 위기와 동요 가운데서도 우리는 우리 자신의 일에 헌신하면서 함께 일하는 사람들이 잘 되도록 진심으로 도와주어야 한다.

정직하고 관대한 신뢰관계가 참다운 풍요의 기반이다. 경제적 안정이란 이웃과 함께 나누는 풍요이다. 독점과 착취는 경제적 불안을 야기할 뿐이다.

구름이 밀집되었으나 비는 아직 내리지 않는 상태가 윗양에서 다시 반복된다. 비가 내리려 하고 덕도 거의 완성된 단계에 와 있으나 현재 비가 오고 있는 것은 아니며 덕도 충분히 완성된 것은 아니다.

보름달에 가깝다는 것과 보름달이라는 것과는 다르다. 머릿속에서는 유사한 것이 구체적인 작업의 현장에서는 큰 차이를 드러내는 경우가 적지 않다. 경험으로 검증되지 않은 지식은 위기에 대처하는 데 무력하다. 더구나 현실에는 관념으로 해결할 수 없는 일이 허다하다. 여자가 절개를 지켜도 위태롭다는 역설적인 사건도 일어날 수 있는 것이 현실이다.

뒤에 문왕으로 추존된 서백(西伯) 창(昌)은 상나라 제신(帝辛) 11년 (기원전 1144년)에 유리(羑里)에 갇혔다가 3년 만에 석방되었다. 《사기》의 〈주본기(周本紀)〉에는 다음과 같이 기록되어 있다.

> 숭후(崇候) 호(虎)가 주(紂)에게 "서백은 선과 덕을 쌓아 제후들이 모두 그를 따르니 장차 임금님께 이롭지 않을 것입니다"라고 서백을 참소하였다. 주는 곧 서백을 유리에 가두었다. 굉요(閎夭) 등이 이것을 근심하여 유신씨(有莘氏)의 미녀와 여융(驪戎)에서 나는 명마와 유웅(有熊)의 수레 끄는 말 서른여섯 마리와 그 이외의 신기한 물건들을 구하여 주의 총신인 비중(費仲)을 통하여 주에게 바쳤다. 주는 매우 기뻐하며 "이 중에서 한가지로도 서백을 석방시킬 수 있을 터인데 하물며 선물이 이렇게 많음에랴!" 하고 곧 서백을 사면하였다.
>
> 崇候虎譖西伯於殷紂曰："西伯積善累德, 諸侯皆嚮之, 將不利於帝." 紂乃囚西伯於羑里. 閎夭之從患之, 乃求有莘氏美女, 驪戎之名馬, 有熊九駟, 他奇怪物, 因紂嬖臣費仲而獻之. 紂大悅曰："此一物足以釋西伯, 況其多乎!" 乃赦西伯.

天澤履

䷉

兌下乾上

10. 天澤履

兌下乾上

履虎尾라도 不咥人이라 亨하니라.

彖曰 履는 柔履剛也니

說而應乎乾이라

是以履虎尾不咥人亨이니라.

剛中正으로 履帝位하여 而不疚니

光明也니라.

履(리) - 밟다 | 咥(절) - 물다 | 說(열) - 기쁘다 | 疚(구) - 병

호랑이의 꼬리를 밟아도 호랑이가 사람을 물지 않는다. 일을 뜻대로 성취한다.

판단 : 유순한 선이 강건한 선들을 밟고 있으나 기쁘게 삼련건에 호응한다. 그러므로 "호랑이의 꼬리를 밟아도 호랑이가 사람을 물지 않는다. 일을 뜻대로 성취한다."

강건한 선이 윗괘의 중심에 있으면서 바른 자리를 지킨다. 그가 임금의 자리에 있어도 아무도 병으로 여기지 않는다. 그의 덕이 밝고 환하기 때문이다.

■ 풀이

천택리(天澤履)는 일상생활에서 밟고 가야 할 예절이다. 예절의 본질은 정직과 관대에 있다. 누구에게나 실수의 가능성은 있다. 실수를 전혀 하지 않는 사람은 있을 수 없다. 그러나 평소에 정직하고 관대하게 행동한 사람의 실수는 용서받기 쉽다. 딸이 아버지의 발을 밟아도 아버지는 딸에게 화를 내지 않는다. 딸이 고의로 아버지를 무시한 것이 아님을 알기 때문이다. 예절 바른 사람이 어쩌다가 저지른 실수는 거칠고 사나운 사람에게도 용납될 수 있다.

언제 어디에 가서 누구를 만나더라도 능히 함께 일할 수 있게 하는 데 예절의 힘이 있다. 기쁨은 상절태의 성질이고 광명은 삼련건의 성질이고 일치와 호응은 예절의 성질이다.

* * *

象曰 上天下澤이 履니
君子 以하여 辨上下하여 定民志하나니라.
初九는 素履로 往하면 無咎리라.
象曰素履之往은 獨行願也니라.
九二는 履道坦坦하니
幽人이라 貞吉하리라.
象曰 幽人貞吉은 中不自亂也니라.

六三은 眇能視며 跛能履라
履虎尾하여 咥人이니 凶하고
武人이 爲于大君이로다.
象曰 眇能視는 不足以有明也요
跛能履는 不足以與行也요
咥人之凶은 位不當也요
武人爲于大君은 志剛也니라.
九四는 履虎尾니 愬愬하여 終吉이리라.
象曰 愬愬終吉은 志行也니라.
九五는 夬履니 貞이라도 厲하리라.
象曰 夬履貞厲는 位正當也일새니라.
上九는 視履하여 考祥하되 其旋이면 元吉이리라.
象曰 元吉在上이 大有慶也니라.

素(소) - 본디 | 坦(탄) - 넓다 | 愬(색) - 두려워하다 | 祥(상) - 상서롭다
旋(선) - 두루

형상 : 위에 하늘이 있고 아래에 호수가 있는 것이 천택리(天澤履)이다. 군자는 이것을 본받아 상하를 변별하고 민중의 생각을 일정하게 한다.

첫째 양 : 소박하게 행동한다. 계속 나아가도 허물을 짓지 않는다.

형상 : 소박하게 행동하며 계속 나아간다. 혼자서 자신이 간절하게 원하는 것을 실행하는 것이다.

둘째 양 : 밟는 길이 평탄하더라도 사려 깊은 사람이 인내해야 좋다.

형상 : “사려 깊은 사람이 인내해야 좋다.” 중심이 스스로 혼란스럽지 않기 때문이다.

셋째 음 : 애꾸눈이 볼 수 있는 체하고 절름발이가 걸을 수 있는 체하다가 호랑이의 꼬리를 밟는다. 호랑이가 사람을 무니 나쁘다. 무인이 임금을 대신하는 격이다.

형상 : “애꾸눈이 볼 수 있는 체한다.” 분명함이 있을 리는 없다. “절름발이가 걸을 수 있는 체한다.” 남들과 더불어 함께 갈 수 있을 리는 없다. “사람을 무니 나쁘다.” 끊어진 선이 양의 자리에 있으므로 자리가 적당하지 않다. “무인이 임금을 대신하는 격이다.” 그의 의지가 전쟁하기에는 적당하나 정치하기에는 지나치게 억세다.

넷째 양 : 호랑이의 꼬리를 밟고 놀라 두려워한다. 끝내는 좋다.

형상 : 놀라 두려워하니 끝내는 좋다. 뜻하는 일이 시행된다.

다섯째 양 : 결연하게 행동한다. 바르게 행동해도 위태로울 때가 있다.

형상 : “결연하게 행동한다. 바르게 행동해도 위태로울 때가 있다.” 머무는 자리가 늘 정당해야 한다.

윗양 : 밟는 길을 살피고 조짐을 헤아린다. 상서로운 조짐들이 두루 갖추어져 있으면 크게 좋다.

형상 : 크게 좋은 일이 윗자리에 있다. 경사가 있는 것이다.

■ 풀이

하늘이 위에 있고 호수가 아래 있음은 너무나 당연한 이치이다. 이처럼 당연한 이치대로 생활하는 것이 예절의 실천이다. 타고난 자질에 맞는 작업을 발견하여 일에 고심하고 일에 공들이고 일에 정성을 다하는 것이 사회적 조화의 원리이다. 일정한 뜻을 지니고 있는 사람은 이익에 따라 이리저리 동요하지 않는다. 일을 따라다니면 먹고 살 걱정이 없어지나, 돈을 따라다니면 사람만 천해진다.

농업과 공업과 상업과 학문이 다 일정한 의미를 가지고 있는 것이니 하고 싶은 일에 조용히 정성을 다하다 보면 어떤 일에서나 기쁨을 느낄 수 있다. 소박하게 자기 일에 열중하는 젊은이에게는 퇴보와 저하를 막는 내적인 힘이 있다. 단순하고 소박한 행동 자체가 진보와 향상을 보증한다.

일에 공들이는 대신에 가난한 생활을 모면하려고만 한다면 그는 부유하게 되자마자 교만하고 사치하게 될 것이다. 마음먹고 일을 시작하는 사람은 작업의 세부를 하나하나 몸소 익숙하게 익혀야 한다. 알아야 할 것을 대충 거치는 사람에게는 결코 진보가 없다. 그리고 성향과 의향과 취향에 맞지 않는 일, 기질과 체질과 성질에 맞지 않는 일에는 향상이 없다. 인간에게 가장 중요한 것은 간절한 원(願)이다.

예절이란 누구나 따라야 할 생활의 형식이다. 이 삶의 형식에 익숙해지면 남들과 일하는 것이 평평한 길을 걷는 것과 같이 쉬워진다. 둘째 양은 음의 자리에 있는 강한 선이다. 예절을 실천하는 것은 뽐치고 자랑하는 것이 아니다. 예절에 익숙해지면 익숙해질수록 서두름 없이 떠들썩하지 않게, 목표에 이르려고 조급해 하지 않으면서 조용하고 편안하게 자기 일에 헌신하게 된다. 남에게 무엇을 요구하지 않고 운명에 항거하려고 하지 않으면서 자기 일에 충실한 사람은 어떤 경우에도 흐트러지지 않는다.

애꾸눈이나 절름발이가 그들 자신의 결함을 인식하지 못하고 스스로 정상이라고 여기고 행동하다가는 위태로운 사고를 당하게 된다. 능력을 헤아리지 않고 무모하게 감행하는 행동은 자신뿐 아니라 남에게도 해를 끼친다. 자신의 능력을 존중하면서 동시에 자신의 결함을 인정하는 것이 예절의 기본이다. 우리는 일체의 자아편향을 제거하고 자신도 공경하며 타인도 공경해야 한다. 셋째 음은 양의 자리에 있는 끊어진 선이므로, 결함을 자각하지 못하고 강하게 행동하기 쉽다. 분별없이 전진하고 무리하게 공격하는 군인은 강한 사람처럼 보이지만 실제로는 약한 사람이다. 임금의 분부에 따르는 것이 군인의 의무인데, 군인이 임금을 대신해서 행동한다면 나라에 혼란을 초래하고 말 것이다. 군사정변은 사회규범에 대한 최악의 위반이다.

셋째 음이 겉으로는 강하게 보이나 속이 허약하다면 넷째 양은 겉으로는 약하게 보이나 속은 강건하다. 정신은 강하고 태도는 조심스럽다. 능력을 갖추고 항상 조심하는 사람에게 퇴보가 있을 리 없다.

세상에는 순간적으로 결단해야 할 일들도 있다. 그러나 결연하게 행동하는 것이 앞뒤 헤아림 없이 곧장 실행하는 것은 아니다. 결연한 행동이란 위험을 인식하고 위험을 무릅쓰고 감행하는 행동이다. 여우처럼 의심하고 주저하지도 않고 멧돼지처럼 급히 나가 돌진하지도 않는 것이 결연한 행동이다. 다섯째 양은 윗괘의 중심에 있는데 양의 자리에 있는 이어진 선이므로 정당한 자리에 있는 것이다. 정당한 자리에 있지 않으면 결연하게 행동하지 못한다. 먼저 자신을 반성하여 정당한 자리에 있는가 살피고 다음에 상황을 검토하여 위험한 요인들이 있는가 헤아려 보아야 한다. 자신에 대하여 완전히 아는 사람은 없다.

자아편향 없는 자기인식은 자신의 행동이 초래한 결과에 대하여 반성하고 자신의 행동이 초래할 결과에 대하여 예측하는 데서 시작한다. 책임에는 과거의 행동에 대한 책임뿐 아니라 미래의 행동에 대한 책임도 포함된다. 우리는 이미 경험한 일뿐 아니라 계획하고 설계한 일에 대해서도 책임을 져야 한다.

地天泰

䷊

乾下坤上

11. 地天泰

䷊

乾下坤上

泰는 小往코 大來하니

吉하여 亨하니라.

彖曰 泰小往大來吉亨은 則是天地交而萬物이 通也며

上下交而其志同也라.

內陽而外陰하며 內健而外順하며 內君子而外小人하니

君子道長하고 小人道消也니라.

지천태(地天泰) : 작은 것을 잃고 큰 것을 얻으니 좋다. 성취한다.

판단 : "지천태는 작은 것을 잃고 큰 것을 얻으니 좋다. 성취한다." 하늘과 땅이 사귀고 만물이 서로 통한다. 윗사람과 아랫사람이 사귀고 그들의 뜻이 일치한다. 양이 안에 있고 음이 밖에 있다. 강건함이 안에 있고 유순함이 밖에 있다. 군자가 안에 있고 소인이 밖에 있다. 군자의 길은 변치 않으나 소인의 길은 소멸한다.

■ 풀이

땅이 위에 있어 아래로 내려오려 하고 하늘이 아래에 있어 위로 올라가려 하니 하늘과 땅이 서로 만나 마음을 여는 것이다. 하늘은 안에서 다스리고 땅은 밖에서 순종한다. 창조능력은 안에서 지배하고 수용능력은 밖에서 헌신한다. 몸과 마음, 집안과 나라가 다 태평하다. 둘째 줄의 이어진 선과 다섯째 줄의 끊어진 선이 지천태의 중심선이다. 둘째 양은 다섯째 음에게 헌신하고 다섯째 음은 둘째 양을 포용한다. 임금과 총리가 서로 호응하면 사회가 안정된다. 안정된 사회에서는 소인들이 날뛸 자리가 적어진다.

* * *

象曰 天地交 泰니 后 以하여

財成天地之道하며 輔相天地之宜하여 以左右民하나니라.

初九는 拔茅茹라 以其彙로 征하니 吉하니라.

象曰 拔茅征吉은 志在外也니라.

九二는 包荒하며 用憑河하며 不遐遺하며 朋亡이라야

得尚于中行하리라.

象曰 包荒得尚于中行은 以光大也라.

九三은 無平不陂며 無往不復이니

艱貞이면 無咎하여 勿恤其孚라

于食에 有福하리라.

象曰 無往不復은 天地際也니라.

六四는 翩翩히 不富以其隣하여 不戒以孚로다.

象曰 翩翩不富는 皆失實也요

不戒以孚는 中心願也니라.

六五는 帝乙이 歸妹니 以祉며 元吉이리라.

象曰 以祉元吉은 中心願也니라.

上六은 城復于隍이라 勿用師요 自邑告命이니

貞이라도 吝하니라.

象曰 城復于隍은 其命이 亂也니라.

茅(모) - 띠 | 茹(여) - 뿌리 | 彙(휘) - 무리 | 憑(빙) - 걸어서 건너다
遐(하) - 멀다 | 遺(유) - 버리다 | 陂(피) - 기울어지다 | 恤(휼) - 근심
翩(편) - 날다 | 祉(지) - 복 | 隍(황) - 터

형상 : 하늘과 땅이 교분을 맺는 것이 지천태(地天泰)의 형상이다. 임금은 이것을 본받아 천지의 도를 마르재어서 이룩하고 천지의 마땅함을 보태어 도움으로써 국민의 생활을 유익하게 한다.

첫째 양 : 띠를 떠내면 뿌리째 나온다. 띠의 뿌리들이 한데 모여 있듯이 함께 나아가는 것이 좋다.

형상 : 띠의 뿌리가 떠내지듯 함께 나아가는 것이 좋다. 하고자 하는 뜻이 자신의 내면에 있지 않고 자신의 외부에 있기 때문이다.

둘째 양 : 거칠고 사나운 사람도 포용하여 강을 건너는 싸움에 등용하고 멀리 궁벽한 지역에 사는 사람도 버려두지 않고 사사로운 패거리를 모두 없앤다. 그는 중용의 실행을 귀하게 여긴다.

형상 : 거칠고 사나운 사람을 포용하고 중용의 실행을 귀하게 여긴다.

그의 덕이 크게 빛난다.

셋째 양 : 고르기만 하고 기울지 않는 것은 없고 가기만 하고 돌아오지 않는 것은 없다. 어렵다고 여기고 인내하면 허물을 짓지 않는다. 근심하지 말라. 그가 진실하니 먹고 사는 데 복이 있을 것이다.

형상 : "가기만 하고 돌아오지 않는 것은 없다." 셋째 양은 삼련건과 삼절곤의 경계이다.

넷째 음 : 새들이 나란히 날듯이 재물을 공평하게 분배하고 이웃 때문에 혼자서만 넉넉하게 살지 않는다. 서로 경계하지 않고 진실하게 교제한다.

형상 : 새들이 나란히 날듯이 혼자서만 넉넉하게 살지 않는다. 윗괘인 삼절곤의 세 줄이 다 가득 차는 것을 피하여 끊어진 선을 취한다. "서로 경계하지 않고 진실하게 교제한다." 그것이 중심에서 원하는 교제이기 때문이다.

다섯째 음 : 상나라 29대 임금 제을이 서백 창(昌)에게 누이를 시집보낸다. 모든 사람의 축복을 받으니 크게 좋다.

형상 : "모든 사람의 축복을 받으니 크게 좋다." 원하던 것을 중심에서 실행하기 때문이다.

윗음 : 성이 무너져 해자를 도로 메운다. 군대를 사용하지 말라. 마을로부터 보고받고 명령을 내리라. 가만히 있으면 막힌다.

형상 : "성이 무너져 해자를 도로 메운다." 그의 명령이 오히려 혼란을 더 심하게 한다.

■ 풀이

천지의 도를 어기지 않으면 세상이 안정되고 풍년이 들어 아무 걱정이 없어진다. 씨 뿌리고 김매고 거두는 일을 때에 맞춰 하게 하는 것이 민중을 도와주는 것이다. 정치란 지나친 자들을 마르재어서 억제하고 모자란 자들을 채우고 보태어 격려하는 행동이다.

태평한 시절에는 유능한 사람들이 심신을 닦고 집안을 바로잡는 데 그치지 않고, 나라를 다스리고 온 세상을 편안하게 하는 데에까지 나아가려고 한다. 그들은 띠의 뿌리들이 한데 모여 있듯이 마음을 한군데로 모으고 공동으로 작업해야 한다. 아랫괘의 이어진 세 선이 함께 나아가는 모양을 나타낸다. 아랫괘의 중심에 있는 이어진 선은 다섯째 줄의 끊어진 선과 호응한다.

대중은 어느 모로 보나 거칠고 비속하다. 그러나 우리는 정치적 결정의 근거를 대중의 수량을 제외한 다른 곳에서 찾을 수 없다. 어떤 일이 있더라도 대중을 포용하지 않으면 안 된다. 대중 속에는 언제나 분란이 있다. 대중의 분란을 빈틈없이 분석하여 갈피 짓는 것이 바로 정치적 결정이다. 분란 속에서 나온 결정이라야 다양의 통일이 될 수 있다. 분란 없이 내린 결정은 다양을 배제한 군주의 통일에 지나지 않는다. 그러나 포용은 결코 느슨하게 풀어지는 것이 아니다. 배 없이 강을 건너는 것처럼 위험한 일을 하게 하려면 먼저 대중에게 행정의 공평무사함을 이해시켜야 한다. 지위와 재물을 탐내어 패거리를 만드는 것은 반드시 막아야 한다. 패거리를 꾸리는 자들은 이익이 있을 때면 서로 벗이 되고 이익이 없을 때면 서로 도적이 된다. 아랫괘의 이어진 세 선은 이익을 추구하는 소인들이 될 수도 있고 중용을 실행하는 군자들이 될 수도 있다.

셋째 줄은 하늘과 땅의 경계이고 양과 음의 경계이다. 평화는 오래 지속되지 않는다. 우리는 악을 억제할 수는 있으나 소멸시킬 수는 없다. 악의 세력이 언제나 다시 증대하기 때문에 평화가 영구히 지속되리라는 환상은 사회에 커다란 해를 끼친다. 그러나 사회생활이 어떠하건 인간은 심신을 강건하게 연마해 나가야 한다. 일용할 양식은 천지의 크나큰 축복이다. 인간에게는 신체의 양식뿐 아니라 정신의 양식도 필요하다.

윗괘의 끊어진 세 선도 나란히 움직인다. 세 개의 끊어진 선들은 아랫괘의 이어진 세 선들과 사귀려고 내려온다. 양이 아니어서 다스릴 능력은 없으나 자발적으로 고통을 분담하며 서로 협조하니 혼란에 적절히 대처할 수 있다. 음양이 조화하고 상하가 일치하기 때문이다. 양은 실해야 하고 음은 허해야 한다. 윗괘의 세 음은 가득 차는 것을 피하고 주인이 되려고 하지 않는다. 이것이 양에 순종하는 길이다.

상나라의 29대 임금 제을의 재위기간은 기원전 1191년에서 기원전 1154년까지로서 주나라 문왕의 재세기간과 거의 같다. 《시경》〈대아〉의 '대명'(大明)에 "문왕께서 일을 시작하시자 하늘이 배필을 마련하셨으니, 흡수의 북쪽 위수 물가에 문왕께서 아름답게 여긴 큰 나라의 따님이 계셨다"(文王初載에 天作之合하시니 在洽之陽하며 在渭之涘하여 文王嘉之에 大邦有子로다)는 구절이 있다. 주나라 사람들은 원래 상나라를 높이어 '큰 나라'라고 하였으니, 서백 창의 첫째 부인이 상나라 공주임을 알 수 있다. 다섯째 음은 높은 자리에 있으면서 둘째 양과 호응한다. 공주가 남편에게 순종하는 것을 나타낸다.

성을 건축할 때에는 성 밖으로 둘러서 못을 파고 거기서 나온 흙으로 벽을 쌓는다. 그 벽이 무너져 다시 못을 채웠다면, 그것은 혼란의 시대가 다시 왔다는 증거이다. 민심이 이반하여 분부를 따르지 않을 때에 군대를 내면 반란만 더욱 커질 뿐이다. 나라의 각 지역에서 올라온 보고서를 면밀하게 분석한 후에 도저히 어찌할 수 없다면 하루라도 빨리 군대에게 포기하라고 명령하는 것이 낫다. 포기하고 물러선 이승만이 포기하지 않고 살해된 박정희보다 지혜롭게 결정한 것이다.

天地否

䷋

坤下乾上

12. 天地否

坤下乾上

否之匪人이라 不利君子貞하니
大往小來니라.
彖曰 否之匪人不利君子貞大往小來는
則是天地不交而萬物이 不通也며
上下不交而天下無邦也라.
內陰而外陽하며 內柔而外剛하며 內小人而外君子하니
小人道長하고 君子道消也니라.

천지비(天地否) : 사람답지 않은 사람들이 설치는 것이니 군자가 물러나지 않고 가만있는 것이 오히려 무익하다. 물러나지 않으면 큰 것을 잃고 작은 것을 얻는다.

판단 : "천지비(天地否)는 사람답지 않은 사람들이 설치는 것이니 군자가 물러나지 않고 가만있는 것이 오히려 무익하다. 물러나지 않으면 큰 것을 잃고 작은 것을 얻는다." 천지가 조화하지 않으니 만물이 서로 통하지 못한

다. 상하가 일치하지 않으니 세상에서 나라들이 없어진다. 음이 안에 있고 양이 밖에 있다. 유순한 것이 안에 있고 강건한 것이 밖에 있다. 소인이 안에 있고 군자가 밖에 있다. 소인의 도는 오래 가고 군자의 도는 소멸한다.

■ 풀이

하늘이 위에 있고 땅이 아래에 있으면 하늘과 땅이 만나지 못한다. 윗사람과 아랫사람이 만나지 않으면 혼란이 일어난다. 소인들이 중요한 직책을 차지하면 군자들은 변두리로 밀려난다. 소인이 안에서 지시할 때 군자는 밖에서 소인에게 순종하지 말고 물러나서 자기의 원칙을 지켜야 한다.

* * *

象曰 天地不交 否니
君子 以하여 儉德辟難이라.
不可榮以祿이니라.
初六은 拔茅茹라 以其彙니
貞하면 吉하여 亨하리라.
象曰 拔茅貞吉은 志在君也니라.
六二는 包承이니
小人은 吉코 大人은 否하여 亨하리라.
象曰 大人否亨은 不亂群也니라.
六三은 包羞니라.
象曰 包羞는 位不當也니라.

九四는 有命이요 无咎하여 疇離祉로다.

象曰 有命無咎는 志行也니라.

九五는 休否라 大人吉이니

其亡其亡이라야 繫于苞桑이리라.

象曰 大人之吉은 位正當也일새니라.

上九는 傾否니 先否코 後喜로다.

象曰 否終則傾하나니 何可長也리오.

辟(피) - 물리치다 | 羞(수) - 부끄럽다 | 疇(주) - 무리 | 離(리) - 걸리다
繫(계) - 매다 | 苞(포) - 밑둥

형상 : 하늘과 땅이 교섭하지 않는 것이 천지비(天地否)의 형상이다. 군자는 이것을 본받아 행동을 검소하게 하고 난국을 피한다. 많은 녹봉(祿俸)을 받으며 영화를 누리면 안 된다.

첫째 음 : 띠를 떠내면 뿌리째 나온다. 띠의 뿌리들이 한데 모여 있듯이 함께 인내하면 좋다. 물러나고자 하는 뜻이 성취된다.

형상 : 띠의 뿌리가 떠내지듯 함께 인내하는 것이 좋다. 그들의 뜻이 임금을 돕는 데 있기 때문이다.

둘째 음 : 둘째 줄의 끊어진 선이 다섯째 줄의 이어진 선에 포용되어 다섯째 양의 명령을 잘 따른다. 소인은 좋다. 대인은 막힘으로써 오히려 성취한다.

형상 : "대인은 막힘으로써 오히려 성취한다." 그가 소인들과 섞이지 않기 때문이다.

셋째 음 : 셋째 줄의 끊어진 선은 여섯째 줄의 이어진 선에 포용되어 창피를

당한다.

형상 : “셋째 음은 윗양에 포용되어 창피를 당한다.” 양의 자리에 끊어진 선이 있으므로 자리가 적당하지 않다.

넷째 양 : 임금의 분부가 있으니 행동해도 허물을 짓지 않는다. 동료들과 함께 복 있는 자리에 가까이 간다.

형상 : “임금의 분부가 있으니 행동해도 허물을 짓지 않는다.” 뜻하던 일이 수행된다.

다섯째 양 : 바른 기운을 가로막던 소인들의 방해가 더 이상 심해지지 않는다. 대인에게는 좋은 일이 있을 것이다. 잘못되면 어쩌나 잘못되면 어쩌나 걱정하며 임금은 자기의 마음을 뽕나무 밑둥처럼 견고한 대인에게 묶는다.

형상 : “대인에게는 좋은 일이 있을 것이다.” 그 자리가 바르고 적당하다.

윗양 : 막혔던 형세가 지금까지와는 반대의 상황으로 된다. 먼저 막힘이 있고 후에 기쁨이 있다.

형상 : 막혔던 형세가 끝나면 상황이 뒤바뀐다. 막힘이 어떻게 오래갈 수 있겠는가?

■ 풀이

소인이 설치는 총체적 불신의 시대에 군자는 재능을 숨기고 가난하게 사는 것이 낫다. 공적 활동을 계속하다가는 소인의 질시 때문에 환난을 당한다. 소인들의 패거리가 지배하는 시대에 군자는 낮은 자리에 처하여 겨우 먹고 살아가는 방책을 세우거나 뜻을 같이하는 친구들과 함께 물러나 화를 피하는 것이 좋다. 소인들의 패거리가 마음대로 행동할 때에 나아가려고 하는 것은 소인들뿐이다.

소인들이 득세할 때에는 군자는 음의 자리에 처하여 임금에게 충성할 길을 간접적으로 모색해 볼 수밖에 없다. 소인은 임금에게 비굴하게 아첨하면서 이익과 권세를 추구하나 군자는 곤궁을 견디면서 원칙을 지킨다.

군자에게는 소인에게 포용되어 나쁜 짓을 방조하게 되는 것보다 더 큰 수치가 없다. 이익을 다투는 자리에선 비록 형제일지라도 서로 목숨을 지키지 못하는 것이 소인의 세계이다. 소인은 남을 포용하지 못한다. 이익을 위하여 잠시 포용하는 체할 뿐인 것이다.

불법적으로 권세를 잡은 소인은 하지 못할 짓이 없다. 그러나 모든 것이 질풍처럼 변화하는데, 소인의 권력이라고 해서 오래갈 리는 없다. 질서를 회복하려면 대인이 임금의 신임을 받고 국민의 동의를 얻어야 한다. 소인들을 고립시킬 수만 있다면 군자들은 복 있는 자리에 가까이 가 닿는 셈이 된다.

다섯째 양에서 임금은 대인에게 나랏일을 맡긴다. 그러나 이러한 이행과 전환의 시기야말로 참으로 두려워 떨며 악의 도전에 대비해야 할 때이다. 뽕나무는 억세고 질긴 뿌리를 땅속 깊이 뻗어 내려서, 줄기가 베어져도 엉긴 뿌리에서는 새로운 줄기가 싹튼다. 소인들의 어떠한 음모에도 불구하고 견뎌낼 수 있는 강인한 마음가짐이 필요한 시기이다. 정직은 어떠한 권모술수의 도전에도 살아남을 수 있을 만큼 강해야 한다. 약한 정직은 소인들만 잘되게 하는 또 하나의 악이다.

사물의 흐름은 막힌 것을 뚫고 다시 앞으로 나아간다. 그러나 막힌 것이 저절로 통하지는 않는다. 소인들과의 생사를 건 투쟁에서 승리하지 못한다면 평화는 결코 보존되지 않는다. 경제의 관점에서 볼 때 지천태가 호황이라면 천지비는 불황이다. 불황의 시대는 절약과 삭감으로 견뎌낼 수밖에 없다.

天火同人

離下乾上

13. 天火同人

離下乾上

同人于野면 亨하리니

利涉大川이며 利君子貞하니라.

彖曰 同人은 柔得位하며 得中하여 而應乎乾일새

曰同人이라.

同人曰 同人于野亨利涉大川은 乾行也요

文明以健하고 中正而應이 君子正也니

唯君子아 爲能通天下之志하나니라.

涉(섭) - 건너다

천화동인(天火同人) : 야외에서 사귄다. 하는 일을 성취한다. 큰 강을 건너는 것이 유익하고 군자가 견고하게 인내하는 것이 유익하다.

판단 : 천화동인(天火同人)은 유순한 선이 제자리를 얻어 중심에 있으면서 윗괘인 삼련건의 가운뎃줄에 있는 다섯째 양과 호응하므로 많은 사람을 사귄다고 한 것이다.

천화동인에 "많은 사람이 야외에 모인다, 하는 일을 성취한다, 큰 강을 건너는 것이 유익하다"고 한 것은 삼련건의 행동이다.

우아하게 밝은 것이 허중리(虛中離)의 성질이고 건실한 것이 삼련건의 성질이니 둘째 음이 중심에 있으면서 바른 태도로 다섯째 양과 호응하는 것이 군자가 바르게 행동하는 것과 같다. 오직 군자만이 온 세상 사람들의 의지를 막힘없이 통하게 할 수 있다.

■ 풀이

허중리는 위로 올라가 삼련건과 우정을 맺는다. 사사로운 이익 때문에 만나는 것은 우정이 아니다. 우정은 공변되어야 하기 때문에 야외에서 모이는 것이 좋다고 한 것이다.

뜻을 함께하는 친구들이 협력하면 큰 강을 건너듯 위험한 일도 해낼 수 있다. 이익밖에 모르는 소인들에게는 우정이 있을 수 없다. 이익으로 뭉친 사람들은 위험한 일을 감행하면 재앙을 만날 뿐이다. 우정이란 억지로 맺을 수 없는 것이다. 구태여 함께 있으려고 하지 않고 일부러 함께 있으려고 하지도 않는데 저절로 견고해지는 것이 우정이다. 우정에는 우아하고 밝은 지혜와 건실한 능력이 있어야 한다.

둘째 음은 유순하고 다섯째 양은 강건하며 둘 다 중심에 있으면서 바른 태도로 서로 호응한다. 바른 태도란 공변되어 사사로움이 없는 태도이다. 대중의 생각은 만 가지로 분열되어 있으나 사람에게는 한마음으로 통하는 바탕이 있으니 이 단순하고 소박한 본연의 바탕을 함께 하는 것이 우정의 근본이다.

* * *

象曰 天與火同人이니

君子 以하여 類族으로 辨物하나니라.

初九는 同人于門이니 無咎리라.

象曰 出門同人을 又誰咎也리오.

六二는 同人于宗이면 吝하리라.

象曰 同人于宗이 吝道也니라.

九三은 伏戎于莽하고 升其高陵하여

三歲不興이로다.

象曰 伏戎于莽은 敵剛也요 三歲不興이어니

安行也리오.

九四는 乘其墉하되 弗克攻이니 吉하니라.

象曰 乘其墉은 義弗克也요

其吉은 則困而反則也니라.

九五는 同人이 先號咷而後笑니

大師克이라야 相遇로다.

象曰 同人之先은 以中直也요

大師相遇는 言相克也니라.

上九는 同人于郊니 無悔니라.

象曰 同人于郊는 志未得也니라.

辨(변) - 분별하다 | 誰(수) - 누구 | 陵(릉) - 언덕 | 墉(용) - 담
咷(도) - 아이가 울음을 그치지 않다 | 遇(우) - 만나다

형상 : 하늘과 불이 함께 있는 것이 천화동인(天火同人)의 형상이다. 군자는 이것을 본받아 같은 무리를 따로 나누고 같은 사물을 따로 구별한다.

첫째 양 : 문을 열고 사귀니 허물을 짓지 않는다.

형상 : 밖으로 나가 사귀는 것을 누가 허물하겠는가?

둘째 음 : 패거리로 사귀면 막힌다.

형상 : 패거리로 사귐은 바른 길을 막는다.

셋째 양 : 무기를 풀숲에 숨기고 높은 언덕에 올라가 경계한다. 오랫동안 일이 잘되지 않는다.

형상 : "무기를 풀숲에 숨기고 높은 언덕에 올라가 경계한다." 적이 강건하기 때문이다. "오랫동안 일이 잘되지 않는다." 어찌 일을 시행하겠는가?

넷째 양 : 성벽에 오르나 공격하지는 못한다. 공격하지 못하는 것이 오히려 좋다.

형상 : "성벽에 오른다." 정의로운 사람을 이기지는 못한다. 그것이 오히려 좋은 것은 괴로움을 당하고 마음을 돌이켜 정당한 원칙을 회복하기 때문이다.

다섯째 양 : 사람을 사귈 때에 먼저는 부르짖다가 뒤에는 웃게 된다. 큰 군대가 포위를 뚫고 서로 만날 수 있다.

형상 : 사귈 때에 남보다 앞서 나아감은 중심에 있으면서 정직하기 때문이다. 큰 군대가 서로 만남은 양쪽에서 포위한 군대가 적에게 이기고 서로 만난 것을 말함이다.

윗양 : 교외에서 사귀니 뉘우칠 일이 없다.

형상 : "교외에서 사귄다." 뜻을 다 이루지는 못한다.

■ 풀이

우정은 개성의 소멸이 아니라 차이의 조화이다. 차이를 무시하고 자기를 버리고 남에게 아첨하는 것은 우정이 아니다. 차이가 없으면 어떻게 같음을 이루겠는가? 차이를 보존하는 우정을 대동(大同)이라고 한다.

우정은 은밀하게 교제하는 것이 아니다. 벗함은 패거리를 만드는 것과 다르다. 우정은 차이를 존중하고, 패거리는 차이를 무시한다. 우정은 사람을 포섭하고, 패거리는 사람을 배제한다. 단순하고 소박하게 생각하고 정직하고 관대하게 행동하지 않으면 친구를 사귈 수 없다. 권모술수가 끼어들고 숨기고 가리는 것이 생기면 친구끼리도 적이 되어 무기를 감추고 경계하는 사이가 된다. 친구를 잃고 고립된 자는 아무 일도 할 수 없다.

둘째 셋째 넷째 줄을 내괘의 아랫괘라고 하고 셋째 넷째 다섯째 줄을 내괘의 윗괘라고 한다. "오랫동안 일이 잘되지 않는다"고 할 때 오랫동안은 내괘의 윗괘를 이루는 이어진 선 세 개가 암시하는 3년을 가리킨다.

넷째 양은 강한 선이나 약한 자리에 있으므로 스스로 반성할 줄 안다. 넷째 양은 다섯째 양의 올바른 행동을 보고 적대심과 의존심을 모두 버리고 자신의 내면에서 정직과 관대의 기율을 회복한다. 권모술수를 버리고 자아편향을 제거하면 싸울 수 없는 사람들의 존재가 드러난다. 싸울 수 없는 사람들의 존재를 발견하는 것이 우정의 시작이 된다.

사람들이 처음 만나 서로 믿지 못할 때 끊이지 않고 일어나는 온갖 분란에 시달려 부르짖지 않을 수 없다. 적에게 중간이 차단되어 떨어져 있던 군대가 적을 쳐 이기고 서로 만나듯이 사욕에 가리어 적대하던 사람들도 자아편향만 극복하면 서로 친구가 될 수 있다. 자아편향을 제거하는 것은 엄청나게 고통스러운 일이지만 지나친 욕심을 누르고 이겨낸 우정은 공자의 말대로 쇠나 돌도 깨뜨릴 수 있다. 진정한 전쟁은 언제나 적과의 싸움이 아니라 자기 안에 있는 편향과의 싸움이다.

야외에서 사냥을 하거나 교외에서 제사를 지내는 것은 우정을 위한 좋은 단합대회가 될 수 있다. 사심도 욕심도 없으므로 뉘우칠 일이 없다. 그러나 우정의 진정한 기초는 인간 전체의 결속, 다시 말하면 보편적 형제애이고 우정의 진정한 목표는 인간 전체의 행복, 다시 말하면 보편적 공동작업이다.

火天大有

䷍

乾下離上

14. 火天大有

乾下離上

大有는 元亨하니라.

彖曰 大有는 柔得尊位하고 大中而上下應之할새

曰 大有니

其德이 剛健而文明하고 應乎天而時行이라

是以元亨하니라.

화천대유(火天大有) : 크게 성취한다.

판단 : 대유(大有)는 유순한 선이 존귀한 자리를 얻어 큰 중심에 있으니 상하가 호응한다. 그러므로 위대한 소유라고 한다. 그 덕은 굳건하고 튼튼하며 우아하고 명확하다. 하늘의 뜻에 따라 때에 알맞게 행동하므로 크게 성취한다.

■ 풀이

다섯 개의 이어진 선들이 다섯째 줄의 끊어진 선을 따른다. 대중은 겸손하고 친절한 윗사람을 따르게 마련이다. 유순한 선이 강한 선들을 소유한다. 안에는 삼련건의 강건함이 있고 밖에는 허중리의 분명함이 있다.

강건한 의지와 분명한 방법이 구비되어 있으니 임금이 겸손하고 정직하게 행동하기만 하면 정치는 안정된다.

* * *

象曰 火在天上이 大有니

君子 以하여 遏惡揚善하여 順天休命하나니라.

初九는 無交害니

匪咎나 艱則無咎리라.

象曰 大有初九는 無交害也니라.

九二는 大車以載하여 有攸往이니 無咎리라.

象曰 大車以載는 積中不敗也니라.

九三은 公用亨于天子니

小人은 弗克이니라.

象曰 公用亨于天子는

小人害也리라.

九四는 匪其彭이니

無咎리라.

象曰 匪其彭無咎는 明辨晢也니라.

六五는 厥孚交如하여 威如니 吉하리라.

象曰 厥孚交如는 信而發志也요

威如之吉은 易而無備也일새니라.

上九는 自天祐之라

吉無不利로다.

象曰 大有之吉은 自天祐也니라.

遏(알) - 막다 | 揚(양) - 드날리다 | 休(휴) - 아름답다 | 亨(향) - 드리다
彭(방) - 성하다 | 晰(석) - 분별하다 | 厥(궐) - 그 | 祐(우) - 돕다

형상 : 불이 하늘 위에 있는 것이 화천대유(火天大有)의 형상이다. 군자는 이것을 본받아 악을 막고 선을 높이어, 하늘의 아름다운 분부에 순종한다.

첫째 양 : 서로 해함이 없으니 허물이 아니다. 어렵다고 여기고 있으면 허물을 짓지 않는다.

형상 : 화천대유의 첫째 양은 둘째 양이나 넷째 양과 서로 관계를 맺지 못하므로 서로 해치지도 않는다.

둘째 양 : 큰 수레에 가득 싣고 가서 할 일이 있다. 허물이 없다.

형상 : "큰 수레에 가득 싣는다." 가운데 쌓아도 무너지지 않는다.

셋째 양 : 제후가 천자에게 공물을 바친다. 소인은 바칠 줄 모르고 얻으려고만 한다.

형상 : "제후가 천자에게 공물을 바친다." 소인은 해만 끼친다.

넷째 양 : 지나치게 성한 것은 아니니, 허물을 짓지 않는다.

형상 : "지나치게 성한 것은 아니니 허물을 짓지 않는다." 그가 명확하고 지혜롭게 분별하기 때문이다.

다섯째 음 : 그는 믿음직하게 행동한다. 사람들로 하여금 가까이 하게 하나 또 의젓함을 잃지 않으니 좋은 결과를 초래한다.

형상 : "믿음직하게 행동하여 사람들로 하여금 가까이 하게 한다." 믿음직한 행동으로 뜻을 편다. "의젓함을 잃지 않으니 좋은 결과를 초래한다." 쉽다고 여기면 방비함이 없다.

윗양 : 하늘로부터 도움을 받는다. 좋고 유익하지 않음이 없다.

형상 : 화천대유의 윗양은 좋은 결과를 초래한다. 하늘로부터 도움을 받기 때문이다.

■ 풀이

화천대유(火天大有)는 하늘에 솟아 있는 태양의 형상을 나타낸다. 휘황한 광명이 선과 악을 환히 분별한다. 큰 풍년을 의미하기도 한다. 풍년이 들었다 하더라도 교만과 사치를 피하고 작업과 분배의 어려움과 괴로움을 늘 염두에 두고 생활해야 한다.

첫째 줄의 이어진 선은 양의 자리에 있는 강한 선이므로 허물을 짓지는 않으나, 이웃이 되는 둘째 줄이나 짝이 되는 넷째 줄에 다 이어진 선이 있으므로 그것들과 관계를 맺지 못한다. 아무런 관계가 없으면 서로 해치지도 못한다. 갈 길이 멀다고 여기고 책임이 무겁다고 여겨야 재산으로 인해 마음이 동요되지 않는다. 무턱대고 재산만 많이 쌓아두는 인색한 사람은 사회를 좀먹는 해충에 지나지 않는다. 공동작업을 위하여 알뜰하고 쓸모 있게 사용되는 재산만이 자기를 살리고 남을 잘되게 한다.

둘째 줄의 이어진 선은 중심에 있으면서 다섯째 줄에 있는 끊어진 선과 바르게 호응한다. 재산을 축적하여 바르고 알맞게 사용하면 소유에 흔히 수반되는 재앙을 피할 수 있다. 돈과 일은 늘 함께 움직여야 한다. 돈이 없으면 일이 딱해지고, 일이 없으면 돈이 천해진다.

좋은 제후는 자기 지역의 소유를 천자의 소유라고 생각하지만 나쁜 제후는 자기 지역의 소유를 자기의 소유라고 생각한다. 소인은 재산을 사리사욕에 사용하나 군자는 재산을 나라가 잘 되도록 사용한다. 재산은 저장과 축적을 위해 있는 것이 아니라 봉사와 헌신을 위해 있는 것이다. 셋째 줄은 아랫괘의 위에 있으므로 천자가 아니라 제후이다.

재산을 많이 소유하고 있는 사람은 좌우와 상하를 돌아보아 분쟁에 휘말리지 않도록 조심해야 한다. 지나치게 많은 재산은 항상 재앙을 초래한다. 교만하고 방자하게 행동하다가 임금의 분노와 대중의 질시를 일으키면 재산을 유지하기도 어렵게 된다. 그러나 넷째 양은 약한 자리에 있는 강한 선이므로 재산을 처분할 수 있는 자신의 능력을 반성하고 겸손하고 분별 있게 행동하며 가득 차는 것을 스스로 피한다.

국가의 기초는 국민의 마음에서 우러나오는 자발적인 신뢰이다. 국민에게는 소박한 성실성이 필요하고 임금에게는 겸손한 성실성이 필요하다. 국민을 강제하여 따르게 할 수 있을 만큼 강한 임금은 이 세상에 있을 수 없다. 그러나 임금에게는 자연스러운 위엄이 있어서 국민들이 그를 친근하게 느끼면서도 그에 대하여 예절을 지키게 되어야 한다.

정직하고 관대하며 겸손하고 성실하게 일에 헌신하는 사람에게는 재산과 권력이 하느님의 축복이다. 그는 아무것도 소유하지 않은 마음으로 재산을 처리한다. 여섯째 줄의 이어진 선은 윗자리에 있으면서도 다섯째 줄의 끊어진 선을 따른다.

地山謙

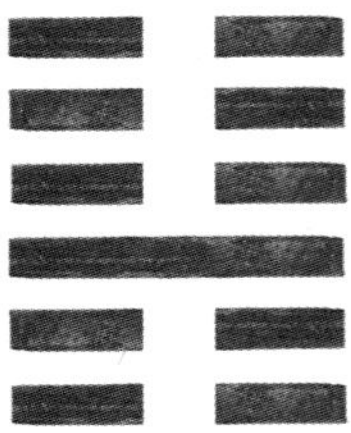

艮下坤上

15. 地山謙

艮下坤上

謙은 亨하니 君子有終이니라.

彖曰 謙亨은 天道下濟而光明하고

地道卑而上行이라.

天道는 虧盈而益謙하고

地道는 變盈而流謙하고

鬼神은 害盈而福謙하고

人道는 惡盈而好謙하나니

謙은 尊而光하고 卑而不可踰니

君子之終也니라.

虧(휴) - 이지러지다 | 踰(유) - 넘다

지산겸(地山謙) : 하는 일을 성취한다. 군자에게 끝맺음이 있다.

판단 : "지산겸은 하는 일을 성취한다." 하늘의 도는 빛을 내려 만물을 건지고 세상을 환하게 밝힌다. 땅의 도는 낮은데 있으면서 위를 향해 작용한다.

하늘의 도는 가득 찬 것에서 덜어 겸손한 것에 보태주고 땅의 도는 가득 찬 것을 바꾸어 비게 하고 겸손한 것에 가득 흘러든다. 귀신은 가득 찬 사람에게 해를 주고 겸손한 사람에게 복을 주며, 사람의 도는 가득 찬 사람을 미워하고 겸손한 사람을 좋아한다. 겸손한 사람은 존귀한 자리에 있어도 덕을 빛나게 하고, 비천한 자리에 있어도 남이 무시할 수 없게 된다. 겸손은 군자의 마지막 목적이다.

■ 풀이

높은 산이 낮은 땅보다 아래에 있으려고 한다. 풍치고 자랑하는 것이 소인의 특징이고, 고심하고 공경하는 것이 군자의 특징이다. 군자는 자랑하지 않고 다투지 않으므로 항상 일을 끝까지 마무리한다.

마음가짐이 겸허할 때에만 인간은 자신의 창조능력과 수용능력을 보존하고 실현할 수 있다. 겸손한 사람만이 자신에게 부족한 것을 자아편향 없이 파악하여 계속해서 정진할 수 있다. 마음가짐이 교만한 사람은 더 이상 노력하지 않으므로 작업을 끝맺지 못한다.

겸손한 행동보다 겸손한 마음이 더 중요하다. 겸손한 행동은 꾸며 낼 수 있으나 겸손한 마음은 꾸며낼 수 없기 때문이다.

* * *

象曰 地中有山이 謙이니

君子 以하여 裒多益寡하고 稱物平施하나니라.

初六은 謙謙君子니

用涉大川이라도 吉하니라.

象曰 謙謙君子는 卑以自牧也니라.

六二는 鳴謙이니

貞코 吉하니라.

象曰 鳴謙貞吉은 中心得也니라.

九三은 勞謙이니

君子有終이니 吉하니라.

象曰 勞謙君子는 萬民이 服也니라.

六四는 無不利撝謙이니라.

象曰 無不利撝謙은 不違則也니라.

六五는 不富以其隣이니

利用侵伐이요 無不利하리라.

象曰 利用侵伐은 征不服也니라.

上六은 鳴謙이니

利用行師하여 征邑國이니라.

象曰 鳴謙은 志未得也니

可用行師하여 征邑國也니라.

裒(부) - 덜다 | 撝(휘) - 두르다

형상 : 땅 가운데 산이 있는 것이 지산겸(地山謙)의 형상이다. 군자는 이것을 본받아 많은 것에서 덜어내어 적은 것에 보태준다. 그는 사물들을 저울로 측정하여 은덕 베풂을 평등하게 한다.

첫째 음 : 겸손하고 겸손한 군자는 매사에 조심하므로 큰 강을 건너더라도 좋은 결과를 낸다.

형상 : 겸손하고 겸손한 군자는 낮은 자리에 머물러서 자신을 도야(陶冶)한다.

둘째 음 : 명성이 울려 퍼져도 겸손하게 행동한다. 견고하게 인내하면 좋다.

형상 : "명성이 울려 퍼져도 겸손하게 행동한다. 견고하게 인내하면 좋다." 그는 중심에 있으면서도 겸손하게 행동한다.

셋째 양 : 애써 일하면서도 겸손하게 행동한다. 군자에게 끝맺음이 있으니 좋다.

형상 : "애써 일하면서도 겸손하게 행동한다." 만민이 그에게 복종한다.

넷째 음 : 지휘하면서도 겸손하게 행동하니 유익하지 않음이 없다.

형상 : "지휘하면서도 겸손하게 행동하니 유익하지 않음이 없다." 그는 규칙을 어기지 않는다.

다섯째 음 : 이웃 때문에 혼자서 부유하게 되려 하지 않는다. 그는 적을 쳐도 유익하다. 그에게는 유익하지 않은 일이 없다.

형상 : "적을 쳐도 유익하다." 정의에 복종하지 않는 나라를 정벌하는 것이다.

윗음 : 명성이 이미 울려 퍼져 있으나 겸손하게 행동한다. 군대를 시행하여 천자를 거역하는 제후국을 정벌해도 유익하다.

형상 : "명성이 이미 울려 퍼져 있으나 겸손하게 행동한다." 뜻을 아직

이루지 못하였으니 군대를 시행하여 거역하는 제후국을 정벌함으로써 정치적 안정을 달성해야 한다.

■ 풀이

자신을 높다고 여기는 자는 낮아지고 자신을 낮다고 여기는 자는 높아진다. 대중과 더불어 함께 일하고 끊임없이 자기교육을 계속하는 사람은 그 어울려 살 수 있는 힘으로 위험한 일도 해낼 수 있다. 그에게는 저항하는 사람보다 협력하는 사람이 더 많기 때문이다.

겸손한 마음가짐은 겸손한 몸가짐으로 표현된다. 그것은 일부러 표현하는 것이 아니고 저절로 표현되는 것이다. 업적을 내어서 명성을 얻었으나 명성에 현혹되지 않고 겸손하게 일한다. 만일 그가 자신의 명성을 자랑스럽게 여긴다면 그는 곤란하게 될 것이다.

공적을 자랑하지 않고 노력을 계속할 때 그는 공동작업 안에서 자기의 자리를 확보할 수 있다. 일에 헌신할 때에만 겸손의 진가가 발휘된다. 모든 일에는 척도가 있다.

넷째 음은 유능한 아랫사람(셋째 양)과 친절한 윗사람(다섯째 음)의 도움을 받아 작업의 규칙을 준수한다.

자기 개인의 재산을 늘리려 하지 말고 나라의 재산을 늘려서 국민들을 잘 살게 하는 것이 임금의 의무이다. 일심으로 나라가 잘되기만 바라는 임금은 국민의 신임에 근거하여 행동하기 때문에 전쟁도 치를 수 있다.

싸울 용기가 있는 사람만이 진정으로 겸손할 수 있다. 침략자 앞에서 위축되어 수세적으로 행동하는 것은 결코 겸손이 아니다. 침략을 받으면 자기연민을 떨쳐 버리고 즉시 전쟁을 결단하지 않으면 안 된다.

雷地豫

坤下震上

16. 雷地豫

䷏

坤下震上

豫는 利建侯行師하니라.

彖曰 豫는 剛應而志行하고

順以動이 豫라.

豫 順以動故로 天地도 如之어든

而況建侯行師乎아.

天地以順動이라

故로 日月이 不過而四時不忒하고

聖人이 以順動이라

則刑罰이 淸而民이 服하나니

豫之時義大矣哉라.

忒(특) - 어긋나다

뇌지예(雷地豫) : 제후를 임명하고 군대를 시행해도 유익하다.

판단 : 강건한 다섯째 양이 유순한 둘째 음과 호응하여 뜻을 이룬다. 순하면서 힘차게 움직이는 것이 뇌지예이다. 예는 순하면서도 힘차게 움직이기 때문에 천지도 예의 편에 서는데 제후의 임명과 군대의 시행이 어찌 유익하지 않겠는가.

천지가 가탈 없이 움직이기 때문에 일월이 궤도를 지나치지 않고 네 철이 제때를 어기지 않는다. 성인이 가탈 없이 행동하기 때문에 형벌이 깨끗하게 집행되고 민중이 법에 복종하게 된다.

뇌지예가 그때그때 지나치거나 모자라거나 하지 않게 움직이는 뜻은 참으로 위대하구나!

■ 풀이

제후를 임명하는 것은 선을 일으키는 것이고, 군대를 시행하는 것은 악을 억누르는 것이다. 위에 있는 하련진은 움직임을 의미하고 아래 있는 삼절곤은 순종함을 의미한다.

자연에는 훼손될 수 없는 운동의 원리가 있다. 그것은 사물들의 바깥에서 사물들을 강제하는 힘이 아니라 사물들의 안에서 사물들의 조화를 형성하는 힘이다. 사회에도 훼손될 수 없는 운동의 원리가 있다. 그것은 임금이나 관리들이 만든 힘이 아니라 대중의 자연스러운 감정에 뿌리를 내리고 있는 힘이다. 대중이 예비하면 전쟁에 승리하고 대중이 분개하면 전쟁이 나지 않아도 망한다.

다섯 개의 끊어진 선들이 넷째 줄의 이어진 선에 헌신한다. 바침과 섬김은 사람됨의 바탕이다. 아무런 일에도 헌신하지 않는 생활은 가사(假死) 상태에 지나지 않는다.

* * *

象曰 雷出地奮이 豫니

先王이 以하여 作樂崇德하여

殷薦之上帝하여 而配祖考하니라.

初六은 鳴豫니

凶하니라.

象曰 初六鳴豫는 志窮하여 凶也니라.

六二는 介于石하니라.

不終日이니 貞코 吉하니라.

象曰 不終日貞吉은 以中正也니라.

六三은 盱豫라 悔니

遲하면 有悔리라.

象曰 盱豫有悔는 位不當也일새니라.

九四는 由豫라 大有得이니

勿疑면 朋이 盍簪하리라.

象曰 由豫大有得은 志大行也니라.

六五는 貞하되 疾하나 恒不死로다.

象曰 六五貞疾은 乘剛也요

恒不死는 中未亡也니라.

上六은 冥豫니

成有渝면 無咎리라.

象曰 冥豫在上이어니 何可長也리오.

盱(우) - 눈웃음치다 | 盍(합) - 모으다 | 簪(잠) - 비녀

형상 : 우레가 땅에서 나와 위세를 떨치는 것이 뇌지예(雷地豫)의 형상이다. 옛날의 성왕이 이것을 본받아 음악을 제작하여 덕을 숭상함으로써 하느님께 천신(薦新) 하고 조상을 배향하였다.

첫째 음 : 명성이 울려 퍼지게 하면서 예비하는 것은 나쁘다.

형상 : 첫째 음에 "명성이 울려 퍼지게 하면서 예비한다"고 한 것은 하고자 하는 뜻이 방해받게 되므로 나쁘다는 것이다.

둘째 음 : 돌보다 굳게 예비하고 잘못은 하루가 끝나기 전에 고친다. 바르게 행동해야 좋다.

형상 : "잘못은 하루가 끝나기 전에 고친다. 바르게 행동해야 좋다." 둘째 줄의 끊어진 선은 중심에 있고 제자리에 바르게 있다.

셋째 음 : 눈웃음치며 예비하면 뉘우치게 된다. 늦도록 유예하면 뉘우칠 일이 생긴다.

형상 : 눈웃음치며 예비하면 뉘우칠 일이 생긴다. 셋째 음의 자리가 적당하지 않다.

넷째 양 : 예비로 말미암아 크게 얻음이 있다. 의심하지 말라. 비녀가 머리카락을 풀어지지 않게 하듯이 뇌지예의 중심선인 넷째 양은 벗들을 모아 흩어지지 않게 한다.

형상 : "예비로 말미암아 크게 얻음이 있다." 뜻이 크게 수행된다.

다섯째 음 : 가만히 있으면 병드나 항구한 도리를 한결같이 지키면 죽지는

않는다.

형상 : 다섯째 음에 "가만히 있으면 병든다"고 한 것은 강건한 넷째 양의 바로 위에 있기 때문이다. "항구한 도리를 한결같이 지키면 죽지 않는다"고 한 것은 다섯째 줄의 끊어진 선이 아직 중심을 잃어버리지 않았기 때문이다.

윗음 : 갈피를 잡지 못하고 예비한다. 나아가 마음을 바꾸면 허물이 없다.

형상 : 갈피를 잡지 못하고 예비하면서 윗자리에 있으니 어찌 오래갈 수 있겠는가?

■ 풀이

상나라 말 주나라 초에 사람들은 우레가 땅속에 잠겨 있다가 여름이 되어 양이 성해지면 땅에서 나온다고 생각하였다. 하느님과 조상에 대하여 경건한 예절을 표현하는 것은 인간의 타고난 심정이다. 우레 소리는 씨 뿌리고 예비한 사람들에게 여름의 도래를 알리는 기쁜 소식으로 들린다. 우레 소리는 음악의 원형이 되기도 한다. 그러나 우레 소리는 예비하지 않은 사람들에게는 불안하고 두려운 노성으로 들릴 것이다.

첫째 음은 중심선인 넷째 양에 호응하므로 편안하나 내적인 준비가 모자란다. 스스로 예비하지 않고 남에게 의존하여 편함을 취하다가는 곧 할 일이 없어진다. 속으로 힘을 기르려 하지 않고 울려 퍼지려고만 하니 갈 길이 막히지 않을 수 없다.

둘째 음은 끊어진 선이 음의 자리에 있으니 제자리에 바르게 있는 것이다. 돌보다 굳은 예비는 순함에 과감한 것이고 하루가 가기 전에 고침은 움직임에 과감한 것이다. 그는 무질서의 조짐을 세심하게 살피고 명확한 판단력으로 위험에 대비한다. 나쁜 일의 조짐은 어떻게든 나타나기 마련이다. 군자는 기미를 파악하면 철저하게 예비한다. 그는 윗사람에게 아첨하지도 않고 아랫사람을 무시하지도 않는다. 그는 약하다는 것과 강하다는 것이 무엇인지를 이해하고 드러나 있는 것과 감춰져 있는 것을 분간한다. 처신을 바르게 하지 않으면 나아가거나 물러나거나 다 뉘우치게 된다.

셋째 음은 이행의 시기에 끊어진 선이 강한 자리에 있으면서 넷째 양만 눈웃음 지으며 우러러보고 있다. 내면의 실력 없이 아첨으로 출세하고자 하는 것이다. 독립성을 상실하고 의존심과 적대감에 사로잡혀 있으니 설사 등용된다 하더라도 일을 제대로 수행하지 못한다.

넷째 양은 다섯째 줄의 임금까지 그를 따르는 총리에 해당한다. 임금의 일까지 맡아 처리하는 것은 극도로 위태로운 일이나 빈틈없이 예비하고 화순하게 행동하므로 임금의 인정과 대중의 신뢰를 받는다. 순한 마음으로 참되게 행동하면 의심 내기 쉬운 다섯 개의 끊어진 선들을 친구로 삼을 수 있다.

다섯째 음은 임금의 자리에 있는 끊어진 선이니 독립성이 없으므로 병들기 쉽다. 그러나 윗괘인 하련진의 중심에 있으면서 항구한 도리를 지키니, 도리마저 잊고 있는 임금은 아니다. 임금으로서 신하에게 정사를 맡기는 것은 병통이지만 유능하고 성실한 신하를 선택하여 맡기기만 하면 극도의 혼란은 피할 수 있다.

윗줄에 있는 끊어진 선은 어리석어 갈피를 잡지 못한다. 그러나 윗줄은 다른 괘로 변화할 수 있는 가능성을 가지고 있다. 마음을 바꾸고 기운을 바로잡으면 큰 실수를 피할 수 있다.

澤雷隨

震下兌上

17. 澤雷隨

震下兌上

隨는 元亨하나

利貞하여야 無咎리라.

彖曰 隨는 剛來而下柔하고

動而說이 隨라.

大亨코 貞하여 無咎하여

而天下隨時하나니

隨時之義大矣哉라.

택뢰수(澤雷隨) : 크게 성취하며 인내해야 유익하다. 허물이 없다.

판단 : 택뢰수(澤雷隨)는 강건한 선들이 와서 유순한 선의 아랫자리에 있다. 움직이면서 기뻐하는 것이 택뢰수이다. 크게 성취하며 인내하므로 허물을 짓지 않으니 천하가 그가 움직이는 때를 따라 움직인다. 때를 따라 알맞게 행동하는 뜻이 참으로 위대하구나.

■ 풀이

윗괘인 상절태(上絶兌)는 기뻐함을 의미하고 아랫괘인 하련진은 움직임을 의미한다. 공동작업을 하려면 무엇보다 먼저 남을 따르는 태도부터 배워야 한다. 모두 함께 즐겁게 움직일 수 있다면 더 이상 바랄 것이 없겠지만, 바른 도리를 지키지 못하고 작업에 수반하는 고통을 견디지 못하면 작업의 일관성이 파괴되어 실패를 면하지 못한다. 오직 일의 성취를 위하여 내가 남을 따르고 남이 나를 따라서 나와 남이 서로 통하게 될 때 모든 장애와 난관은 저절로 소멸할 것이다. 작업의 각 단계에 맞추어 그때그때 무리하지 않고 무모하지 않게 나아가려면 윗사람이 아랫사람의 요구와 필요에 따라야 한다. 아랫사람에게 강제하려고만 드는 윗사람은 공동작업에 해를 끼칠 뿐이다.

* * *

象曰 澤中有雷隨니
君子 以하여 嚮晦入宴息하나니라.
初九는 官有渝니 貞이면 吉하니
出門交면 有功하리라.
象曰 官有渝에 從正이면 吉也니
出門交有功은 不失也니라.
六二는 係小子면 失丈夫하리라.
象曰 係小子면 弗兼與也리라.
六三은 係丈夫하고 失小子하니
隨有求得하나 利居貞하리라.

象曰 係丈夫는 志舍下也니라.

九四는 隨에 有獲이면 貞이라도 凶하니

有孚코 在道코 以明이면 何咎리오.

象曰 隨有獲은 其義凶也요

有孚在道는 明功也니라.

九五는 孚于嘉니 吉하니라.

象曰 孚于嘉吉은 位正中也일새니라.

上六은 拘係之요 乃從維之니

王用亨于西山이로다.

象曰 拘係之는 上窮也니라.

嚮(향) - 대하다 | 晦(회) - 그믐 | 係(계) - 매다 | 舍(사) - 버리다
亨(향) - 제사지내다

형상 : 호수 가운데 우레가 있는 것이 택뢰수(澤雷隨)의 형상이다. 군자는 이것을 본받아 해가 지면 들어가 편히 쉰다.

첫째 양 : 벼슬에 변화가 있다. 바르게 행동하면 좋다. 집을 나가 공개적으로 교섭하면 일이 있다.

형상 : "벼슬에 변화가 있다." 바른 도리를 좇으면 좋다. "집을 나가 공개적으로 교섭하면 일이 있다." 그가 바른 도리를 상실하지 않았기 때문이다.

둘째 음 : 아이에게 매이면 어른을 잃는다.

형상 : "아이에게 매인다." 그는 아이와 어른을 한데 합하여 상대할 수 없다.

셋째 음 : 어른에게 매여 아이를 잃는다. 따라가면 구하여 얻음이 있으나

바른 자리에 머무르는 것이 유익하다.

형상 : "어른에게 매인다." 그의 뜻이 천박한 사람과의 교제를 그치는 데에 있다.

넷째 양 : 따라가서 억지로 얻으려 함이 있으면 인내하더라도 나쁘다. 진실하게 바른 길을 걷고 행동이 분명하고 뚜렷하다면 무엇을 허물하겠는가?

형상 : "따라가서 억지로 얻으려 함이 있다." 그것은 의리에 맞지 않으니 나쁘다. "진실하게 바른 길을 걷는다." 그는 그가 공들이는 일을 명백하게 밝힌다.

다섯째 양 : 가례(嘉禮)를 믿음직하게 치르니 좋다.

형상 : "가례를 믿음직하게 치른다." 그의 자리가 정당하고 중심에 있다.

윗음 : 사람들이 그를 가지 못하게 말리고 떠나면 또 따라와 붙잡고 애원한다. 임금이 서산에서 제사를 지낸다.

형상 : "사람들이 그를 가지 못하게 말린다." 윗자리에 있으니 벗어날 길이 없다.

■ 풀이

낮에는 열심히 일하고 밤이 되면 편안히 쉰다. 낮에는 집에 있지 않고 밤에는 밖에 있지 않는다. 이것이 때에 알맞게 하는 행동이다.

세상에는 이끄는 사람이 따로 있고 따르는 사람이 따로 있어서 윗사람과 아랫사람이 일정하게 고정되어 있는 것이 아니다. 임금의 자리는 하나이고 장관의 자리도 십여 개에 지나지 않으니 윗사람과 아랫사람의 관계는 자꾸 바뀔 수밖에 없다. 지위가 변동하고 신분이 동요하는 상황에 있을 때일수록 시류에 휩싸여

우왕좌왕하지 말고 정도를 굳게 지키고 큰 수용능력을 발휘하여 인내해야 한다. 이러한 때에 크게 경계해야 할 것은 사심과 사정에 호소하여 문제를 해결하려는 태도이다.

공동작업에 참여할 때는 먼저 같이 일할 사람들에 대하여 알아보아야 한다. 나쁜 친구를 사귀면 좋은 친구를 잃는다. 저급한 사람들과의 피상적인 교제를 그만두지 않으면 자기를 실현하는 데 유익한 사람들을 만나지 못한다. 이익만 아는 사람과 아첨을 잘 하는 사람은 가깝게 하지 않아야 한다. 자아편향이 강하면 사태를 객관적으로 파악할 능력이 상실된다.

넷째 양은 음의 자리에 있는 이어진 선이므로 다섯째 양을 무시하고 자기를 주장할 염려가 있다. 공을 임금에게 돌리지 않고 자기에게 돌리면 임금의 분노를 사게 된다. 임금에게 의심을 받지 않을 때에만 그는 공들인 일의 보람을 거둘 수 있다.

다섯째 줄은 임금의 자리이다. 윗괘의 중심에 있고 둘째 음과 바르게 호응한다. 국민이 진심으로 따라줄 때 임금은 자신 있게 나라 일을 처리한다. 국민이 신뢰하는 임금에게는 좋은 일이 많으므로 가례(嘉禮)라 하였다. 임금으로서는 국민의 신뢰 이상으로 경사스러운 것이 없다.

대중이 진심으로 따른다면 그 사람은 임금 노릇을 그만두려 해도 그만둘 수 없다. 《시경》〈주송(周頌)〉'천작'(天作)에 "태왕께서 기산(岐山) 아래로 옮겨 가시자 백성이 따라가 기산으로 평평하게 길이 났으니 자손들은 이 유업을 보전할지어다"(彼徂矣岐에 有夷之行하니 子孫保之어다)라는 구절이 있다. 태왕은 빈(豳) 땅에 살다가 적인(狄人)들이 쳐들어오자 백성들이 다치게 될 것을 걱정하여, 그곳을 버리고 기산 아래로 옮겨가서 살았다. 그러자 그곳의 백성들이 어진 임금을 놓칠 수 없다고 하면서 따라왔다. 따라온 사람들이 마치 장보러 가는 사람들처럼 많아서 기산으로 평평하게 길이 났다. 기산은 곧 서산이다. 태왕 고공단보(古公亶父)가 기산으로 옮기어 주나라를 세운 것은 상나라 소을(小乙) 8년으로 기원전 1345년의 일이었다. 태왕은 살 곳을 정하고 백성들과 함께 서산에 올라가 하느님께 제사를 드렸다.

山風蠱

巽下艮上

18. 山風蠱

巽下艮上

蠱는 元亨하나 利涉大川이니
先甲三日하고 後甲三日이니라.
彖曰 蠱는 剛上而柔下하고 巽而止 蠱라.
蠱元亨하여 而天下治也요
利涉大川은 往有事也요
先甲三日後甲三日은 終則有始天行也니라.

산풍고(山風蠱) : 크게 성취한다. 큰 강을 건너는 것이 유익하다. 시작하기 전 사흘과 시작한 후 사흘을 특별히 조심하라.

판단 : 산풍고(山風蠱)는 강건한 선이 위에 있고 유순한 선이 아래에 있다. 따뜻하고 부드러우며 조용하고 가만한 것이 산풍고이다. 산풍고가 크게 성취하니 세상이 바로 잡힌다.

"큰 강을 건너는 것이 유익하다." 나아가서 해야 할 일이 있다.

"시작하기 전 사흘과 시작한 후 사흘을 특별히 조심하라." 마치면 다시 시작하는 것이 하늘의 운행이다.

■ 풀이

고(蠱)라는 글자는 충(蟲)과 명(皿)으로 구성되어 있다. 그릇에 벌레가 있는 것이니 상한 음식을 가리키는 것이다. 벗어남·어긋남·부정·부패의 뜻이 있으나 상한 음식이 암시하듯 주로 집안 내부의 혼란과 관련되어 있다. 가족의 일탈과 비행을 바로잡는 일은 나라일보다 결코 쉽지 않다. 사태의 추이를 보고 비행의 원인을 제거하고 결과를 기다려야 한다. 가족의 일탈과 비행은 대개 그 원인이 방심과 안일에 있다. 일탈을 제거하고 비행을 개선하는 일은 큰 강을 건너듯 어려운 일이나 적절한 시기와 적절한 방법을 잘 선택한다면 실패를 피할 수 있다. 원인을 제거하면 결과가 개선된다. 숙고와 고심, 반성과 경계가 필요하다.

시작하기 전에 마음을 새롭게 하고 시작한 후에 더욱 긴장해야 한다. 타성과 무기력 대신에 생기와 활력을 불어넣어 가정의 쇠퇴를 방지해야 한다. 사흘 동안 조심하라고 한 것은 하루 이틀만 조심하고 말 것이 아니라 충분히 오랫동안 신중하면서도 용맹하게 행동해야 한다는 것이다.

산은 위에서 가만히 있고 바람은 아래서 편안히 흐르므로 산풍고에는 안일과 방심 때문에 쇠퇴할 폐단이 쌓인다. 결단을 내리지 못하고 우유부단하며 용맹하게 문제에 직면하지 않고 무기력하게 문제를 회피하면 그 가정은 부패하여 무너지게 될지도 모른다. 산풍고에서는 "선갑삼일 후갑삼일"(先甲三日 後甲三日)이라 하였고, 중풍손에서는 "선경삼일 후경삼일"(先庚三日 後庚三日)이라고 하였다. 원래 갑일의 삼일 전과 갑일의 삼일 후, 경일의 삼일 전과 경일의 삼일 후는 모두 제사 드리기에 좋은 길일을 가리키는 것이었다.

3	2	1		1	2	3						
신	임	계	[갑]	을	병	정	무	기	[경]	신	임	계
						3	2	1		1	2	3

상나라 말 주나라 초에는 나라의 행사를 정일과 신일과 계일에 시행하였다. 《춘추》 선공(宣公) 8년조에 "6월 신사일에 태묘에 제사를 지냈다"(六月辛巳有事于大廟)고 하였으며, 소공(昭公) 25년조에 "7월 첫 신일에 기우제를 드리고 끝 신일에 또 기우제를 드렸다"(七月上辛大雩季辛又雩)고 하였고, 은공(隱公) 3년조에 "12월 계미일에 송나라 목공을 장사지냈다"(十有二月 癸未 葬宋穆公)고 하였고, 환공(桓公) 17년조에 "8월 계사일에 채나라 환공을 장사지냈다"(八月 癸巳 葬蔡桓侯)라고 하였다. 《서경》 '무성'(武成)에 "정미일에 주나라 종묘에 제사지냈다"(丁未 祀于周廟)고 하였고, '소고'(召誥)에서는 "정사일에 교외의 제사에 제물로 소 두 마리를 썼다"(丁巳 用牲于郊 牛二)고 하였다.

나라의 행사에는 점을 쳐서 날을 잡았는데 신일과 정일과 계일이 길일이었다. 그러므로 내가 "정일과 신일이 길일이다"라고 번역하지 않고, "시작하기 전 사흘과 시작한 후 사흘을 특별히 조심하라"고 번역한 것은 요즈음 사람들의 사고방식에 맞추어 수정한 내용이다.

* * *

象曰 山下有風이 蠱니
君子 以하여 振民하며 育德하나니라.
初六은 幹父之蠱니
有子면 考無咎어니와
厲하여야 終吉하리라.
象曰 幹父之蠱는 意承考也니라.
九二는 幹母之蠱니

不可貞이니라.

象曰 幹母之蠱는 得中道也니라.

九三은 幹父之蠱니

小有悔나 無大咎리라.

象曰 幹父之蠱는 終無咎也니라.

六四는 裕父之蠱니

往하면 見吝하리라.

象曰 裕父之蠱는 往未得也니라.

六五는 幹父之蠱니

用譽리라.

象曰 幹父用譽는 承以德也니라.

上九는 不事王侯하고 高尚其事로다.

象曰 不事王侯는 志可則也니라.

幹(간) - 주장하다 | 吝(인) - 인색하다

형상 : 산 아래 바람이 있는 것이 산풍고(山風蠱)의 형상이다. 군자는 이것을 본받아 민중을 진작하고 덕을 단련하게 한다.

첫째 음 : 아버지가 그르친 일을 맡는다. 훌륭한 아들이 있으면 죽은 아버지에게 비난이 없어진다. 위태롭게 여겨야 결과가 좋을 것이다.

형상 : "아버지가 그르친 일을 맡는다." 그의 뜻이 죽은 아버지의 권리와 의무를 이어받는 데 있다.

둘째 양 : 어머니가 그르친 일을 맡는다. 가만히 있기만 하면 안 된다.

형상 : "어머니가 그르친 일을 맡는다." 그는 어느 쪽으로도 치우치지 않는 중도를 얻어야 한다.

셋째 양 : 아버지가 그르친 일을 맡는다. 뉘우칠 일이 조금 있으나 큰 허물은 없을 것이다.

형상 : "아버지가 그르친 일을 맡는다." 끝내는 비난이 없어질 것이다.

넷째 음 : 아버지가 그르친 일을 느긋하게 방관한다. 계속 방관하기만 하면 수치를 당한다.

형상 : "아버지가 그르친 일을 느긋하게 방관한다." 그는 가더라도 아무것도 얻지 못할 것이다.

다섯째 음 : 아버지가 그르친 일을 맡는다. 그는 칭찬받는다.

형상 : 아버지의 일을 맡아 칭찬받는다. 그가 아버지를 덕으로써 받들기 때문이다.

윗양 : 그는 임금과 제후들을 섬기지 않고 그 자신의 집안일을 더 소중하게 여긴다.

형상 : "그는 임금과 제후들을 섬기지 않는다." 그의 뜻이 본받을 만하다.

■ 풀이

산에 가로막히면 바람은 흩어진다. 안일과 나태는 사람을 무기력하게 한다. 산의 본성은 포용하고 육성하는 데 있고 바람의 본성은 공손하게 활동하는 데 있다. 산과 바람의 본성을 회복하여 가정에 근면과 활기를 진작하는 것이 바로 효성이다.

아버지와 어머니가 훌륭하여 아들은 오직 부모가 하는 대로 따라가면 모든 일이 다 해결된다면 구태여 효를 거론할 필요조차 없다. 아버지와 어머니가 일을 잘못 처리하여 가정에 혼란이 초래되었을 경우에 비로소 효가 행동의 척도가 된다. 아들이 아버지의 자산만 물려받고 부채는 물려받지 않을 수는 없다. 부모가 진 빚을 갚지 않고 아버지가 비난받게 하는 것은 효가 아니다. 효란 가정을 안정시키는 행동의 원리이다. 잘해 주는 부모에게만 잘해 드리는 것은 거래에 지나지 않는다. 또 단지 부모의 감정을 그때그때 만족하게 해드리는 것만으로는 가정이 안정되지 않는다.

단순하고 소박하게 생각하고 정직하고 관대하게 행동해야 한다는 것은 효뿐 아니라 사람됨의 보편적 척도이지만, 부모의 일을 자신의 일로 생각하고 가만히 있지 말고 부모와 함께 고심하되, 늘 조심스럽게 행동하고 함부로 나서지 않는 것이 효성의 척도이다. 특히 둘째 양은 음의 자리에 있는 이어진 선이므로 마음은 강건하게 하고 태도는 유순하게 해야 한다. 가만히 있으면 정의를 상하고 나서서 간하면 사랑을 상하는 곤란한 처지에 있을 때는 불손하게 행동하여 분노하게 하지 않는 것이 효의 방법이다. 강직한 말을 다하지 않고 억지로 바로잡으려고 하지 않아야 한다. 어머니에게는 너무 격렬하게 하거나 너무 과감하게 하면 안 된다. 나약한 임금에게도 정성을 다할 뿐이고 큰일의 경영을 기대하면 안 된다.

셋째 양은 이행의 자리인 셋째 줄에 이어진 선이 있으므로 그 행동이 지나치게 강하다. 아들의 행동이 지나치게 강하면 아버지의 반대가 있을 것이나 그의 행동이 도리에 맞다면 큰 잘못은 아니다. 반드시 바로잡아야 할 일이 있을 때는 다소 지나친 것이 아주 모자라는 것보다 낫다.

약한 자리에 있는 끊어진 선인 넷째 음처럼 분명한 오류에 항의하지 못하고 수수방관하면 가족 전체가 수치를 당하게 되고 만다. 사태가 진행되는 대로 내버려두는 것은 아버지를 남으로 여기는 것이고 아버지에게 허물을 더 보태는 것이다.

다섯째 음은 임금의 자리에 있고 명예를 보존한다. 그는 부드럽고 너그럽게 행동하기 때문에 가족 전체의 도움을 받는다. 그가 바르게 결정하는 것을 알고 부모도 그의 결정을 존중하니 가정은 쉽게 안정된다.

윗양은 산을 뜻하는 윗괘의 꼭대기에 있는 강한 선이다. 그는 다섯째 줄에 있는 임금을 섬기지 않고 정치보다 더 높은 목표를 추구한다. 그것이 바로 효이다. 정치하기보다 효도하기가 훨씬 어렵다. 효도는 어느 한 시기에만 통하는 일이 아니라 모든 시대에 통하는 일이다. 모든 사람이 정치에 관여해야 하는 것은 아니지만, 정치에서 물러나는 것이 나태하고 비겁하게 비판만 하는 것이 되어서는 안 된다. 효도 또한 정치와 마찬가지로 미래의 가치를 창조하는 위대한 작업이다. 효도는 단순히 부모의 뜻을 따르는 행동이 아니라 가정의 질서를 항상 새롭게 창조하는 행동이다.

地澤臨

䷒

兌下坤上

19. 地澤臨

兌下坤上

臨은 元亨코 利貞하니

至于八月이면 有凶하리라.

象曰 臨은 剛浸而長하며 說而順하고

剛中而應하여 大亨以正하니

天之道也라.

至于八月有凶은 消不久也니라.

지택림(地澤臨) : 크게 성취하고 인내하는 것이 유익하다. 봄이 멀지 않으나 가을에 이르면 다시 추위가 올 것이다.

판단 : 지택림(地澤臨)은 강건한 선이 침투하여 성장하니 다른 선들이 기뻐하며 순종한다. 강건한 선이 중심에 있으면서 유순한 선과 호응한다. 바른 행동으로 크게 성취하니 하늘의 도이다.

"가을에 이르면 다시 추위가 올 것이다." 더위가 소멸하는 데는 시간이 오래 걸리지 않는다.

■ 풀이

이어진 선이 없는 중지곤과 이어진 선이 하나인 지뢰복과 이어진 선이 둘인 지택림을 겨울, 이어진 선이 셋인 지천태와 이어진 선이 넷인 뇌천대장과 이어진 선이 다섯인 택천쾌를 봄, 끊어진 선이 없는 중천건과 끊어진 선이 하나인 천풍구와 끊어진 선이 둘인 천산돈을 여름, 끊어진 선이 셋인 천지비와 끊어진 선이 넷인 풍지관과 끊어진 선이 다섯인 산지박을 가을에 배정한다.

이렇게 볼 때 지택림은 음력 12월로서 겨울 석 달의 마지막 달이고 풍지관은 음력 8월로서 가을 석 달의 가운데 달이다. 지택림은 동지를 지낸 시기에 해당하므로 양의 세력이 성장하고 있음을 보여준다. 그러나 이어진 선이 언제까지나 계속해서 성장하는 것은 아니다. 음력 5월에 하지를 지내고 추분이 있는 음력 8월이 되면 양의 세력은 소멸하고 음의 세력이 성장한다.

윗괘인 삼절곤은 아래로 내려가려고 하고 아랫괘인 상절태의 두 이어진 선들은 위로 올라가려고 한다. 두 경향이 서로 통하여 작용한다. 둘째 줄의 이어진 선은 다섯째 줄의 끊어진 선과 호응한다. 두 선이 서로 통하여 작용한다. 지택림은 윗사람이 아랫사람을 대하는 태도에 대하여 논술하고 있다.

* * *

象曰 澤上有地 臨이니
君子 以하여 教思無窮하며
容保民이 無疆하나니라.
初九는 咸臨이니
貞하면 吉하리라.

象曰 咸臨貞吉은 志行正也니라.

九二는 咸臨이니

吉코 無不利하리라.

象曰 咸臨吉無不利는 未順命也일새니라.

六三은 甘臨이라

無攸利어니와 旣憂之라 無咎리라.

象曰 甘臨은 位不當也요 旣憂之하니 咎不長也리라.

六四는 至臨이니

無咎하리라.

象曰 至臨無咎는 位當也일새니라.

六五는 知臨이니

大君之宜니 吉하니라.

象曰 大君之宜는 行中之謂也니라.

上六은 敦臨이니

吉하여 無咎하니라.

象曰 敦臨之吉은 志在內也니라.

敦(돈) - 도탑다

형상 : 호수 위에 땅이 있는 것이 지택림(地澤臨)의 형상이다. 군자는 이것을 본받아 가르치고자 하는 생각에 다함이 없고 민중을 포용하고 보호하고자 하는 마음에 그침이 없다.

첫째 양 : 느끼게 하면서 대중을 대한다. 바르게 행동하면 좋다.

형상 : "느끼게 하면서 대중을 대한다. 바르게 행동하면 좋다." 그의 뜻이 바른 도리를 실행하는 데 있다.

둘째 양 : 느끼게 하면서 대중을 대하니 좋다. 유익하지 않음이 없다.

형상 : "느끼게 하면서 대중을 대하니 좋다. 유익하지 않음이 없다." 대중은 그때까지 분부에 순종하지 않았으나 그의 행동에 감동되어 분부를 따르게 되었기 때문이다.

셋째 음 : 달게 여기게 하면서 대중을 대하는 것은 무익하다. 만일 그가 그것을 근심스럽게 여기고 있다면 허물을 짓지 않을 것이다.

형상 : "달게 여기게 하면서 대중을 대한다." 자리가 적당하지 않다. "그가 그것을 근심스럽게 여기고 있다." 그의 허물은 오래가지 않는다.

넷째 음 : 지성으로 대중을 대한다. 허물이 없다.

형상 : "지성으로 대중을 대한다. 허물이 없다." 그 자리가 적당하다.

다섯째 음 : 지혜롭게 대중을 대한다. 임금의 행동이 마땅하니 좋다.

형상 : "임금의 행동이 마땅하다." 중용의 실행을 이른 것이다.

윗음 : 돈후하게 대중을 대하니 좋다. 허물이 없다.

형상 : "돈후하게 대중을 대하니 좋다." 그의 뜻이 대중을 잘되게 하는 데 있다.

■ 풀이

땅과 호수가 붙어 있듯이 윗사람과 아랫사람은 함께 있어야 한다. 호수의 물이 마르지 않듯이 대중을 가르치려는 생각도 다하지 않아야 하고 땅이 무한히 넓듯이 대중을 보호하려는 노력도 한이 없어야 한다.

첫째 양과 둘째 양은 나란히 함께 대중을 교육하고 보호한다. 첫째 양은 넷째 음과 호응하고 둘째 양은 다섯째 음과 호응하는데, 이것을 첫째 양은 넷째 음을 감동시키고 둘째 양은 다섯째 음을 감동시킨다고 바꾸어 말할 수도 있다. 첫째 양은 바른 도리를 굳게 지켜도 대중을 충분히 감동시키기 어려우나 둘째 양은 그의 내적인 일관성을 대중에게 이해시키는 데 성공한다. 여태까지 그를 따르지 않던 대중이 그의 분부에 순종하게 된다. 느끼게 하려는 의도는 동일하지만 둘째 양이 첫째 양보다 더 큰 효과를 거둔다. 주관적인 의도는 동일해도 객관적인 상황이 다르기 때문이다. 둘째 양은 첫째 양보다 더 큰 영향력을 대중에게 행사할 수 있다.

대중을 대할 때는 취향이나 기호보다 책임과 이성을 소중하게 여겨야 한다. 대중을 즐겁게 하려고 하는 것은 안일하고 부주의한 태도이다.

넷째 음은 음의 자리에 끊어진 선이 있으면서 첫째 줄의 이어진 선과 호응하고 임금의 자리인 다섯째 줄에 있는 끊어진 선에 다가서 있다. 그것은 마치 임금을 가깝게 대하고 장관들을 가깝게 대하고 국민을 가깝게 대하는 총리와 같다. 성실한 사람이 아니면 그러한 자리를 감당할 수 없다.

임금에게 가장 필요한 것은 능력 있는 사람을 선택하여 직책을 맡기는 지혜이다. 다섯째 줄의 끊어진 선은 둘째 줄의 이어진 선에 의존해야 한다. 각 분야의 유능한 인재를 찾아내어 직책을 분담시키는 것이 임금의 임무이다. 임금 한 사람이 모든 사람을 다 상대할 수는 없다.

주역에서는 내(內)와 하(下)가 통한다. 그러므로 본문의 '지재내야'(志在內也)는 곧 '지재하야'(志在下也)이니 그의 뜻이 대중을 잘되게 하는 데에 있다는 것이다.

風地觀

坤下巽上

20. 風地觀

䷓

坤下巽上

觀은 盥而不薦이면 有孚하여
顒若하리라.
象曰 大觀으로 在上하여 順而巽하고
中正으로 以觀天下니
觀盥而不薦有孚顒若은 下觀而化也라.
觀天之神道而四時不忒하니
聖人이 以神道設敎而天下服矣니라.

盥(관) - 씻다 | 薦(천) - 올리다 | 顒(옹) - 공경하다 | 忒(특) - 어긋나다

풍지관(風地觀) : 술을 땅에 뿌렸으나 제물을 올리지는 않았으니 제사가 아직 끝나지 않은 것이다. 진실한 마음으로 하느님을 우러러 모셔야 한다.

판단 : 국면을 크게 뚫어보는 사람이 윗자리에 있다. 하느님께 온순하고 공손하게 행동하고 중심에 있으면서 바른 태도로 세상을 관찰한다.

"술을 땅에 뿌렸으나 제물을 올리지는 않았으니 제사가 아직 끝나지 않은 것이다. 진실한 마음으로 하느님을 우러러 모셔야 한다." 대중이 그의 제사 드리는 태도를 보고 마음을 바꾸어 착하게 된다. 하늘의 신비로운 도를 관찰하라. 네 철이 제 길을 어기지 않는다. 성인이 이 신비로운 도로써 가르침을 베푸니 온 세상 사람들이 그에게 복종한다.

■ 풀이

육덕명(陸德明)은 《경전석문(經典釋文)》의 제2권에서 동한의 마융(馬融)을 인용하여 "관(盥)은 술을 땅에 뿌려서 신을 내리게 하는 것"(盥進爵灌地以降神也)이라고 하였다. 관리의 행동이나 대중의 풍속을 관찰할 때 임금은 제사 드리는 것과 같은 마음으로 관찰해야 한다. 그 자리에 조상의 신이 와 있다는 믿음이 없이 지내는 제사는 공허한 형식에 지나지 않는다. 마찬가지로 하느님께 드리는 제사도 하느님께 대한 진실한 믿음이 결여되면 번거로운 형식으로 타락한다.

풍지관(風地觀)의 중심선은 괘의 위에 있는 다섯째 양과 여섯째 양이다. 아랫괘인 삼절곤은 온순하고, 윗괘인 하절손(下絶巽)은 공손하며, 다섯째 줄의 이어진 선은 중심에 있으면서 둘째 줄의 끊어진 선과 바르게 호응한다.

* * *

象曰 風行地上이 觀이니
先王이 以하여
省方觀民하여 設敎하니라.
初六은 童觀이니

小人은 無咎어니와 君子는 吝하리라.

象曰 初六童觀은 小人道也니라.

六二는 闚觀이니

利女貞하니라.

象曰 闚觀女貞이 亦可醜也니라.

六三은 觀我生하여 進退로다.

象曰 觀我生進退하니 未失道也니라.

六四는 觀國之光이니

利用賓于王하니라.

象曰 觀國之光은 尙賓也니라.

九五는 觀我生이니

君子면 無咎리라.

象曰 觀我生은 觀民也니라.

上九는 觀其生이니

君子면 無咎리라.

象曰 觀其生은 志未平也니라.

闚(규) - 엿보다

형상 : 바람이 땅 위에 부는 것이 풍지관(風地觀)의 형상이다. 옛날의 성왕은 이것을 본받아 지역을 방문하고 민중을 관찰하여 교육을 베풀었다.

첫째 음 : 아이처럼 관찰한다. 소인에게는 비난하는 사람이 없을 것이나

군자는 수치를 당할 것이다.

형상 : 첫째 음의 아이처럼 봄은 소인의 도이다.

둘째 음 : 문틈으로 관찰한다. 여자가 바르게 행동하는 데는 유익하다.

형상 : "문틈으로 관찰한다." 여자에게는 바른 행동이 될 수 있으나 남자에게는 수치스럽게 여길 만한 행동이 된다.

셋째 음 : 자기 생활을 관찰하여 진퇴를 결정한다.

형상 : "자기 생활을 관찰하여 진퇴를 결정한다." 바른 도를 상실하지 않아야 한다.

넷째 음 : 그 나라 임금의 광휘를 관찰한다. 임금에게 손님이 되는 것이 유익할지 어떨지 판단한다.

형상 : "그 나라 임금의 광휘를 관찰한다." 그 임금이 손님을 존중하는지 경시하는지 판단한다.

다섯째 양 : 자기 생활을 관찰한다. 군자에게는 허물이 없다.

형상 : "자기 생활을 관찰한다." 임금이 자기 생활을 관찰하는 것은 곧 민중의 생활을 관찰하는 것이다.

윗양 : 그의 생활을 관찰한다. 군자에게는 허물이 없다.

형상 : "그의 생활을 관찰한다." 그의 마음이 아직 세상을 편하다고 여기지 않는다.

■ 풀이

임금은 나라의 구석구석까지 알고 있어야 하고 민중의 살아가는 모습을 샅샅이 보고 있어야 한다. 사치와 나태를 막고 검소와 근면을 북돋움으로써 임금이 국민을 위해 일하면 국민은 바람 앞의 풀처럼 임금의 인격에 감화된다. 그러나 관찰하는 방법에는 여러 종류가 있다.

첫째 음은 낮은 양의 자리에 있는 끊어진 선이니 키가 작은 사내아이에 해당한다. 관찰은 하되 사태의 의미를 파악하지 못하는 것이 소년의 시각이다. 대중에게는 제한된 시각이 불편을 초래하지 않으나 임금이 현존하는 세력들의 투쟁을 피상적으로 이해한다면 정치는 파국을 맞게 된다. 계급투쟁이란 임금과 이윤을 결정하는 객관적인 과정인데, 이것을 오해하여 정부가 일방적으로 재벌의 편에 선다면 복리기금이 고갈되어 나라는 파탄을 면하지 못할 것이다.

둘째 음은 음의 자리에 있는 끊어진 선이므로 여자이다. 둘째 음은 다섯째 양과 호응한다. 여자는 남자에게 순종하면 허물을 짓지 않을 수 있다. 상나라 말 주나라 초의 여자들은 세상일에 대하여 알 필요가 없었다. 문틈으로 관찰하여 얻은 제한된 지식으로도 살아가는 데 지장이 없었다. 그러나 남자들에게 좁은 시야는 치명적인 해를 끼친다. 요즈음은 여자들도 남을 이해하는 능력을 갖추지 않으면 살기 어려운 시대가 되었다.

셋째 음은 양의 자리에 있는 끊어진 선이므로 자리와 선이 맞지 않는데다가 셋째 줄이 아랫괘에서 윗괘로 이행하는 자리이므로 여러 모로 안정을 잃고 있다. 혼란과 동요의 시기에는 시선을 안으로 돌려 자기의 생활을 반성해 보아야 한다. 자기의 행동이 좁은 시야에 갇혀 있지나 않은지를 깊이 반성하고 철저한 자기관찰과 자기교육으로 시야를 넓혀야 한다. 자기관찰의 목적은 객관적 척도를 마련하는 데 있다.

넷째 음은 음의 자리에 있는 끊어진 선이고 다섯째 줄의 이어진 선에 가깝게 있는 선이다. 임금에게 가까이 있어 언제든지 초대받을 가능성을 가지고 있는 사람은 벼슬을 얻는 데 공을 들이기보다 그 임금과 함께 일하는 것이 국민을 잘되게 할 수 있을까를 판단하는 데 공을 들여야 한다. 의심이 많고 질투가 심한 임금이라면 그에게 초대받는 일은 오히려 고역일 것이다. 또 더 유능한 인재가 등용되는 것이 국민을 위해 바람직한 일일 수도 있다.

임금에게는 자기 생활을 관찰하는 것이 곧 민중의 생활을 관찰하는 것이다. 민중이 사치하고 나태하다면 그것은 임금 자신의 과오이고 민중이 검소하고 근면하다면 그것은 임금 자신의 공적이다. 자기관찰이란 자기에 대하여 부질없이 상념하는 것이 아니고 자기가 한 일의 결과를 객관적으로 검증하는 것이다.

다섯째 줄의 이어진 선은 스스로 자기를 관찰할 뿐 아니라 풍지관의 또 하나의 중심선인 여섯째 줄의 이어진 선에게 관찰되기도 한다. 임금의 생활은 아무리 속이려 해 봐야 결국은 대중에게 다 드러나고 만다. 그러므로 편안하게 여기지 말고 항상 새롭게 세상을 설계하고 그 설계를 실행해 나가야 한다. 임금이 세상을 편안하다고 생각하는 바로 그 순간에 혼란이 시작한다.

火雷噬嗑

震下離上

21. 火雷噬嗑

䷔

震下離上

噬嗑은 亨하니 利用獄하니라.

象曰 頤中有物일새 曰噬嗑이니

噬嗑하여 而亨하니라.

剛柔分하며 動而明하며

雷電이 合而章하며

柔得中而上行하니

雖不當位나 利用獄也니라.

噬(서) - 깨물다 | 嗑(합) - 씹다 | 章(장) - 빛나다

화뢰서합(火雷噬嗑) : 일을 성취하니 죄를 범한 자에게는 형벌을 가하는 것이 유익하다.

판단 : 입안에 음식물이 있는 것을 서합이라고 하니 물고 씹어서 성취하는 것이다. 강건한 선과 유순한 선이 구별되어 끊어진 선들은 이를 가리키고 끊어진 선들 사이에 있는 하나의 이어진 선은 음식물을 가리킨다.

아랫괘인 하련진은 움직임을 나타내고 윗괘인 허중리는 밝음을 나타내니 우레와 번개가 결합하여 환히 빛난다. 유순한 선이 윗괘의 중심 위치를 얻고 중심선이 되어서 위에서 시행한다. 비록 적당하지 않은 자리에 있기는 하더라도 죄를 범한 자에게 형벌을 집행하는 것이 유익하다.

■ 풀이

우레와 번개는 자연의 긴장을 해소하고 비를 예고한다. 형벌은 사회의 장애를 극복하고 질서를 회복한다. 물고 씹는 것은 질긴 고기를 부드럽게 하고 고기에 섞인 딴 물질을 골라내는 것이다. 서합(噬嗑)이란 결합에 장애가 되는 것을 제거하는 행동이다.

일치를 방해하는 범법자에게는 즉시 형벌이 집행되어야 한다. 형벌은 폭력이 아니므로 제재를 가하는 데는 일정한 객관적 기준이 필요하다. 지나치게 유순하면 범죄를 막을 수 없고 지나치게 경직되면 정상(情狀)을 참작할 수 없다.

윗괘인 허중리는 명석하고 아랫괘인 하련진은 강건하다. 형벌은 명석하고 강건하게 집행해야 한다. 다섯째 줄의 끊어진 선이 괘의 중심선이고 넷째 줄의 이어진 선이 물고 씹어 제거해야 할 질긴 고기이다. 중심선의 유순함은 재판의 가혹성을 완화하기 위하여 필요한 성질이다. 판사의 유순한 성질은 강건한 자리로 보충된다. 판사는 우레처럼 위엄 있고 불처럼 명확해야 한다.

판결은 항상 객관적 기준에 따라서 강건하게 결정되고 일관성 있게 집행되어야 한다. 법의 수단과 방법은 완강하여 타협하지 않는다. 그러나 법의 목적과 내용에는 부드럽고 따뜻한 사랑이 포함되어 있어야 한다.

* * *

象曰 雷電이 噬嗑이니

先王이 以하여 明罰勅法하니라.

初九는 屨校하여 滅趾니 無咎하니라.

象曰 屨校滅趾는 不行也니라.

六二는 噬膚하되 滅鼻니 無咎리라.

象曰 噬膚滅鼻는 乘剛也일새니라.

六三은 噬腊肉이라가 遇毒이니

小吝이나 無咎리라.

象曰 遇毒은 位不當也일새니라.

九四는 噬乾胏하여 得金矢니

利艱貞하니 吉하리라.

象曰 利艱貞吉은 未光也니라.

六五는 噬乾肉하여 得黃金이니

貞厲라야 無咎리라.

象曰 貞厲無咎는 得當也일새니라.

上九는 何校하여 滅耳니 凶토다.

象曰 何校滅耳는 聰不明也일새니라.

勅(칙) - 타일러 삼가게 하다 | 屨(구) - 신기다 | 校(교) - 형틀
趾(지) - 발꿈치 | 腊(석) - 말린 고기 | 胏(자) - 뼈있는 포 | 何(하) - 메다

형상 : 천둥이 치고 번개가 번쩍이는 것이 화뢰서합(火雷噬嗑)의 형상이다. 옛날의 성왕은 이것을 본받아 벌을 명확하게 규정하고 법을 엄격하게 집행하였다.

첫째 양 : 족쇄를 채우고 발을 자른다. 허물이 없다.

형상 : "족쇄를 채우고 발을 자른다." 행동하지 못하게 하는 것이다.

둘째 음 : 판결하기가 고기를 씹는 것과 같다. 코를 자르니 허물이 없다.

형상 : "판결하기가 고기를 씹는 것과 같다. 코를 자른다." 둘째 줄의 유순한 선이 첫째 줄의 강건한 선 위에 있다.

셋째 음 : 판결하기가 말린 고기포를 씹는 것과 같다. 독을 만났다고 여기면 조금 막히나 허물이 없다.

형상 : "독을 만났다고 여긴다." 자리가 적당하지 않다.

넷째 양 : 판결하기가 뼈 있는 마른 고기를 씹는 것과 같다. 청동 화살처럼 곧은 척도를 얻어야 한다. 어렵다고 여기고 바르게 행동하는 것이 유익하고 좋은 결과를 초래한다.

형상 : "어렵다고 여기고 바르게 행동하는 것이 유익하고 좋은 결과를 초래한다." 아직 빛이 드러나지는 않는다.

다섯째 음 : 판결하기가 마른 고기를 씹는 것과 같다. 황금처럼 순수한 척도를 얻어야 한다. 인내하며 위태롭다고 여겨야 허물을 짓지 않는다.

형상 : "인내하며 위태롭다고 여겨야 허물을 짓지 않는다." 적당함을 얻어야 한다.

윗양 : 형틀을 씌우고 귀를 자른다. 나쁘다.

형상 : "형틀을 씌우고 귀를 자른다." 들어야 할 것을 분명하게 듣지 못했기 때문이다.

■ 풀이

법은 객관적 기준을 따라 집행되어야 한다. 번개의 환한 빛이 법률의 명확한 적용을 상징한다. 형벌의 종류가 일단 결정되면 법은 강력하고 신속하게 집행되어야 한다. 우레의 큰 소리가 법률의 권위와 위엄을 상징한다. 법을 어긴 자는 분명하고 신속하게 처벌되어야 한다.

첫째 양(陽)은 초범에 대한 처벌이다. 사회로부터 격리시키는 것보다 내보내어 다시는 법을 어기지 않도록 경고하는 것이 더 중요하다. 발을 자르고 풀어주면 그는 다시는 마음대로 방자하게 행동하지 못하게 된다.

둘째 음(陰)은 음의 자리에 있는 끊어진 선인데 첫째 줄의 이어진 선 위에 있다. 법을 해석하여 판결을 내리는 데 어려움은 없으나 범죄의 성질이 무겁기 때문에 코를 자르지 않을 수 없다. 범죄에 법을 적용할 때에는 모든 추측을 배제하고 행위 자체에 입각하여 판단해야 한다. 유리창 밖에서 실내에서 벌어지는 사건을 관찰하듯이 가해자와 피해자의 행동 가운데 객관적으로 범죄를 구성하는 측면만 대상으로 하여 법을 적용해야 한다. 법의 적용이 용이한 경우는 법의 집행도 용이하다.

범죄자가 판결에 승복하지 않고 재판의 결과에 반항하면 판사는 마치 말린 포를 먹다가 뜻밖에 독이 있는 물질을 씹은 것과 같은 충격을 받는다. 이행의 시기에 끊어진 선이 양의 자리에 있다. 셋째 음은 강건한 위엄이 결여되었기 때문에 피고의 저항을 만난다.

넷째 양은 정치범을 재판하는 경우에 처해 있다. 권력투쟁에 일시적으로 패배한 자가 과연 법을 어겼는지를 판단하기가 쉽지 않으며 일정한 시기가 지난 후에는 그 사람이 다시 권력을 획득할 가능성도 완전히 배제할 수 없다. 정치범을 재판하는 것은 뼈 있는 마른 고기를 씹는 것과 같이 곤란한 일이다. 그러나 이러한 어려움을 깊이 인식하고 누구도 이의를 제기할 수 없을 만큼 공정한 기준에 따라 판결을 내린다면 영예를 얻지는 못할 것이나 실수는 면할 수 있을 것이다.

다섯째 음이 씹는 마른 고기는 독 있는 물질이 섞인 말린 포나 뼈 있는 마른 고기보다 씹기 쉬운 음식이다. 다섯째 줄에 있는 끊어진 선은 괘의 중심선이므로 행동도 가장 분명하고 정확해야 한다. 금은 순수한 물질이고 황색은 중앙의 색채이다. 판단이 공정하고 순수하며 모든 이의를 미리 고려할 만큼 신중할 때 그릇된 심판의 누명을 벗을 수 있다.

넷째 줄에는 청동화살이 나오고 다섯째 줄에는 황금이 나오는데 《주례》〈추관사구(秋官司寇)〉에 "재산을 다투는 송사는 화살 묶음 한 속(100개)을 가져오게 한 후에 송사를 처리하고, 어음 때문에 다투는 옥사는 3일 안에 금 30근을 가져오게 한 후에 옥사를 처리한다"(以兩造로 禁民訟하되 入束矢於朝然後에 聽之하고 以兩劑로 禁民獄하되 入鈞金三日 乃致于朝然後에 聽之하라)는 말이 있으니 화살과 금은 일종의 소송비용이었음을 알 수 있다.

첫째 줄의 이어진 선에 등장하는 범법자는 초범이고 여섯째 줄의 이어진 선에 등장하는 인물은 재범이다. 그는 법의 경고를 귀담아 듣지 않고 재차 죄를 범하였으므로 여러 사람에게 경각심을 불러일으키게 하기 위하여 그의 귀를 자르지 않을 수 없다.

상나라 말 주나라 초의 형벌은 주로 다섯 가지였다. 먹칠을 얼굴에 새기는 형벌에 천 가지 죄가 있고, 코 베는 형벌에 천 가지 죄가 있고, 발 자르는 형벌에 5백 가지 죄가 있고, 불알 까는 형벌에 3백 가지 죄가 있고, 사형에는 2백 가지가 있었다〔墨罰之屬千이요 劓罰之屬千이며 剕罰之屬五百이요 宮罰之屬三百이며 大辟之罰은 其屬二百이니 五刑之屬三千이라 : 《서경》'여형'(呂刑)〕.

귀를 자르는 형벌은 그 당시에 실제로 시행된 처벌이라기보다는 올바른 훈계에 귀를 기울이지 않는 자는 반드시 벌을 줘야 한다는 의미에서 상징적으로 규정한 처벌이라고 생각하는 것이 좋을 듯하다.

山火賁

䷕

離下艮上

22. 山火賁

䷕

離下艮上

賁는 亨하나 小利有攸往하니라.

彖曰 賁亨은 柔來而文剛故로 亨하고

分剛하여 上而文柔故로

小利有攸往하니 天文也요

文明以止하니 人文也니

觀乎天文하여 以察時變하며

觀乎人文하여 以化成天下하나니라.

賁(비) - 꾸미다

산화비(山火賁) : 성취하나 작은 일이라야 가서 맡는 것이 유익하다.

판단 : "산화비(山火賁)는 성취한다." 유순한 선들이 사이에 들어와 강건한 선들을 우아하게 하므로 성취하고 강건한 선들이 나뉘어 위로 오르면서 유순한 선들을 우아하게 하므로 작은 일이면 가서 맡는 것이 유익하다. 이러한 질서를 천문(天文)이라고 한다.

우아하게 밝히면서 조용히 머무른다. 이러한 질서를 인문(人文)이라고 한다.

천문을 관찰하여 때의 변화를 발견하고 인문을 관찰하여 세상을 개선한다.

■ 풀이

꾸밈은 있음이 아니라 나타남이다. 잘 보이는 것은 바탕 자체가 잘 되는 것보다 못하다. 바탕에 관계된 것은 큰일이고 꾸밈에 관계된 것은 작은 일이다. 안에 있는 허중리는 분명함을 나타내고 밖에 있는 상련간은 조용함을 나타낸다. 산이 조용히 머무르면 불이 산의 모습을 분명하게 드러낸다. 극단과 과장을 제거하고 균형과 비례를 형성하는 것이 꾸밈의 원리이다. 어느 쪽으로건 지나치게 가는 모든 것은 우아의 적이다.

산화비(山火賁)의 중심선은 둘째 음과 윗양이다. 끊어진 선이 아랫괘에 형식을 부여하고 이어진 선이 윗괘에 내용을 제공한다. 두 개의 끊어진 선이 두 개의 이어진 선 사이에 있다. 끊어진 두 선은 모여 있고 이어진 두 선은 나뉘어 있다.

* * *

象曰 山下有火 賁니

君子 以하여 明庶政하여 無敢折獄하나니라.

初九는 賁其趾니 舍車而徒로다.

象曰 舍車而徒는 義弗乘也니라.

六二는 賁其須로다.

象曰 賁其須는 與上興也니라

九三은 賁如濡如하니 永貞하면 吉하리라.

象曰 永貞之吉은 終莫之陵也니라.

六四는 賁如皤如하며 白馬翰如하니

匪寇라 婚媾로다.

象曰 六四는 當位疑也니 匪寇婚媾는 終無尤也니라.

六五는 賁于丘園하여 束帛이 戔戔이니

吝하나 終吉하리라.

象曰 六五之吉은 有喜也니라.

上九는 白賁니 無咎리라.

象曰 白賁無咎는 上得志也니라.

折(절) - 판단하다 | 須(수) - 수염 | 濡(유) - 젖다 | 陵(릉) - 업신여기다
皤(파) - 희다 | 翰(한) - 흰 말 | 戔(잔) - 작다

형상 : 산 아래에 불이 있는 것이 산화비(山火賁)의 형상이다. 군자는 이것을 본받아 여러 가지 정사를 분명하게 처리하나 범죄를 다스리는 일은 전문가에게 맡기고 판결하려고 하지 않는다.

첫째 양 : 남에게 잘 보이지 않는 발을 우아하게 한다. 그는 수레를 놓아두고 걷기를 좋아한다.

형상 : "그는 수레를 놓아두고 걷기를 좋아한다." 수레를 타지 않는 것이 의리에 일치하기 때문이다.

둘째 음 : 턱수염을 우아하게 한다.

형상 : "턱수염을 우아하게 한다." 턱수염은 아래턱과 함께 움직인다.

셋째 양 : 우아하고 윤택하다. 오래도록 바르게 행동하면 좋은 결과를 초래한다.

형상 : 오래도록 바르게 행동하면 좋다는 것은 그가 끝내 능멸 받지 않으리라는 것이다.

넷째 음 : 우아하게 행동하면서도 소박한 마음을 보존하고 있다. 말의 털빛이 매우 희니, 말을 타고 온 사람은 물건을 빼앗거나 훔치려는 사람이 아니고 구혼하려는 사람이다.

형상 : 넷째 음은 적당한 자리에 있으나 의심을 품고 뜻을 정하지 못한다. "빼앗거나 훔치려는 사람이 아니고 구혼하려는 사람이다." 마지막에 이르면 원망이 없다.

다섯째 음 : 집치장을 우아하게 했으나 가져온 폐백이 빈약하다. 잠시 막힐 것이나 끝내는 좋을 것이다.

형상 : 다섯째 음의 좋은 결과에는 기쁨이 있다.

윗양 : 단순하면서도 우아하니 허물이 없다.

형상 : "단순하면서도 우아하니 허물이 없다." 그가 윗자리에서 뜻을 이룬다.

■ 풀이

《주례》〈고공기(考工記)〉에 "푸른색과 붉은색이 섞이는 것을 문(文)이라 하고, 붉은색과 흰색이 섞이는 것을 장(章)이라 하고, 흰색과 검은색이 섞이는 것을 보(黼)라고 하고, 검은색과 푸른색이 섞이는 것을 불(黻)이라 하고, 5색이 구비되는 것을 수(繡)라 한다"(青與赤謂之文, 赤與白謂之章, 白與黑謂之黼, 黑與青謂之黻, 五采備謂之繡)고 하였다.

산화비(山火賁)에서 불은 산 위에 있지 않고 산 아래 있으므로 멀리까지 환하게 비추지 못한다. 작은 일에는 형식이 중요하나 큰일에는 내용이 중요하다. 재판에는 형식의 우아함보다 내용의 진지함이 필요하다.

첫째 양은 그것이 처해 있는 낮은 자리에 맞게 꾸밈을 드러내지 않는다. 그는 수레의 도움을 받아 쉽게 가려고 하지 않고 저 자신의 능력으로 목표에 도달하려고 노력한다.

모든 형식은 내용을 위한 형식이다. 내용을 고려하지 않은 형식은 공허하다. 수염은 수염을 위해 있는 것이 아니라 턱을 위해 있는 것이다. 둘째 음은 유순한 선이 제자리를 지키면서 중심에 있으니 내용에 순종하고 내용에 봉사하는 꾸밈을 나타낸다.

셋째 양은 양의 자리에 있는 이어진 선이다. 둘째 음과 넷째 음이 셋째 양을 꾸며주고 있다. 그는 매력 있고 원만하나 빈둥거리며 들뜨기 쉽다. 바른 도리를 굳게 지킴으로써 기본자세를 가라앉혀야 한다. 우아함과 소박함은 결코 양립할 수 없는 것이 아니다. 공자는 "질박함이 문채(文采)에 지나친다면 거친 야인이 될 것이고, 그렇지 않아서 문채가 질박함을 이긴다면 문서를 맡은 서리(胥吏)가 될지니, 반드시 문(文)과 질(質)이 한데 어울려야 군자일 것이다"(質勝文則野요 文勝質則史니 文質彬彬한 然後君子니라)라고 하였다. 우아함과 소박함은 늘 함께 있어야 한다. 과장된 화려함을 스스로 포기하고 소박한 바탕을 회복하면 위험이 변하여 축복이 된다. 최고의 꾸밈은 허심으로 자신을 꾸밈이다.

넷째 음은 음의 자리에 있는 끊어진 선으로서 첫째 줄의 이어진 선과 호응한다. 마음을 비우고 어진 사람을 보면 본받고 모진 사람을 보면 반성하는 사람에게 도둑이 무엇을 훔칠 수 있겠는가? 도둑인지 아닌지 의심스러울 경우에 그 사람이 어떠한 사람인가 조사해 보는 것보다 더 필요한 일은 스스로 바른 도리를 지키고 있는가 반성해 보는 것이다.

다섯째 음은 폐백을 받아들이는 날 여자의 집에서 비단 등으로 집을 우아하게 꾸미는 것을 나타낸다. 《의례》 〈사혼례(士昏禮)〉에 "폐백은 흑적색의 비단 다섯 필과 한 쌍의 사슴가죽이다"(納徵玄纁束帛儷皮)라고 하였고, 《주례》 〈매씨(媒氏)〉에는 "딸을 시집보내고 아내를 맞아들이는데 폐백으로 받아들이는 비단이 모두 다섯 필을 넘지 않는다"(凡嫁子取妻, 入幣純帛無過五兩)고 하였고, 《예기》 〈잡기하(雜記下)〉에는 "폐백으로 받아들이는 비단은 한 묶음이 다섯 필이고 길이는 스물다섯 심(尋)이다"(納幣一束, 束五兩, 兩五尋)라고 하였다. 여자의 집에서 남자 집의 폐백이 빈약하다고 생각하고 있다면 두 집의 관계에 얼마간의 문제가 일어나지 않을 수 없다. 그러나 "예식은 사치스러운 것보다는 검소한 것이 좋다"(禮는 與其奢也론 寧儉이니라 : 《논어》). 중요한 것은 폐백이 아니라 참된 마음이다.

완전한 형식은 모든 꾸밈을 버리고 내용의 가치를 충만하게 실현한다. 형식이 장식적인 요소를 제거하고 오직 전적으로 내용에 헌신할 때 소박한 가운데 은은히 드러나는 우아를 획득한다. 이것이야말로 조작 없는 꾸밈, 의도하지 않은 우아이다.

山地剝

䷖

坤下艮上

23. 山地剝

坤下良上

剝은 不利有攸往하니라.

彖曰 剝은 剝也니 柔變剛也니

不利有攸往은 小人이 長也일새니라.

順而止之는 觀象也니

君子 尙消息盈虛天行也니라.

剝(박) - 벗기다

산지박(山地剝) : 가서 일을 맡는 것이 이롭지 않다.

판단 : 산지박(山地剝)은 깎이어 떨어지는 것이다. 유순한 선들이 강건한 선을 변화시킨다. "가서 일을 맡는 것이 이롭지 않다." 소인들이 크게 늘어나기 때문이다. 온순한 태도로 행동을 중지한다. 그가 괘의 형상을 관찰하여 사태의 기미를 파악했기 때문이다.

군자는 줄였다가 늘이고 채웠다간 비우는 하늘의 운행을 높이어 소중하게 여긴다.

■ 풀이

운명에 순종하는 것은 비겁이 아니라 지혜이다. 소인의 세력이 늘어나 군자를 밀어제치는 시기에 군자가 직책을 맡는 것은 좋지 않다. 온순한 태도로 자기 일에 헌신하면서 적대적인 상황을 조용히 견뎌야 한다. 음이 증가하고 양이 감소되었다 하더라도 삶의 원칙은 결코 변화하지 않는다. 나아가 직책을 맡지는 않으나 군자는 이 시기에 창조 능력을 함양하여 새로운 공동작업을 준비한다.

* * *

象曰 山附于地 剝이니
上이 以하여 厚下安宅하나니라.
初六은 剝牀以足이니
蔑貞이면 凶하리라.
象曰 剝牀以足은 以滅下也니라.
六二는 剝牀以辨이니
蔑貞이면 凶하리라.
象曰 剝牀以辨은 未有與也일새니라.
六三은 剝之無咎니라.
象曰 剝之無咎는 失上下也일새니라.
六四는 剝牀以膚니 凶하니라.
象曰 剝牀以膚는 切近災也니라.
六五는 貫魚히 以宮人이니
寵無不利리라.

象曰 以宮人寵은 終無尤也리라.

上九는 碩果不食이니

君子는 得輿하고 小人은 剝廬리라.

象曰 君子得輿는 民所載也요

小人剝廬는 終不可用也니라.

附(부) - 붙다 | 牀(상) - 평상 | 蔑(멸) - 없애다 | 碩(석) - 크다 | 廬(려) - 집

형상 : 산이 땅에 의거하는 것이 산지박(山地剝)의 형상이다. 윗사람은 이것을 본받아 아랫사람을 관대하게 대하여 머무르는 자리를 편안하게 해야 한다.

첫째 음 : 침상의 다리가 떨어진다. 바른 사람을 멸시하면 나쁜 일이 일어난다.

형상 : "침상의 다리가 떨어진다." 침상의 아랫부분이 없어진 것이다.

둘째 음 : 침상의 언저리가 떨어진다. 바른 사람을 멸시하면 나쁜 일이 일어난다.

형상 : "침상의 언저리가 떨어진다." 침상을 사용하지 못하게 된 것이다.

셋째 음 : 떨어져 나와도 허물은 없다.

형상 : "떨어져 나와도 허물은 없다." 떨어져 나오는 것이 위에 있는 소인들과 아래에 있는 소인들을 잃는 것에 지나지 않기 때문이다.

넷째 음 : 침상의 판이 떨어진다. 나쁘다.

형상 : "침상의 판이 떨어진다." 재앙이 절실하게 접근한다.

다섯째 음 : 고기를 엮듯 궁인을 쓰면 총애해도 유익하지 않음이 없다.

형상 : 궁인을 총애한다 하더라도 끝내 원망이 없다.

윗양 : 큰 과일은 먹으려 하지 않는다. 군자는 수레를 얻고 소인은 집을 잃는다.

형상 : “군자는 수레를 얻는다.” 대중이 그 수레를 타고 군자를 따른다. “소인은 집을 잃는다.” 소인이 끝까지 등용될 수는 없기 때문이다.

■ 풀이

땅은 산의 근본이다. 땅이 무너지면 산도 무너진다. 민중은 나라의 근본이다. 민중이 빈곤한데 임금 혼자 풍족할 수는 없다. 위로 오르려 하는 사람은 먼저 발밑을 조심해야 한다. 자리 잡은 터가 넓을수록 산은 안전하다. 국민이 불편하게 여기는데 임금 혼자 편안하게 살 수는 없는 것이다.

소인들이 득세하면 먼저 군자의 거할 자리를 파괴한다. 권모술수가 난무하는 상황에서 군자가 할 수 있는 일은 정직하고 관대하게 행동하면서 기다리는 것 이외에 아무것도 없다.

둘째 줄에 오면 소인들의 중상과 모략은 은밀한 음해에서 공개적인 공격으로 변한다. 고립된 채 버티는 것은 몰락을 자초할 뿐이다. 자리를 버리고 위험을 피해야 한다.

셋째 줄의 끊어진 선에게는 함께할 이웃은 없으나 서로 호응할 수 있는 여섯째 줄의 이어진 선이 있다. 그는 사악한 자들에게 둘러싸여 있으나 내적 원칙을 완강하게 간직하고 있다. 그는 내적인 원칙을 지키기 위하여 위아래에 있는 소인들과 대립한다. 소인들 속에서 살면서 태도의 일관성을 유지하려면 난처한 일을 겪지 않을 수 없다. 패거리 속에 끼지 않고 바른 도리를 따르면 고립되고 배제된다. 그러나 인간에게는 실패가 오히려 보람이 되는 경우도 드물지 않다.

넷째 줄에 이르면 해가 침상에 비칠 뿐 아니라 침상에서 쉬는 사람에게까지

다가온다. "박상이부"(剝牀以膚)의 '부'(膚)는 '살'이란 뜻이 아니라 '크다'(大也)는 뜻이다. 소인의 책략이 절정에 이른 시기이다. 위험을 자초할 것은 없으나 위험을 각오하지 않을 수 없는 시기인 것이다. 그러나 극도로 위험하다는 것은 이제 곧 위험이 감소하기 시작하리라는 것을 의미한다. 소인들은 온갖 권모술수를 동원하여 원칙에 대항하지만, 일단 그들의 세력이 약하다고 판단되면 즉시 군자에게 굴복하는 체하고 아첨한다. 내심으로는 배반하나 겉으로는 아첨하는 것이다.

다섯째 줄에 등장하는 궁인은 궁중의 여자들을 말하는데 소인을 의미한다. 물고기를 끈으로 엮을 때에는 반드시 물고기의 머리를 차례대로 뚫어 꿰어야 한다. 뚫어 꿰는 위치를 엇갈리게 하면 제대로 엮이지 않는다. 임금이 궁녀들에게 차례대로 돌아가면서 시침(侍寢)하게 하면 비록 마음에 드는 여자를 총애한다 하더라도 원망을 받지 않는다. 물고기는 음에 속하는 생물이므로 소인을 암시하며 물고기를 엮는 것은 소인을 제어하는 방법을 암시한다.

윗양에서 "큰 과일은 먹으려 하지 않는다"라고 한 것은 이익이 눈앞에 있으나 그것을 취하려 하지 않는 것이다. 군자는 이익을 늘리려고 하지 않고 덕을 늘리려고 하나 소인은 이익에 눈이 멀어 투기를 자행하다 자산을 탕진한다. 소인의 기세가 꺾이면 군자가 다시 여론의 지지를 얻는다. 소인은 부정할 줄만 알기 때문에 그 자신의 힘으로 독립하지 못한다. 군자가 없어지면 소인들은 음해할 상대가 없어서 저희끼리 싸우게 된다. 악은 선을 파괴할 뿐 아니라 악 자신도 파괴한다.

수레는 임금이 군자에게 내리는 선물이다. 《시경》〈대아〉의 '한혁'(韓奕)에는 "그 선물은 무엇이었나? 네 마리 말과 큰 수레였네"(其贈維何오 乘馬路車로다)라고 하는 구절이 있으며 《시경》〈대아〉의 '숭고'(崧高)에는 "임금님께서 신백(申伯)을 보내시며 큰 수레와 네 마리 말을 내리셨네"(王遣申伯하시니 路車乘馬로다)라고 하는 구절이 있다.

地雷復

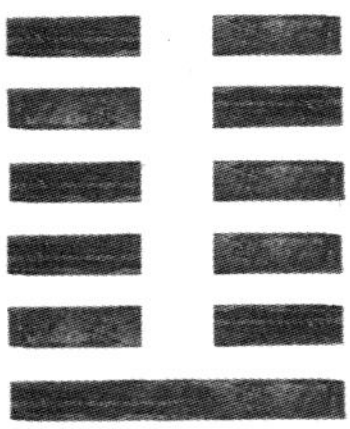

震下坤上

24. 地雷復

震下坤上

復은 亨하니

出入無疾하며 朋來無咎니라.

反復其道하여 七日來復하니

利有攸往하니라.

彖曰 復亨은 剛反이니 動而以順行이라.

是以로 出入無疾이며 朋來無咎니라.

反復其道七日來復은 天行也요

利有攸往은 剛長也일새니

復에 其見天地之心乎ㄴ저.

지뢰복(地雷復) : 성취한다. 나갔다가 들어와도 병에 걸리지 않는다. 친구들이 그를 믿고 오니 그에게 허물이 없기 때문이다. 그는 일을 마치고 같은 길을 되돌아온다. 지뢰복은 7일 만에 되돌아오곤 한다. 가서 일을 맡는 것이 유익하다.

판단 : "지뢰복은 성취한다." 강건한 선이 돌아오기 때문이다.

아랫괘인 하련진은 추동하고 윗괘인 삼절곤은 온순하게 행동하므로 "나갔다가 들어와도 병에 걸리지 않는다."

"친구들이 그를 믿고 오니 그에게 허물이 없기 때문이다. 그는 일을 마치고 같은 길을 되돌아온다. 지뢰복은 7일 만에 되돌아오곤 한다." 하늘의 운행이다.

"가서 일을 맡는 것이 유익하다." 강건한 선이 성장하고 있기 때문이다. 지뢰복에서 천지의 마음을 보아야 한다.

■ 풀이

제일 위에 이어진 선이 있는 산지박과 제일 아래에 이어진 선이 있는 지뢰복(地雷復)은 괘의 모양이 반대이다. 동지는 겨울이 끝이고 양의 세력이 회복되는 전환의 때이다. 지뢰복은 동지가 있는 음력 11월을 가리킨다. 누구도 양을 강제로 회복시킬 수는 없다. 조작도 없고 책략도 없고 무리도 없는 하늘의 운행이 자연스럽게 양을 복귀하게 한다. 무리 없는 귀환이므로 병이 없고 자발적인 귀환이므로 허물이 없다.

하늘의 운행은 여섯 단계를 거쳐 하나의 경로를 완성하고 일곱째 단계에서 새로운 경로를 다시 시작한다.

끊어진 선은 천풍구 천산돈 천지비 풍지관 산지박 중지곤의 순서로 하나씩 증가하다 완성되고 이어진 선은 지뢰복 지택림 지천태 뇌천대장 택천쾌 중천건의 순서로 하나씩 증가하다 완성된다. 끊어진 선의 완성은 이어진 선의 시작으로 돌아오고 이어진 선의 완성은 끊어진 선의 시작으로 돌아온다. 가장 먼 여행은 귀향이다. 아무리 오랜 여행이라도 결국은 집으로 돌아와야 한다.

쉽게 돌아오지 못할 정도로 멀리 나가면 병에 걸릴 염려가 있다. 인간에게는 돌이킬 수 있는 거리와 돌이킬 수 있는 시간이 있다. 너무 멀리 나가면 돌아오는 데 힘이 들고 너무 오래 나가 있으면 돌아와서 오히려 낯설게 된다.

중뢰진과 수화기제의 둘째 음효에 "찾지 않아도 7일이면 얻는다"(勿逐, 七日得)라는 구절이 나온다. 왕인지(王引之)의 《경의술문(經義述聞)》에 의하면 상나라 말 주나라 초 사람들은 5와 10을 기준으로 삼아서 날의 수를 세었다. 3은 5보다 작은 수이고 7은 5보다 큰 수이다. 옛날 사람들은 3일은 짧은 기간이고 7일은 길지만 참을 만한 기간이고 5일은 적당한 기간이고 10일은 아주 긴 기간이라고 생각하였다. 집을 떠나 7일 동안 걷는 거리는 무난히 돌아올 수 있는 거리이다. 7일이 지나면 지쳐서 돌아오기 어렵게 된다.

* * *

象曰 雷在地中이 **復**이니
先王이 **以**하여 **至日閉關**하여 **商旅不行**하며
后不省方하니라.
初九는 **不遠復**이라
無祇悔니 **元吉**하니라.
象曰 不遠之復은 **以修身也**니라.

六二는 休復이니 吉하니라.

象曰 休復之吉은 以下仁也니라.

六三은 頻復이니 厲하나 無咎리라.

象曰 頻復之厲나 義無咎也니라.

六四는 中行獨復이로다.

象曰 中行獨復은 以從道也니라.

六五는 敦復이니 無悔하니라.

象曰 敦復無悔는 中以自考也니라.

上六은 迷復이라 凶하니

有災眚하여 用行師면

終有大敗하여 以其國君凶하여

至于十年히 不克征하리라.

象曰 迷復之凶은 反君道也일새니라.

祗(지) - 이르다

형상 : 우레가 땅속에 있는 것이 지뢰복(地雷復)의 형상이다. 옛날의 성왕이 이것을 본받아 동지와 하지에는 국경의 성문을 닫아 상인들과 여행자들이 다니지 못하게 하였고 제후들이 자기의 지역을 순시하지 못하게 하였다.

첫째 양 : 멀리 가지 않고 돌아온다. 뉘우칠 일이 생기기 전에 돌아오니 크게 좋다.

형상 : "멀지 아니하여 돌아온다." 그는 마음과 행실을 바르게 하며 심신을 닦는다.

둘째 음 : 기쁘게 돌아오니 좋다.

형상 : "기쁘게 돌아오니 좋다." 그는 어진 사람의 뜻에 순순히 따른다.

셋째 음 : 찡그리고 돌아온다. 위태롭지만 허물은 없다.

형상 : "찡그리고 돌아온다." 위태로우나 의리에 허물은 없다.

넷째 음 : 중도에서 혼자 돌아온다.

형상 : "중도에서 혼자 돌아온다." 그가 도리에 순종하기 때문이다.

다섯째 음 : 부지런히 돌아오니 뉘우칠 일이 없다.

형상 : "부지런히 돌아오니 허물이 없다." 그는 중심에 있으면서 스스로 반성한다.

윗음 : 돌아올 길을 잃으니 나쁘다. 재앙이 있을 것이다. 군대를 시행하면 끝내 크게 패하여 그 나라의 임금도 화를 면하지 못한다. 10년이 되어도 정벌할 수는 없을 것이다.

형상 : "돌아올 길을 잃으니 나쁘다." 임금의 바른 도리에 반대되기 때문이다.

■ 풀이

음과 양이 부딪쳐 우레를 만드는데 양이 미약한 경우에는 소리를 이루지 못한다. 양이 아래서 처음 생기는 때인 지뢰복(地雷復)은 양이 저절로 자라도록 휴식해야 할 시기이다. 동지와 하지는 상나라 말 주나라 초의 안식일이었다. 삶의 에너지가 땅속에 묻혀 있는 겨울에는 휴식하면서 삶의 에너지가 흩어지지 않도록 보호하는 것이 필요하다. 병을 앓고 난 후에는 몸을 부드럽게 다루어야 무리 없이 건강을 회복할 수 있다.

조그만 악이라도 저질렀으면 즉시 고쳐서 악이 마음에 뿌리를 내리지 못하도록 하는 것이 지뢰복이다. 잘못은 누구에게나 있을 수 있으나 선으로 돌아와 같은 잘못을 두 번 저지르지 않는 것이 지뢰복인 것이다. 크게 뉘우칠 일이 생기지 않는 것은 좋은 일이지만, 악을 행한 것을 스스로 알고 뉘우치는 것도 좋은 일이다. 참으로 수치스러운 것은 잘못하고도 뉘우치지 않는 것이다.

둘째 음은 끊어진 선이 음의 자리에 있으므로 유순하고 아랫괘인 하련진의 중심에 있으므로 선을 선택한다. 악을 버리고 선을 택하는 것은 언제나 자기를 극복하는 결단을 요구한다. 자아편향을 제거하고 인자한 사람에게 복종하는 것이 바로 극기복례(克己復禮)이다.

셋째 음은 양의 자리에 있는 끊어진 선이다. 자리가 적당하지 않으므로 찡그리고 돌아온다. 그러나 선을 선택하는 결단과 자아편향을 극복하는 행동은 의리에 어긋나지 않는다.

넷째 음은 끊어진 선들의 가운데에 있으나 첫째 줄의 이어진 선과 호응한다. 악한 자들 가운데 있더라도 정직과 관대의 기율을 잃지 않고 있으면 혼자서라도 선으로 돌아올 수 있다. 인간은 결과나 보답을 헤아리지 말고 언제 어디서나 정직하고 관대하게 행동해야 한다. 곤궁과 모욕에도 불구하고 도리를 지키는 것은 당연히 해야 할 일을 하는 것이지 이익이나 보답을 기대하고 하는 것이 아니다.

다섯째 음도 끊어진 선이므로 힘은 없으나 윗괘인 중지곤의 중심에 있으므로 스스로 반성할 줄 안다. 변명하지 않고, 남에게 핑계대지 않고 자신의 잘못을 인정하는 것은 위대한 용기이다. "돈복"(敦復)의 '돈'(敦)자는 돈독하다 · 돈후하다 · 정직하다 · 권면하다 등의 의미를 가지고 있다. 나는 그것을 '권면하다'는 의미로 해석하고 '부지런히 힘쓴다'로 번역하였다.

윗음의 "미복"(迷復)에서 '미'(迷)자는 길을 잃는다는 의미를 가지고 있다. 군대가 후퇴하려고 하나 돌아올 길을 알지 못하여 헤맨다면 반드시 적에게 크게 패할 것이고 만일 임금이 군대 속에 있다면 그도 또한 큰 화를 면하지 못할 것이다. 한번 크게 패하고 나면 어느 나라건 10년 안에는 다시 전쟁을 수행할 수 없게 될 것이다.

天雷无妄

䷘

震下乾上

25. 天雷无妄

震下乾上

无妄은 元亨하고 利貞하니
其匪正이면 有眚일새 不利有攸往하니라.
彖曰 无妄은 剛自外來而爲主于內하여 動而健하며
剛中而應하여 大亨以正하니
天之命也니라.
其匪正有眚不利有攸往은 无妄之往이 何之矣리오.
天命不祐어니 行矣哉아.

천뢰무망(天雷无妄) : 크게 성취한다. 바르게 행동해야 유익하다. 바른 행동이 아니면 재앙이 있으니 가서 일을 맡는 것이 불리하다.

판단 : 천뢰무망(天雷无妄)은 강건한 첫째 양이 외부에서 와서 내부를 좌우하며 아랫괘인 하련진은 움직이고 윗괘인 삼련건은 강건한데, 강건한 다섯째 양이 중심에 있으면서 둘째 음과 호응하는 괘이다. 바른 행동으로써 크게 성취함은 하늘이 분부함이다.

"바른 행동이 아니면 재앙이 있으니 가서 일을 맡는 것이 불리하다." 정직하게 간다면 어디든 갈 수 있으나 하늘이 분부하여 돕지 않을 때에 무엇을 행할 수 있겠는가?

■ 풀이

정직한 사람은 조작적인 책략이 없이 자연스럽게 공동작업을 수행한다. 그는 개인적 이익이나 추후의 보상을 고려하지 않고 권모술수를 멀리하며 오직 참된 도리를 지키려고 노력할 뿐이다. 정직은 하늘의 분부이다. 정직하지 않은 사람은 반성할 줄 모르므로 도리에 어긋난 못된 마음을 고치지 못한다.

"강건한 첫째 양이 외부에서 와서 내부를 좌우한다"는 문장을 정자는 삼절곤의 첫째 음이 변하여 천뢰무망(天雷无妄)의 첫째 양이 된 것으로 보았고, 주자는 천수송의 둘째 양이 아래로 내려와 천뢰무망의 첫째 양이 된 것으로 보았다. 주역에서는 흔히 위에서 내려오는 것을 밖에서 들어오는 것이라고 표현하니 주자의 견해가 그럴 듯하다.

'재앙'이라고 번역한 '생'(眚)자는 원래 눈에 낀 백태를 가리켰으나 의미가 확대되어 스스로 저지른 잘못을 가리키게 되었다. 즉, 원인이 내부에 있는 재난을 가리키는 것이다.

* * *

象曰 天下雷行하여 物與无妄하니

先王이 以하여 茂對時하여 育萬物하니라.

初九는 无妄이니 往에 吉하리라.

象曰 无妄之往은 得志也리라.

六二는 不耕하여 穫하며 不菑하여 畬니

則利有攸往하니라.

象曰 不耕穫은 未富也니라.

六三은 无妄之災니

或繫之牛를 行人之得이 邑人之災로다.

象曰 行人得牛 邑人災也니라.

九四는 可貞이니 無咎리라.

象曰 可貞無咎는 固有之也일새니라.

九五는 无妄之疾이니 勿藥有喜리라.

象曰 无妄之藥은 不可試也니라.

上九는 无妄行이니 有眚하여 无攸利하니라.

象曰 无妄之行은 窮之災也니라.

菑(치) - 개간한 지 1년 된 밭 | 畬(여) - 개간한 지 3년 된 밭

형상 : 하늘 아래에 우레가 울리며 사물들마다에 정직한 본성을 부여한다. 옛날의 성왕이 이것을 본받아 알맞은 때에 힘써 일하며 만물을 육성하였다.

첫째 양 : 정직하게 나아가니 좋은 결과를 초래한다.

형상 : "정직하게 나아간다." 그는 그의 뜻을 이룬다.

둘째 음 : 억지로 더 갈려고 하지 않아도 갈면 거두게 되고, 억지로 더

일구려 하지 않아도 일구면 논밭이 되니, 가서 일을 맡는 것이 유익하다.

형상 : "억지로 더 갈려고 하지 않아도 갈면 거두게 된다." 그는 구태여 부유하게 되고자 하지 않는다.

셋째 음 : 정직하게 행동함에도 불구하고 재앙을 만난다. 어떤 사람이 소를 매어 두었는데 그것을 행인이 끌고 가니 동네 사람이 무고하게 누명을 쓴다.

형상 : 길을 가는 사람은 소를 얻고 마을에 사는 사람은 재앙을 만난다.

넷째 양 : 인내할 수 있는 사람에게는 허물이 없다.

형상 : "인내할 수 있는 사람에게는 허물이 없다." 그가 바른 도리를 굳게 간직하기 때문이다.

다섯째 양 : 속임 없이 행동하며 바른 기운을 지켰는데도 걸린 병은 환경의 탓이니 환경을 바꾸면 약을 쓰지 않아도 저절로 기쁨이 온다.

형상 : 함부로 약을 쓰지 말라. 알지 못하는 약을 맛보면 안 된다.

윗양 : 함부로 행동하지 말라. 재앙이 있고 무익하다.

형상 : 함부로 행동하지 말라는 것은 그치지 않고 막힐 때까지 나아가면 재앙을 만난다는 것이다.

■ 풀이

무망(无妄)은 참됨이고, 무망의 반대는 속임 또는 함부로 함이다. 정직하게 일하면 일이 사리에 어긋나지 않고 정직하게 사귀면 사람의 마음이 변화된다.

거친 땅을 일구어 논밭을 만들고 경작하여 수확하는 것은 사리의 본래 그러함이다. 사물의 이치에는 인간의 조작이나 책략이 개입할 수 있는 여지가 없다. 무리하게 이익을 추구하는 자아편향은 일의 순탄한 진행을 방해하므로 결국은 이익을 얻지 못할 뿐 아니라 수치를 당하게 된다.

그러나 세상에는 정직하게 행동하더라도 누명을 쓰게 되는 경우가 있다. 소는 행인이 끌고 갔는데 주인이 나타나 무고한 마을 사람에게 보상을 요구한다. 당한 사람으로서는 이처럼 억울할 데가 없지만 성급하게 궁지에서 벗어나려고만 하다간 오해를 크게 만들고 만다. 상나라 말 주나라 초에는 귀족을 읍인(邑人)이라 하고 상민을 읍민(邑民)이라 하여 신분을 구별하였다. 행인에 대해서는 《춘추좌씨전》 양공(襄公) 11년조에 "경에 행인이라고 쓴 것은 외국의 사신을 말한다"(書曰 行人言使人也)라는 구절이 있는데 주역의 본문에 나오는 행인이 사신인가는 분명히 알 수 없다.

셋째 줄의 끊어진 선은 중심에 있지도 않고 제자리에 있지도 않으나, 아래로 중심에 있는 둘째 음을 벗 삼고 위로 강건한 넷째 양을 스승 삼아 참됨을 지킨다.

넷째 양은 이어진 선이 음의 자리에 있으면서 스스로 강건함을 내세우지 않는다.

중심에 있는 다섯째 양은 역시 중심에 있는 둘째 음과 호응한다. 조화의 기운이 워낙 강하므로 혹시 실조(失調)가 있더라도 머지않아 저절로 조화에 흡수되고 만다. 공동작업이 순조롭게 진행되고 있을 때에는 반대하고 비난하는 자들이 있더라도 구태여 나서서 싸울 필요가 없다. 이러한 경우에는 약을 쓰면 오히려 병이 커진다.

정직하게 행동하는 사람이 만일 자기의 정직함을 내세우고 남을 지나치게 책망한다면 재앙을 피하지 못할 것이다. 정직하게 행동함은 바른 도리를 지킴이지 거리낌 없이 큰 소리로 풍치고 자랑함이 아니다.

山天大畜

䷙

乾下艮上

26. 山天大畜

乾下艮上

大畜은 利貞하니

不家食하여 吉하고 利涉大川하니라.

彖曰 大畜은 剛健코 篤實코 輝光하여 日新其德이니

剛上而尚賢하고 能止健이 大正也라.

不家食吉은 養賢也요

利涉大川은 應乎天也니라.

산천대축(山川大畜) : 인내해야 유익하고 집에서 먹지 않고 되도록 밖에 있는 것이 좋다. 큰 강을 건너도 유익하다.

판단 : 산천대축(山川大畜)은 강건하고 독실하고 휘황하다. 날마다 그 덕을 새롭게 한다. 강건한 선이 위에 있으니 현인을 높이는 것이고 윗괘인 상련간은 조용하고 아랫괘인 삼련건은 굳건하니 크게 바른 것이다.

"집에서 먹지 않고 되도록 밖에 있는 것이 좋다." 나라에서 현인에게 음식을 이바지한다.

"큰 강을 건너도 유익하다." 다섯째 줄의 끊어진 선은 아랫괘인 삼련건의 중심에 있는 둘째 양과 호응한다.

■ 풀이

대축(大畜)이란 크나큰 도리를 따라 자기의 능력을 함양하고 남의 능력을 도야(陶冶)하는 것이다. 함양하고 도야하려면 먼저 바른 도리에 길들어야 하고 바른 도리에 머무를 줄 알아야 한다. 오랫동안 인내하여 학문과 지식을 쌓으면 세상에 유익한 공동작업을 감당할 수 있게 된다. 지식이 얕을 때는 되도록 집에 있어야 하고, 지식이 깊어지면 되도록 밖에 있어야 한다.

* * *

象曰 天在山中이 大畜이니

君子 以하여 多識前言往行하여

以畜其德하나니라.

初九는 有厲하여 利已니라.

象曰 有厲利已는 不犯災也니라.

九二는 輿說輹이로다.

象曰 輿說輹은 中이라 無尤也니라.

九三은 良馬逐이니 利艱貞하니

日閑輿衛면 利有攸往하리라.

象曰 利有攸往은 上合志也일새니라.

六四는 童牛之牿이 元吉하니라.

象曰 六四元吉은 有喜也니라.

六五는 豶豕之牙니 吉하니라.

象曰 六五之吉은 有慶也니라.

上九는 何天之衢니 亨하니라.

象曰 何天之衢는 道大行也니라.

輹(복) - 바퀴살 | 閑(한) - 익히다 | 衞(위) - 호위하다
牿(곡) - 쇠뿔에 댄 나무 | 豶(분) - 불알을 깐 돼지 | 衢(구) - 거리

형상 : 하늘이 산중에 있는 것이 산천대축(山川大畜)의 형상이다. 군자는 이것을 본받아 앞사람의 언설과 지나간 시대의 행적을 많이 기록함으로써 그의 덕을 함양한다.

첫째 양 : 위태롭게 여김이 있으면 자기에게 유익하다.

형상 : "위태롭게 여김이 있으면 자기에게 유익하다." 그는 재앙에 직면하지 않는다.

둘째 양 : 수레에서 바퀴의 굴대가 빠진다.

형상 : "수레에서 바퀴의 굴대가 빠진다." 중심에서 움직이지 않으니 어떠한 비난도 없다.

셋째 양 : 좋은 말을 타고 달릴 때에는 어렵다고 여기고 인내하는 것이 유익하다. 병거(兵車) 연습과 방위 훈련을 매일 반복해야 한다. 가서 일을 맡는 것이 유익하다.

형상 : "가서 일을 맡는 것이 유익하다." 그의 뜻을 윗사람의 뜻에 맞추어야 한다.

넷째 음 : 뿔이 상하지 않고 바로 나도록 송아지의 두 뿔에 나무를 건너지르니 크게 좋다.

형상 : 넷째 음에 크게 좋다고 한 것은 처음에 억제함으로써 나중에 기쁜 일이 있다는 것이다.

다섯째 음 : 거세한 멧돼지의 송곳니처럼 날카로우나 해롭지 않으니 좋다.

형상 : 다섯째 음에 좋다고 한 것은 송곳니를 상하게 하지 않고 거세하여 송곳니의 해를 막으니 경사가 있으리라는 것이다.

윗양 : 하늘 길을 거니는 것처럼 성취한다.

형상 : "하늘 길을 거닌다." 도가 크게 시행된다.

■ 풀이

하늘은 학문이고 산은 머물러 학문을 쌓는 것이다. 학문은 무한하고 인생은 유한하나 알뜰하게 나아가면 덕을 이룰 수 있다.

첫째 양은 강건한 선이 양의 자리에 있으나 그 자리는 비천하다. 숨어 있으면서 학문에 힘써야 할 것이다.

둘째 양은 비록 음의 자리에 있으나 이어진 선이 중심에 있으므로, 적당한 시기에 적절하게 판단하여 나서서 일을 맡으려 하지 않는다. 그는 바퀴의 굴대가 빠진 수레처럼 움직이지 않는다. 자리(自利)가 이타(利他)의 근본임을 알기 때문이다.

좋은 말을 타고 사슴을 쫓을 때는 급하게 나아가려는 마음이 앞서서 눈앞에 있는 위험을 보지 못하게 되는 수가 있다. 자기 훈련과 자기 연마를 쉬지 않고 계속해야 공동작업을 감당할 수 있을 것이다. 만일 넷째 음과 다섯째 음, 특히 윗양이 반대하면 셋째 양은 뜻을 이루지 못한다. 그는 위태롭게 여기며 정성을 다하고 넷째 음을 친구로 다섯째 음을 임금으로 윗양을 스승으로 삼을 수 있어야 한다.

뿔이 처음 생겨날 때 송아지는 받기를 좋아하나 그 뿔이 아직 여리어 쉽게 부러진다. 뿔에다 가로로 나무를 질러 놓으면 뿔이 상하지 않고 바른 모양으로 자란다. 학문과 기예를 익힐 때에도 처음에 방향을 바로 잡아야 크게 성취할 수 있다. 이단적인 지식을 축적하면 바른 학문에 장해가 된다.

다섯 째 음은 임금의 자리에 있으면서 위로 윗양을 존중하고 아래로 삼련건과 호응한다. 대중을 위하여 사악한 무리를 징계해야 하나 힘으로 싸우는 것보다는 지혜로 그들의 세력을 거세하는 것이 낫다. 형벌로 악을 근절할 수 있다는 생각은 유치한 몽상이다. 누구도 악을 뿌리 뽑을 수는 없고 또 악을 뿌리 뽑는 일이 반드시 바람직한 것도 아니다. 멧돼지를 거세하면 송곳니의 해가 없어지듯 사악한 세력을 거세하면 법의 권위가 보존된다. 사악한 자들을 강제로 제거하는 것보다 사악한 자들을 살려 두고 그들의 영향력을 약화시키는 것이 더 좋은 방법이다. 춥고 배고프면 죽인다 하여도 도둑질하지만, 농사지어 먹고 살 수 있으면 상 준다 하여도 도둑질하지 않는 것이 대중의 심리이다. 대중을 교육하여 못된 자들의 세력을 고립시키는 것이 그들의 사악한 행위를 일일이 처벌하는 것보다 효과적이다.

《시경》〈상송〉'장발'(長發)에는 "작은 법 큰 법을 하늘로부터 받아 온 세상의 본보기가 되시니 하늘이 주는 복을 누리셨다"(受小球大球하여 爲下國綴旒 何天之休샷다)는 구절이 있다. 《시경》의 예에서 보듯 이 본문의 '하'(何)자도 '하'(荷)자로 읽어서 '메다' '지다' '받다' '누리다' 등으로 해석해야 한다. 하늘 길은 광활하여 막힘이 없다. 학문이 세상에 시행되어 대중을 유익하게 하는 것이 마치 환하고 너른 하늘 길을 거닒과 같다는 것이다.

山雷頤

䷚

震下艮上

27. 山雷頤

震下艮上

頤는 貞하면 吉하니
觀頤하며 自求口實이니라.
彖曰 頤貞吉은 養正則吉也니
觀頤는 觀其所養也요
自求口實은 觀其自養也라.
天地 養萬物하며
聖人이 養賢하여 以及萬民하나니
頤之時 大矣哉라.

頤(이) - 턱

산뢰이(山雷頤) : 바르게 행동해야 좋다. 그가 어떻게 영양을 섭취하며 스스로 구하여 입에 채우는 것이 무엇인가를 관찰하라.

판단 : "산뢰이(山雷頤)는 바르게 행동해야 좋다." 보살피는 것이 바르면

좋다.

"그가 어떻게 영양을 섭취하는가 관찰하라." 그가 자기를 돌보는 방법을 관찰하는 것이다.

"스스로 구하여 입에 채우는 것이 무엇인가." 그가 스스로 보살피는 내용을 관찰하는 것이다.

천지는 만물을 돌보고 성인은 현인을 보살펴서 만민에게 혜택을 미친다. 영양을 공급하고 섭취하는 시간의 의미가 크구나.

■ 풀이

산뢰이(山雷頤)는 첫째 줄과 윗줄의 이어진 두 선 사이에 네 개의 끊어진 선이 들어 있는 괘이다. 두 개의 이어진 선은 각각 상악골과 하악골을 가리키고 그 사이에 있는 끊어진 선들은 입속에 든 음식물을 가리킨다. 그러므로 산뢰이는 사람이 끼니로 음식을 먹는 일에 대하여 말하고 있다.

사람은 누구나 자기 몸을 돌보고 다른 사람을 보살피고 또 다른 사람에게 보살핌을 받으며 생활한다. 음식이 없으면 생명을 유지할 수 없으나 먹고 마시는 것은 어디까지나 삶의 수단에 지나지 않는다. 일에서 보람을 찾아야지 음식에서 보람을 찾으면 안 된다.

그러나 음식도 아무것이나 마구 먹으면 몸에 해롭다. 사슴은 다치면 약초를 찾아 먹는다. 사람은 정당한 노동의 대가로 얻은 음식만 먹어야 하고 몸에 이로운 음식만 먹어야 한다. 이러한 지혜는 자기 몸을 돌보는 데뿐만 아니라 다른 사람을 보살피는 데도 해당한다.

* * *

象曰 山下有雷 頤니

君子 以하여 愼言語하며 節飮食하나니라.

初九는 舍爾靈龜하고

觀我하여 朶頤니 凶하니라.

象曰 觀我朶頤하니 亦不足貴也로다.

六二는 顚頤라 拂經이며

于丘에 頤니 征하면 凶하리라.

象曰 六二征凶은 行이 失類也니라.

六三은 拂頤라 貞이라도 凶하여

十年勿用이니 無攸利하니라.

象曰 十年勿用은 道大悖也니라.

六四는 顚頤나 吉하니

虎視耽耽에 其欲逐逐이면 無咎리라.

象曰 顚頤之吉은 上施光也일새니라.

六五는 拂經이나 居貞이면 吉이어니와

不可涉大川이니라.

象曰 居貞之吉은 順以從上也일새니라.

上九는 由頤라 厲하면 吉하니 利涉大川하니라.

象曰 由頤厲吉은 大有慶也니라.

朶(타) - 벌리다 | 拂(불) - 거스르다 | 悖(패) - 거슬리다 | 耽(탐) - 노리다

형상 : 산 아래 우레가 있는 것이 산뢰이(山雷頤)의 형상이다. 군자는 이것을 본받아 언어를 삼가고 음식을 절제한다.

첫째 양 : 네 마음속 신령한 거북을 버려둔 채 나의 음식을 보고 턱을 움직이며 침을 삼키니 나쁘다.

형상 : "나의 음식을 보고 턱을 움직이며 침을 삼킨다." 존귀한 행동이라고 할 수 없다.

둘째 음 : 높은 자리에서 먹고자 한다. 윗양이 있는 언덕에서 먹으려고 바른 길을 벗어난다. 그대로 계속 가면 나쁘다.

형상 : 둘째 음에 계속 가면 나쁘다고 한 것은 동아리를 잃는다는 것이다.

셋째 음 : 보살피는 도리를 어기니 인내한다 하더라도 나쁘다. 10년 동안 행동하지 못하게 될 것이다. 유익한 바가 전혀 없다.

형상 : "10년 동안 행동하지 못하게 될 것이다." 바른 도를 크게 거스르기 때문이다.

넷째 음 : 높은 자리에서 먹으나 좋은 결과를 초래한다. 범이 날카로운 눈초리로 먹이를 노려보듯 그가 하고자 하는 바를 이루기 위해 쉬지 않으니 허물이 없다.

형상 : "높은 자리에서 먹으나 좋은 결과를 초래한다." 위에서 그가 베푸는 것이 크게 환히 빛나기 때문이다.

다섯째 음 : 바른 길에서 벗어나 있다. 머물러 인내하면 좋으나 큰 강을 건너지는 못한다.

형상 : "머물러 인내하면 좋다." 그는 윗사람에게 순종한다.

윗양 : 대중이 그로 말미암아 정신의 영향을 섭취한다. 위태롭게 여기면

좋은 결과를 초래한다. 큰 강을 건너는 것이 유익하다.

형상 : "대중이 그로 말미암아 정신의 영양을 섭취한다. 위태롭게 여기면 좋은 결과를 초래한다." 경사가 크게 있을 것이다.

■ 풀이

삼가고 절제함은 결국 그칠 줄 아는 앎이니, 바른 도리를 지키는 데는 그쳐야 할 때에 그치는 것이 가장 중요하다.

첫째 양은 양의 자리에 있는 이어진 선이므로 스스로 돌보고 남을 보살필 때에 신령스러운 거북이 기(氣)를 먹고 음식을 구하지 않는 것처럼 행동해야 한다. 만일 욕심에 가리어 그가 자신의 본분을 상실하면 사람들은 그를 천하게 여길 것이다.

둘째 줄의 끊어진 선은 다섯 째 줄의 끊어진 선과 호응하지 못하므로 첫째 양이나 윗양에 의존하고 싶어 한다. 스스로 자립하지 못하고 동아리를 벗어나 세력 있는 상급자의 보살핌을 구하는 사람은 비굴하게 아첨하지 않을 수 없다. 상하가 서로 정직하고 관대하게 행동할 때에만 공동 작업이 순조롭게 진행된다. 자신 있고 겸손한 사람들 사이에서만 상하의 일치가 이루어진다. 자신 없는 자가 버릇없게 구는 법이다.

셋째 음은 이행의 시기에 처한 유순한 선이니 바른 도리를 지키지 못하고 동요한다.

넷째 음은 음의 자리에 있는 끊어진 선으로서 첫째 줄의 이어진 선과 호응한다. 아랫사람이 윗사람을 가벼이 여기는 것이 모든 혼란의 근원이다. 넷째 음은 유순한 선이니 첫째 양이 가볍게 대하지 못하도록 범이 먹이를 노려보듯 쉬지 않고 노력해야 한다.

다섯째 음은 임금의 자리에 있으나 스스로 정책을 결정할 능력이 없으므로 윗양에게 의존하니 바른 길에서 벗어나 있는 것이다. 그러나 자신의 부족을 인식하고 되도록 일을 크게 벌이지 않고 머물러 인내하면서 현인의 충고를 귀담아 들으면 크게 실수하는 일은 없을 것이다.

윗양은 그의 뜻이 다섯째 음을 통하여 대중에게 전달되니 책임을 느끼고 신중하게 행동하지 않을 수 없다. 세상의 잘 되고 못 되고가 그의 결정에 달려 있으니 사건의 핵심을 정확하게 인식해야 하며 임금의 신임을 잃으면 임무를 달성할 수 없으니 자신의 위치를 정확히 인식해야 한다.

澤風大過

巽下兌上

28. 澤風大過

巽下兌上

大過는 棟이 橈니

利有攸往하여 亨하니라.

彖曰 大過는 大者過也요

棟橈는 本末이 弱也라.

剛過而中하며 巽而說行이라

利有攸往하여 乃亨하니

大過之時 大矣哉라.

棟(동) - 기둥 | 橈(뇨) - 구부정한 나무

택풍대과(澤風大過) : 가운데가 무거워 들보가 휜다. 가서 일을 맡으면 유익하고 성취한다.

판단 : 택풍대과(澤風大過)는 가운데 있는 강대한 선들이 우세한 괘이다. "들보가 휜다." 첫줄과 윗줄의 끊어진 선이 허약하기 때문이다. 강건한 선들이 우세하나 중심에 있으면서 겸손하고 즐거운 마음으로 바른 도를

실행한다. 가서 일을 맡는 것이 유익하고 성취한다. 택풍대과의 그때그때 시기에 알맞게 행동하는 의미가 위대하구나.

■ 풀이

집을 지을 때에 들보가 바르게 놓이면 집 전체가 제대로 선다. 집의 토대가 바르지 않거나 기둥과 기둥의 거리가 일정하지 않거나 지붕의 누르는 힘이 고르지 않으면 들보의 어느 부분이 처지게 된다.

균형과 비례는 건축에뿐 아니라 생활 태도에도 필요하다. 강건한 사람일수록 겸손하게 행동해야 강약의 균형을 이룰 수 있고, 허약한 사람일수록 정도를 견지해야 강약의 균형을 이룰 수 있다. 중심에 있는 사람이 겸손하게 행동하는 것은 그 사람의 학식과 덕망이 보통 사람보다 훨씬 뛰어나다는 증거가 된다. 그러나 상사(喪事)에 지나치게 슬퍼하는 것과 씀씀이에 지나치게 절약하는 것은 바른 도리에 맞는 행동이므로 이러한 경우에는 지나친 것이 균형 있는 것이다.

* * *

象曰 澤滅木이 大過니
君子 以하여 獨立不懼하며
遯世無悶하나니라.
初六은 藉用白茅니 無咎하니라.
象曰 藉用白茅는 柔在下也니라.
九二는 枯楊이 生稊하며 老夫得其女妻니
無不利하니라.

象曰 老夫女妻는 過以相與也니라.

九三은 棟이 橈니 凶하니라.

象曰 棟橈之凶은 不可以有輔也일새니라.

九四는 棟隆이니 吉커니와

有它면 吝하리라.

象曰 棟隆之吉은 不橈乎下也일새니라.

九五는 枯楊이 生華하며 老婦得其士夫니

無咎나 無譽리라.

象曰 枯楊生華 何可久也며

老婦士夫 亦可醜也로다.

上六은 過涉滅頂이니 凶하나 無咎니라.

象曰 過涉之凶은 不可咎也니라.

藉(자) - 깔다 | 茅(모) - 띠풀 | 枯(고) - 마르다 | 稊(제) - 싹 | 隆(륭) - 높다
它(타) - 다르다 | 頂(정) - 이마

형상 : 호수의 물이 불어 나무를 덮는 것이 택풍대과(澤風大過)의 형상이다. 군자는 이것을 본받아 홀로 서 있어도 두려워하지 않고 세상에서 물러나서도 답답해하지 않는다.

첫째 음 : 마루에 띠로 엮은 자리를 펴고 제사지내니 허물이 없다.

형상 : "마루에 띠로 엮은 자리를 펴고 제사지낸다." 유순한 선이 아래에 있으면서 삼가는 것이다.

둘째 양 : 마른 버드나무에 새 움이 돋는다. 늙은 사내가 젊은 여자를 얻어 아내로 삼는다. 유익하지 아니함이 없다.

형상 : "늙은 사내가 젊은 여자를 얻어 아내로 삼는다." 예삿일이 아니나 그들은 서로 화합한다.

셋째 양 : 들보가 휘니 나쁘다.

형상 : "들보가 휘니 나쁘다." 버팀목을 세울 수 없기 때문이다.

넷째 양 : 들보가 높으니 좋으나 다른 곳에 결함이 있으면 막힌다.

형상 : "들보가 높으니 좋다." 그것이 아래로 휘어져 있지 않기 때문이다.

다섯째 양 : 마른 버드나무에 꽃이 핀다. 늙은 여자가 남편을 얻으니 비난도 없고 칭찬도 없다.

형상 : "마른 버드나무에 꽃이 핀다." 그 버들개지가 어떻게 오래갈 수 있겠는가? "늙은 여자가 남편을 얻는다." 낳고 기를 수 없으니 칭찬할 만한 일은 아니다.

윗음 : 강을 건너다가 머리까지 잠기니 나쁘다. 탓할 데가 없다.

형상 : "강을 건너다가 머리까지 잠기니 나쁘다." 건너다 빠지면 남을 탓할 수 없다.

■ 풀이

〈설괘〉에 보면 "하절손(下絶巽)은 나무이고 바람이고 맏딸"(巽爲木爲風爲長女)이라는 구절이 있다. 그러므로 택풍대과(澤風大過)는 택목대과(澤木大過)라고 할 수도 있는 것이다. 호수는 나무를 윤택하게 하나 호수의 물이 불어 나무가 물에 잠길 때도 있다. 군자는 물에 잠겨도 견뎌낼 수 있는 마음의 준비를 마련하여 갖추고 있어야 한다. 세상 사람들이 비난해도 바른 도리를 지키고 세상 사람들이 알아주지 않아도 후회하지 않아야 한다.

첫째 음은 양의 자리에 있는 끊어진 선이니 너무 강건하게 하려고 하지도 말고 너무 유순하게 하려고 하지도 말며 오직 중용의 도를 지켜야 한다. 쉬운 것을 하나하나 깨쳐서 어려운 이치에 통할 때까지 힘써 배우려는 자세가 필요하다. 제사를 지낼 때 마루에 띠로 엮은 자리를 까는 것은 조심하고 공경하는 마음을 표현하는 것이다.

음의 기운이 없고 양의 기운만 강하면 사물은 말라 버린다. 둘째 양은 음의 자리에 있고 또 그 자리의 아랫괘의 중심이므로 음의 도움을 받을 수 있다. 늙은 사내가 젊은 여자를 아내로 얻는 것이 비록 어울리지는 않으나 강제로 얻은 것만 아니라면 낳고 기를 수 있으니 그에게 유익한 것이다.

공동으로 작업하는 것을 집 짓는 것에 비유한다면 모든 일을 자기 혼자의 생각으로 결정하고 모든 일을 자기 혼자서 마음대로 처리하는 것은 집의 들보를 구부러뜨리는 것과 같다. 남과 어울릴 줄 모르고 남과 더불어 살 줄 모르는 사람은 공동작업을 결딴내고 만다.

넷째 양에 들보가 높다고 한 것은 방이 크다는 것이고 방이 크다고 한 것은 집이 크다는 것이다. 집은 크면 클수록 좋으나, 바닥과 기둥, 벽과 지붕, 배수와 배관, 난방과 냉방에 결함이 없어야 한다. 큰 것만 좋아하여 세부를 철저하게 살피지 않으면 작은 집을 알뜰하게 짓느니만 못하다. 석굴암은 원래 바람과 샘물이 온도를 조절하도록 설계된 건축인데, 일본인들이 콘크리트로 보수한 후로 난방과 냉방의 기능을 상실하였다. 일본인들은 고친다고 하면서 결함을 만들어 놓은 것이다.

대중의 사정을 외면하는 총명은 마른 버드나무에 핀 버들개지처럼 오래 지속하지 못한다. 첫째 줄의 젊은 여자를 멀리 있다고 하여 무시하고 손쉽게 만날 수 있다고 하여 윗줄의 늙은 여자를 상대한다면 다섯째 양은 낳고 기르는 보람을 거둘 수 없다. 뿌리에서 돋는 움이 생명을 윤택하게 한다면 마른 가지에 핀 꽃은 생명을 더욱 메마르게 한다. 건축의 경우에는 야단스러운 장식이 오히려 생활을 불편하게 하는 것이다.

윗음은 호수에 잠겨 버티지 못하고 쓰러지는 나무이고, 강을 건너다 머리까지 잠겨 헤어 나오지 못하는 사람이고, 바닥이 기둥의 무게를 견디지 못하여 붕괴되는 집이다. 모든 불균형에는 용인의 정도가 있다. 불균형의 정도가 일정한 한도를 넘으면 어떠한 물체도 그 형태를 유지하지 못한다.

重水坎

坎下坎上

29. 重水坎

䷜

坎下坎上

習坎은 有孚니 維心이면 亨하여

行有尙이리라.

彖曰 習坎은 重險也니

水流而不盈하며 行險而不失其信이니

維心亨은 乃以剛中也요

行有尙은 往有功也라.

天險은 不可升也요

地險은 山川丘陵也니

王公이 設險하여 以守其國하나니

險之時用이 大矣哉라.

習(습) - 거듭

거듭되는 위험에도 믿음을 가지고 마음을 잃지 않으면 성취한다. 그의 행동이 착하게 여겨진다.

판단 : 중수감(重水坎)은 거듭되는 위험이다. 물이 흐르고 넘치지 않듯이 위험한 일을 감행하면서도 믿음을 상실하지 않는다.

"마음을 잃지 않으면 성취한다." 강건한 선들이 중심에 있기 때문이다.

"그의 행동이 착하게 여겨진다." 가서 일을 맡으면 공을 세운다.

하늘의 험함은 오를 수 없다는 데 있고 땅의 험함은 산천과 구릉에 있다. 임금과 제후들이 험난한 곳에 성곽과 해자를 건설하여 그들의 나라를 지킨다. 위험한 것을 시기에 맞게 사용하는 뜻은 위대하다.

■ 풀이

수뢰준과 중수감과 수산건과 택수곤은 주역에 나오는 네 가지 난처한 경우들이다. 네 가지 경우에 모두 중련감(中連坎)이 들어 있으니 상나라 말 주나라 초에 사람들이 물을 위험한 것으로 여겼음을 알 수 있다.

그 무렵에 사람들은 황하 유역에 모여 살고 있었다. 홍수가 나서 물이 넘치면 땀 흘려 지은 농사가 결딴났다. 수재를 막기 위하여 일심으로 노력하지 않으면 생존을 유지할 수 없었다.

황하 유역을 떠날 수 없는 이상 위험은 상존하는 삶의 조건이었다. 위험은 주어져 있는 사실이었으므로 문제는 위험에 대처하는 방법을 모색하는 데에 있었다. 둑을 쌓고 물길을 트는 방법은 물의 속도와 물의 압력에 따라 적절하게 계산되어야 했다.

* * *

象曰 水洊至習坎이니

君子 以하여 常德行하며 習教事하나니라.

初六은 習坎에 入于坎窞이니 凶하니라.

象曰 習坎入坎은 失道라 凶也니라.

九二는 坎에 有險하니

求를 小得하리라.

象曰 求小得은 未出中也일새니라.

六三은 來之에 坎坎하며

險且枕하여 入于坎窞이니 勿用이니라.

象曰 來之坎坎은 終無功也리라.

六四는 樽酒와 簋貳를 用缶하고

納約自牖니 終無咎리라.

象曰 樽酒簋貳는 剛柔際也일새니라.

九五는 坎不盈이라 祗既平이니 無咎리라.

象曰 坎不盈은 中이 未大也니라.

上六은 繫用徽纆하여 置于叢棘하여

三歲라도 不得이니 凶하니라.

象曰 上六失道는 凶三歲也리라.

洊(천) - 거듭 | 窞(담) - 구덩이 | 枕(침) - 베개 | 樽(준) - 술동이
簋(궤) - 대그릇 | 貳(이) - 두 | 缶(부) - 질그릇 | 牖(유) - 들창
祗(지) - 이르다 | 徽(휘) - 세 가닥 밧줄 | 纆(묵) - 두 가닥 밧줄 | 棘(극) - 가시

형상 : 물이 거듭거듭 흘러서 바다에 도달하고 마는 것이 중수감(重水坎)의 형상이다. 군자는 이것을 본받아 항상 덕행을 연마하고 교육을 계속 수행한다.

첫째 음 : 구덩이 속에 구덩이가 겹쳐 있다. 구덩이의 수렁에 빠지니 나쁘다.

형상 : "구덩이 속에 구덩이가 겹쳐 있다. 구덩이에 빠진다." 길을 잃은 것이니 나쁘다.

둘째 양 : 구덩이에 위험이 있다. 혁혁한 업적을 바라지 말고 구하되 작은 것만 얻으려고 해야 한다.

형상 : "구하되 작은 것만 얻으려고 해야 한다." 아직 중심에서 벗어나지 않았으니 작은 것은 구하면 얻을 수 있다.

셋째 음 : 오나가나 구덩이들뿐이다. 험하고 또 깊어서 심연에 떨어질까 두려우니 행동하지 말라.

형상 : "오나가나 구덩이들뿐이다." 어떠한 노력도 끝내 보람을 거두지 못한다.

넷째 음 : 술과 밥을 질그릇에 담아 간소한 제사를 방의 서남쪽 모퉁이에서 성심껏 드리니 끝내 허물이 없다.

형상 : 넷째 줄의 유순한 선과 다섯째 줄의 강건한 선이 술 단지와 밥그릇처럼 질박하게 교제한다.

다섯째 양 : 물이 구덩이를 채우고 넘쳐흐르지는 않으나 구덩이의 언저리까지는 이미 다다랐으니 허물이 없다.

형상 : "물이 구덩이를 채우고 넘쳐흐르지는 않는다." 중심에 있으나 아직 덕이 크지는 않은 것이다.

윗음 : 오라와 밧줄로 묶이어 가시울 안에 갇힌다. 3년이 되도록 면하지 못할 것이니 나쁘다.

형상 : 윗음은 길을 잃었으니 나쁜 일이 3년이나 갈 것이다.

■ 풀이

물이 쉬임없이 흐르고 또 흐르듯이 정령(政令)은 대중이 이해할 때까지 두 번 세 번 거듭 알리어야 하고, 안 배우려면 모르지만 일단 배우려고 결심한 것은 열 번 백 번 거듭 익혀서 알아내어야 하고, 안 가르치려면 모르지만 일단 가르치려고 마음먹은 것은 백 번 천 번 거듭 풀어서 알게 해야 한다.

험난한 상황에 처하면 모든 악습을 끊고 오직 진실하게 위험에서 벗어날 방도를 강구해야 한다. 참된 마음을 잃으면 심연의 바닥까지 가라앉아 헤어 나올 수 없게 되고 만다. 위험에 직면해서는 해를 당하지 않고 피하는 것이 상책이다.

혁혁한 업적을 바라다가는 공동작업 전체를 파멸에 빠뜨린다. 작은 것을 얻으려고 해야 한다는 것은 잘하려고 하지 말고 잘못하지 않으려고 해야 한다는 것이고, 칭찬받으려고 하지 말고 비난받지 않으려고 해야 한다는 것이다.

셋째 음은 나아가도 위험하고 물러나도 위험하며 가만히 있어도 위험한 지경에 처해 있다. 위험에서 벗어나는 데 급급하여 바른 도리를 잃으면 아예 구제의 가능성조차 사라진다. 바른 도를 지키면서 위험을 견뎌내는 수밖에 없다.

상나라 말 주나라 초에는 아무리 간소한 제사라도 술 한 두루미와 밥 두 그릇은 있어야 했다. 들창 유(牖)자는 방의 서남쪽 모퉁이(室西南隅)로서 제사 드리는 장소이다. 《시경》〈소남〉'채빈'(采蘋)에 "어디에 놓을까? 종묘 서남쪽 구석에 놓지. 누가 그 제사 주장하나? 공경하는 막내딸이지"(于以奠之를 宗室牖下로다. 誰其尸之오 有齊季女로다)라는 구절이 있다. 위험한 상황에 처하면 먼저 모든 꾸밈을 제거하고 있는 그대로의 질박한 마음으로 사태를 직시해야 한다. 위험의 앞에서는 가식이 통할 여지가 없다. 주역의 본문은 위험에 직면한 사람의 마음을 제사지내는 마음에 비교하였다. 하느님께 간절히 기도하는 마음이 아니면 위험한 상황에서 바른 도리를 지켜낼 수 없다는 것이다. 옛날 사람들은 방의 서남쪽에 창을 내고 그 아래서 제사를 드렸다. 그곳이 방에서 가장 밝은 곳이기 때문이다. 하느님은 나타남이 아니라 있음만을 보시니, 티끌만한 속임수도 하느님 앞에서는 용납되지 않는다.

다섯째 양은 임금의 자리인 윗괘의 중심에 있으면서 대중을 위험한 처지에서 구해내려고 온갖 정성을 다하지만 둘째 줄에 있는 이어진 선이 호응하지 않아서 신하들의 협력을 얻지 못한다. 좋은 결과를 초래하지 못하더라도 정성을 다하는 행동에는 허물이 없다.

윗음은 위험의 극에 처하여 바른 도리를 지키지 못하기 때문에 옥에 갇히지 않을 수 없다. 음의 자리에 있는 유순한 선일수록 영웅적인 강인성을 발휘하여 바른 도를 지켜야 한다.

重火離

離下離上

30. 重火離

䷝

離下離上

離는 利貞이라 亨하니

畜牝牛하면 吉하리라.

象曰 離는 麗也니

日月이 麗乎天하며

百穀草木이 麗乎土하니

重明으로 以麗乎正하여

乃化成天下하나니라.

柔麗乎中正故로 亨하니 是以畜牝牛吉也니라.

牝(빈) - 암소 | 離(리) - 걸리다

중화리(重火離) : 인내해야 유익하고 성취한다. 암소처럼 유순한 마음을 기르면 좋다.

판단 : 중화리(重火離)는 부착함을 의미한다. 해와 달은 하늘에 부착해 있고 곡식과 초목은 흙에 부착해 있다. 허중리(虛中離)의 광명을 이중으로

밝히고 바른 도에 부착하여 세상을 변화시키고 완성한다. 둘째 줄의 유순한 선이 중심에 있고 또 바른 자리에 있으니 하는 일을 성취한다. 그러므로 "암소처럼 유순한 마음을 기르면 좋다"고 한 것이다.

■ 풀이

불은 저 혼자서 작용하지 못하고 나무에 붙어서 작용한다. 불이 나무에 부착하는 힘은 매우 강하여 불이 한번 붙으면 잘 꺼지지 않는다.

암소는 유순하여 주인의 분부대로 움직인다. 암소는 주인에게 의존하되 힘이 세어 농사를 감당하고 또 송아지를 낳아 기른다. 공동작업에 참여하는 사람은 마땅히 암소처럼 유순한 마음을 간직하고 바른 도리에 의존해야 한다.

일월이 하늘에 의존하고 초목이 흙에 의존하듯 바른 도리에 의존하여 떨어지지 않는 사람만이 공동작업에 기여할 수 있고 세상을 잘되게 할 수 있다. 바른 도리란 언제나 단순하고 소박하나 그릇된 견해는 복잡하고 화려하다. 단순하고 소박한 진리와 복잡하고 화려한 허위를 구별하는 데 밝은 지혜의 직능이 있다.

* * *

象曰 明兩作이 離니
大人이 以하여 繼明하여 照于四方하나니라.
初九는 履錯然하니 敬之면 無咎리라.
象曰 履錯之敬은 以辟咎也니라.
六二는 黃離니 元吉하니라.
象曰 黃離元吉은 得中道也니라.

九三은 日昃之離니

不鼓缶而歌면 則大耋之嗟라 凶하리라.

象曰 日昃之離 何可久也리오.

九四는 突如其來如라가

焚如며 死如며 棄如로다.

象曰 突如其來如는 無所容也니라.

六五는 出涕沱若하며 戚嗟若이니 吉하리라.

象曰 六五之吉은 離王公也일새니라.

上九는 王用出征에 有嘉折首요

獲匪其醜니 無咎리라.

象曰 王用出征은 以正邦也니라.

錯(착) - 섞이다 | 昃(측) - 해가 기울다 | 缶(부) - 장구
耋(질) - 여든 살 늙은이 | 嗟(차) - 탄식하다 | 涕(체) - 눈물
沱(타) - 눈물 흐르다 | 戚(척) - 슬퍼하다 | 醜(추) - 무리

형상 : 밝은 불이 두 번 일어나는 것이 중화리(重火離)의 형상이다. 대인은 이것을 본받아 밝은 불을 꺼지지 않도록 계속 보살펴서 사방을 비춘다.

첫째 양 : 발자국들이 어긋나 있다. 조심해서 도적을 경계하면 허물을 짓지 않는다.

형상 : 발자국들이 어긋나 있을 때 조심해서 도적을 경계하는 것은 실수를 피하는 것이다.

둘째 음 : 흙빛이 누렇게 빛나니 크게 좋다.

형상 : "흙빛이 누렇게 빛나니 크게 좋다." 그들이 중도를 얻었기 때문이다.

셋째 양 : 해질 무렵 석양빛에 질장구를 두드리고 노래하며 도적을 막지 않으면 나이 많은 사람들이 슬퍼하게 되니 나쁘다.

형상 : 해질 무렵 석양빛이 어찌 오래갈 수 있겠는가?

넷째 양 : 방비를 소홀히 하면 도적들이 갑자기 와서 불 지르고 죽이고 결딴낸다.

형상 : "도적들이 갑자기 온다." 방비를 소홀히 한 실수는 세상에 용납되지 않는다.

다섯째 음 : 눈물을 흘리며 조심하고 슬퍼하니 결과가 좋을 것이다.

형상 : 다섯째 음에 좋다고 한 것은 다섯째 줄의 끊어진 선이 임금과 제후의 자리에 부착되어 있다는 것이다.

윗양 : 임금이 싸움터에 나가 적의 지휘관은 죽이고 지휘관이 아닌 사병은 죽이지 않고 사로잡으니 아름다운 일이다. 허물이 없다.

형상 : "임금이 싸움터에 나간다." 나라를 바로잡으려는 것이다.

■ 풀이

알곡을 생산하는 것도 중요하지만 도적을 방비하는 것도 중요하다. 성실한 노동과 철저한 경계가 동시에 필요한 것이다.

첫째 양에는 도적을 경계하는 농민의 모습이 나타나 있고 둘째 음에는 농작물이 잘 자라는 기름진 땅에서 알곡을 생산하는 농민의 모습이 그려져 있다.

옛날 사람들은 해질 무렵 질장구를 두드리고 노래하면서 도적의 침입에 방비하였다. 마을 사람들이 깨어 있음을 도적들에게 알리어 도적들이 마을에 침입하지 못하게 하였던 것이다. 여러 사람이 질그릇이나 놋그릇을 두드리며 소리 지르는 것은 산짐승이 마을에 들어오지 못하게 하는 풍습이기도 하였다. 도적이나 산짐승의 습격을 받으면 나이 많은 사람들이 먼저 해를 입는다.

도적들은 방비가 소홀한 틈을 타 마을에 침입하여 집을 불사르고 사람들을 죽이고 농사를 결딴낸다. 알곡을 생산하는 일과 도적을 방비하는 일은 항상 꾸준히 계속하고 반복해야 하는 일상생활의 일부이다. 어떤 때는 급하게 서두르다가 또 어떤 때는 느슨하게 게을리 한다면 불타고 죽고 결딴나는 고통을 피하지 못하게 될 것이다.

나라의 임금된 자는 근심하고 탄식하며 경계하지 않을 수 없다. 그가 진정으로 도둑을 위태롭게 여긴다면 그는 도둑을 막을 방법을 마련할 수 있을 것이다.

도적들이 쳐들어와 싸우게 될 때에도 그는 두목들만 죽이고 나머지는 사로잡아 교화한다. 위엄은 떨치되 처벌을 남용하지 않는 것이 임금의 도리이다.

澤山咸

䷞

艮下兌上

31. 澤山咸

艮下兌上

咸은 亨하나 利貞하니

取女면 吉하리라.

彖曰 咸은 感也니

柔上而剛下하여 二氣感應以相與하여

止而說하고 男下女라

是以亨利貞取女吉也니라.

天地感而萬物이 化生하고

聖人이 感人心而天下和平하나니

觀其所感而天地萬物之情을 可見矣리라.

택산함(澤山咸) : 하는 일을 성취하나 인내하는 것이 유익하다. 아내를 취하면 좋다.

판단 : 택산함(澤山咸)은 느낌을 의미한다. 유순한 선이 여섯째 줄에 있고 강건한 선이 셋째 줄에 있어서 두 기운이 감응하며 서로 화합한다.

아랫괘인 상련간은 멈추는 것이고 윗괘인 상절태는 기뻐하는 것이다. 강건한 선이 상징하는 남자가 유순한 선이 상징하는 여자의 아래에 있으므로, "하는 일을 성취하나 인내하는 것이 유익하다. 아내를 취하면 좋다"고 하는 것이다.

하늘과 땅이 감응하니 만물이 생겨나고 성인이 인심을 감동하게 하니 세상이 화평을 누린다. 서로 감응하고 감동하는 바를 관찰하면 천지만물의 정(情)을 알 수 있다.

■ 풀이

〈설괘전〉에 의하면 상절태는 셋째 줄에 끊어진 선이 있으므로 작은 딸을 의미하고, 상련간은 셋째 줄에 이어진 선이 있으므로 작은 아들을 의미한다. 택산함은 소년과 소녀가 느끼는 정감을 의미하는 것이다.

느낌과 마음이 서로 통함은 비단 젊은 남녀의 경우에 한정되지 않는다. 부자·형제·친척·친구·군신·상하 등 인간과 인간의 모든 관계에서 뜻이 통하고 마음이 맞으면 모든 일이 뜻대로 잘 되어 나간다. 그러나 느낌이 서로 통한다 하여 바른 도리에서 벗어나는 행동을 한다면 세상에 해를 끼치게 될 것이다.

* * *

象曰 山上有澤이 咸이니
君子 以하여 虛로 受人하나니라.
初六은 咸其拇로다.
象曰 咸其拇는 志在外也니라.

六二는 咸其腓면 凶하니

居하면 吉하리라.

象曰 雖凶居吉은 順不害也니라.

九三은 咸其股라 執其隨니

往하면 吝하리라.

象曰 咸其股는 亦不處也니

志在隨人하니 所執이 下也니라.

九四는 貞吉코 悔亡하여

憧憧往來에 朋從爾思로다.

象曰 貞吉悔亡은 未感害也요

憧憧往來는 未光大也니라.

九五는 咸其脢니 無悔리라.

象曰 咸其脢는 志末也니라.

上六은 咸其輔頰舌이로다.

象曰 咸其輔頰舌은 滕口說也니라.

拇(무) - 엄지발가락 | 腓(비) - 장딴지 | 股(고) - 넓적다리 | 執(집) - 잡다
憧(동) - 자주 | 爾(이) - 너 | 脢(매) - 등 | 輔(보) - 볼 | 頰(협) - 뺨
滕(등) - 오르다

형상 : 산 위에 호수가 있는 것이 택산함(澤山咸)의 형상이다. 군자는 이것을 본받아 자신을 비게 하여 사람들을 수용한다.

첫째 음 : 엄지발가락에 느낀다.

형상 : "엄지발가락에 느낀다." 첫째 음의 뜻은 밖에 있는 넷째 양을 향한다.

둘째 음 : 장딴지에 느낀다. 가볍게 움직이면 나쁘고 가만히 있으면 좋다.

형상 : "비록 사정이 나쁘더라도 가만히 있으면 좋은 결과가 있다." 그는 온순하게 행동하고 남을 해치지 않는다.

셋째 양 : 넓적다리에 느낀다. 남을 따르려는 데만 집착한다. 가면 막힌다.

형상 : "넓적다리에 느낀다." 그가 또한 가만히 있지 못한다. 뜻이 남을 따르는 데 있으니 자기의 본성을 간직하지 못하고 남을 따르는 데 집착하는 것은 천한 짓이다.

넷째 양 : 바르게 행동하면 좋은 결과가 초래되고 후회할 일이 사라진다. 자주 서로 왕래하며 친구들이 너의 생각을 따른다.

형상 : "바르게 행동하면 좋은 결과가 초래되고 후회할 일이 없어진다." 바르게 느끼므로 해가 없다. "자주 서로 왕래한다." 그의 덕이 아직 환하고 크지 않다.

다섯째 양 : 등살에 느낀다. 후회할 일이 없다.

형상 : "등살에 느낀다." 그의 뜻이 잘 끝내려는 데 있다.

윗음 : 뺨과 혀에 느낀다.

형상 : "뺨과 혀에 느낀다." 그가 느낌을 입으로 말하여 전한다.

■ 풀이

호수의 물이 아래로 스며들어 산의 흙을 윤택하게 한다. 산에 빈자리가 있어서 물이 괸 것이다. 사람의 경우에도 마음이 비어 있어야 남의 생각과 행동을 용납할 수 있다. 마음을 비워야 남과 서로 통할 수 있는 것이다. 마음을 비운다고 하는 것은 제 나와 제 집밖에 모르는 좁은 시야를 넓히는 것을 말한다.

첫째 음은 넷째 양에 대한 사랑의 정감을 엄지발가락으로 느낀다. 첫째 음이 아랫자리에 있으므로 몸의 아랫부분에 비유한 것이고, 처음으로 느낌이 통할 때는 느낌이 잘 드러나지 않으므로 엄지발가락에 느낀다고 한 것이다.

느낌은 반드시 그 때와 장소에 적합한 예절로 표현되어야 한다. 장딴지에 느낀다고 한 것은 정감이 향하는 방향으로 걸어 나가기 쉬우니 조심하라는 것이다. 마음이 서로 통하고 마땅한 예절을 갖출 때까지 움직이지 않고 조용히 있는 것이 좋다. 바른 도리를 굳게 지키고 기다리면 다섯째 양은 둘째 음의 순종하는 마음을 알게 된다.

사랑의 정감을 넓적다리로 느끼게 되면 달려가 만나고 싶은 욕망은 더욱 강렬해진다. 마음을 가다듬고 기운을 바로잡지 못하며 도리를 지키고 편안하게 기다리지 못할 위험도 그만큼 커진다.

애정의 경우뿐 아니라 우정의 경우에도 서로 자주 왕래하는 것이 반드시 좋은 일은 아니다. 자주 만나서 서로 생각과 느낌을 확인해 보려고 하는 것은 마음과 마음이 진정으로 통하지 못하기 때문이다. 자아편향만 제거하면 이 세상 어디에 가서 누구를 만나더라도 친구가 될 수 있을 것이니 구태여 패거리를 만들 필요가 없는 것이다. 그의 덕이 아직 크지 않더라도 자아편향을 제거하면 후회할 일은 생기지 않는다. 느낌을 예절에 맞게 표현하면 해가 없을 것이고 정직하고 관대하게 행동하면 친구들이 따를 것이다.

등에 있는 근육은 발이나 다리처럼 움직이지 못하므로 느끼는 것을 곧장 표현하지 않고 진정으로 정이 통할 때까지 기다리며 사회에서 용인되는 형식을 갖출 때까지 기다린다. 다섯째 양은 임금의 자리에 있으므로 무엇보다도 좁은 시야를 크게 경계해야 한다. 그는 사사로운 관계를 피하고 공변된 감응을 추구해야 한다. 그는 시작할 때 종말을 염려해야 한다. 편협한 감정과 일시적인 감정은 공적인 관계를 파괴한다.

뺨과 혀를 움직여 느낌을 입으로 말하여 전달하는 것도 필요한 일이기는 하나 언어가 오히려 감정의 실상을 은폐할 수도 있다는 사실에 유념해야 한다. 참됨과 믿음이 있으면 느낌은 저절로 전달된다.

雷風恒

巽下震上

32. 雷風恒

巽下震上

恒은 亨코 無咎나

利貞하며 利有攸往하니라.

象曰 恒은 久也니 剛上而柔下하고

雷風이 相與하고 巽而動하고

剛柔皆應이 恒이니라.

恒亨無咎利貞은 久于其道也니

天地之道 恒久而不已也요

利有攸往은 終則有始也일새니라.

日月이 得天而能久照하며

四時變化而能久成하며

聖人이 久于其道而天下化成하나니

觀其所恒而天地萬物之情을 可見矣리라.

已(이) - 그친다

뇌풍항(雷風恒)은 일을 성취하고 허물을 짓지 않는다. 바르게 행동하는 것이 유익하고 가서 일을 맡는 것이 유익하다.

판단 : 뇌풍항(雷風恒)은 오래가는 것이다. 넷째 줄의 강건한 선이 윗괘인 하련진의 중심선이 되고 첫째 줄의 끊어진 선이 아랫괘인 하절손의 중심선이 된다(그러나 뇌풍항 전체의 중심선은 둘째 양이다). 우레와 바람이 결합하니 하절손은 부드럽고 하련진은 움직인다. 강건한 넷째 양, 둘째 양, 셋째 양이 유순한 첫째 음, 다섯째 음, 윗음과 서로 호응하는 것이 뇌풍항이다.

"뇌풍항은 일을 성취하고 허물을 짓지 않는다. 인내하는 것이 유익하다." 그가 바른 도를 항구하게 지키기 때문이다. 천지의 도는 항구하여 종식되지 않는다.

"가서 일을 맡는 것이 유익하다." 하나의 일이 끝나면 새로운 일을 시작해야 하기 때문이다.

일월은 하늘의 도를 얻어서 영원히 빛나고 네 철은 변화하면서 반복해서 형성되고, 성인이 바른 도에 장구하게 머무르니 세상이 좋게 고쳐진다. 그것들이 항구하게 지키려고 하는 것이 무엇인가를 관찰하면 천지만물의 사정을 알 수 있다.

■ 풀이

군자는 항상 착한 짓을 하고 소인은 항상 나쁜 짓을 한다. 못된 재벌은 항상 투기를 일삼고 못된 정치가는 항상 술수를 부린다. 바른 도리를 항구하게 지키고 항상 정직하고 관대하게 행동하는 지속성이 중요한 것이지 참됨이 결여된 지속성은 오히려 세상에 해가 된다.

그러나 지속성이 불변성을 의미하는 것은 아니다. 고정되면 어느 것도 지속하지 못한다. 자연과 사회는 잠시도 쉬지 않고 변화하고 있기 때문이다. 이러한 관점에서 본다면 역사의 참다운 지속성은 계속 혁명에 의해서만 보존된다고 말할 수도 있을 것이다.

* * *

象曰 雷風이 恒이니

君子 以하여 立不易方하나니라.

初六은 浚恒이라 貞하여 凶하니 無攸利하니라.

象曰 浚恒之凶은 始에 求深也일새니라.

九二는 悔亡하리라.

象曰 九二悔亡은 能久中也니라.

九三은 不恒其德이라 或承之羞니

貞이라도 吝하리라.

象曰 不恒其德하니 無所容也로다.

九四는 田無禽이니라.

象曰 久非其位어니 安得禽也리오.

六五는 恒其德이니 貞하나

婦人은 吉코 夫子는 凶하니라.

象曰 婦人은 貞吉하니 從一而終也일새요

夫子는 制義어늘 從婦하면 凶也리라.

上六은 振恒이니 凶하니라.

象曰 振恒在上하니 大無功也로다.

浚(준) - 파다 | 田(전) - 사냥하다 | 安(안) - 어찌 | 振(진) - 떨치다

형상 : 우레와 바람이 뇌풍항(雷風恒)의 형상이다. 군자는 이것을 본받아 원칙을 확립하고 방향을 바꾸지 않는다.

첫째 음 : 파기를 오래해도 물을 얻지 못한다. 고집하면 나쁘다. 유익한 바가 없다.

형상 : "파기를 오래해도 물을 얻지 못하니 나쁘다." 처음부터 수맥을 살피지 않고 깊게 파려고만 한 것이다.

둘째 양 : 후회할 일이 소멸한다.

형상 : 둘째 양에 후회할 일이 소멸한다고 한 것은 중심에 오래 머무를 수 있다는 것이다.

셋째 양 : 그 덕을 항구하게 지키지 않으니 어쩌다가 수치스러운 일을 당할지도 모른다. 바른 자리에 있어도 꾸준하게 버티지 않으면 막힌다.

형상 : "그 덕을 항구하게 지키지 않는다." 어느 곳에도 용납되지 못한다.

넷째 양 : 사냥 나가 새와 짐승을 보지 못한다.

형상 : 오래 머무르는 장소가 적당한 자리가 아닌데 그가 어찌 새와 짐승을 발견하겠는가?

다섯째 음 : 한 가지 덕을 항구하게 지키면서 인내한다. 부인은 좋고 남편은 나쁘다.

형상 : 부인이 인내하면 좋다는 것은 그 여자가 목숨이 다할 때까지 한 남편을 따르리라는 것이다. 남편은 가족의 의무를 규제해야 하기 때문에 한 여자를 따르면 나쁘다.

윗음 : 움직이는 것을 오래하니 나쁘다.

형상 : 가만히 있지 못하고 움직이는 것을 오래하면서 윗자리에 있으니 별다르게 공을 세울 수 없다.

■ 풀이

남은 북이 아니고 동은 서가 아니지만, 남에서 보면 북이 되고 동에서 보면 서가 된다. 지속은 변화가 아니지만 또 변화하지 않으면 지속할 수 없다. 정직과 관대는 인간의 보편적 기율이지만 정신분석과 분자생물학의 관점에서 볼 때에 정직과 거짓, 관대와 편협이 기계적으로 나누어질 수 없다. 세상을 잘 되게 하기 위하여 지금 하고 있는 공동작업을 완수해야 한다는 것은 모든 사람의 항구한 목적이 될 수 있으나 좁은 시야로 편향된 목적에 집착하는 것은 자연스러운 생명의 활동을 왜곡하여 세상에 병을 보탤 뿐이다.

수맥이 흐르지 않는 땅을 아무리 오래 판들 물이 나올 리 없다. 평생토록 계속할 일을 찾기 위해서는 준비하고 계획하는 시간이 필요하다. 한 가지 일을 지속적으로 추진한다 하여 수정하고 변통하고 실험하지 않는다면 그 일은 결코 성공할 수 없을 것이다. 지속의 도는 중용에 있을 따름이다.

둘째 양은 강건한 선으로서 음의 자리에 있으니 자리가 마땅하다고 할 수 없으나 중심에 있으면서 고집불통의 지속이 아니라 자아편향이 없는 중용의 지속을 항구하게 유지하므로 공동작업을 수행할 수 있다. 그러나 중용의 실천은 고심참담한 자기훈련의 결과이다. 공자는 "시퍼런 칼날을 밟기는 할지라도 중용은 못할 것이다"(白刃을 可蹈也로되 中庸은 不可能也니라 : 《중용》 제9장)라고 하였다.

정직하지 못한 자가 수치를 당하고 관대하지 못한 자가 고립되는 것은 세상의 변함없는 이치이다. 권모술수를 원만이니 변통이니 하고 합리화하는 것은 얄팍한 속임수에 지나지 않는다.

넷째 양은 이어진 선으로서 음의 자리에 있을 뿐 아니라 윗괘인 하련진의 중심선이 되어서 조용히 있지 못하고 진동하니 아무리 용력을 들여도 보람을 거두지 못한다. 항구한 지속이란 언제나 객관적인 조건들을 면밀하게 분석하고 자아편향 없이 바른 도리를 지키면서 공을 들여야만 성공할 수 있는 목표이다.

평생토록 한 남편을 따르는 것이 여자의 가장 큰 행복이다. 그러나 세상에는 한 가지 덕만 지키면서 살 수 없는 경우가 적지 않다. 나라가 잘 되려면 이윤율이 계속해서 상승해야 하나, 이윤율의 상승만 목적으로 삼으면 집 없는 사람은 한데서 자야 하고 돈 없는 환자는 길에서 죽어야 한다는 잔인한 억지만 남게 된다. 이윤율이 하나의 덕이라면 복리기금도 하나의 덕이다. 일용할 양식과 일용할 기계가 다 같이 필요하기 때문에 공업이 하나의 덕이라면 농업도 하나의 덕이다. 시민의 생활이 중요하다면 농민의 생활도 중요한 것이다. 농민과 시민과 중간상인의 투쟁이 농산물의 생산지 가격과 시장가격의 판매가격 차액을 결정한다. 계급투쟁이 임금과 이윤을 분배하고 제국주의가 임금과 이윤을 제약하는 것이 우리의 현실이다. 현실의 원리로서의 중용은 대립을 거쳐 나온 통일이고 분쟁을 뚫고 나온 일치일 수밖에 없다. 여자처럼 한 남편만 따르다가는 현실의 위기와 동요가 폭발한다.

정치란 다 말하게 하고 갈피 짓는 기술이다. 정치에는 대립되는 두 세력의 어느 한 편에 서지 않으면서, 두 세력을 화해시킬 수 있는 하나의 해답이 가능하다는 믿음에 집착하지도 않는(無二而不守一) 지혜가 필요하다. 마음을 태우고 속을 썩이는 것과 마음 편하게 스스로 지키는 것은 실제로 하나가 될 수 있다. 제 나를 위해 고심하지 않고 공동작업을 위해 고심하는 것은 곧 개인의 생활에서는 마음 편히 도를 즐기는 것이 된다. 여섯째 음은 이처럼 편안하게 여기는 마음이 없는 상태에 있다. 뜻은 크고 재주는 작으며 자리는 높고 덕은 엷어서 흔들려 움직이기만 하니 공동작업에 방해가 될 뿐이다. 노자는 "가만함은 움직임의 임금이 된다"(靜爲躁君)고 하였고, "움직이면 임금의 자리를 잃는다"(躁則失君)고 하였다.

天山遯

䷠

艮下乾上

33. 天山遯

艮下乾上

遯은 亨하니 小利貞하니라.

彖曰 遯亨은 遯而亨也라.

剛當位而應하니 與時行也요

小利貞은 浸而長也일새니

遯之時矣大矣哉라.

천산돈(天山遯) : 하는 일을 성취한다. 작은 일도 소홀히 하지 말고 바르게 처리해야 유익하다.

판단 : "천산돈은 하는 일을 성취한다." 은둔하여 자신의 일을 성취하는 것이다.

강건한 다섯째 양이 마땅한 자리에 있으면서 둘째 음과 호응한다. 시기에 알맞게 행동하는 것이다.

"작은 일도 소홀히 하지 말고 바르게 처리해야 유익하다." 음의 세력은 점차로 성장하게 마련이니 기미를 파악하여 고립되기 전에 은둔하는 것이다.

그때그때의 사정에 알맞게 행동하는 천산돈의 뜻이 위대하다.

■ 풀이

천산돈(天山遯)은 소인의 세력이 점차로 커져 가는 것을 관찰하고 군자가 물러나 피하는 것이다. 은둔하나 바른 도를 굳게 지키므로 군자로서는 그의 일을 성취하는 것이 된다.

은둔하고자 할 때야말로 극도로 세심한 주의가 필요하다. 소인의 세력이 커지지 않도록 힘써 방비하고 대처하되 도저히 어찌할 수 없는 지경이 되었다고 판단될 때 물러나야 한다. 애써 보지도 않고 물러나는 것은 옳지 않고 물러나기를 망설이다가 고립되어 해를 당하는 것도 옳지 않다.

그러나 군자는 이기적인 은둔을 크게 경계해야 한다. 언제든 물러나는 것을 두려워할 필요는 없으나 그 목표는 소인의 세력을 고립시키고 세상을 잘되게 하는 데 있어야 한다. 군자는 바른 도를 실천하는 방법의 하나로 은둔을 선택한다. 자벌레도 나아가는 데 굴신이 필요함을 알고 뱀도 활동하는 데 동면이 필요함을 안다. 군자는 은둔함으로써 그를 죽이려 하는 소인들의 뜻을 꺾는다. 그것이 소인들을 난처하게 하는 방법이다.

* * *

象曰 天下有山이 遯이니

君子 以하여 遠小人하되 不惡而嚴하나니라.

初六은 遯尾라.

厲하니 勿用有攸往이니라.

象曰 遯尾之厲는 不往이면 何災也리오.

六二는 執之用黃牛之革이라 莫之勝說이니라.

象曰 執用黃牛는 固志也니라.

九三은 係遯이니 有疾이나

厲하여 畜臣妾하면 吉하리라.

象曰 係遯之厲는 有疾하여 憊也요

畜臣妾吉은 不可大事也니라.

九四는 好遯이니

君子는 吉코 小人은 否하리라.

象曰 君子는 好遯하고 小人은 否也리라.

九五는 嘉遯이니 貞코 吉하니라.

象曰 嘉遯貞吉은 以正志也니라.

上九는 肥遯이니 無不利하니라.

象曰 肥遯無不利는 無所疑也니라.

畜(휵) - 기르다 | 憊(비) - 피곤하다 | 肥(비) - 살지다

형상 : 하늘 아래에 산이 있는 것이 천산돈(天山遯)의 형상이다. 군자는 이것을 본받아 소인을 멀리하되 화내지 아니하면서 엄하게 대한다.

첫째 음 : 은둔해야 할 시기에 물러나는 사람들의 맨 뒤에 있으니 위험하

다. 나아가서 일을 맡으려 하지 말라.

형상 : "은둔해야 할 시기에 물러나는 사람들의 맨 뒤에 있으니 위험하다." 나아가서 일을 맡으려 하지 않는데 무슨 재앙이 있겠는가?

둘째 음 : 황소 가죽으로 잡아매어 누구도 벗기지 못하게 한다.

형상 : "황소 가죽으로 잡아맨다." 견고한 의지를 의미하는 것이다.

셋째 양 : 자리에 얽매이어 망설이며 은둔한다. 망설임이 병이 되어 위험하다. 세상이 어지럽더라도 집안은 바로잡을 수 있으니 가신(家臣)들과 첩을 잘 다스리면 좋다.

형상 : "자리에 얽매이어 망설이며 은둔하니 위험하다." 망설임이 병이 되어 곤궁하고 피로하다. "가신들과 첩을 잘 다스리면 좋다." 집안을 바로잡을 수는 있으나 큰일을 할 수는 없다.

넷째 양 : 좋아하는 것들이 있음에도 불구하고 은둔을 감행한다. 군자는 물러나니 좋고 소인은 물러나지 못하니 나쁘다.

형상 : 군자는 좋아하는 것들이 있음에도 불구하고 바른 도를 지키기 위하여 은둔하나 소인은 좋아하는 것들이 있으면 은둔하지 못한다.

다섯째 양 : 즐겁게 물러난다. 바르게 행동하면 좋다.

형상 : "즐겁게 은둔한다. 바르게 행동하면 좋다." 그가 그의 뜻을 바르게 다져 먹기 때문이다.

윗양 : 넉넉한 마음으로 은둔한다. 유익하지 않음이 없다.

형상 : "넉넉한 마음으로 은둔한다. 유익하지 않음이 없다." 그것이 유익하다는 것은 의심할 여지가 없다.

■ 풀이

소인과 소리를 높여 싸우는 것은 어리석은 짓이고 소인이 가까이 못하게 하는 것이 슬기로운 태도이다.

은둔해야 할 시기에 은둔하지 못하고 남아 있게 되면 자신을 나타내지 말고 조용히 바른 도를 지켜야 한다. 남아 있더라도 은둔의 의지만은 굳게 간직하고 명성이나 이익에 동요하지 말고 지조를 바꾸지 말아야 한다.

황색은 중심의 색이고 황소는 유순한 동물이며 황소의 가죽은 견고한 물건이다. 중용의 도에 순종하는 마음을 견지하라는 의미이다.

일단 물러나려고 작정했으면 급하게 실행해야 하고 즉시 멀리 떠나야 한다. 머뭇거리고 망설이다가는 급하게 떠나지도 못하고 먼 곳으로 물러나지도 못한다. 은둔하여 가정의 평화를 수호하는 일은 정치에 참여하는 일보다 작은 일이라 하겠으나 결코 쉬운 일이 아니다.

하는 일이 취미에 맞아 애착이 가더라도 은둔하는 것이 도리에 맞는다고 판단되면 바른 도를 위하여 욕심을 제어해야 한다. 애착이 가는 일이라 하여 머물러 있다가는 욕된 일을 당하기 쉽다. 지위와 이익에 연연하지 말고 바른 도를 따라서 결단해야 한다.

즐거운 마음으로 은둔하여 재주를 드러내지 않으면서 새로운 공동작업을 면밀하게 계획해야 소인들의 세력을 고립시킬 수 있다.

은둔하는 사람에게야말로 넉넉한 여유가 필요하다. 안타까워하는 마음이 지나치면 고혈압이 되거나 신경증에 걸리게 된다. 은둔은 기분에 따라 결정할 문제가 아니다. 은둔하여 살 수 있는 돈을 마련하고, 은둔하여 할 일을 설계해 놓고, 시기에 맞게 은둔을 결단해야 한다.

雷天大壯

乾下震上

34. 雷天大壯

乾下震上

大壯은 利貞하니라.

象曰 大壯은 大者壯也니

剛以動故로 壯이라

大壯利貞은 大者正也니

正大而天地之情을 可見矣리라.

뇌천대장(雷天大壯) : 바르게 행동하는 것이 유익하다.

판단 : 뇌천대장은 강대한 선들이 건장하다. 아랫괘인 삼련건은 강건하고 윗괘인 하련진은 진동하므로 건장하다고 한 것이다.

"뇌천대장은 바르게 행동하는 것이 유익하다." 강대한 사람이 바르게 행동하는 것이다. 공명정대하게 행동하면 천지의 실정(實情)을 알 수 있다.

■ 풀이

정의가 결여된 강대는 폭력에 지나지 않는다. 허약한 자는 근신함으로써 오래 살고, 건장한 자는 망동함으로써 일찍 죽는다. 건장할 때에 근신할 수 있는 사람을 군자라 한다.

바른 도란 공명정대한 이치이니 이러한 이치를 지키는 것이 군자의 근신이다. 정욕에 흔들리지 않고 구습에 구애되지 않는 굳센 정신만이 정대한 이치를 지킬 수 있다.

끊어진 선을 약소한 선이라고 보고 이어진 선을 강대한 선이라고 보아 이어진 선들의 힘이 많다고 하여 대장이라고 한 것이다.

* * *

象曰 雷在天上이 大壯이니

君子 以하여 非禮弗履하나니라.

初九는 壯于趾라.

征하면 凶이니 有孚일새니라.

象曰 壯于趾하니 其孚窮也로다.

九二는 貞하여 吉하니라.

象曰 九二貞吉은 以中也니라.

九三은 小人은 用壯이요 君子는 用罔이니

貞이면 厲하니

羝羊이 觸藩하여 羸其角이로다.

象曰 小人은 用壯이요 君子는 罔也니라.

九四는 貞吉코 悔亡하여

藩決不羸니 壯于大輿之輹이로다.

象曰 藩決不羸는 尙往也일새니라.

六五는 喪羊于易이니 無悔리라.

象曰 喪羊于易은 位不當也일새니라.

上六은 羝羊이 觸藩하여 不能退하며 不能遂니

無攸利어니와 艱則吉하리라.

象曰 不能退不能遂는 不詳也요

艱則吉은 咎不長也일새니라.

趾(지) - 발꿈치 | 罔(망) - 없다 | 羝(저) - 숫염소 | 觸(촉) - 들이받다
藩(번) - 울타리 | 羸(리) - 걸리다 | 決(결) - 터지다 | 亡(망) - 없다
遂(수) - 나가다

형상 : 우레가 하늘 위에 있는 것이 뇌천대장(雷天大壯)의 형상이다. 군자는 이것을 본받아 예의에 어긋나는 일을 저지르지 않는다.

첫째 양 : 발가락에 힘이 많다. 계속해서 가면 나쁘다. 진실하게 행동해야 한다.

형상 : "발가락에 힘이 많다." 바른 길에서 벗어나니 틀림없이 막히게 된다.

둘째 양 : 바르게 행동하면 좋다.

형상 : 둘째 양에 바르게 행동하면 좋다고 한 것은 중심에 있으면서 중용을 실천해야 한다는 뜻이다.

셋째 양 : 소인은 힘을 사용하고 군자는 힘을 사용하지 않는다. 힘을 고집

하면 위태롭게 된다. 숫양이 울타리를 받으면 그 뿔을 잡아매어 놓아야 한다.

형상 : 소인은 힘을 사용하고 군자는 힘을 사용하지 않는다.

넷째 양 : 바르게 행동하면 좋다. 후회할 일이 소멸한다. 울타리가 터져 있고 잡아매어 있지 않다. 숫양이 굴대가 든든한 큰 수레처럼 나아간다.

형상 : "울타리가 터져 있고 잡아매어 있지 않다." 숫양이 여전히 나아갈 수 있다.

다섯째 음 : 역(易)에서 양을 잃었다. 자책할 필요는 없다.

형상 : "역에서 양을 잃었다." 그 자리가 적당하지 않았기 때문이다.

윗음 : 숫양이 울타리에 부딪쳐 물러서지도 못하고 나아가지도 못한다. 유익한 바가 없으나 어렵다고 여기고 정성을 다하면 좋은 결과를 초래한다.

형상 : "물러서지도 못하고 나아가지도 못한다." 자세히 헤아리지 못한 것이다. "어렵다고 여기고 정성을 다하면 좋은 결과를 초래한다." 잘못이 오래 지속되지 않기 때문이다.

■ 풀이

굳은 것을 가지고 막으며 날카로운 것을 지니고 찌르려다가 죽어도 좋다고 하는 것은 참다운 힘이 아니다. 줄곧 가운데 서서 치우치지 않으며 누구든지 어울리되 패거리를 모으지 않는 것이 참다운 힘이다. 힘 있는 사람은 자아편향을 극복하고 바른 예의를 회복한다.

발가락에 힘이 많은 산양은 그저 내달으려고만 하고 말을 듣지 않는다. 진실하게 바른 도를 따르지 않고 힘을 뽐내려고 하면 하려는 일이 제대로 될 리가 없다.

힘 있는 사람은 자기의 중심을 지키고 중용을 실천한다.

강인한 사람은 절제하고 허약한 사람은 망동한다. 울타리를 받지 못하도록 산양의 뿔을 잡아매어 놓듯이 힘꼴이나 쓴다고 으스대지 못하도록 소인의 세력을 억제해야 한다. 군자는 세력이 있으면서도 세력이 없다고 여기고, 세력에 의지하지 않고 예의에 의지한다. 소인은 무기의 힘에 의존하고 군자는 예의의 힘에 의존하는 것이다. 그러나 힘없는 예의는 무기에 수치를 당하게 마련이니 군자들은 소인의 세력을 고립시키고 스스로 고립 당하지 않도록 대비하지 않으면 안 된다.

힘이 있으면서 바르게 행동하는 사람은 울타리가 터져 있을 때 매여 있지 않은 산양이 달리듯 앞으로 나아갈 수 있고, 굴대가 든든한 수레가 안전하게 움직이듯 목적지에 도달할 수 있다.

문제는 단순하고 소박하게 생각하는가, 아니면 복잡하고 화려하게 생각하는가의 차이에 있고, 정직하고 관대하게 행동하는가, 아니면 거짓되고 편협하게 행동하는가의 차이에 있다. 그때그때 발생하는 손실과 이득은 큰 문제가 되지 않는다.

역(易)은 상나라 말 주나라 초에 북적(北狄) 부족과 이웃하는 국경이었다. 지금의 천진(天津)에 해당된다. 방목하던 소와 양의 소유권을 둘러싸고 상족과 그 지역에 살던 유역(有易)족 사이에는 몇 차례의 치열한 전쟁이 있었다. 《초사(楚辭)》〈천문(天問)〉에는 "왕해 그 아비 왕계의 덕을 지니니 그 아비 왕계는 크게 기뻐하였도다. 어찌하여 끝내 유호국에서 고생하며 소와 양을 치었는가?"(該秉季德하니 厥父是臧이라. 胡終弊于有扈하여 牧夫牛羊인가)라는 구절이 있다. 유호(有扈)는 유역(有易)을 가리킨다.

분쟁의 상황에 처하면 그 선 자리가 적당하지 않기 때문에 누구나 재산을 상실할 수 있다. 전쟁이 일어나도 이득만 볼 수 있다는 것은 공허한 몽상에 지나지 않는다. 분쟁에 얽혀 있을 때에 어쩔 수 없는 손실을 아까워하기보다는 바른 도를 상실하지 않을까 염려해야 할 것이다. 사정을 자세히 헤아리지 않고 산양이 울타리를 들이받듯 무모하게 덤비면 나아가지도 못하고 물러나지도 못하게 된다.

어려운 상황을 정확하게 인식하고 자신의 능력을 감안하여 바른 도에 어긋나지 않게 공동작업을 수행해 나가면 큰 실수를 면할 수 있게 될 것이다. 언제나 나타남이 아니라 있음이 중요한 것이니 허명을 추구하지 말고 실제에 공을 들여야 한다. 참된 힘은 이름에 있는 것이 아니라 바탕에 있는 것이다.

火地晉

坤下離上

35. 火地晉

坤下離上

晉은 康侯를 用錫馬蕃庶하고
晝日三接이로다.
象曰 晉은 進也니 明出地上하여
順而麗乎大明하고 柔進而上行이라.
是以康侯用錫馬蕃庶晝日三接也니라.

蕃(번) - 많다 | 庶(서) - 뭇 | 麗(리) - 걸리다

화지진(火地晉) : 성왕(成王)이 주공(周公) 단(旦)의 동생인 강숙(康叔)에게 많은 말을 하사하고 하루에 세 번이나 강숙을 접견하였다.

판단 : 화지진(火地晉)은 나아가는 것이다. 밝은 빛이 땅 위에 솟아오르니 끊어진 세 선이 위에 있는, 이 아주 밝은 빛에 온순하게 의지하고 유순한 다섯째 음이 임금의 자리에 나아가 위에서 다스린다.

그러므로 성왕은 온순하게 의지하는 "강숙에게 많은 말을 하사하고 하루에 세 번이나 강숙을 접견하였다."

■ 풀이

무왕은 상나라를 멸망시킨 후 2년 만에 사망하였다. 그의 아들 성왕(成王)은 아직 나이가 어렸기 때문에 성왕의 숙부인 주공 단(旦)이 정사를 관장하였다.

문왕의 장자 백읍(伯邑) 고(考)가 일찍 사망하여 차자 희발(姬發)이 즉위하여 무왕이 되었는데 그에게는 관숙(管叔)·주공·채숙(蔡叔)·강숙(康叔) 등의 동생이 있었다. 무왕이 죽은 후 주공이 집권하자 관숙과 채숙은 반란을 일으켰다 패배하였고 강숙은 왕도 주변에 있는 강(康)지역의 제후가 되었다가 뒤에 상나라의 도읍이었던 지역을 맡아 위(衛)나라를 세웠다. 성왕 7년 3월 16일, 주공은 동생 강숙으로 하여금 옛 상나라의 반을 다스리게 하고 위나라라 부르게 하였다. 〔나머지 반은 미자(微子)에게 주었다.〕

《서경》 '강고'(康誥)에 "은나라 백성들을 자자손손 네 집안에서 잘 다스리도록 하라"(乃以殷民世享하리라)는 구절이 있다. 무왕이 죽은 후 일어난 형제들의 권력투쟁에서 강숙은 주공의 편을 들었기 때문에 제후가 된 것이다.

* * *

象曰 明出地上이 晉이니

君子 以하여 自昭明德하나니라.

初六은 晉如摧如에 貞이면 吉이니

罔孚라도 裕면 無咎리라.

象曰 晉如摧如는 獨行正也요

裕無咎는 未受命也일새니라.

六二는 晉如에 愁如니 貞코 吉이라

受茲介福于其王母로다.

象曰 受茲介福은 以中正也니라.

六三은 衆允이라 悔亡이로다.

象曰 衆允之는 志上行也니라.

九四는 晉如鼫鼠니 貞이라도 厲하리라.

象曰 鼫鼠貞厲는 位不當也일새니라.

六五는 悔亡이라 失得에 勿恤이니

往에 吉하여 無不利리라.

象曰 失得勿恤은 往有慶也리라.

上九는 晉其角이니

維用伐邑이면 厲하나 吉코 無咎어니와

貞이라도 吝하리라.

象曰 維用伐邑은 道未光也일새니라.

昭(소) - 밝다 | 摧(최) - 꺾다 | 介(개) - 크다 | 允(윤) - 미덥다
鼫(석) - 다람쥐 | 恤(휼) - 근심

형상 : 밝은 해가 땅 위에 솟아오르는 것이 화지진(火地晉)의 형상이다. 군자는 이것을 본받아 밝은 덕을 스스로 밝힌다.

첫째 음(陰) : 전진했다 후퇴했다 한다. 바르게 행동하면 좋은 결과를 초래한다. 윗사람이 신뢰하지 않더라도 여유 있게 행동하면 허물을 짓지

않을 것이다.

형상 : "전진했다 후퇴했다 한다." 그는 혼자서 바른 도를 실행한다. "여유 있게 행동하면 허물을 짓지 않을 것이다." 그는 아직 윗사람의 분부를 받지 못했으나 조급해 하지 않는다.

둘째 음 : 전진하면서 나아가기 어려움을 걱정한다. 바르게 행동하면 좋다. 강숙은 주나라 백성을 낳은 강원(姜嫄)에게서 이 큰 복을 받았다.

형상 : "이 큰 복을 받았다." 그가 중심에 있으면서 바르게 행동했기 때문이다.

셋째 음 : 대중이 신실하게 전진하니 뉘우칠 일이 소멸한다.

형상 : "대중이 신실하게 전진한다." 대중이 뜻을 한데 모아 위로 향하여 나아간다.

넷째 양 : 다람쥐처럼 전진한다. 다람쥐와 같은 태도를 고집하면 위험하다.

형상 : "다람쥐처럼 행동하기를 계속 고집하면 위험하다." 자리를 탐내고 잃을까 겁내는 사람에게는 어떠한 자리도 적당하지 않다.

다섯째 음 : 이기심을 버리면 후회할 일이 소멸한다. 손실과 이득에 대하여 근심하지 말라. 가서 일을 맡으면 좋은 결과가 있다. 유익하지 않음이 없다.

형상 : "손실과 이득에 대하여 근심하지 말라." 가서 일을 맡으면 경사가 있을 것이다.

윗양 : 더 이상은 나아갈 수 없는 데까지 전진한다. 작은 도시를 토벌하는 정도의 일에는 위험이 있더라도 좋을 것이고 허물을 짓지 않을 것이다. 그러

나 그것보다 큰일에 끝까지 전진하기를 고집하면 수치를 당하게 될 것이다.

형상 : "작은 도시를 토벌한다." 바른 도가 아직 빛나지 않은 것이다.

■ 풀이

자아편향을 제거하고 객관적 인식에 도달하는 능력은 자기 안에 있으므로 밝은 덕을 스스로 밝힌다고 한 것이다. 《대학》에서 말하는 격물(格物)이 바로 밝은 덕을 밝히는 행동이다. 사물에는 우리가 마음대로 할 수 없는 객관적 구조가 내재해 있기 때문에 우리가 우리의 의지만으로 사물을 변화시킬 수는 없다. 사물을 바르게 하려면 먼저 사물을 대하는 우리의 마음을 바르게 해야 한다. 격물은 물욕과 격투하여 물질을 개벽하는 행동이다. 자아편향을 제거하면 그때까지 은폐되어 있던 자기가 환하게 드러난다. 날마다 잘못을 고치어 나날이 자기를 새롭게 하면서 대중과 더불어 날마다 폐습을 고치어 세상을 새롭게 한다. 투기분자가 없고 독단분자가 없는 사회를 향하여 전진하는 것이다.

처음부터 앞으로 나가려고만 하다가는 큰 실패를 자초하기 쉽다. 나아가다 어려우면 물러나고, 물러나다 기회를 기다려 다시 나아가는 것이 모든 작업의 공통된 경로이다. 조급하게 인정받으려 하지 말고 여유 있게 바른 도를 지켜 나아가면 끝내 언젠가는 작업이 완성된다. 작업의 더딤과 빠름에 너무 마음을 쓰지 말고 우선 혼자서 능력을 충분히 연마하고 있으면 수치를 피할 수 있을 것이다. 작업을 추진하는 사람은 넉넉한 마음으로 너그럽게 행동하고 천천히 가려고 작정하면 실수하지 않는다.

어디로 가야 하나를 늘 걱정하고 어떻게 가야 하나를 늘 근심하여 끊임없이 정직하고 관대하게 노력하면 언젠가는 공동작업을 성취하게 될 것이다. 둘째 음은 끊어진 선이 음의 자리에 있으니 자리가 바르고 또 아랫괘인 삼절곤의 중심에 있다. 주역은 복(福)을 중(中)과 정(正)으로 해석하고 있는데, 요즈음 사람들은 복을 식(食)과 색(色)으로 해석하고 있다. 본문의 왕모(王母)는 다섯째 음이 가리키는 조모이니 강숙의 조모이고 문왕의 어머니인 태임(大任)을 말하는 것이라고 볼 수 있다. 《시경》〈대아〉'사제'(思齊)에 "정숙하신 태임께서 문왕의 어머니시니 시어머님 태강께 효도하시는 왕실의 주부시로다. 아름다운 부덕을 며느리 태사가 이어 많은 아들을 낳았도다"(思齊大任이 文王之母시니 思媚周姜이 京室之婦로다. 大姒嗣徽音하여 則百斯男이샷다)라는 구절이 있다. 그러나 큰 복을 자손에게 내릴 수 있는 여자는 신성한 존재이어야 할 것이니, 주족(周族)의 시조를 낳은 강원(姜嫄)에게 강숙이 큰 복을 받았다고 번역하는 것이 이치에 맞을 듯하다.

주족의 시조는 후직(后稷)인데 제곡(帝嚳)의 원비(元妃)인 강원이 들에서 하느님의 발자국을 보고 그것을 밟자 잉태하여 후직을 낳았다고 한다. 《시경》〈대아〉'생민'(生民)에 "하느님의 엄지발가락을 밟자 기쁨을 느끼고 그곳에 잠깐 머물러 쉬셨도다. 곧 임신하고 삼가시어 아기를 낳아 기르셨으니 이분이 바로 후직일세"(履帝武敏歆하여 攸介攸止하사 載震載夙하며 載生載育하시니 時維后稷이로다)라는 구절이 있다.

아랫괘의 세 끊어진 선들이 한 마음으로 윗괘인 허중리(虛中離)의 광명을 향하여 나아가는 모습을 본문은 대중이 신실하게 전진한다고 하였다.

다람쥐는 욕심이 많고 겁이 많은 동물이다. 제 능력 이상의 자리를 탐내고 동료를 모두 경쟁상대로 여기어 꺼리는 것은 다람쥐처럼 행동하는 것이다. 정직하여 마음에 걸림이 없는 사람에게는 두려움이 없다. 군자는 안을 밝게 하고 밖을 어둡게 하여 어두움 속에서 나날이 밝아진다. 소인은 안은 어두우면서 밖으로는 밝은 체하니 덕이 없이 높은 자리를 차지하다 수치를 당하게 된다.

공동작업에 가장 필요한 사람은 개인적인 이득과 손실에 구애되지 않는 사람이다. 돈을 따라다니지 않고 일을 따라 다니는 사람이 필요한 것이다. 날마다 자신의 능력을 새롭게 변화시키고 동료들의 정신을 새롭게 각성시킬 수 있는 사람에게는 감당하지 못할 일이 없다. 자아편향에 집착하는 사람은 개인의 이익과 욕심을 채우는 데 급급하여 공명정대하게 행동하지 못하므로 가는 데마다 해를 끼친다.

아무리 정직하고 관대하게 행동하고 있다 하더라도 할 수 있는 극한까지 가서 기력을 탕진하지 않도록 조심해야 한다. 병법에서 가장 경계하는 것은 포위하여 공격하는 것이다. 병력이 적의 두 배 이상이 될 때에는 포위 공격이 가능하나 적의 배치를 소상히 알지 못하고 포위하다간 적의 집중 포화로 포위의 고리가 끊어져 낭패를 당하기 쉽다.

상나라 말 주나라 초의 지역구성은 거주지·농경지·사냥터로 구성된 읍을 기본단위로 하였다. 읍에는 소읍과 대읍과 도읍이 있었는데, 읍의 이름에 사람 인(人)자를 붙인 노인(魯人)·진인(晉人)·송인(宋人) 등의 지배계층이 읍민과 읍의 토지를 점유하였다. 각(角)은 극(極)이니 강숙은 제후의 일에 관여할 수 있을 뿐이지 임금의 일에 관여할 수는 없다는 의미이다. 반란을 일으켰다 살해된 관숙(管叔)과 투옥된 채숙(蔡叔)을 경계로 삼아 자신의 직분에 충실하라는 주공의 충고라 하겠다.

地火明夷

離下坤上

36. 地火明夷

離下坤上

明夷는 利艱貞하니라.

象曰 明入地中이 明夷니

內文明而外柔順하여 以蒙大難이니

文王이 以之하니라.

利艱貞은 晦其明也라 內難而能正其志니

箕子 以之하니라.

夷(이) - 상하다 | 晦(회) - 그믐

지화명이(地火明夷) : 어렵다고 여기고 인내하는 것이 유익하다.

판단 : 해가 땅속에 들어가는 것이 지화명이(地火明夷)의 의미이다. 안으로 우아하게 밝으면서 밖으로 부드럽게 순종함으로써 큰 난국을 견디어 낸다. 문왕이 그렇게 하였다.

"어렵다고 여기고 인내하는 것이 유익하다." 자신의 밝음을 어둡게 가려야 한다. 국내의 사정이 아무리 어려워도 뜻을 바르게 지킬 수 있다. 기자가 그렇게 하였다.

■ 풀이

지화명이(地火明夷)는 폭군이 지배하는 시대를 가리킨다. 의인이 핍박받는 시대에 바른 도를 버리지 않고 살아남는 방법은 무엇인가?

상나라의 마지막 임금 제신(帝辛)은 가혹한 법률과 형벌을 많이 제정하여 노예와 평민들을 마구 억압하고 착취하였다. 그는 호화롭기 그지없는 궁실을 짓고 정원을 만들고 귀족들과 함께 방종한 생활로 세월을 보냈다. 옛 귀족들이 대를 이어 집권하는 것이 상나라의 전통이었으나 제신은 전제적 집권제를 유지하기 위하여 옛 귀족들을 등용하지 않고 자기와 견해를 같이하는 사람들만 등용함으로써 귀족 내부의 모순을 격화시키고 분열을 야기했다. 제신은 또 자신이 직접 군사를 거느리고 동이를 정벌하였다. 약 1년간의 악전고투 끝에 승리를 달성하였다. 그러나 전쟁에서 국력을 지나치게 많이 소모한 데다 민중의 부담이 지나치게 커졌으므로 소란스럽기 그지없는 혼란이 계속되었다. 이러한 상황 아래서 제신은 달기(妲己)를 총애하여 정사를 돌보지 않았다.

기원전 1150년에 주나라의 무왕은 병거(兵車) 3백 대와 용사 3천 명과 무장병 4만 5천 명을 이끌고 목야〔牧野 : 지금의 하남성 급현(汲縣)〕에서 17만 명의 상나라 군사와 싸워 승리하였다. 상나라 군사들은 창을 거꾸로 세우고 주나라 군대의 진로를 열어주었다.

* * *

象曰 明入地中이 明夷니

君子 以하여 莅衆에 用晦而明하나니라

初九는 明夷于飛에 垂其翼이니

君子于行에 三日不食하여

有攸往에 主人이 有言이로다.

象曰 君子于行은 義不食也니라

六二는 明夷에 夷于左股나

用拯馬壯일새 吉하리라.

象曰 六二之吉은 順以則也일새니라.

九三은 明夷于南狩하여 得其大首니

不可疾이요 貞이니라.

象曰 南狩之志를 乃大得也로다.

六四는 入于左腹이나

獲明夷之心하여 于出門庭이로다.

象曰 入于左腹은 獲心意也니라.

六五는 箕子之明夷니 利貞하니라.

象曰 箕子之貞은 明不可息也니라.

上六은 不明하여 晦니

初登于天하고 後入于地로다.

象曰 初登于天은 照四國也요

後入于地는 失則也니라.

莅(리) - 다다르다 | 股(고) - 다리 | 拯(증) - 돕다
狩(수) - 사냥하다 | 腹(복) - 배 | 息(식) - 쉬다

형상 : 해가 땅속에 드는 것이 지화명이(地火明夷)의 형상이다. 군자는 이것을 본받아 대중과 함께 살며 자신의 명철을 가림으로써 오히려 참된 지혜를 빛낸다.

첫째 양 : 어두움 속에 날다가 지쳐 날개를 드리운다. 군자가 집에 머물지 못하고 길을 걸으면서 사흘이나 먹지 못한다. 가서 일을 맡으면 주인에게 악평을 듣는다.

형상 : 군자의 행동으로서는 먹지 않는 것이 옳은 행동이다.

둘째 음 : 어두움 속에서 왼쪽 다리를 다친다. 돕는 말이 건장하면 좋다.

형상 : 둘째 음에 좋다고 한 것은 온순하게 법을 지키기 때문이다.

셋째 양 : 어두운 시대에 남쪽 지방에서 사냥하여 도적의 괴수를 잡는다. 빨리 하려고 하지 말고 바르게 하려고 해야 한다.

형상 : 남쪽에서 사냥하는 뜻을 곧 크게 이룬다.

넷째 음 : 폭군의 뱃속에 들어가 폭군의 마음을 읽어내고 어두운 시대의 한복판에서 대궐 뜰을 벗어날 수 있게 된다.

형상 : "폭군의 뱃속에 들어간다." 폭군의 마음과 뜻을 알아내는 것이다.

다섯째 음 : 기자의 밝은 지혜로도 상처를 입는다. 인내하는 것이 좋다.

형상 : 기자가 인내하는 것은 의인이 전멸될 리는 없다고 믿기 때문이다.

윗음 : 명철하지 않고 혼침하다. 처음에 하늘에 오르고 나중에 땅에 떨어진다.

형상 : "처음에 하늘에 오른다." 그는 온 나라를 다스린다. "나중에 땅에 떨어진다." 그는 법도를 상실한다.

■ 풀이

대중과 더불어 살 때에는 무엇보다 관대한 마음을 길러야 한다. 자기의 원칙을 대중에게 강요하지 말고 대중의 생활을 있는 그대로 포용해야 하는 것이다. 위기와 동요의 시대에 살 때야말로 자아편향을 철저하게 제거해야 한다. 조그마한 인지착오도 커다란 위험을 초래할 수 있기 때문이다. 적의 의도와 세력을 정확하게 분석하고 가만히 있으면서 적을 움직이고, 편안히 있으면서 적을 피곤하게 하는 지혜가 필요하다.

첫째 양은 백이(伯夷)와 숙제(叔齊)를 가리킨다. 그들은 제신의 폭정을 미워했으나 무왕의 혁명에도 찬성하지 않았다. 그들은 지금의 열하성(熱河省) 조양(朝陽) 부근에 있던 고죽국(孤竹國)의 공자였다. 고죽군(孤竹君)의 자리를 서로 사양하고 포학한 제신(帝辛)을 피해 동해변에 은둔해 있다가 문왕의 덕이 높다는 소문을 듣고 주나라에 가 있었다. 무왕의 토벌을 말렸으나 듣지 않자 수양산에 올라가 고사리를 캐먹다가 굶어죽었다.

맹자는 "자기가 좋아하는 임금이 아니면 섬기지 않고 자기가 정당하게 맡게 된 백성이 아니면 부리지 않고 다스려지면 나가고 혼란해지면 물러나는 것이 백이였다"(非其君不事하며 非其民不使하여 治則進하고 亂則退는 伯夷也라)고 하였고, "백이는 자기가 섬길 만하다고 좋게 생각하는 올바른 임금이 아니면 섬기지 않았다. 자기가 사귈 만하다고 좋게 생각하는 올바른 벗이 아니면 벗으로 사귀지 않았다. 악인이 정사에 참여하고 있는 조정에는 나서지 않았다. 악한 사람과는 말조차도 하지 않았다. 그는 악한 사람이 참여하고 있는 조정에 들어가거나 악한 사람과 더불어 이야기하는 것을 마치 조정에서 입는 훌륭한 의관을 차리고서 진흙탕이나 숯검정 같은 더러운 곳에 앉는 것같이 끔찍하게 생각하였다. 그는 악한 것을 미워하는 마음을 미루어서, 심지어는 향리의 사람과 같이 서려고 하다가도 그 사람이 쓴 관이 바르지 않으면 그만 부끄러운 기색을 하고 피해가 버리는데 마치 그것에 더럽혀지게 될까 두려워하는 것 같았다. 그는 제후들이 초빙하는 말을 그럴듯하게 잘 만들어 가지고 초빙해도 악을 자행하는 자들의 초빙은 받아들이지 않았다. 제후들의 초빙을 받아들이지 않았다는 것은 결국 그가 제후에게 가는 것을 떳떳하게 여기지 않은 것이다"(伯夷는 非其君不事하며 非其友不友하며 不立於惡人之朝하며 不與惡人言하니라. 立於惡人之朝하고 與惡人言을 如以朝衣朝冠으로 坐於塗炭하니라. 推惡惡之心하여 思與鄕人立이라가 其冠이 不正이어든 望望然去之하여 若將浼焉하니라. 是故로 諸侯雖有善其辭命而至者라도 不受也하니 不受也者는 是亦不屑就已니라)라고 하였다.

공자는 백이와 숙제에 대하여 "자기 뜻을 버리지 않고 몸을 더럽히지 않은 사람"(不降其志하고 不辱其身은 伯夷叔齊與인저)이라고 하였고, "백이숙제는 원한을 품지 않으므로 원망을 사지 않는다"(伯夷叔齊는 不念舊惡이라 怨是用希니라)고 하였다.

둘째 음은 문왕을 가리킨다. 문왕은 기원전 1185년 중국의 서부 지역 제후들을 통솔하는 서백(西伯)이 되었다. 그는 제신의 압제 속에서 주나라 8백 년의 기초를 세웠다. 주족(周族)은 곡신으로 존숭되던 후직(后稷)의 후예였다. 후직의 증손 공류(公劉)는 지금의 섬서성 순읍(栒邑)현 일대에 있던 빈(豳)에 정착하여 농경방법을 개량하였다. 공류로부터 10대인 고공단보(古公亶父)는 융적(戎狄)의 위협을 받게 되어 지금의 섬서성 기산현에 있던 주원(周原)으로 이주하여 농업생산을 발전시켰다. 문왕은 바로 고공단보의 손자였다. 그는 농업 생산을 크게 일으키고 적대적인 종족들에 대하여 일련의 전쟁을 진행하여 주족을 서방에서 가장 강대한 부족으로 만들었다.

기원전 1144년 주(紂)라고 불리던 상나라의 마지막 임금 제신은 문왕을 유리(羑里)에 가두었다가 3년 뒤에 석방하였다. 주족의 세력이 강대해지는 것을 막으려고 문왕을 가두었으나 주족이 반란을 일으킬까 두려워 죽이지 못하고 석방하였다. 유리에 갇혀서 문왕은 8괘를 중첩하여 64괘를 만들었다. 문왕은 기원전 1135년 서백이 된 지 50년 만인 97세에 병으로 죽었다. 주역의 본문은 문왕이 발을 다쳤으나 말의 도움으로 해를 피했다고 기록하였다. 폭군 제신도 그를 가둘 수는 있었으나 죽일 수는 없었던 것이다.

셋째 양은 무왕을 가리킨다. 무왕은 상나라의 사회모순이 격화되고 동이와의 전쟁에서 상조가 피폐해진 기회를 이용하여 기원전 1120년에 상나라에 대한 토벌을 시작하였다. 무왕이 출병하자 800명의 제후들이 자진하여 합세하였다. 무왕은 2년 후에 상나라를 멸하고 주왕조를 세웠다. 주역의 본문은 무왕에게 빨리 하려고 하면 안 된다고 충고하고 있다. 폭정을 막고 풍속을 변화시키는 데는 오랜 시일이 걸리기 때문이고, 또 신하로서 임금을 토벌하는 것은 아무리 어쩔 수 없는 일이라 하더라도 역적의 누명을 듣게 될 것이기 때문이다.

그러나 맹자는 "인자를 해치는 자를 흉포하다고 하고 정의를 해치는 자를 잔학하다고 한다. 흉포하고 잔인한 인간은 한 놈팡이에 불과하다. 한 놈팡이인 주(紂)를 죽였다는 말은 들었어도 임금을 살해했다는 말을 듣지 못했다"(賊仁者를 謂之賊이요 賊義者를 謂之殘이요 殘賊之人을 謂之一夫니 聞誅一夫紂矣요 未聞弑君也니이다)고 했다.

주나라와 상나라의 영토를 비교하면 주나라는 상나라의 서남쪽에 있었고 상나라는 주나라의 동북쪽에 있었다. 상조의 활동중심은 최초에는 산동성 경내였는데 여러 차례의 이동을 거쳐 마감에는 오늘의 하남성 안양현 일대가 그 활동중심이 되었다. 주조의 활동중심은 경수와 위수의 하류지역이었다. 주조는 또 이하와 낙수 하류지역을 다른 한 활동중심으로 삼았다. 경위평원과 이락평원은 땅이 기름지고 기후가 따뜻하며 강수량이 충족하여 농업을 발전시키기에 알맞은 지방이었다. 그러므로 본문의 남쪽은 서남쪽을 가리키며 서남쪽에 근거하여 동북쪽에 있는 상을 토벌했다는 역사적 사건을 기록한 것이다.

넷째 음은 제신의 서형(庶兄)인 미자(微自)를 가리킨다. 그는 여러 번 제신에게 조심하도록 충고하였다. 그러나 숙부인 비간(比干)이 간하다가 살해되고 숙부인 기자(箕子)가 거짓으로 미친 척하다 옥에 갇히는 것을 보고, 제기(祭器)를 안고 황야에 은둔하였다가 주나라에 투항하여, 송(宋)나라의 제후로 봉해져서 상나라의 유민을 다스리게 되었다. 그는 제신의 뱃속에 들어가 제신의 마음을 뚫어보고 제신의 대궐을 탈출하여 목숨을 보존하고 제후가 되었다.

다섯째 음은 기자를 가리킨다. 《서경》〈상서(商書)〉'미자'에 보면 기자는 미자에게 "상나라에 이제 재앙이 있을 것이니 우리 모두는 그 재난을 당할 것입니다. 상나라가 멸망하게 된다면 저는 노예가 되지 않겠습니다. 왕자님께 도망하시라고 권고합니다. 저는 오래 전부터 임금께서 당신을 해칠 것이라고 말해 왔습니다. 왕자님께서 나가시지 않으신다면 우리는 완전히 멸망하게 될 것입니다. 스스로 마음을 정하여 사람마다 스스로 선왕들께 공헌해야 합니다. 저는 도망칠 생각이 없습니다"(商今其有災니 我興受其敗하리이다. 商其淪喪이면 我罔爲臣僕하리이다. 詔王子出迪하니이다. 我舊云刻子니이다. 王子弗出이면 我乃顚隮하리이다. 自靖하여 人自獻于先王이니 我不顧行遯하리이다)라고 말하였다.

제신이 정사를 살피지 않게 되자 기자는 미친 체하면서 살았다. 상나라가 망하기 1년 전에 제신은 비간을 죽이고 기자를 가두었다. 무왕은 상나라를 토벌한

지 2년 뒤에 기자를 찾아가 나라를 다스리는 방법에 대하여 질문하였다. 기자는 아홉 가지 큰 규범을 제시하였는데 이것은 중국 최초의 체계적인 정치철학이라 할 수 있다.

그 다섯째 규범인 임금의 법칙에 대하여 《서경》〈주서〉 '홍범'(洪範)에는 다음과 같이 기록되어 있다. "굽히거나 기울지 말고 임금의 의로움을 따르라. 좋아하는 일만 하지 말고 임금의 도를 따르라. 싫더라도 딴 일 하지 말고 임금의 길을 따르라. 비뚤어지거나 치우치지 않으면 임금의 길은 넓으리. 치우치거나 비뚤어지지 않으면 임금의 길은 평편하리. 거꾸로 하지 않고 기울어지게 하지 않으면 임금의 길은 바르고 곧으리. 법칙을 지키는 이들만 모으면 모두가 법칙을 지키게 되리"(無偏無陂하여 遵王之義하라. 無有作好하여 遵王之道하라. 無有作惡하여 遵王之路하라. 無偏無黨하면 王道蕩蕩하리라. 無黨無偏하면 王道平平하리라. 無反無側하면 王道正直하리라. 會其有極하면 歸其有極하리라).

아홉 가지 규범은 ① 물 · 불 · 나무 · 쇠 · 흙의 5행, ② 외모 · 말 · 보는 것 · 듣는 것 · 생각의 5사(五事), ③ 식량 · 재화 · 제사 · 토지 · 백성 · 죄 · 손님 · 군대의 8정(八政), ④ 해 · 달 · 날 · 별 · 달력의 5기(五紀), ⑤ 위에 인용한 임금의 법칙, ⑥ 정직 · 강건 · 유순의 3덕(三德), ⑦ 거북점과 시초점, ⑧ 비 오고 해 나고 덥고 춥고 바람 부는 징험, ⑨ 오래 살고 부유하고 안락하고 덕을 닦고 늙어서 죽는 5복(五福)과 일찍 죽고 병들고 근심 많고 가난하고 모질고 허약한 6극(六極)이다.

여섯째 음은 제신, 즉 상나라의 마지막 임금인 주(紂)를 가리킨다. 그는 토목공사를 일으켜 지금의 하남성 기현(淇縣)으로부터 하북성 한단(邯鄲)에 이르는 지역에 많은 이궁(離宮)과 별궁(別宮)을 짓고 술 못과 고기 숲까지 만들어 놓고 가무와 음주로 세월을 보냈다. 제신은 17만의 군사가 무왕의 군대 5만에게 패배하자 스스로 불에 타 죽고 말았다.

風火家人

䷤

離下巽上

37. 風火家人

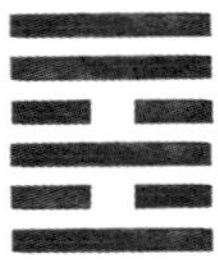

離下巽上

家人은 利女貞하니라.

彖曰 家人은 女正位乎內하고 男正位乎外하니

男女正이 天地之大義也라.

家人에 有嚴君焉하니 父母之謂也라.

夫夫子子하며 兄兄弟弟하며 夫夫婦婦而家道正하리니

正家而天下定矣리라.

풍화가인(風火家人) : 여자가 인내하는 것이 유익하다.

판단 : 풍화가인(風火家人)은 여자가 안에서 바른 자리에 있고 남자가 밖에서 바른 자리에 있는 것이다. 남자와 여자가 바르게 행동하는 것은 천지의 위대한 도리이다. 집안사람들 가운데 군장(君長)이 있으니 곧 부모이다. 아버지가 아버지답고 아들이 아들다울 때, 형이 형답고 아우가 아우다울 때, 남편이 남편답고 아내가 아내다울 때 가정의 도리가 바로 선다. 집안을 바로잡으면 세상이 안정된다.

■ 풀이

가정의 평화는 여자의 인내에 달려 있다. 한 집안 식구라고 하면 요즈음의 사오인 가족을 생각하기 쉬우나 상나라 말 주나라 초의 가족은 공동으로 경작하는 한 지역의 자치체였다. 가장은 가족 성원들 사이에서 발생하는 분쟁을 갈피 짓는 군장(君長)의 역할을 하였다. 그 시절의 집이란 주택이 아니라 지역이었으니 집안에 시장이 있고 학교가 있고 재판소가 있었다.

풍화가인의 둘째 음은 헌신하고 인내하는 주부이고 다섯째 양은 교육하고 규제하는 주인이다. 끊어진 선은 음의 자리에 있고 이어진 선은 양의 자리에 있으면서 서로 호응한다. 주역에서는 윗괘를 외괘라고 하고 아랫괘를 내괘라고 한다.

* * *

象曰 風自火出이 家人이니
君子 以하여 言有物而行有恒하나니라.
初九는 閑有家면 悔亡하리라.
象曰 閑有家는 志未變也니라.
六二는 無攸遂요 在中饋니 貞吉하리라.
象曰 六二之吉은 順以巽也일새니라.
九三은 家人이 嗃嗃하니 悔厲나 吉하니
婦子嘻嘻면 終吝하리라.
象曰 家人嗃嗃은 未失也요
婦子嘻嘻는 失家節也니라.
六四는 富家니 大吉하니라.

象曰 富家大吉은 順在位也일새니라.

九五는 王假有家니 勿恤하여 吉하리라.

象曰 王假有家는 交相愛也니라.

上九는 有孚하여 威如니 終吉하리라.

象曰 威如之吉은 反身之謂也니라.

閑(한) - 막다 | 饋(궤) - 먹이다 | 嗃(학) - 엄하다 | 嘻(희) - 화락하다
假(격) - 이르다

형상 : 바람이 불길을 일으키면 치솟는 불길에서 바람이 나오는 것처럼 보인다. 이것이 풍화가인(風火家人)의 형상이다. 군자는 이것을 본받아 말에 내용이 있게 하고 행동에 일관성이 있게 한다.

첫째 양 : 집을 잘 방비하면 후회할 일이 소멸한다.

형상 : "집을 잘 방비한다." 가족의 마음이 바뀐 뒤에는 방비해도 해를 막을 수 없다.

둘째 음 : 어떤 딴 일을 이루려고 함이 없이 음식 장만에 공을 들인다. 인내하면 좋은 결과가 있다.

형상 : 둘째 음에 좋다고 한 것은 유순하고 공손하게 행동하기 때문이다.

셋째 양 : 집안사람들이 슬픈 소리를 내며 후회하고 위태롭게 여기면 좋다. 부녀자들이 웃음소리를 내면 끝내 수치를 당한다.

형상 : "집안사람들이 슬픈 소리를 낸다." 아직 도리를 상실하지 않은 것이다. "부녀자들이 웃음소리를 낸다." 가정의 예절을 상실한 것이다.

넷째 음 : 집을 가멸게 하니 크게 좋다.

형상 : "집을 가멸게 하니 크게 좋다." 온순하게 제자리에 머물러 있기 때문이다.

다섯째 양 : 가장은 어진 임금이 대중을 친애하듯 가족들을 가까이 한다. 가족들은 근심할 필요가 없다. 좋은 결과를 초래한다.

형상 : "가장은 어진 임금이 대중을 친애하듯 가족들을 가까이 한다." 서로서로 경애하게 하는 것이다.

윗양 : 진실하고 위엄 있게 행동하니 마침내 좋은 일이 있을 것이다.

형상 : 위엄 있게 행동하니 좋은 일이 있을 것이다. 그는 언제나 자신을 반성하고 있다.

■ 풀이

가정을 파탄시키는 원인은 주로 이중행동에 있다. 내용 없는 말과 일관성 없는 행동은 가족들 사이의 신뢰를 파괴한다. 위선적인 아버지보다는 차라리 주정뱅이 아버지가 낫다. 사실을 말하지 않는 아버지는 아들을 정신병자로 만든다. 아버지의 첫 번째 임무는 아들이 정직과 관대의 기율을 내면화할 수 있도록 도와주는 일이다. 아버지가 여기서는 이 말 하고 저기서는 저 말하거나, 여기서는 이렇게 행동하고 저기서는 저렇게 행동한다면, 아들은 정직과 관대의 기율을 내면화할 수 없게 된다.

장식과 호사를 버리게 하는 것이 집안을 단속하는 방법이다. 사람이 모이면 분쟁이 없을 수 없으나, 장유의 질서와 남녀의 구별은 분쟁의 때에도 존중되어야 한다. 상호존중의 원칙이 무너지고 난 후에는 아무리 단속하려 하여도 가정의 평화를 회복할 수 없을 것이다.

직계만이 아니라 방계까지 포함한 대가족의 생활에서 음식을 마련하여 제사를 받들고 부모를 모시고 아이들을 기르고 손님을 접대하는 것은 여간 중요한 일이 아니다. 여자는 자기 개인의 일을 이루려 하지 말고 가족 모두의 일을 이루려 해야 한다. 상나라 말 주나라 초에 여자들의 생활은 위대한 협조자가 됨으로써 오히려 탁월한 주인공이 될 수 있다는 역설을 보여주었다.

주역의 본문에는 언제나 뉘우치면 위험을 피하고 뉘우치지 않으면 수치를 당한다고 기록되어 있다. 슬픈 소리를 내는 사람은 좋고 웃음소리를 내는 사람은 막힌다. 이것은 결코 엄숙주의를 찬양하는 것이 아니다. 삶을 만만하게 보지 말라는 충고이고 가족관계를 진지하게 여기라는 경계이다. 부모와 자식의 관계가 편안하게 안정되기란 실제로 얼마나 어려운가! 의존심과 적대감이 폭발하면 가족도 원수가 된다. 의존심과 적대감은 부모와 자식이 서로 정직하고 관대하게 대하지 못하게 하기도 한다. 예의 없이 행동하고 버릇없이 말하다가 가족 사이에 분쟁이 일어나면 수습하기가 어렵게 된다.

살림을 알뜰하게 하여 집안의 재산을 보존하고, 할 수만 있다면 재산을 늘리는 것이 집안을 정돈하는 길이다. 돈이 있으면 살고 돈이 없으면 죽는 세상에서 돈을 무시하다가는 수치를 당한다. 그러나 인색하게 재산만 추구하다가는 가족이 재산분쟁에 얽혀들게 된다. 용처를 정하고 필요한 데에 쓰기 위하여 검소하게 돈을 아끼는 것이 절약이다. 넷째 음은 유순한 선이 음의 자리에 있으므로 그 머무는 자리가 바르다. 바른 도를 따르지 않는 인색은 결코 절약이라고 할 수 없다.

다섯째 양은 가장의 직분을 가리킨다. 어진 임금이 다스리면 국민에게는 근심이 없어진다. 아무리 좋은 임금이 있더라도 사회에는 여전히 계급투쟁이 벌어지고 제국주의도 개입할 것이나, 투기분자와 독단분자가 현저하게 줄어들 것이고 무엇보다 임금이 나라를 잘되게 하기 위하여 헌신하고 있다는 사실을 아는 것만으로도 국민들은 임금을 믿게 된다. 이러한 믿음은 나라의 기초일 뿐 아니라 집의 토대이기도 하다. 가장은 곧 집안의 임금이다. 그는 집안사람들 하나하나가 자신의 생각을 기탄없이 말할 수 있게 해야 하고 서로 엇걸리고 겹쳐지는 의견들을 갈피 지어 그때그때의 문제들을 해결해야 한다.

서로 신뢰하고 서로 친애하고 서로 경애하는 가족들은 어떠한 역경도 극복할 수 있다. 가정의 평화를 지키기 위해서는 가족 한 사람 한 사람이 늘 자신을 반성하고 진실하게 행동해야 한다. 평화롭지 못하고 소란한 집안에서는 가족들이 서로 속이고 서로 무시한다. 부모와 자식의 사이는 천륜이라 끊을 수 없는 관계이나 지나친 자애로 예의를 흐트러뜨리는 것은 가정을 혼란하게 하는 원인이 된다. 부모가 위엄을 잃으면 자식이 방자하게 되는 것이다.

火澤睽

䷥

兌下離上

38. 火澤睽

兌下離上

睽는 小事는 吉하리라.

象曰 睽는 火動而上하고 澤動而下하며

二女同居나 其志不同行하니라.

說而麗乎明하고 柔進而上行하여 得中而應乎剛이라

是以小事吉이니라.

天地睽而其事同也며 男女睽而其志通也며

萬物이 睽而其事類也니

睽之時用이 大矣哉라.

睽(규) - 어그러지다

화택규(火澤睽) : 작은 일들에 좋은 결과를 초래할 수 있다.

판단 : 화택규(火澤睽)는 불은 솟아 올라가고 호수는 흘러 내려가는 것이다. 두 여자가 같이 사나 그들의 뜻은 다른 방향을 향하고 있다.

아랫괘인 상절태는 기쁨을 의미하고 윗괘인 허중리는 광명을 의미하니,

기쁜 마음으로 광명에 의지하는 것이다. 유순한 선이 위로 가서 윗괘의 중심인 다섯째 줄에 있으면서 둘째 줄의 강건한 선과 호응한다. 그러므로 작은 일들에 좋은 결과를 초래할 수 있다.

하늘과 땅은 다르나 그들의 행동은 일치하며, 남자와 여자는 다르나 그들의 의지는 상통하며, 만물은 각각 서로 다르나 사물의 질서는 동일하다. 화택규의 시기에 알맞은 작용은 위대하구나.

■ 풀이

가정이 불화할 때에는 가족들 중의 어느 누구도 중요한 작업을 제대로 수행하지 못하게 된다. 집안일에 고심하는 사람은 공동작업을 계획하고 준비하고 결정하는 데 전력을 다할 수 없다. 그러나 아무리 사이가 좋지 못하다 하더라도 그것은 가족이 서로 화합하지 못하는 것이므로 큰 분쟁이 되지는 않는다. 늘 되풀이되는 일상의 하찮은 일을 수행하는 데는 가족의 불화가 큰 지장을 초래하지 않는다. 가족의 경우에는 생각이 달라도 한 집에서 먹고 자는 동안에 더불어 사는 지혜를 터득하게 된다.

생각이 같은 사람들이 함께 살면 다투지는 않을지 모르지만 의견의 차이를 조정하는 과정에서 성취되는 사고의 변화를 체험하지 못한다. 차이를 확인하는 것은 상호변화의 계기가 되고 어긋남을 인정하는 것은 상호조화의 시작이 된다.

* * *

象曰 上火下澤이 睽니

君子 以하여 同而異하나니라.

初九는 悔亡이라 喪馬하고 勿逐하여도 自復이니

見惡人하면 無咎리라.

象曰 見惡人은 以辟咎也니라.

九二는 遇主于巷이라야 無咎리라.

象曰 遇主于巷이 未失道也니라.

六三은 見輿曳코 其牛掣며

其人이 天且劓니 無初나 有終이리라.

象曰 見輿曳는 位不當也요

無初有終은 遇剛也일새니라.

九四는 睽孤나 遇元夫니

交孚하여 厲하면 無咎리라.

象曰 交孚無咎는 志行也리라.

六五는 悔亡이라 厥宗이 噬膚니

往이면 何咎리오.

象曰 厥宗噬膚는 往有慶也리라.

上九는 睽孤하여 見豕負塗와 載鬼一車라

先張之弧라가 後說之弧니

匪寇婚媾라 往遇雨하야 則吉하리라.

象曰 遇雨之吉은 群疑亡也니라.

辟(피) - 피하다 | 巷(항) - 거리 | 曳(예) - 당기다 | 掣(체) - 거리끼다
劓(의) - 코를 베다 | 噬(서) - 씹다 | 說(탈) - 벗다

형상 : 위에 불이 있고 아래에 호수가 있는 것이 화택규(火澤睽)의 형상이다. 군자는 이것을 본받아 같이 행동하면서도 차이를 존중한다.

첫째 양 : 후회할 일이 소멸한다. 말을 잃어도 추적하지 말라. 그것은 스스로 돌아온다. 악인을 피하지 말고 허물을 짓지 말라.

형상 : 악인을 피하지 말고 허물을 피해야 한다.

둘째 양 : 여자가 거리에서 주인을 만나도 허물을 짓지 않는다.

형상 : "거리에서 주인을 만난다." 그 여자가 그때 바른 도를 지킨다.

셋째 음 : 수레를 끄는데 소가 가지 않고 버티며 수레를 오히려 뒤로 당긴다. 그는 이마에 자자(刺字) 당하고 코를 베인 사람이다. 그것을 보고 반성하면 시작은 없으나 끝은 있을 것이다.

형상 : 수레를 끄는데 소가 가지 않고 버티는 것을 본다. 그의 자리가 적당하지 않다. "시작은 없으나 끝은 있을 것이다." 셋째 줄의 유순한 선은 윗줄의 강건한 선을 만나 그것에 의존할 수 있기 때문이다.

넷째 양 : 가족들과 어긋나 외롭게 된다. 착한 남편을 만나 서로 신뢰하고 위태롭게 여기면 허물을 짓지 않는다.

형상 : 서로 신뢰하면 허물을 짓지 않는다. 그 여자의 뜻이 이루어진다.

다섯째 음 : 후회할 일이 소멸한다. 그의 일가들이 모여 고기를 먹는다. 간다 해서 무슨 허물이 있겠는가?

형상 : "그의 일가들이 모여 고기를 먹는다." 가면 경사가 있다.

윗양 : 가족들과 어긋나 외롭게 된다. 진흙을 뒤집어쓴 돼지와 귀신을 실은 수레를 보고 처음엔 활을 당기려다가 사람을 돼지와 귀신으로 착각한

것을 스스로 깨닫고 나중에 활을 벗어놓는다. 그는 도적이 아니라 구혼하러 온 사람이다. 비가 내려 농사일이 해결되듯 집안일이 해결되니 결과가 좋다.

형상 : "비가 내려 농사일이 해결되듯 집안일이 해결되니 결과가 좋다." 뭇사람의 의심이 소멸한다.

■ 풀이

상나라 말 주나라 초의 혼인형태는 한 남편이 둘 이상의 아내를 거느리는 일부다처제였다. 그 시대의 가족문제는 주로 일부다처로 인하여 야기되었다. 가정의 질서를 유지하기 위하여 가장은 주부의 권리를 존중하고 여자들을 균등하게 대우하려고 노력했으나 좋아하는 여자에 대한 애정을 숨길 수는 없었다.

한 집안에 살면서 물건을 잃어버렸다고 하여 가족 중의 한 사람을 의심하여 추궁하거나, 좋지 않다고 생각되는 사람이라고 하여 만나지 않고 피할 수는 없다. 이득과 손실에 마음을 어지럽히지 말고 남의 선과 악에 정신을 피곤하게 하지 말며, 오직 스스로 정직하고 관대하게 행동하며 자기의 직분을 수행하는 데만 전념해야 한다.

부부가 서로 만나는 것은 예사로운 일이니 여러 아내 중의 한 사람이 주인을 거리에서 만날 수도 있을 것이다. 그러나 그때에 그 여자는 공정하게 행동해야 하고 실수하지 않도록 조심해야 한다. 그 여자가 그 기회를 이용하여 다른 여자를 모함하고 남편의 총애를 차지하려 한다면 가정에 분란을 일으키게 될 것이다.

여자들이 서로 헐뜯는 가정은 소가 가지 않고 버텨서 아무리 끌어도 움직이지 않는 수레와 같다. 이마에 살을 따고 죄명을 적어 넣거나 코를 베어 놓으면 누구에게나 범행 사실이 즉시 알려진다. 마찬가지로 여자들이 분란을 일으키는 가정은 즉시 웃음거리가 된다. 강한 원칙을 준엄하게 확립하여 여자들이 마음대로 행동하지 못하도록 규제하지 않으면 안 된다.

아내는 다른 아내와 경쟁하려고 하지 말고 남편을 믿고 남편이 세운 원칙에 순종하려고 노력해야 한다. 남편과 아내가 서로 정직하고 관대하게 행동하면 어떠한 가정불화도 극복할 수 있다.

다섯째 음은 일가가 모여 잔치하는 것을 가리킨다. 방계까지 포함하여 3대가 함께 살던 상나라 말 주나라 초의 대가족은 제사와 잔치 같은 단합대회를 자주 벌였다. 사이가 좋지 않던 사람들도 이러한 단합대회에 참가하여 어울려 먹고 마시면서 불화를 해소할 수 있었다. 화택규에서 아랫괘인 상절태는 막내딸을 가리키고 윗괘인 허중리는 둘째 딸을 가리킨다. 두 딸이 서로 다투면 집안이 소란하지만 둘째 딸을 장씨에게 시집보내고 막내딸을 이씨에게 시집보냄으로써 가정의 평화를 회복할 수 있다.

딸을 가진 집에서는 행여나 딸이 그릇될까 염려하여 딸에게 접근하는 남자를 진흙을 뒤집어쓴 돼지처럼 취급하고, 그가 아무리 잘 생겼어도 처음에는 흉악망측한 귀신같다고 생각한다. 그러나 부모는 결국 딸을 다른 집안으로 보낼 수밖에 없고, 딸을 좋아하는 남자가 도적이 아니라 은인임을 언젠가는 인정할 수밖에 없다. 시집만 잘 보내면 가정의 모든 문제가 해결된다. 주역에서 비가 내리는 것은 문제가 해결되는 것을 의미한다. 《춘추좌씨전》 소공(昭公) 원년조(條)에 당시 혼인 형태를 짐작하게 하는 구절이 있다.

> 정나라 서오범(徐吾犯)의 누이는 미인이었다. 공손초가 혼인을 청하여 허락받았는데 공손흑이 또 무리하게 기러기를 보내어 혼인을 강요했다. 서오범이 두려워 자산에게 알리니 자산은 "이것은 나라에서 관여할 일이 아니니 그대는 근심할 것 없다. 그대가 하고 싶은 대로 하면 된다"고 했다. 서

오범이 두 사람에게 누이의 선택에 좇을 것을 청하여 허락을 받았다. 자석(子晳 : 공손흑)이 성장(盛裝)을 하고 가서 폐백을 들여놓고 나왔다. 자남(子南 : 공손초)은 융복(戎服)을 입고 가서 좌우로 활을 쏘아보이고 수레를 타고 나왔다. 누이가 방에서 이것을 지켜보고 말하기를 "자석은 실로 아름답다. 그러나 자남처럼 사내답지는 못하다. 남편은 사내답고 아내는 여자다워야 서로 맞는다" 하고 자남에게로 시집갔다.

鄭徐佰犯之妹美, 公孫楚聘之矣. 公孫黑又使强委禽焉, 犯懼告子産. 子産曰 : "是國無政, 非子之患也, 唯所欲與." 犯請於二子, 請使女擇焉, 皆許之. 子晳盛飾入布幣而出. 子南戎服入左右射, 超乘而出. 女自房觀之曰 : "子晳信美矣. 抑子南夫也. 夫夫婦婦所謂順也." 適子南氏.

水山蹇

艮下坎上

39. 水山蹇

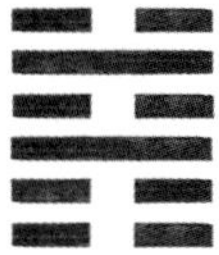

艮下坎上

蹇은 利西南하고 不利東北하며

利見大人하니

貞이라야 吉하리라.

彖曰 蹇은 難也니 險在前也라

見險而能止하니 知矣哉라

蹇利西南은 往得中也요

不利東北은 其道窮也요

利見大人은 往有功也요

當位貞吉은 以正邦也니

蹇之時用이 大矣哉라.

수산건(水山蹇) : 서남쪽이 유리하고 동북쪽이 불리하다. 대인을 만나보는 것이 유익하다. 바르게 행동하면 좋은 결과가 있다.

판단 : 수산건(水山蹇)은 험난한 것이다. 위험이 앞에 있을 때에 위험을 보고서 멈출 수 있다면 지혜로운 사람이다.

"수산건은 서남쪽이 유리하다." 가서 중용(中庸)을 얻는다.

"동북쪽이 불리하다." 갈 길이 막히기 때문이다.

"대인을 만나보는 것이 유익하다." 대인이 가서 일을 맡으면 공을 세운다.

알맞은 자리에서 바르게 행동함으로써 나라를 바로잡으니 수산건의 시기에 적절한 작용은 위대하다.

■ 풀이

상나라 말(末)에 문왕은 서방의 제후들을 통솔하는 서백(西伯)의 자리에 있었다. 주나라의 중심지역은 상나라의 중심지역에서 볼 때 서남쪽에 자리 잡고 있었고, 상나라의 중심지역은 주나라의 중심지역에서 볼 때 동북쪽에 자리 잡고 있었다.

폭군 주(紂)가 지배하던 험난한 시대에 상나라의 도읍에 들어가는 것은 위험천만한 일이 아닐 수 없었다. 문왕은 새로운 질서를 대표하는 사람이니 그를 도와 살 만한 세상을 건설하는 것이 모두에게 유익한 일이었다. 험난한 시대에 위험을 피하는 방법은 감추인 것을 찾고 괴상한 수를 부리는 데 있지 않고, 그저 편안한 마음으로 알맞은 자리에 머물러 바르게 행동하는 데 있다.

그치는 것, 머무르는 것, 그만두는 것, 가만히 있는 것이 필요한 시대에 설치고 떠벌이고 허풍 치는 것은 백해무익한 행동이다. 냉철하게 분석하고 침착하게 계획하여 문왕과 함께 세상을 변화시키는 일은 감정이 아니라 전적으로 이성에 근거한 실천이 되어야 한다.

정치적 행동은 언제나 객관적이고 구체적으로 분석될 수 있어야 한다. 험난한 시대에 내재하는 객관적 가능성은 현존하는 힘과 현존하지 않는 힘의 대립이 아니라 공존하는 두 적대적 힘들 사이의 대립을 통해서 실현되기 때문이다. 적의 세력을 정확하게 측정하지 못하고 자기의 세력을 있는 그대로 파악하지 못하면 치명적인 실책을 범하게 된다. 자아편향에 집착하는 자들은 사사로운 감정에 골몰하여 위험을 앞에 두고도 눈이 멀어 보지 못한다. 정치는 이론이 아니라 실천이라고 하지만, 실천의 본질은 볼 줄 아는 데 있다.

* * *

象曰 山上有水 蹇이니
君子 以하여 反身修德하나니라.
初六은 往하면 蹇코 來하면 譽리라.
象曰 往蹇來譽는 宜待也니라.
六二는 王臣蹇蹇이 匪躬之故니라.
象曰 王臣蹇蹇은 終無尤也니라.
九三은 往하면 蹇코 來하면 反이리라.
象曰 往蹇來反은 內喜之也일새니라.
六四는 往하면 蹇코 來하면 連이리라.
象曰 往蹇來連은 當位實也일새니라.
九五는 大蹇에 朋來로다.
象曰 大蹇朋來는 以中節也니라.
上六은 往하면 蹇코 來하면 碩吉하리라.

利見大人하니라.

象曰 往蹇來碩은 **志在內也**요

利見大人은 **以從貴也**니라.

형상 : 산 위에 물이 있는 것이 수산건(水山蹇)의 형상이다. 군자는 이것을 본받아 자신을 반성하고 덕을 수행한다.

첫째 음 : 주왕(紂王)에 가면 방해받고, 문왕에게 오면 칭찬 받는다.

형상 : "주왕 제신(帝辛)에게 가면 방해받고, 문왕 희발(姬發)에게 오면 칭찬받는다." 그는 마땅히 기다려야 한다.

둘째 음 : 신하가 충성을 다하는 것은 자신을 위해서가 아니다.

형상 : "신하가 충성을 다한다." 그에게는 끝내 아무런 비난도 없을 것이다.

셋째 양 : 제신에게 가면 방해받고, 문왕에게 오면 바른 도를 돌이킨다.

형상 : "제신에게 가면 방해받고, 문왕에게 오면 바른 도를 돌이킨다." 안에 있는 사람들이 기뻐한다.

넷째 음 : 제신에게 가면 방해받고, 문왕에게 오면 연합한다.

형상 : "제신에게 가면 방해받고, 문왕에게 오면 연합한다." 그가 적당한 자리에서 성실하게 행동하기 때문이다.

다섯째 양 : 크게 방해받을 때에 친구들이 온다.

형상 : "크게 방해받을 때에 친구들이 온다." 그는 중심에 있으면서 절의를 지킨다.

윗음 : 제신에게 가면 방해받고 문왕에게 오면 아주 좋다. 대인을 만나보는 것이 유익하다.

형상 : "제신에게 가면 방해받고 문왕에게 오면 아주 좋다." 윗음의 뜻이 안에 있는 셋째 양과 호응하여 다섯째 양을 보필하는 데 있다. "대인을 만나보는 것이 유익하다." 윗음이 고귀한 다섯째 양을 따르는 것이다.

■ 풀이

산 위에 있는 물은 평지를 흐르는 강과 달리 바위의 방해를 받는다. 그러나 물을 막는 돌은 물을 괴게 하고 가득 괸 물은 돌의 방해를 이겨낸다.

방해당하면 당장에 피할 수 있는 길을 찾지 말고 안으로 실력을 축적하여 방해를 극복하려고 노력해야 한다. 방해받으면 무리하게 전진하지 말고 일단 정지하고 공격하기에 적당한 시기를 기다려야 하는 것이다. 망설이지 않고 정지하는 것이 올바른 결단이 되는 경우가 많다. 방해를 당할 때 즉시 멈추어 패배하지 않는 것이 전쟁의 지혜이다. 무모한 공격은 비겁한 후퇴와 마찬가지로 패배의 원인이 된다.

둘째 음에 나오는 '건건'(蹇蹇)은 잠시도 쉬지 않고 발을 절름거리게 될 때까지 충성을 다하는 모양이다. 남의 신하된 자는 모든 일을 자신을 위해서가 아니라 임금을 위해서 수행해야 한다. 설사 일을 완성하지 못하더라도 개인의 이익에 집착하지 않고 공동작업에 헌신하는 사람은 비난받지 않는다. 평소에 자신을 반성하고 공(公)을 위해 사(私)를 잊는 습관을 스스로 길러놓지 않으면 강력한 방해에 직면하여 자포자기하게 된다.

셋째 양이 바른 길을 걸으면 아래에 있는 두 개의 끊어진 선이 머뭇거리지 않고 셋째 양을 따른다. 주역에서는 아랫괘를 안괘라고 하니 "안에 있는 사람들"이란 바로 첫째 음과 둘째 음을 가리킨다.

그릇된 집권자를 추종하면 당장은 편할지 모르나 대중의 멸시를 받는다. 인간과 인간의 진정한 연합은 바른 도를 지키는 사람들 사이에서만 형성될 수 있다. 각자가 의존심이나 적대감이 없이 적당한 자리에서 성실하게 행동하는 것이 함께 일하는 사람들의 진정한 연대이다.

성실한 사람은 어떤 경우에도 고립되지 않는다. 중심에 있으면서 절의를 지키는 사람이 독재자에게 수난을 당하게 되면 대중은 독재자를 지지하지 않는다.

윗음은 아랫괘의 셋째 양과 호응하여 다섯째 양의 고귀한 지조를 존경한다. 내면의 덕과 정신의 지조를 수행하는 것도 독재자와 싸우는 방법의 하나가 될 수 있다.

雷水解

䷧

坎下震上

40. 雷水解

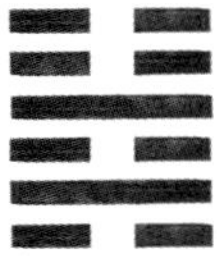

坎下震上

解는 利西南이요

無所往이라 其來復이 吉하니

有攸往이라도 夙이 吉하리라.

彖曰 解는 險以動이니

動而免乎險이 解라

解利西南은 往得衆也요

其來復吉은 乃得中也요

有攸往夙吉은 往有功也라.

天地解而雷雨作하며

雷雨作而百果草木이 皆甲拆하나니

解之時大矣哉라.

夙(숙) - 일찍 | 拆(탁) - 터지다

뇌수해(雷水解) : 서남쪽이 유익하다. 가서 정당한 일을 맡을 수 없으면 돌아오는 것이 좋고, 가서 정당한 일을 맡을 수 있으면 빨리 가는 것이 좋다.

판단 : 뇌수해(雷水解)의 아랫괘인 중련감은 위험함을 의미하고 윗괘인 하련진은 움직임을 의미하니, 움직여서 위험을 면하는 것이 뇌수해의 의미이다.

"뇌수해는 서남쪽이 유익하다." 서남쪽으로 가면 대중을 얻는다. "돌아오는 것이 좋다." 돌아와서 중도를 얻기 때문이다. "가서 정당한 일을 맡을 수 있으면 빨리 가는 것이 좋다." 빨리 가면 공을 세울 수 있기 때문이다.

음양이 화해하면 뇌우가 생기고 뇌우가 제때에 생기면 과일과 초목의 씨가 터진다. 화해의 시대는 위대하다.

■ 풀이

상나라 말 주나라 초에 문왕의 나라는 서남쪽에 있었고, 제신 또는 주신이라고 하는 주왕(紂王)의 도읍은 동북쪽에 있었다. 당시에 문왕은 화해의 시대를 예비하고 있었다. 서남쪽으로 가면 문왕을 도와 정당한 일을 할 수 있으나 동북쪽으로 가면 주왕이 시키는 대로 나쁜 짓을 할 수밖에 없다.

화해의 시대란 문제가 없는 시대가 아니고 문제를 바르게 해결하는 시대이다. 분쟁을 화해시키려면 먼저 양측의 말을 듣고 나중에 해결의 방향을 설정해야 한다. 해결의 방향을 먼저 설정하고 분쟁을 조정하려고 하면 문제의 소재가 어디에 있는가조차 파악할 수 없게 된다.

그러므로 화해에는 자아편향을 배제하여 저 좋을 대로 문제를 보지 않고 있는 그대로 사태를 관찰하는 객관정신이 필요한 것이다.

* * *

象曰 雷水作이 解니

君子 以하여 赦過宥罪하나니라.

初六은 無咎하니라.

象曰 剛柔之際라 義無咎也니라.

九二는 田獲三狐하여 得黃矢니

貞하여 吉토다.

象曰 九二貞吉은 得中道也일새니라.

六三은 負且乘이라 致寇至니

貞이라도 吝하리라.

象曰 負且乘이 亦可醜也며

自我致戎이어니 又誰咎也리오

九四는 解而拇면 朋至하여 斯孚리라.

象曰 解而拇는 未當位也일새니라.

六五는 君子 維有解면 吉하니

有孚于小人이리라.

象曰 君子有解는 小人退也니라.

上六은 公用射隼于高墉之上하여

獲之니 無不利로다.

象曰 公用射隼은 以解悖也니라.

赦(사) - 용서하다 | 宥(유) - 용서하다 | 田(전) - 사냥하다 | 墉(용) - 담
拇(무) - 엄지발가락 | 射(석) - 맞히다 | 隼(준) - 새매 | 悖(패) - 거스르다

형상 : 천둥치고 비 내리는 것이 뇌수해(雷水解)의 형상이다. 군자는 이것을 본받아 과실을 너그럽게 용서하고 범죄를 관대하게 처벌한다.

첫째 음 : 허물이 없다.

형상 : 넷째 줄의 강건한 선과 첫째 줄의 유순한 선이 교제하니 의리에 허물이 없다.

둘째 양 : 사냥하여 여우 세 마리를 잡고 황색 화살을 상으로 얻는다. 바르게 행동하면 좋을 결과를 초래한다.

형상 : 둘째 양에 바르게 행동하면 좋은 결과를 초래한다고 한 것은 중도를 얻기 때문이다.

셋째 음 : 물건을 지고 수레를 탄다. 도둑을 오라고 부르는 짓이다. 그대로 가만히 있으면 수치를 당한다.

형상 : "물건을 지고 수레를 탄다." 보기 흉한 일이다. 내가 도적을 부른 것이니 또 누구를 탓하겠는가?

넷째 양 : 네 엄지발가락의 염증이 해소된다. 친구들이 와서 너의 말을 믿는다.

형상 : "네 엄지발가락의 염증이 해소된다." 그 자리가 적당하지 않아서 병에 걸렸던 것이다.

다섯째 음 : 군자들이 서로 화해하면 좋은 결과가 있다. 소인들에게 신뢰를 받는다.

형상 : "군자들이 서로 화해한다." 소인들은 퇴각한다.

윗음 : 제후가 높은 성벽 위에 앉은 새매를 쏘아 잡으니 유익하지 않음이

없다.

형상 : "제후가 높은 성벽 위에 앉은 새매를 쏘아 잡는다." 그는 도리에 어긋나는 것들을 해결한다.

■ 풀이

모든 화해는 잘못한 자들의 반성과 참회를 전제로 한다. 후회하지 않는 죄수는 수치를 당할 뿐이다. 패덕자를 엄하게 처벌하되 반성하는 죄수에게는 관용을 베푸는 것이 법의 정신이다.

첫째 줄의 끊어진 선은 넷째 줄의 이어진 선과 호응하여 사귈 때 지켜야 할 도리를 준수한다. 각자가 바른 도를 지키면 화해는 저절로 이루어진다.

여우란 의심이 많은 동물이다. 호의준순(狐疑逡巡)과 저돌맹진(豬突猛進)은 화해를 파괴한다. 황색은 중앙의 색이고 화살은 곧은 물건이니 황색 화살은 곧 중용과 정직을 상징한다. 그러므로 여우를 죽이고 황색 화살을 얻는다고 한 것은 의심을 제거하면 중용과 정직이 드러난다는 것을 의미한다.

세 마리의 여우라고 한 것은 셋째 음을 가리키는 것이다. 셋째 음은 물건을 지고 또 수레를 탄다. 물건을 진 채로 수레를 타고 있으니 그 물건이 귀중한 것임을 누구나 알게 된다. 도둑이 보면 강탈하려 하지 않을 수 없다. 이것은 여자가 얼굴을 야단스럽게 꾸미어 음탕한 남자의 희롱을 불러일으키는 것과 같다. 《노자》에는 "성인은 베옷을 입고 옥을 품는다"(聖人은 被褐懷玉이니라)는 구절이 있는데, 도적을 방비하라는 뜻이다. 화해의 시대를 준비하는 사람일수록 세력이 적에게 노출되지 않도록 경계하고 기습당하지 않도록 방비해야 한다.

넷째 양은 음의 자리인 넷째 줄에 강건한 선이 있는 것이므로 그 자리가 적당하지 않다. 엄지발가락에 염증이 생겨 잘 걷지 못하게 되었기 때문에 문왕의 사업에 동참하지 못하였는데, 친구들이 와서 보고 믿어주었다. 염증이 해소되면 함께 일할 수 있게 될 것이니 염려할 필요가 없다.

군자의 세력이 강해지면 소인들은 딴 마음을 먹지 못하고 군자의 세력에 의지한다. 군자들 사이에 분란이 일어난 때에야 소인들은 세력을 모아 주도권을 행사하려고 술수를 부릴 수 있게 되는 것이다. 소인들은 시야가 좁고 객관정신이 모자라므로 전반적인 분쟁을 조성하고, 소인들은 투기와 술수에 능하므로 총체적 혼란을 야기한다.

높은 성벽에 앉은 새매를 쏘아 맞히어 가축을 보호하듯 제후는 화해의 시대를 끝까지 거역하고 패덕과 패륜을 자행하는 자들을 죽이어 국민을 보호해야 한다. 제후는 늘 악인을 제거할 수 있는 수단을 마련해 갖추고 있어야 한다. 악인을 제거할 수단을 마련하지 못하고 있다가 악인에게 당하는 제후보다 더 못난 제후는 없다.

山澤損

䷨

兌下艮上

41. 山澤損

䷨

兌下艮上

損은 有孚면 元吉하여 無咎요

可貞이면 利有攸往이니 曷之用고

二簋라도 可用享이니라

彖曰 損은 損下益上하여 其道上行이니

損而有孚라야 元吉無咎요

可貞이라야 利有攸往이니

曷之用二簋可用享은 二簋應有時며 損剛益柔有時니

損益盈虛를 與時偕行이니라

曷(갈) - 무엇 | 簋(궤) - 대그릇 | 享(향) - 제사 드리다

산택손(山澤損) : 진실한 마음을 간직하면 크게 좋고 허물을 짓지 않는다. 인내할 수 있으면 가서 일을 맡는 것이 유익하다. 제사에 무엇을 사용하나? 마음이 참된 사람은 기장 한 그릇 피 한 그릇으로 제사 드려

도 하느님께서 받으신다.

판단 : 산택손(山澤損)은 아랫괘인 상절태의 끊어진 선 하나가 윗괘인 상련간의 이어진 선 하나에게 경의를 표하고 즐겨 모든 것을 양보한다. 그러므로 아래 있는 것은 감소하고 위에 있는 것은 증가하여 산택손의 도는 위쪽으로 향하여 올라간다.

남에게 보태주기 위하여 스스로 자기에게서 덜면서 "진실한 마음을 간직하면 크게 좋고 허물을 짓지 않는다. 인내할 수 있으면 가서 일을 맡는 것이 유익하다. 제사에 무엇을 사용하나? 마음이 참된 사람은 기장 한 그릇 피 한 그릇으로 제사 드려도 하느님께서 받으신다." '기장 한 그릇 피 한 그릇'도 마땅히 사용해야 할 때가 있다. 덜고 더하고 채우고 비우는 것을 때에 맞추어 시행해야 한다.

■ 풀이

자기가 가지고 있는 것을 덜어서 남에게 주는 행동은 이 세상을 살 만한 세상으로 만든다. 인색한 사람의 능력은 고갈되나 헌신하는 사람의 능력은 쇄신된다. 희생하고 헌신하고 양보하는 행동은 공동작업에 꼭 필요한 미덕이다. 섬기고 바치는 것은 꾸밈없는 마음에서 우러나와야 한다.

상나라 말 주나라 초에는 제사를 간소하게 드릴 때 기장과 피를 날 것으로 썼다. 궤(簋)란 나라의 제사에 기장과 피를 담는 그릇이다. 제사의 근본은 절차와 형식에 있지 않고 정성과 공경에 있다.

산택손의 도가 위쪽으로 향해 올라간다고 한 것은 헌신과 희생과 양보의 목적이 개인작업의 성공에 있지 않고 공동작업의 성공에 있다는 의미이다. 공동작업은 개인작업을 포함하나 개인작업은 공동작업을 포함하지 못한다.

* * *

象曰 山下有澤이 損이니

君子 以하여 懲忿窒欲하나니라.

初九는 已事遄往이면 無咎리니 酌損之니라

象曰 已事遄往은 尙合志也일새니라.

九二는 利貞코 征이면 凶하니 弗損益之리라.

象曰 九二利貞은 中以爲志也니라.

六三은 三人行엔 則損一人코

一人行엔 則得其友로다.

象曰 一人行은 三이면 則疑也리라.

六四는 損其疾하되

使遄이면 有喜하여 無咎리라.

象曰 損其疾하니 亦可喜也로다.

六五는 或이 益之어든 十朋之龜도 弗克違니

元吉하니라.

象曰 六五元吉은 自上祐也니라.

上九는 弗損益之니 無咎어니와

貞이면 吉하여 利有攸往이니

得臣이 無家리라.

象曰 弗損益之는 大得之也니라.

窒(질) - 막다 | 遄(천) - 빠르다 | 酌(작) - 참작하다

형상 : 산 아래에 호수가 있는 것이 산택손(山澤損)의 형상이다. 군자는 이것을 본받아 경계하고 욕망을 억제한다.

첫째 양 : 하나의 일을 마치면 빨리 가서 다음 일을 맡아야 허물을 짓지 않는다. 사정을 참작하여 스스로 손해 보아야 한다.

형상 : "하나의 일을 마치면 빨리 가서 다음 일을 맡아야 한다." 윗사람의 뜻에 맞게 행동하는 것이다.

둘째 양 : 인내하는 것이 유익하다. 가서 이익을 취하면 나쁘다. 바른 도를 지키면서 덜려고 하지도 말고 더하려고 하지도 말라.

형상 : 둘째 양에 인내하는 것이 좋다고 한 것은 중용을 목적으로 삼아야 한다는 뜻이다.

셋째 음 : 세 사람이 같은 일을 시행할 때는 그중 한 사람이 반대하고 이탈하기 쉽다. 한 사람이 책임지고 일을 시행할 때에 오히려 동료의 협조를 얻기 쉽다.

형상 : 한 사람이면 일이 시행되나 세 사람이면 의심이 생긴다.

넷째 음 : 병을 치료하여 빨리 낫게 한다. 기쁨이 있고 허물이 없다.

형상 : "병을 치료한다." 기쁨을 느끼지 않을 수 없다.

다섯째 음 : 어떤 사람이 스스로 희생하여 그를 유익하게 한다. 점치는 거북도 반대하지 못하니 크게 좋다.

형상 : 다섯째 음에 크게 좋다고 한 것은 하느님께서 복을 내리신다는 뜻이다.

윗양 : 어떤 것을 덜지도 않고 무엇을 더하지도 않으며 바른 도를 그대로 지키면 허물이 없다. 바르게 행동하면 좋고 가서 일을 맡는 것이 유익하다. 신하를 얻으려면 사람을 가족으로 한정하지 말아야 한다.

형상 : "어떤 것을 덜지도 않고 무엇을 더하지도 않는다." 그는 뜻을 크게 이룬다.

■ 풀이

산 아래 있는 호수는 물을 덜어 산의 나무를 잘되게 한다. 자신을 희생하고 작업에 헌신하는 사람이 없으면 공동작업은 제대로 진행되지 못한다.

손해 볼 줄 모르는 사람은 누구의 친구도 될 수 없다. 사정을 참작하여 스스로 손해를 감수하면서도 손해 본 것을 내세우지 않는 사람이 참다운 일꾼이다. 만일 그가 손해 본 것을 자랑하고 떠벌인다면 그것은 명예와 이익을 위하여 계산하고 행동한 것이니 미덕이 되지 않고 교활한 아첨이 된다.

일관되게 바른 도에 맞게 행동하며 위기에 직면해도 이익에 동요되지 않는 사람은 의도적으로 덜려고 할 것도 없고 더하려고 할 것도 없다. 자연스럽게 희생하고 저절로 헌신하고 기쁘게 양보하는 사람을 대인이라고 한다.

공동작업에는 작업을 수행하는 데 적절한 인원이 정해져 있다. 일의 분량에 비하여 사람이 지나치게 적으면 제때에 일을 마칠 수 없고, 일의 분량에 비하여 사람이 지나치게 많으면 의견이 일치될 수 없다. 작업인원이 적으면 늘려야 하고 작업인원이 많으면 줄여야 한다. 천지가 화합하고 남녀가 접근하는 데서 보듯이 둘은 일치하기에 용이한 수이다. 그러므로 본문에서 두 사람을 기준으로 삼아 말한 것은 일치단결하여 작업하기에 적절한 인원을 가리키기 위하여 예로 든 것이지 글자 그대로 두 사람을 지적한 것이 아니다. 작업하기 편한 인원이라고 함은 한 사람 한 사람이 스스로 책임지고 제 몫에 전념하기에 좋은 인원을 말한다. 한 사람 한 사람의 독립성이 보이지 않을 정도로 인원이 많으면 일을 남에게 미루거나 의존하게 되는 경우가 발생하게 된다.

병이 있는 사람은 병을 치료하여 빨리 낫게 해야 한다. 공동작업을 방해하는 폐단은 신체활동을 방해하는 병과 마찬가지다. 나쁜 것을 덜면 좋은 것은 자연히 늘어난다.

다섯째 음에 나오는 붕(朋)은 상나라 말 주나라 초의 화폐단위이다. 예전에는 조가비를 돈으로 썼는데, 조가비 한 줄에 10개의 조가비를 꿴 것을 붕이라고 하였다. 당시에 화폐로 쓰이던 자패(紫貝)는 황하 유역에서는 구할 수 없는 것이었고 동부와 남부의 바다에서만 구할 수 있는 것이었다. 10붕의 자패만큼 가치 있는 거북은 귀하게 취급되어 주로 점치는 데 사용되었다. 《시경》〈소아〉'청청자아'(菁菁者莪)의 주석에는 "옛날에 조가비 돈은 5패(貝)를 붕이라 하였다"(古者에 貨貝는 五貝爲朋이라)고 적혀 있으나 왕국유(王國維)에 따르면 5패는 1계(系)였고 2계가 1붕이었다.

진심으로 헌신하는 사람이 있으면 점치는 거북도 도와준다. 대중이 따르는 사람을 하늘도 도와주는 것이다. 임금은 마음을 비우고 현명한 총리를 등용하며, 총리는 스스로 자신을 희생하여 임금에게 헌신하는 나라는 하느님의 복을 받는다.

세상을 잘되게 하기 위해서는 공평무사하게 행동해야 한다. 국가를 위해서는 가정을 잊을 때도 있어야 한다. 가족과 가족 아닌 사람을 구별하고 친한 사람과 친하지 않은 사람을 차별하면 인재를 구하기 어려울 것이다. 공동작업을 위한 희생이 가치 있는 것이고 정직과 관대라는 보편도덕을 지키는 헌신이 보람 있는 것이다. 폭력을 휘두르며 남에게 못된 짓을 일삼는 불량배들도 흔히 희생과 헌신을 입에 담고 있으니, 세상에는 바른 도에 어긋나는 바침과 섬김도 있다고 해야 할 것이다. 개인이 마음대로 가감할 수 없는 보편 도덕에 비추어 타당한 행동이라고 판단될 경우에만 자기희생과 자기헌신 그리고 자진해서 손해를 보는 일이 아름다운 덕이 될 것이다.

風雷益

䷩

震下巽上

42. 風雷益

䷩

震下巽上

益은 利有攸往하며 利涉大川하니라.

象曰 益은 損上益下하니 民說無疆이요

自上下下하니 其道大光이라

利有攸往은 中正하여 有慶이요

利涉大川은 木道乃行이라.

益은 動而巽하여 日進無疆하며

天施地生하여 其益이 無方하니

凡益之道與時偕行하나니라.

풍뢰익(風雷益) : 가서 일을 맡는 것이 유익하고 큰 강을 건너는 것이 유익하다.

판단 : 윗사람에게서 덜어서 아랫사람에게 보태니 민중의 기쁨이 무한하다. 윗사람이 위에서 내려와 아랫사람 밑에 자리 잡으니 그의 도가 크게 빛난다.

“가서 일을 맡는 것이 유익하다.” 다섯째 줄의 이어진 선이 중심에 있으면서 바른 자리에서 둘째 줄의 끊어진 선과 호응하므로 경사가 있다. “큰 강을 건너는 것이 유익하다.” 신농씨가 풍뢰익의 형상에서 취하여 나무를 깎아 보습을 만들고 나무를 구부려 쟁기를 만들었으니 나무의 도가 시행되는 것이다.

풍뢰익(風雷益)은 아랫괘인 하련진은 활동하고 윗괘인 하절손은 공손하여 날마다 전진함에 한정이 없다. 하늘은 베풀고 땅은 생산하여 만물이 사방에서 제한 없이 증가한다. 무릇 풍뢰익의 도는 때에 알맞게 시행된다.

■ 풀이

풍뢰익(風雷益)은 세상을 잘되게 하는 행동을 의미한다. 그저 남 잘되라고 사는 사람을 군자라고 하고, 그저 남 못되라고 사는 사람을 소인이라고 한다. 한 달에 천만 원 버는 사람에게서 10만 원을 덜면 그에게 큰돈이 아니나, 그것을 한 달에 백만 원 버는 사람에게 보태주면 큰돈이 된다. 이것이 조금 덜어 크게 더하는 방법이다. 세상이 잘되는 데는 윗사람의 겸허하고 관대한 마음이 필요하다.

풍뢰익(風雷益)에서 이어진 선이 첫째 줄에 있듯이 윗사람이 가장 낮은 자리에서 일할 때에 대중의 불만은 해소될 수 있을 것이다. 장관과 장군과 재벌들이 지하철을 타고 출근하고 퇴근한다면 교통지옥에서 겪는 대중의 고통은 얼마나 크게 완화될 수 있을 것인가?

〈설괘전〉과 〈계사전〉에 따르면 아랫괘인 하련진과 윗괘인 하절손이 다 나무에 속하므로 본문에 ‘나무의 도’라고 하였고, 나무로 배를 만들어 띄우면 강을 잘 건너갈 수 있으므로 날마다 전진해 나아간다고 하였다.

* * *

象曰 風雷益이니

君子 以하여 見善則遷하고 有過則改하나니라.

初九는 利用爲大作이니 元吉이면 無咎리라.

象曰 元吉無咎는 下不厚事也일새니라.

六二는 或이 益之어든 十朋之龜도 弗克違니

永貞이면 吉이요 王用享于帝면 吉하리라.

象曰 或益之는 自外來也니라.

六三은 益之用凶事라 無咎니

有孚면 中行하여 告公用圭리라.

象曰 益用凶事는 固有之也일새니라.

六四는 中行이라 告公從하리니

利用爲依遷國이니라.

象曰 告公從은 以益志也니라.

九五는 有孚惠心이라 勿問하여도 元吉하니

有孚하여 惠我德하리라.

象曰 有孚惠心은 勿問之矣며 惠我德은 大得志也니라.

上九는 莫益之라 或擊之리니

立心勿恒이 凶하니라.

象曰 莫益之는 偏辭也요 或擊之는 自外來也니라.

遷(천) - 옮기다 | 圭(규) - 홀 | 擊(격) - 치다

형상 : 바람과 우레가 풍뢰익(風雷益)의 형상이다. 군자는 이것을 본받아 선을 보면 따르고 허물이 있으면 고친다.

첫째 양 : 농사를 크게 짓는 것이 유익하다. 크게 좋고 허물이 없다.

형상 : "크게 좋고 허물이 없다." 아래에 있으면서 자기를 위하여 일하지 않는다.

둘째 음 : 어떤 사람이 스스로 희생하여 그를 유익하게 하니 점치는 거북도 반대하지 못한다. 그가 일관되게 인내하면 좋다. 임금이 하느님께 제사드려도 좋은 결과가 있을 것이다. 그 이외의 일은 말할 것도 없다.

형상 : "어떤 사람이 스스로 희생하여 그를 유익하게 한다." 다섯째 줄의 이어진 선이 밖에서 와서 둘째 줄의 끊어진 선을 도와준다.

셋째 음 : 몹쓸 일을 당한 사람들을 도와주면 허물이 없다. 진실하게 중용을 실행하면서 조복(朝服)에 홀(笏)을 갖추어 정식으로 제후에게 보고해야 한다.

형상 : "몹쓸 일을 당한 사람들을 도와준다." 보통의 경우라면 필요하지 않으나 흉년에는 특별한 조처가 있어야 한다.

넷째 음 : 중용을 실행하면서 제후에게 보고하면 제후가 따를 것이다. 하느님의 분부에 의지하여 도읍을 옮기는 것이 유익하다.

형상 : "중용을 실행하면서 제후에게 보고하면 제후가 따를 것이다." 나라를 잘되게 하려는 뜻으로 보고했기 때문이다.

다섯째 양 : 진실하게 은혜를 베풀려는 마음을 가지고 있으면 거북에게 묻지 않아도 크게 좋다. 민중이 나의 덕을 은혜롭게 여기게 될 것이다.

형상 : 진실하게 은혜를 베풀려는 마음을 가지고 있으면 물을 것도 없

다. "민중이 나의 덕을 은혜롭게 여기게 될 것이다." 뜻을 크게 이루게 되는 것이다.

윗양 : 거들지 않는 자들은 간혹 쳐서 굴복시켜야 한다. 마음을 정하고 일관되게 행동하지 않으면 나쁘다.

형상 : "거들지 않는다." 언사가 항상 편벽되다. "간혹 쳐서 굴복시켜야 한다." 윗양이 밖에서 안으로 가서 제자리에 있지 않은 셋째 음을 바로잡아야 한다.

■ 풀이

개과천선은 빠르면 빠를수록 좋다. 바람 달리듯 잘못을 뉘우치고 천둥 치듯 잘못을 고쳐야 한다. 잘못을 뉘우치지 않는 자가 버림받고 쫓겨나는 것은 스스로 초래한 재앙일 뿐이다.

세상을 잘되게 하는 데는 일용할 기계와 일용할 양식을 생산하는 것보다 중요한 것이 없다. 넉넉하게 생산하고 공정하게 분배하면 사람들이 이기심을 억제하고 남에게 후하게 된다.

둘째 음은 중심에 있는 끊어진 선이다. 끊어진 선은 가운데가 비어 있으므로 사람들을 널리 받아들일 수 있다. 대중이 진심으로 찬성하는 일은 점치는 거북도 반대하지 못한다. 대중이 진심으로 신뢰할 때에 비로소 하느님은 임금의 제사를 받으신다. 대중의 신뢰를 얻으려면 임금이 먼저 사심을 버리고 대중을 위하여 힘써 일해야 한다.

몹쓸 일을 당한다고 한 것은 대체로 죽음·흉년·전쟁·도적 등으로 인한 재앙을 만난다는 것이다. 죽음을 애도하고 흉년에 구휼하며 전쟁을 막고 도적을 잡는 것이 위정자의 임무이다. 특히 흉년에는 농민들의 세금을 감면해 주지 않으면 안 된다. 홀(笏)이란 관리가 임금을 뵐 때 손에 쥐던 패이다. 상나라 말 주나라 초에는 규옥(圭玉)을 사용하였는데 임금은 하느님께 제사드릴 때 2촌(寸)의 원규(元圭)를 들었고, 제후는 임금에게 조현(朝見)할 때 7촌의 신규(信圭)를 들었다. 대부(大夫)가 제후를 알현할 때도 옥으로 만든 홀을 가지고 갔으니 그것을 창규(鬯圭)라 하였다. 세금의 감면은 대부가 마음대로 할 수 없고 반드시 제후에게 보고하여 허락을 받아야 하는 일이었다. 셋째 음은 끊어진 선이 양의 자리에 있으므로 제자리에 바르게 놓여 있지 않다. 조금이라도 이기심에 흔들리면 큰 재앙을 받는다. 만일 정식으로 보고하지 않는다면 제후의 징벌을 받게 될 것이다.

대부는 제후와 민중의 사이에서 조정자의 직분을 담당해야 한다. 그가 진실한 마음으로 중용에 맞는 건의를 올린다면 그것이 수도를 이전하는 것처럼 중대한 일이라도 시행될 수 있을 것이다. 상나라는 다섯 번이나 도읍을 옮기었고 주나라도 고공단보(古公亶父) 때에 빈(豳)으로부터 기산(岐山) 아래의 주원(周原)으로 옮기었고 문왕 때에 기산으로부터 풍읍(豐邑)으로 이주하였다.

제후가 지성으로 민중을 위해 노력하면 민중도 제후의 마음을 이해한다. 권모와 술수는 결코 오래가지 못한다. 오직 진심만이 대중을 움직일 수 있고 대중의 믿음을 얻을 수 있다.

그러나 세상에는 아무리 애를 써도 어긋나게 빗나가는 사람들이 있게 마련이다. 그들은 편벽된 언사로 바른 도를 훼방하고 옳은 사람을 모함한다. 그들을 쳐서 굴복시키는 것은 제후의 임무이다. 그들을 변화시킬 수 없다 하더라도 최소한 그들이 공동작업을 방해하지 못하도록 그들을 처벌하지 않으면 안 된다.

이익은 사람 누구나 추구하는 대상이다. 자아편향을 제거하고 도리에 맞게 추구하여 이익을 남과 더불어 같이하는 것은 바른 도에 전혀 어긋나지 않는다. 다만 좁은 시야로 자기이익만 추구하여 남에게 손해를 끼치게 되면 결국 이익만 따르다 이익을 얻지 못하고 말 것이다. 일을 따르면 이익이 따라오나 돈을 따르면 사람만 천해진다.

澤天夬

䷪

乾下兌上

43. 澤天夬

乾下兌上

夬는 揚于王庭하여 孚號니 有厲니라.

告自邑이요 不利卽戎이니 利有攸往하니라.

彖曰 夬는 決也라 剛決柔也니 健而說하며 決而和하니라.

揚于王庭은 柔乘五剛也요

孚號有厲는 其危乃光也요

告自邑不利卽戎은 所尙이 乃窮也요

利有柔往은 剛長이 乃終也리라.

택천쾌(澤天夬) : 대궐 마당에 죄인의 이름을 드러내어 밝히고 진지한 태도로 호령하는 것이니 위엄 있게 행동해야 한다. 자기 도시에 알릴 때에 병기를 사용하는 것은 무익하다. 가서 일을 덕으로 처리하는 것이 유익하다.

판단 : 택천쾌(澤天夬)는 결단하는 것이다. 강건한 선들이 유순한 선을

법에 따라 처결한다. 아랫괘인 삼련건은 강건하고 단호하며 윗괘인 상절태는 유열(愉悅)하고 온화하다.

"대궐 마당에 죄인의 이름을 드러내어 밝힌다." 유순한 선 하나가 강건한 선 다섯 위에 놓여 있기 때문이다.

"진실한 태도로 호령하는 것이니 위엄 있게 행동해야 한다." 결단에는 위험이 따르나 거짓이 없으니 광명이 비친다.

"자기 도시에 알릴 때에 병기를 사용하는 것은 무익하다." 무력을 숭상하면 곧 막힌다.

"가서 일을 덕으로 처리하는 것이 유익하다." 강건한 선들의 세력이 성장하여 위에 있는 유순한 선을 처단하고 일을 잘 끝맺을 수 있다.

■ 풀이

군자의 세력이 강하고 소인의 세력이 약할 때에는 바른 도를 분명하게 내세우고 선과 악을 단호하게 판단하여 갈라야 한다. 세상에는 소인이 없을 수 없으나, 소인이 군자의 위에 서서 군자를 지배하려 할 때에는 그 죄를 명백하게 알리고 단호하게 처벌해야 한다. 소인의 기습적 반격에 대비하지 않고 소인을 처벌하는 시기를 늦추는 것은 나라를 어지럽히는 짓이다. 단호하게 결단하여 소인을 처벌하는 것은 곧 대중에게 선과 악을 분명히 알게 하는 것이다.

* * *

象曰 澤上于天이 夬니
君子 以하여 施祿及下하며 居德則忌하나니라.

初九는 壯于前趾니 往하여 不勝이면 爲咎리라.

象曰 不勝而往이 咎也니라.

九二는 惕號니 莫夜에 有戎이라도 勿恤이로다.

象曰 有戎勿恤은 得中道也일새니라.

九三은 壯于頄니 有凶이라.

君子는 夬夬獨行하여 遇雨若濡하리니

有慍이나 無咎리라.

象曰 君子는 夬夬라 終無咎也니라.

九四는 臀無膚라 其行이 次且니

牽羊하면 悔亡이언만은

聞言하여도 不信이로다.

象曰 其行次且는 位不當也요

聞言不信은 聰不明也니라.

九五는 莧陸에 夬夬하여야 中行에 無咎리라.

象曰 中行無咎나 中未光也니라.

上六는 無號니 終有凶하리라.

象曰 無號之凶은 終不可長也니라.

忌(기) - 꺼리다 | 莫(모) - 저물다 | 頄(구) - 광대뼈 | 濡(유) - 젖다
慍(온) - 성내다 | 臀(둔) - 볼기 | 次(자) - 머뭇거리다 | 且(저) - 머뭇거리다
莧(현) - 쇠비름

형상 : 호수가 하늘 위에 있는 것이 택천쾌(澤天夬)의 형상이다. 군자는 이것을 본받아 녹봉을 아랫사람에게까지 고루 분배하고 과거에

쌓은 덕에 안주하며 가만히 있는 것을 꺼린다.

첫째 양 : 급하게 나아가려다 발을 다치니 가도 이기지 못하고 허물을 짓는다.

형상 : 이기지 못하면서 가는 것은 잘못이다.

둘째 양 : 두렵게 여기고 외치어 방비하면 저문 밤에 도적이 와도 근심할 필요가 없을 것이다.

형상 : "도적이 와도 근심할 필요가 없을 것이다." 중도를 발견했기 때문이다.

셋째 양 : 소인에게 맞아 광대뼈를 다치면 나쁘다. 군자는 단호하게 결단하고 혼자서라도 소인과 싸워야 한다. 소인이 군자에게 굴복하는 것은 비를 만나 옷을 적시는 것과 같다. 소인에게는 성냄이 있어야 허물이 없는 것이다.

형상 : "군자는 단호하게 결단한다." 끝내 허물이 없을 것이다.

넷째 양 : 볼기에 살점이 떨어져 나가 걷는 것도 어렵게 된다. 양처럼 이끄는 대로 따르면 후회할 일이 소멸할 것이나 말을 듣고도 믿지 않는다.

형상 : "걷는 것이 어렵게 된다." 이어진 선이 음의 자리에 있으니 자리가 적당하지 않다. "말을 듣고도 믿지 않는다." 귀가 밝지 않기 때문이다.

다섯째 양 : 단호하게 결단하고 쇠비름을 모두 뽑는다. 중용을 철저하게 실행하면 허물을 짓지 않는다.

형상 : "중용을 철저하게 실행하면 허물을 짓지 않는다." 중심에 있다는 것만으로는 빛나는 영예를 차지하기에 충분하지 않다.

윗음 : 두렵게 여기고 소리 내어 외침이 없으니 마침내 나쁜 일이 있을

것이다.

형상 : "두렵게 여기고 소리 내어 외침이 없으니 나쁜 일이 있을 것이다." 삼가고 조심하지 않으니 끝내 오래갈 수 없다.

■ 풀이

호수의 물은 증발하여 하늘에 올라가 구름이 되고 다시 비로 변하여 대지를 적신다. 끊임없이 변화하면서 은덕을 널리 베푸는 것이 올바른 삶의 태도이다.

변화를 결단하지 못하고 과거에 안주하는 것은 바람직한 삶의 태도가 아니다. 그러나 아무리 결단이 중요하다 하더라도 급하게 서두르다가는 발을 다치기 쉽다. 본문의 '장할 장'(壯)자는 '해칠 장'(戕)자로 읽어야 한다.

중도란 아무 걱정 없이 느긋하게 행동하는 것이 아니라 두렵게 여기고 소리 내어 남들에게도 위험을 알리며 항상 방비하는 것이다. 준비가 있으면 도적이 들어도 근심할 것이 없다.

이어진 선이 다섯이나 있어도 자칫 방심하면 끊어진 선 하나에게 봉변을 당한다. 급히 가다 발을 다치는 것은 작은 실수라 하겠으나 소인의 공격에 광대뼈를 다치는 것은 모든 사람에게 패배를 알리는 것이니 작은 실수라고 할 수 없다. 나쁜 사람에게 지는 것은 나쁜 사람을 도와주는 것이다. 이길 가망이 있으면 혼자서라도 단호하게 결심하고 악한 자와 과감하게 싸워야 한다. 주역에 나오는 비는 모두 음양의 조화나 사태의 해결을 의미한다. 강하고 정당한 사람이 약하고 부당한 사람을 치는 것이니 그 싸움은 비가 내려 옷을 적시듯 저절로 이기게 되어 있다.

소인의 방자한 짓을 즉시 성내어 꾸짖지 않으면 후회할 일이 생긴다. 충분히 이길 수 있는데도 불구하고 소인의 그릇된 행동을 적시에 처벌하지 않고 방관하다 오히려 소인에게 패배한 사람이 있다면 그는 임금에게 곤장을 맞지 않을 수 없을 것이다. 그는 볼기의 살점이 떨어져 나가 걷기도 어렵게 될 것이다. 임금이 이끄는 대로 양처럼 따르면서 바른 도를 지키고 방비해야 할 터인데 그는 임금의 현명한 지시를 듣고도 믿지 않았다. 듣는 것이 분명하지 않았던 것이다.

임금이 중용을 실행하면 소인을 무찌르는 것은 정원의 잡초를 뽑아버리는 것처럼 용이하다. 쇠비름은 정원이나 밭 같은 데 저절로 나는 1년생 잡초이다. 잡풀을 뽑는 것은 어려운 일이 아니나 제때에 결심하고 완전히 제거하지 않으면 다시 자라서 정원을 어지럽게 한다. 중용이란 시기에 알맞게 결단하는 행동을 말한다. 다섯 째 양은 임금의 자리에 있으나 중심에 있다는 사실이 저절로 중용이 되지는 않는다. 중용은 단호한 결단을 통해서만 실천되기 때문이다.

윗음은 높은 자리에 있는 소인이다. 두려워하고 반성하여 정직하게 행동할 수 있다면 이미 소인이 아니므로 떳떳하게 살 수 있을 것이나, 거짓말을 계속하고 좁은 마음을 열지 않으면 큰 수치를 당하고 말 것이다. 군자로서는 소인을 처벌하는 데 단호한 결단이 필요하고 소인으로서는 잘못을 반성하고 착하게 변화하는 데 단호한 결단이 필요하다. 어쩔 수 없을 때에는 무력으로라도 소인의 죄악을 바로잡아야 하겠지만 무력 없이 소인을 바로잡을 수 있다면 그것보다 좋은 일은 없다. 소인은 군자의 세력이 그의 세력보다 크다는 사실을 분명하게 인식할 경우에만 군자에게 덤비지 않는다. 침묵이 언제나 좋은 것은 아니다.

天風姤

䷫

巽下乾上

44. 天風姤

巽下乾上

姤는 女壯이니 勿用取女니라.

象曰 姤는 遇也라 柔遇剛也니

勿用取女는 不可與長也일새니라.

天地相遇하니 品物이 咸章也요

剛遇中正하니 天下에 大行也니

姤之時義大矣哉라.

천풍구(天風姤) : 여자가 억세니 장가들지 말라.

판단 : 천풍구(天風姤)는 만나는 것이니 유순한 선이 강건한 선들을 만난다. "장가들지 말라." 그 여자와 함께 오래 살 수 없기 때문이다.

하늘과 땅이 서로 만나니 만물이 형태를 갖추어 나타나고 강건한 선들이 중심의 바른 자리를 만나니 세상의 뜻을 크게 편다. 천풍구의 시기에 적절한 뜻은 위대하구나.

■ 풀이

여자의 특색은 신체의 유연성과 감성의 강인성에 있다. 여자가 억세어 남편 대신 집안일을 맡아 처리하면 남편은 집안에서 겉돌게 된다. 내외간의 싸움이 그치지 않을 것이니 함께 살기가 지극히 곤란할 것이다. 남녀가 만나 가정을 형성하는 일은 매우 중요한 일이다. 가정이 어수선하면 어떤 일도 제대로 되지 않는다.

* * *

象曰 天下有風이 姤니

后 以하여 施命誥四方하나니라.

初六은 繫于金柅니 貞吉이어니와

有攸往이면 見凶하리니 羸豕孚蹢躅이로다.

象曰 繫于金柅는 柔道牽也일새니라.

九二는 包有魚니 無咎어니와 不利賓하니라.

象曰 包有魚는 義不及賓也니라.

九三은 臀無膚라 其行次且니

厲하나 無大咎리라.

象曰 其行次且는 行未牽也니라.

九四는 包無魚니 起에 凶하리라.

象曰 無魚之凶은 遠民也일새니라.

九五는 以杞包瓜니 含章이면 有隕自天이리라.

象曰 九五含章은 中正也요

有隕自天은 志不舍命也일새니라.

上九는 姤其角이니 吝하나 無咎리라.

象曰 姤其角은 上窮하여 吝也니라.

誥(고) - 고하다 | 柅(니) - 말뚝 | 羸(리) - 여위다 | 豕(시) - 돼지
蹢(척) - 뛰다 | 躅(촉) - 뛰다 | 杞(기) - 구기자나무 | 瓜(과) - 오이
隕(운) - 떨어지다

형상 : 하늘 아래 바람이 있는 것이 천풍구(天風姤)의 형상이다. 임금은 이것을 본받아 명령을 전파하여 사방을 타이른다.

첫째 음 : 청동 제동장치로 수레를 제어해야 한다. 인내하면 좋은 결과가 있다. 가서 일을 맡으면 나쁜 일을 당한다. 파리한 돼지도 메어 놓지 않으면 마음은 깡총거리려고 하게 마련이다.

형상 : "청동 제동장치로 수레를 제어해야 한다." 유순한 선이 지켜야 할 바른 도는 이끄는 대로 따르는 것이다.

둘째 양 : 부엌에 물고기가 있으니 여자에게 허물이 없다. 남자가 집에서 먹지 않고 남의 손이 되는 것은 무익하다.

형상 : "부엌에 물고기가 있다." 손이 됨은 의리에 맞지 않는다.

셋째 양 : 곤장을 맞아 볼기에서 살점이 떨어져나갈까 두려워하듯 머뭇거리며 가지 못한다. 위태롭게 여기고 조심하면 큰 허물은 없을 것이다.

형상 : "머뭇거리며 가지 못한다." 가는 것을 아무도 이끌어 주지 않는다.

넷째 양 : 부엌에 물고기가 없으니 집안에 나쁜 일이 일어난다.

형상 : "부엌에 물고기가 없으니 나쁘다." 그가 사람들로부터 떨어져서 사람들을 멀리하기 때문이다.

다섯째 양 : 구기자나무 잎으로 참외를 싸듯 아름다운 광채를 감추면 복이 하늘에서 떨어져 내린다.

형상 : 다섯째 양에 아름다운 광채를 감춘다고 한 것은 중심의 바른 자리에 있다는 뜻이다. "복이 하늘에서 떨어져 내린다." 그의 뜻이 하늘의 분부를 소홀히 여기지 않기 때문이다.

윗양 : 더 이상 갈 수 없는 데 이르러서야 만나려고 하니 길은 막히나 허물은 없다.

형상 : "더 이상 갈 수 없는 데 이르러서야 만나려고 한다." 위에서 갈 길이 다하여 막히는 것이다.

■ 풀이

바람은 이르지 않는 곳이 없다. 진리의 씨앗들도 세상 모든 곳에 뿌려져야 한다. 여자가 억세어 분란이 있는 집안에도 바른 도는 환히 비추고 있다.

억센 여자에게는 함부로 행동하지 못하도록 제어하는 청동 제어장치가 필요하다. 남의 아내 된 자는 먼저 인내하는 마음가짐을 굳혀야 한다. 그러나 가정의 질서란 가족 모두가 잘되기 위하여 필요한 규제이니 어느 한 편의 일방적인 강요는 집안의 분란을 더 크게 할뿐이다.

집안을 이루어 살아가는 일 가운데 먹고 마시는 일이 큰 부분을 차지한다. 가정에는 음식을 만들 재료가 늘 저장되어 있어야 한다. 남편과 아내는 살림을 함께 염려하고 생활을 함께 설계해야 한다. 불화한 가정을 방치하고 남자가 바깥일에만 몰두하는 것은 의리에 맞지 않는다. 가정의 불화를 하느님이 내린 형벌로 여기고 가정에 정성을 다하고 억센 아내를 이해하고 감화함으로써 아내가 법도를 지키도록 도와주어야 한다.

집안이 불화하면 앉은 자리가 불편하므로 마치 곤장을 맞아 볼기에서 살점이 떨어져 나간 것처럼 고통을 느낀다.

분란이 극에 이르면 가정의 경제가 파탄한다. 부엌에 음식을 만들 재료가 떨어지는 것은 가정의 위기이다. 넷째 양은 중심에 있지도 않고 양의 자리에 있지도 않으니 마음에 바른 도를 간직하고 있지 않은 것이다. 마음가짐이 바르지 않은 가장을 가족이 따를 리 없다. 가족이 가장을 따르지 않는 것은 가장이 가족을 멀리하고 가족을 보호하지 않기 때문이다.

가정에는 가족들이 따라야 할 도리가 있다. 억지나 무리가 없이 단순하고 소박한 도리에 순순히 따르면 과일이 저절로 익어서 떨어지듯 분란과 불화는 소멸한다. 허풍치고 자랑하지 않고 항상 정직하고 관대하게 행동할 때에 억센 아내는 남편의 감추어진 아름다움을 발견하고 내적인 저항을 스스로 포기한다. 저절로 성숙하고 스스로 변화하는 것이 하느님의 이치이다.

윗양은 교만하여 잘못을 인정하지 않으므로 더 이상 갈 수 없는 지경에 이르고 만다. 그러나 길이 막힌 것을 인식한 후에는 어쩔 수 없이 아내와의 화해와 소통을 구하게 된다. 가정의 평화는 늦었다고 해서 포기할 수 있는 것이 아니다. 평생 싸우다가 죽기 전에 화해했다 하더라도 부부가 서로 이해하는 일은 아름다운 덕이 된다.

澤地萃

䷬

坤下兌上

45. 澤地萃

䷬

坤下兌上

萃는 亨하니 王假有廟며

利見大人이라 亨코 利貞하니

用大牲이면 吉이요 利有攸往하니라.

象曰 萃는 聚也니 順以說하고 剛中而應이라

故로 聚也니라.

王假有廟는 致孝享也요

利見大人亨은 聚以正也일새요

用大牲吉利有攸往은 順天命也니

觀其所聚而天地萬物之情을 可見矣리라.

萃(췌) - 모이다 | 假(격) - 이르다 | 牲(생) - 희생

택지췌(澤地萃) : 성취한다. 임금이 종묘에 이른다. 대인을 보는 것이 유익하고 성취한다. 인내하는 것이 유익하다. 제사에 큰 희생을 바치면 좋다. 가서 일을 맡는 것이 유익하다.

판단 : 택지췌(澤地萃)는 한군데로 모으는 것이다. 아랫괘인 삼절곤은 온순하고 윗괘인 상절태는 유열(愉悅)하다. 다섯째 줄의 강건한 선이 중심에 있으니 둘째 줄의 유순한 선이 호응하므로 한군데로 모으는 것이다.

"임금이 종묘에 이른다." 임금이 효성스럽게 제사를 드린다. "대인을 보는 것이 유익하고 성취한다." 바른 도로써 사람을 모으는 것이다. "제사에 큰 희생을 바치면 좋다. 가서 일을 맡는 것이 유익하다." 천명에 순종하는 것이다.

모이고 흩어지는 이치를 관찰하면 세상 만물의 실정을 볼 수 있다.

■ 풀이

상나라 말 주나라 초에 제사는 대중을 단합시키는 성대한 회합이었다. 하느님 또는 부족의 조상에 대한 제사를 왕실에서 주재하였다. 제사란 요즈음 중국의 전국인민대표자대회와 같은 것이었다. 많은 사람이 모이면 자연히 어수선하고 떠들썩하게 되므로 군중의 질서를 확립할 수 있는 대인이 나라의 제사를 주관하였다. 나라의 제사에는 신명에게 바치는 산짐승도 크고 좋은 것을 선택하였다.

성대한 제향을 통하여 산 사람과 죽은 사람의 정이 서로 통하고 윗사람과 아랫사람의 마음이 한데 모이었다. 임금은 스스로 효도함으로써 대중에게 헌신의 기쁨을 가르쳤다.

* * *

象曰 澤上于地 萃니

君子 以하여 除戎器하여 戒不虞하나니라.

初六은 有孚나 不終이라

乃亂乃萃하여 若號라가 一握爲笑니

勿恤코 往하면 無咎리라.

象曰 乃亂乃萃는 其志亂也일새니라.

六二는 引하면 吉하여 無咎하리니

孚乃利用禴이리라.

象曰 引吉無咎는 中하여 未變也일새니라.

六三은 萃如嗟如라 無攸利하니

往하면 無咎어니와 小吝하니라.

象曰 往無咎는 上이 巽也일새니라

九四는 大吉이라야 無咎리라.

象曰 大吉無咎는 位不當也일새니라.

九五는 萃有位라 無咎니

匪孚로 元永貞이면 悔亡하리라.

象曰 萃有位면 志未光也리라.

上六은 齎咨涕洟니 無咎니라.

象曰 齎咨涕洟는 未安上也니라.

除(제) - 닦다 | 虞(우) - 헤아리다 | 握(악) - 잡다
禴(약) - 봄 · 여름에 간소하게 지내는 제사 | 齎(재) - 탄식하다
咨(자) - 탄식하다 | 涕(체) - 눈물 | 洟(이) - 콧물

형상 : 호수가 땅의 위에 있는 것이 택지췌(澤地萃)의 형상이다. 군자는 이것을 본받아 무기를 손질하여 뜻밖에 일어나는 일을 경계한다.

첫째 음 : 사람들은 진실한 마음을 시종일관하게 간직하지 못한다. 헤쳤다 모였다 하다가 아는 사람을 만나면 큰 소리로 불러서 한번 악수하고 웃는다. 근심하지 말고 가면 허물을 짓지 않는다.

형상 : "헤쳤다 모였다 한다." 그들의 의지가 혼란스럽기 때문이다.

둘째 음 : 제향날 서로 이끌면 좋고 허물이 없다. 진실하기만 하다면 간소한 제사라도 유익하다.

형상 : "제향날 서로 이끌면 좋고 허물이 없다." 둘째 음과 다섯째 양은 중심에 있으면서 서로 호응하고 바른 도를 바꾸지 않는다.

셋째 음 : 모여서 무질서를 탄식한다. 이로울 바 없다. 가더라도 허물은 없으나 조금 곤란하게 될 것이다.

형상 : "가더라도 허물은 없다." 아랫괘인 삼절곤의 윗자리에서 공손하게 행동하기 때문이다.

넷째 양 : 제향날 사람들을 모이게 하고 공을 임금에게 돌리니 아주 좋다. 어떤 비난도 받지 않는다.

형상 : "아주 좋다. 어떠한 비난도 받지 않는다." 자리가 자기의 공을 내세우는 데는 적당하지 않다.

다섯째 양 : 제향날 사람들이 모일 때에 그가 제자리에서 바르게 행동하고 어떠한 허물도 짓지 않는다. 모인 사람들 가운데 여전히 신뢰하지 않는 자가 있더라도 길이 크게 인내하면 후회할 일이 소멸한다.

형상 : "제향날 사람들이 모일 때에 그가 제자리에서 바르게 행동한다."

그는 그의 의지가 아직 충분히 빛을 내고 있지 않다고 여기고 반성해야 한다.

윗음 : 임금을 신뢰하지 않던 자들이 탄식하고 눈물을 흘리니 허물이 없다.

형상 : "탄식하고 눈물을 흘린다." 윗음은 음으로서 넷째 양과 다섯째 양의 위에 있으므로 편안하지 않다.

■ 풀이

사람이 모이면 미처 예측하지 못한 일이 일어나게 마련이다. 나라의 제사를 질서 있게 치르려면 만반의 준비를 치밀하게 해 두어야 한다. 제향날 사고가 생기면 하느님과 조상신께 누가 된다. 대규모의 집회에 모인 군중이 처음부터 끝까지 질서를 유지할 수는 없다. 군중이 헤쳤다 모였다 하며 웃고 떠드는 것은 예사로운 일이다. 제사를 지내는 데 방해되지만 않으면 소란스럽더라도 내버려 두고 임금을 종묘로 납시게 해야 한다. 혼란스러운 군중에게 질서를 부여하는 일이 임금의 의무이다.

상하가 진실한 마음으로 서로 이끌며 제사를 드린다면 비록 제수가 간소하더라도 하느님의 복을 받는다. 반대로 진실한 마음이 없으면 성대한 희생도 하느님을 기쁘게 할 수 없을 것이다.

무질서하고 불성실한 제사는 복 대신에 화를 받는다. 그러나 무질서를 한탄하고 스스로 반성하며 겸손한 태도로 제사에 임하면 군중의 무질서 때문에 곤란을 당하기는 하나 그 자신이 잘못을 범하지는 않는다.

정성을 다해 군중의 혼란을 바로잡고 나서도 공을 자랑하지 않고 직무에만 헌신하는 관리들이 실제로 임금을 돕는 사람들이다. 말없이 정성을 다하는 공무원들이 없으면 사고를 미연에 막고 제향을 예절에 맞게 지낼 수 없다. 어린 조카를 임금으로 모시고 참된 마음에서 우러나는 정성을 임금에 바친 주공은 올바른 공무원의 전형이다.

군중의 질서가 대체로 잡히게 되면 임금은 군중의 중심에 서서 하느님과 조상신께 제사를 드린다. 임금을 믿지 않고 따르지 않는 자들은 언제나 있다. 그들이 질서를 교란하지 않아서 제사를 예절에 맞게 진행할 수만 있다면 임금은 작은 소란에 동요하지 말고 인내해야 한다. 임금은 군중의 혼란을 자신의 책임으로 여기고 바른 도를 더욱 굳게 지켜야 한다.

임금이 덕으로 감화하면 혼란을 야기하던 자들도 울면서 뉘우치고 제사에 참여하게 된다. 결국 참된 마음으로 하나님께 제사를 올리는 임금의 정성과 공경이 군중 속에 질서를 확립하게 하는 것이다.

地風升

䷭

巽下坤上

46. 地風升

巽下坤上

升은 元亨하니
用見大人하되 勿恤코
南征하면 吉하리라.
象曰 柔以時升하여 巽而順하고 剛中而應이라.
是以大亨하니라.
用見大人勿恤은 有慶也요
南征吉은 志行也니라.

지풍승(地風升) : 크게 성취한다. 대인을 만나게 될 것이니 근심하지 말라. 남쪽 지역을 정벌하면 좋다.

판단 : 유순한 세 선이 때맞추어 자라서 윗괘가 되었으니 아랫괘인 하절손은 공손하고 윗괘인 삼절곤은 유순하다. 둘째 줄의 강건한 선이 아랫괘의 중심에 있으면서 윗괘의 중심에 있는 다섯째 줄의 유순한 선과 호응하므로 크게 성취한다.

"대인을 만나게 될 것이니 근심하지 말라." 경사가 있을 것이다.

"남쪽 지역을 정벌하면 좋다." 그의 뜻이 이루어진다.

■ 풀이

〈설괘전〉에 "하절손(下絶巽)은 나무를 의미한다" (巽은 爲木이니라)고 하였으니 지풍승은 나무가 땅에 뿌리를 내리고 자라나서 나날이 커지는 것을 가리킨다. 주나라의 국력이 나무가 자라듯 성장해 가고 있음을 서술한 것이다.

마음가짐이 공손하고 몸가짐이 유순하면 반드시 대인의 도움을 받는다. 나라의 기운이 상승하고 나라의 규모가 성장하는 시기일수록 임금은 공손한 마음으로 유순하게 행동해야 한다.

남쪽지역은 황하에서 장강(양자강)에 이르는 지역을 가리킨다. 황하는 길이가 5,464킬로미터로서 청해 · 사천 · 감숙 · 영하 · 산서 · 하남 · 산동을 지나 흐르며 유역 면적은 75만 평방킬로미터에 달한다. 장강은 6,300킬로미터로서 청해 · 사천 · 서장 · 운남 · 호북 · 호남 · 강서 · 안휘 · 강소 · 상해를 지나 흐르며 유역 면적이 180만 평방킬로미터나 된다.

상왕조는 오랜 역사적 과정을 거쳐 황하 하류의 한 종족으로부터 발전하였다. 상조의 활동중심은 최초에는 산동성 경내였는데 여러 차례의 이동을 거쳐 나중에는 오늘의 하남성 안양현 일대가 그 활동의 중심지역이 되었다. 주족(周族)이 원래 활동하던 지역은 섬서의 황토 고원이었으나 후직(后稷)의 3대손 공류(公劉)가 지금의 섬서성 순읍(栒邑)인 빈(豳)으로 옮겼고, 공류의 10대손 고공단보(古公亶父)가 적인(狄人)의 침략을 받아 기산(岐山) 아래의 주원(周原)으로 옮겼고, 고공단보의 증손자 무왕이 지금의 섬서성 서안에 있던 호경(鎬京)으로 옮겼다. 주조의 활동중심은 경수와 위수의 하류지역이었다. 경위평원은 땅이 기름지고 기후가 따뜻하며 강수량이 충족하여 농업을 발전시키기에 알맞은 지방이었다. 상나라에서 주나라로의 변화는 황하 이북에서 황하 이남으로 경작지를 확대한 데 있었다. 중국 역사에서 장강 이남이 본격적으로 개발된 것은 1128년에 남송이 도읍을 항주에 정하고 임안부라고 부른 이후였다. 상나라 말 주나라 초의 중국은 그다지 크지 않은 나라였다.

상나라의 마지막 임금 제신(주신)은 당시에 우리 민족, 즉 동이족과 오랜 기간에 걸쳐 전쟁을 치렀다. 제신 8년에는 약 10개월, 제신 10년에는 약 8개월간의 대전쟁이 있었다. 상나라는 이 전쟁에서 승리를 얻었으나 막대한 국력을 소모하여 큰 타격을 받았고 끝내 주나라의 반란으로 멸망하였다.

우리측 고사서(古史書)인 이맥(李陌)의 《태백일사(太白逸史)》에는 고조선의 5대 임금 태우의(太虞儀)의 막내아들, 즉 6대 임금 다의발(多儀發)의 막내동생이 바로 8괘를 만든 복희(伏義)라고 기록되어 있다. 고조선의 14대 임금 치우(蚩尤)는 하북성 탁록(涿鹿)으로 쳐들어가 하나라의 황제헌원(黃帝軒轅, BC 2692—2592)을 사로잡아 신하로 삼았다.

《서경》'여형'(呂刑)에는 이 사실을 거꾸로 기록하여 "황제 때에 구려(九黎)라는 고장에 치우라는 제후가 있었소. 이 치우는 임금의 명령을 거역하고 횡포한 짓을 일삼다가 결국은 반란을 일으켰소. 치우가 반란을 일으키니 그 혼란은 백성들에게까지 번져 갔소. 그곳의 모든 백성들이 도둑질과 남을 해치는 일을 일삼게 되었소. 의를 가볍게 여기고 반란과 난동을 일삼았고 약탈과 소란을 벌이었소. 그리하여 황제는 치우를 쳐 멸망하게 하였소"(王曰 若古有訓이라 蚩尤惟始作亂하니 延及于平民하여 罔不寇賊하고 鴟義姦宄하여 奪攘矯虔하니라)라고 하였다.

동쪽에 강력한 우리 민족이 버티고 있었으므로 당시에 약소국이었던 주나라가 선택할 길은 남쪽 지역을 정벌하는 수밖에 없었다. 그러므로 남쪽 지역을 정벌하면 좋다고 한 것이다. 중국에게는 천 년 동안 개척할 수 있는 남쪽 지역이 주어져 있었는데, 우리 민족에게는 개척할 북쪽 지역이라고는 시베리아의 빙원(氷原)밖에 없었다는 데서 두 민족의 운명은 상나라 말 주나라 초에 이미 결정되고 말았다.

* * *

象曰 地中生木이 升이니
君子 以하여 順德하여 積小以高大하나니라.
初六은 允升이니 大吉하니라.
象曰 允升大吉은 上合志也니라.
九二는 孚乃利用禴이니 無咎리라.
象曰 九二之孚는 有喜也리라.
九三은 升虛邑이로다.
象曰 升虛邑은 無所疑也니라.
六四는 王用亨于岐山이니 吉코 無咎하리라.
象曰 王用亨于岐山은 順事也니라.
六五는 貞하면 吉하여 升階리라.
象曰 貞吉升階는 大得志也리라.
上六은 冥升이니 利于不息之貞하니라.
象曰 冥升在上하니 消不富也로다.

형상 : 땅에서 나무가 자라는 것이 지풍승(地風升)의 형상이다. 군자는 이것을 본받아 덕에 순종하고 작은 것들을 축적하여 높고 크게 만든다.

첫째 음 : 믿음직스럽게 성장하니 크게 좋다.

형상 : "믿음직스럽게 성장하니 크게 좋다." 윗사람과 뜻이 합치한다.

둘째 양 : 마음이 진실하면 간소하게 제사지내도 유익하고 허물이 없다.

형상 : 둘째 양에 마음이 진실하다고 한 것은 마음에 기쁨이 있다는 것이다.

셋째 양 : 성읍(城邑)에 오른다.

형상 : "성읍에 오른다." 안전할 것은 의심할 여지가 없다.

넷째 음 : 임금이 기산(岐山)에서 제사를 지내니 좋은 일이 있고 허물이 없다.

형상 : "임금이 기산에서 제사를 지낸다." 임금이 온순하게 하느님을 섬기는 것이다.

다섯째 음 : 인내하면 좋다. 층계를 오르는 것처럼 순탄하게 성장할 것이다.

형상 : "인내하면 좋다. 층계를 오르는 것처럼 순탄하게 성장할 것이다." 그는 뜻을 크게 이룬다.

윗음 : 어두움 속에서 성장한다. 쉬지 않고 끊임없이 바르게 행동하는 것이 유익하다.

형상 : "어두움 속에서 성장한다." 더 이상 오를 곳이 없는 윗자리에 있으니 감소하기 시작하고 더 이상 풍부해지지 않는다.

■ 풀이

나무가 저절로 자라듯 사람도 억지나 무리 없이 성장해야 하고 나라도 순리대로 발전해야 한다. 경제개발의 초기단계에는 비약적인 경제성장이 예외적으로 가능하나, 일단 사회 안에 중공업과 경공업과 농업이 자리를 잡고 기계와 임금과 식량의 회로가 정상적으로 가동된 후에는 경제의 비약이란 거의 불가능하다. 모든 사람이 헛된 기대를 버리고 착실하게 생활함으로써 경제의 규모도 무리 없이 성장할 수 있게 되어야 할 것이다.

임금이나 총리가 혁혁한 업적을 추구하여 무리한 계획을 세우면 기계와 임금과 식량의 회로가 왜곡되고, 중공업과 경공업과 농업 중의 어느 한 부문이 축소된다. 하루하루 진실한 마음으로 일에 공을 들이고 공들이는 것을 기쁨으로 여기는 사람이 대인이다. 상승과 성장은 그러한 노력의 자연스러운 결과이다.

하느님은 기도하는 사람의 정성을 보시고 제상의 제수는 보시지 않는다. 간소한 제사라도 정성만 다하면 하느님의 복을 받을 수 있는 것이다. 하느님의 앞에서는 있음이 중요하지 나타남은 중요하지 않다. 공허한 꾸밈으로 하느님의 환심을 사려고 하는 것보다 어리석은 짓이 어디 있겠는가?

셋째 양에 나오는 허읍(虛邑)은 빈 고을이란 뜻이 아니라 성읍(城邑)이란 뜻이다. 허(虛)자는 '빌 허'자가 아니라 '성터 허'자이다. 예전에는 허(虛)자를 허(虗)자로도 썼다. 상나라 말 주나라 초에 국가의 기본단위는 읍(邑)이었다. 읍은 성벽으로 둘러싸여 있었고 읍의 주위에는 경작지와 수렵지가 있었다. 읍에는 자연적으로 성장한 거주지역뿐 아니라 인위적으로 건설된 거주지역도 있었다. 읍 중에는 나라의 수도가 되는 도읍과 각 지역의 정치적 · 신앙적 중심지인 대읍이 있었다. 주나라는 무왕 이후 99개 나라를 멸망시키고 652개 나라를 굴복시켰다. 서주 시기에 중국에는 1,800개의 나라가 있었다. 춘추 시기에 이르러서는 100여 개의 나라로 겸병되었으며 전국 시기에 이르러서는 7개의 대국과 열 몇 개의 소국밖에 남지 않았다. 성읍은 대체로 물난리를 막기 위하여 구릉지대에 건설하였다. 그러므로 성읍에 들어가면 사람들은 도적의 침입이나 자연의 재해를 피할 수 있었다.

성장하는 시기에는 사람들이 투기와 낭비에 물들 염려가 있다. 하느님께 제사 드리는 것은 대중에게 투기와 낭비를 경계하도록 하는 것이다. 고공단보는 서북에 있는 융적 종족의 위협을 받게 되어 공류로부터 10대나 줄곧 거주하였던 빈(豳)으로부터 기산 밑에 있는 주원으로 이주하였다. 그는 혈거생활을 그만두고 집을 짓고 성곽을 쌓았으며 민중들을 개개의 단위로 조직하여 성읍에 살게 하고 관원을 두어 관리하도록 하였다. 고공단보는 주원의 기름진 땅을 이용하여 농업생산을 일으킴으로써 주나라 홍성의 기초를 마련하였다. 임금이 기산에서 제사 드리는 것은 어려웠던 과거를 되돌아보고 항상 근검하고 노력하려는 결심을 확고하게 다짐하는 것이었다.

발전의 시기에 임금은 바른 도를 견고하게 지키면서 인내해야 한다. 들떠서 사치하고 낭비하는 것은 멸망을 재촉하는 짓이다. 흥청거리는 분위기에 휩싸여 확장하고 확대하려고 하지 말고 중공업과 경공업과 농업의 균형만 착실하게 추구하고 기계와 임금과 식량의 회로를 왜곡하지 않는 한에서 복리기금을 늘리면, 나라는 층계를 오르듯 순탄하게 발전한다.

그러나 어떠한 사회도 계속해서 성장할 수는 없다. 성장이 한동안 지속되면 중공업 부문의 설비투자가 경공업의 수요 이상으로 확대된다. 기계가 필요 이상으로 생산되어 남아돌게 되면 즉시 기계와 임금과 식량의 회로가 교란되고 중공업과 경공업과 농업의 균형이 파괴된다. 공황은 자본주의의 경제구조를 재조정하는 계기가 된다. 공황 속에는 새로운 균형이 깃들여 있다. 내일을 예측할 수 없는 침체의 시기에도 성장의 가능성이 있는 것이다.

澤水困

䷮

坎下兌上

47. 澤水困

䷮

坎下兌上

困은 亨하나 貞大人이라야 吉코 無咎어니와
有言이면 不信하리라.
彖曰 困은 剛揜也니 險而說하여
困而不失其所亨하니 其惟君子乎ㄴ저.
貞大人吉은 以剛中也요
有言不信은 尙口乃窮也니라.

揜(엄) - 가리다

택수곤(澤水困) : 성취한다. 바르게 행동하는 대인은 곤궁한 처지에 있어도 바른 도를 바꾸지 않으니 좋은 결과를 초래하고 허물을 짓지 않는다. 바르게 행동하지 않고 말만 하는 사람은 대중의 신뢰를 받지 못한다.

판단 : 아랫괘인 중련감은 이어진 선이 끊어진 두 선의 사이에 있고 윗괘인 상절태는 이어진 두 선이 끊어진 선의 아래에 있다. 강건한 선이 유순한

선에 가려져 있는 것이다. 아랫괘인 중련감은 위험을 의미하고 윗괘인 상절태는 유열(愉悅)을 의미한다.

곤궁한 처지에서도 그 성취해야 할 목적을 잃지 않는 사람, 그는 진정한 군자이다.

"바르게 행동하는 대인은 곤궁한 처지에 있어도 바른 도를 바꾸지 않으니 좋은 결과를 초래한다." 강건한 선이 아랫괘와 윗괘의 중심에 있기 때문이다.

"바르게 행동하지 않고 말만 하는 사람은 대중의 신뢰를 받지 못한다." 입을 소중하게 여기면 곧 곤궁하게 된다.

■ 풀이

대인은 곤궁해도 바르게 행동한다. 처리하기 어려운 일들에 직면하여 몸은 피곤해도 정직하고 관대하게 행동하므로 마음에 부끄러움은 없는 것이다. 곤궁한 처지를 타개하기 위해 마음을 썩이며 애를 쓰는 노력은 결국 난국을 헤쳐 나가는 방법을 찾아낼 것이다.

어려운 시절에 실행이 없는 빈말은 전혀 도움이 되지 않는다. 어떠한 핍박에도 굴하지 않고 인내할 수 있는 힘은 바른 도를 편안하게 여기는 마음에서 나온다. 대인은 억압을 받으면서도 억압을 가하는 편에 있지 않다는 데에서 오히려 위안을 느낀다.

공리공론으로 곤란한 사태를 벗어날 수는 없다. 화려한 수사를 버리고 소박한 실천을 택해야 한다.

* * *

象曰 澤無水 困이니 君子 以하여 致命遂志하나니라.

初六은 臀困于株木이라 入于幽谷하여 三歲라도 不覿이로다.

象曰 入于幽谷은 幽不明也니라.

九二는 困于酒食이라 朱紱이 方來하리니

利用亨祀니 征이면 凶하나 無咎리라.

象曰 困于酒食은 中이라 有慶也리라.

六三은 困于石하며 據于蒺藜라.

入于其宮이라도 不見其妻니 凶토다.

象曰 據于蒺藜는 乘剛也일새요

入于其宮不見其妻는 不祥也니라.

九四는 來徐徐니 困于金車하여 吝하나 有終이리라.

象曰 來徐徐는 志在下也니 雖不當位나 有與也니라.

九五는 劓刖이니 困于赤紱이나

乃徐有說하리니 利用祭祀니라.

象曰 劓刖은 志未得也요 乃徐有說은 以中直也요

利用祭祀는 受福也리라.

上六은 困于葛藟와 于臲卼하여

曰動悔라 하나 有悔니 征하면 吉하리라.

象曰 困于葛藟는 未當也요

動悔有悔는 吉行也니라.

臀(둔) - 엉덩이 | 株(주) - 그루터기 | 覿(적) - 보다 | 紱(불) - 인끈
亨(향) - 제사 드리다 | 蒺(질) - 가시 | 藜(려) - 가시 | 劓(의) - 코 베다
刖(월) - 발 자르다 | 葛(갈) - 칡 | 藟(류) - 칡 | 臲(얼) - 위태하다
卼(올) - 위태하다

형상 : 호수에 물이 없는 것이 택수곤(澤水困)의 형상이다. 군자는 이것을 본받아 목숨을 걸고 뜻을 이룬다.

첫째 음 : 볼기에 곤장을 맞는 곤욕을 치른다. 감옥에 들어가 3년 동안 세상을 보지 못한다.

형상 : "감옥에 들어간다." 어두운 곳에 갇히어 분명하게 보지 못한다.

둘째 양 : 술과 밥에 곤란을 당하더라도 바른 도를 지키고 인내하면 임금이 주홍 슬갑(膝甲)을 두른 공경(公卿)을 보내어 난국에 대처할 방도를 묻는다. 하느님께 제사를 드리는 것이 유익하다. 시기를 헤아리지 않고 나아가면 나쁜 결과가 초래될 것이나 진심으로 세상을 걱정하면 허물을 짓지는 않을 것이다.

형상 : "술과 밥에 곤란을 당한다." 중심에서 인내하면 경사가 있다.

셋째 음 : 돌에 걸려 넘어지며 곤란을 당하다가 납가새 줄기를 휘어잡고 겨우 집으로 돌아왔는데 아내를 볼 수 없으니 나쁘다.

형상 : "납가새 줄기를 휘어잡는다." 셋째 줄의 유순한 선이 둘째 줄의 강건한 선을 타고 있으니 불안하다. "집으로 돌아왔는데 아내를 볼 수 없다." 상서롭지 못한 일이 있은 것이다.

넷째 양 : 천천히 돌아온다. 대중과 함께 오려고 청동 수레가 곤란을 당하기 때문이다. 막히나 끝맺음이 있다.

형상 : "천천히 돌아온다." 뜻이 아랫사람들에게 있으니 비록 자리가 적당

하지 않으나 함께 할 사람들이 있다.

다섯째 양 : 코 베이고 발 잘리는 듯한 곤욕을 붉은 슬갑 때문에 겪으나 천천히 기쁨이 있을 것이다. 하느님께 제사 올리는 것이 유익하다.

형상 : "코 베이고 발 잘리는 듯한 곤욕을 겪는다." 그의 뜻이 아직 이루어지지 않았기 때문이다. "천천히 기쁨이 있을 것이다." 그가 중심에 있으면서 정직하게 행동하기 때문이다. "하느님께 제사를 올리는 것이 유익하다." 그는 복을 받을 것이다.

윗음 : 칡덩굴에 걸려 넘어져 위태하고 불안하여 곤란을 당한다. "움직이면 뉘우친다"고 하나 뉘우침이 있으면 가도 좋다.

형상 : 칡덩굴에 곤란을 당한다. 그의 행동이 시기에 적당하지 않기 때문이다. 움직이면 뉘우치게 되나 뉘우침이 있으면 어떠한 행동이든 좋은 결과를 초래한다.

■ 풀이

개인으로서는 어찌할 수 없는 딱한 사정이 있고 아무리 노력해도 해결할 수 없는 곤란한 처지가 있다. 곤경에 처하여 빨리 벗어나려고만 하다 보면 그릇된 자들과 타협하게 된다. 실패하여 궁지에 몰려 있을 때에도 선을 행하고 악을 피해야 한다.

여러 가지 곤경 가운데 스스로 죄를 지어 당하는 곤경은 벗어날 도리가 없다. 볼기에 곤장을 맞고 3년 동안 징역살이를 하는 것은 큰 죄를 지었기 때문이다. 형기를 다 채울 때까지는 세상을 볼 수 없으므로 감옥을 어두운 곳이라고 하였다.

가난은 고통스러운 일이나 바른 도를 실행하는 데 방해가 되는 것은 아니다. 빈민들과 함께 가난하게 살더라도 바른 도를 지키면서 빈곤에 대하여 깊이 사색

하면 언젠가는 세상을 위해 일할 기회가 있을 것이다. 슬갑이란 앞쪽에 끈을 달아 허리띠에 걸쳐 매어 바지 위로 무릎을 덮게 하는 천이다. 임금과 공경(公卿)은 주홍 슬갑을 둘렀고 제후와 대부는 붉은 슬갑을 둘렀다. 자신의 빈곤을 걱정하지 않고 세상의 빈곤을 염려하는 사람은 세상을 잘되게 할 수 있다. 신명에 통하는 정성만이 나라의 침체된 경기를 회복시킬 수 있는 것이다. 그러나 지성으로 바른 도를 지키지 않고 임금이 묻기 전에 임금에게 먼저 나아가는 것은 경솔한 행동이니 수치를 당하지 않을 수 없을 것이다.

셋째 음은 객지에서 곤란한 처지를 당하여 고통을 받는 경우이다. 상나라 말 주나라 초는 상업이 발달하지 않았던 시대였으니 남자가 집을 떠나 여러 해 동안 객지를 떠도는 것은 아마도 외국에 사신으로 가 있거나 외국과의 전쟁에 나가 있기 때문이었을 것이다. 그는 임무를 수행하지 못하고 돌아오게 되었다. 그는 의무를 다하지 못한 외교관이거나 전쟁에서 패배한 장군이다. 거친 들판에서 방황하다 겨우 목숨을 부지하여 집에 와 보니 아내가 없다. 난리통에 죽었거나 실종된 것이다.

넷째 양도 전쟁에서 패배한 장군이지만 그는 사병들과 함께 천천히 돌아온다. 그의 청동수레는 많은 병사들에 둘러싸여 있으므로 빨리 달리지 못한다. 그러나 그는 장교들과 사병들의 고통을 이해하고 그들의 고통을 조금이나마 덜어주려고 노력한다. 그에게는 생사를 함께 하는 사람들이 있다. 그는 곤경에 처해 있으나 임무를 수행할 수 있을 것이다. 전쟁에서는 큰 손실 없이 후퇴하는 것이 가장 중요한 임무이다.

임금에게도 어떻게 할 수 없는 곤경이 있다. 서주(西周) 시대에는 제후들이 임금을 무시하고 권세를 휘두르는 일이 있었고 춘추 시대에는 대부들이 제후를 무시하고 권세를 휘두르는 일이 있었다. 붉은 슬갑은 제후나 대부가 두르는 무릎

덮개였다. 제후가 전횡하면 임금은 코 베이고 발 잘리는 듯한 곤욕을 겪는다. 완강하게 바른 도를 지키고 곤경에도 마음이 동요되지 않도록 목숨을 걸고 용기 있게 대처하면 제후들도 끝내 반란을 일으키지는 못할 것이다.

곤궁한 시기에 행동하려 하는 것은 칡덩굴에 걸려 넘어진 채 일어나려 애쓰는 것과 같다. 곤경에 처하면 움직이지 말고 가만히 있으라는 것이 일반적인 충고이다. 그러나 주역의 본문은 뉘우치는 마음이 있으면 행동해도 좋다고 가르친다. 뉘우치는 것은 언제나 좋은 일이다. 뉘우친다는 것은 잘못을 깨닫는다는 것이다. 잘못을 깨달으면 잘못을 고칠 수 있다. 잘못을 저지르고도 잘못을 고치지 않으면 하는 일이 다 막히지 않을 수 없고 수치를 당하지 않을 수 없다. 뉘우칠 줄 아는 사람은 공경으로 곤경을 인내하고 정성으로 임무를 성취한다. 상황 자체가 나아진 것이 아니라 하더라도 그는 필연을 직관하고 한계를 각성함으로써 내적인 변화를 이룰 수 있다.

水風井

䷯

巽下坎上

48. 水風井

巽下坎上

井은 改邑하되 不改井이라
無喪無得하여 往來井井하나니
汔至라도 亦未繘井하여서
羸其甁이면 凶하니라.
彖曰 巽乎水而上水 井이니 井은 養而不窮也니라.
改邑不改井은 乃以剛中也요
汔至亦未繘井은 未有功也요
羸其甁이라 是以凶也니라.

汔(흘) - 거의 | 繘(율) - 두레박줄 | 羸(리) - 깨다 | 甁(병) - 병

수풍정(水風井) : 성읍(城邑)의 위치는 바꿀 수 있으나 우물의 위치는 바꿀 수 없다. 수맥을 잘 잡은 우물은 퍼내도 마르지 않고 퍼내지 않아도 넘치지 않는다. 늘 왕래하며 우물을 우물답게 만들어야 한다. 우물

에 이르러 줄이 짧아 두레박이 물에 닿지 않거나 두레박이 깨어져 물을 길을 수 없는 것을 알게 되면 나쁘다.

판단 : 땅을 파서 물을 괴게 하고 두레박을 물에 드리워 물을 퍼 올리는 곳이 우물이다. 우물은 원하는 모든 사람에게 물을 제공하나 고갈되지 않는다.

"성읍의 위치는 바꿀 수 있으나 우물의 위치는 바꿀 수 없다." 강건한 두 선이 각각 아랫괘와 윗괘의 중심에 있기 때문이다.

"우물에 이르러 줄이 짧아 물에 닿지 않음을 알게 된다." 아직 보람을 거두지 못한 것이다. "두레박이 깨어져 물을 길을 수 없는 것을 알게 된다." 나쁜 일이다.

■ 풀이

《춘추좌씨전》 양공(襄公) 4년조의 주에 보면 한 읍을 4정(井)으로 보았다. 허신(許愼)의 《설문해자(設文解字)》에는 9백 묘(畝)를 1정(井)이라고 하고 백 묘를 1가(家)라고 하였다. 결국 중앙에 있는 백 묘의 공전(公田)을 포함하여 여덟 집이 한 정을 이루는 셈이다. 가로 백 보(步), 세로 1보의 토지를 1묘라고 한다. 정전제에서 정의 중심에는 우물이 있었다. 그러므로 주역 본문의 우물 정(井)자는 정전제라는 뜻과 우물이라는 뜻을 다 가지고 있다.

성읍은 바꿀 수 있으나 정전제도는 바꿀 수 없으니 덜지도 말고 더하지도 말며 왕래하기에 가지런하게 토지의 구획을 보존하라는 것이 본문의 의미이다.

우물은 각자가 따로 가지고 있는 것이 아니고 마을 사람들이 공유하고 있는 생명의 원천이다. 정전제도에서 우물은 마을의 한가운데에 있었고 마을은 우물을 둘러싸고 그 주위에 형성되어 있었다. 상나라 말 주나라 초의 전답은 우물이 발견되는 땅의 주위에 개간되었고 마을 사람들은 우물을 중심으로 왕래하였다. 수맥이 풍부한 곳에 자리 잡은 우물은 아무리 물을 퍼내도 마르지 않고 쓰지 않고 놓아두어도 넘치지 않는다. 우물이란 마를 줄 모르는 샘이다. 우물이란 끊임없이 새롭게 쇄신되는 생명의 상징인 것이다.

우리는 모두 생명의 물을 길을 수 있는 두레박을 가지고 있고 생명의 원천에 가 닿을 수 있는 두레박줄을 가지고 있다. 우리가 왔다 갔다 하는 나날의 행동은 생명의 원천에서 물을 퍼내는 창조적 활동이 되어야 한다. 우리는 자신의 내부에 있는 생명의 물을 퍼 올릴 때 두레박줄이 짧아서 물에 닿지 않은 채 중간에 멈추는 일이 없도록 미리 넉넉한 줄을 준비해야 하고, 조심성 없이 함부로 사용하다 두레박을 깨뜨리지 않도록 절도 있게 물을 긷는 방법을 배워야 한다.

* * *

象曰 木上有水 井이니
君子 以하여 勞民勸相하나니라.
初六은 井泥라 不食이니
舊井에 無禽이로다.
象曰 井泥不食은 下也일새요
舊井無禽은 時舍也니라.
九二는 井谷이라 射鮒나 甕敝漏로다.
象曰 井谷射鮒는 無與也일새니라.
九三은 井渫하되 不食이니 爲我心惻이라
可用汲이니 王明하면 竝受其福하리라.

象曰 井渫不食은 行惻也니

求王明하면 受福也리라.

六四는 井甃니 無咎리라.

象曰 井甃無咎는 修井也일새니라.

九五는 井冽寒泉食이로다.

象曰 寒泉之食은 中正也일새니라.

上六은 井收勿幕이니 有孚라 元吉이니라.

象曰 元吉在上이 大成也니라.

泥(니) - 진흙 | 射(석) - 맞히다 | 鮒(부) - 붕어 | 甕(옹) - 독 | 敝(폐) - 깨지다
渫(설) - 깨끗이 하다 | 汲(급) - 긷다 | 甃(추) - 돌 깔다 | 幕(막) - 덮다

형상 : 나무 위에 물이 있는 것이 수풍정(水風井)의 형상이다. 군자는 이것을 본받아 힘들게 일하는 민중을 위로하고 서로 돕도록 설득한다.

첫째 음 : 더러운 우물의 흙탕물을 마실 수는 없다. 버려져 못쓰게 된 우물에는 짐승조차도 오지 않는다.

형상 : "더러운 우물의 흙탕물을 마실 수는 없다." 가장 낮은 자리에 있는 끊어진 선은 우물 바닥의 진흙을 가리킨다. "버려져 못쓰게 된 우물에는 짐승조차도 오지 않는다." 고칠 때를 놓쳐 못쓰게 버려진 것이다.

둘째 양 : 우물 속 물 나오는 곳에 있는 작은 물고기들을 쏘아 잡았으나 그릇이 깨어져 새고 있어서 담지 못했다.

형상 : "우물 속 물 나오는 곳에 있는 작은 물고기들을 쏘아 잡았다." 우물은

공유해야 하는 것이고 물고기는 공유하지 못하는 것이다.

셋째 양 : 우물을 쳤으나 아무도 마시려 하지 않으니 내 마음이 슬프다. 물을 길을 수 있게 되었으니 임금이 지혜롭게 설득하면 모두 그 복을 받게 될 것이다.

형상 : "우물을 쳤으나 아무도 마시려 하지 않는다." 가서 사람이 없음을 슬퍼하는 것이다. 임금이 지혜롭게 행동하여 모두 복을 받도록 기도해야 한다.

넷째 음 : 벽돌을 쌓아 우물을 고치니 허물이 없다.

형상 : "벽돌을 쌓아 우물을 고치니 허물이 없다." 우물을 수리하는 것이다.

다섯째 양 : 우물이 맑고 샘이 차서 마실 만하다.

형상 : "샘이 차서 마실 만하다." 다섯째 양은 중심에 있고 바른 자리에 있다.

윗음 : 우물에서 물을 긷고 우물을 덮지 않는다. 혼자만 쓰지 않고 모두 같이 쓰겠다는 마음이 믿음직스럽다. 크게 좋다.

형상 : "크게 좋다." 윗자리에서 크게 이룬다.

■ 풀이

수풍정에서 우물의 형상은 물을 빨아들이고 내보내는 나무에 비유된다. 나무는 땅속에서 물을 빨아들이며 성장한다. 우물은 항구한 생명의 원천이다. 우물물은 늘지도 않고 줄지도 않는다. 사람들이 날마다 물을 퍼내도 우물은 늘 새롭게 가득 차서 사람들의 목을 축여 준다. 물 자체가 위대하고 무진장한 존재이다. 물은 하늘로 올라갔다가 비가 되어 다시 내려온다. 이 물의 상승과 하강, 긴장과 이완의 순환이 지구상의 모든 생명을 유지시켜 준다.

그러나 세상에는 목이 말라도 마실 수 없는 우물도 있다. 물 대신 진흙이 들어 있는 우물은 아무에게도 쓸모가 없다. 그 안에 사는 작은 물고기들에게는 그 물도 생명의 원천이 되겠으나, 사람이나 짐승은 흙탕물을 마시려고 하지 않는다.

물을 긷는 대신에 붕어를 잡는 우물은 제 구실을 상실한 우물이다. 우리는 그것을 우물이라고 할 수 없다. 우물은 만인이 공유하지만, 몇 마리 붕어는 한 사람의 먹을거리밖에 되지 않는다. 중국의 고대에는 물고기를 활로 쏘아 잡기도 하였다. 《회남자(淮南子)》〈시칙(時則)〉편에 "천자가 몸소 가서 물고기를 쏘았다"(天子親往射魚)는 구절이 있고 《설원(說苑)》〈정간(正諫)〉편에는 "물고기는 원래 사람의 화살에 맞게 마련이다"(魚固人之所射也)라는 구절이 있다.

지금은 마실 수 없게 되어 있는 우물이라 하더라도 그 안에는 생수가 솟는 구덩이가 있다. 우물 안의 더러운 것을 쳐내면 우물은 다시 사용할 수 있게 된다. 낡은 우물은 쳐내도 사람들의 믿음을 곧 얻지는 못할 것이다. 마실 만하다는 믿음이 회복되려면 먼저 마을 사람들 사이의 신뢰가 확립되어야 한다.

우물 안쪽에 벽돌을 쌓아 맑고 시원한 수원(水源)을 살려내면 우물은 다시 만인의 공동소유가 된다. 우물은 수리한 사람의 소유일 뿐 아니라 마을 사람 모두의 소유이다.

우물물을 자기 두레박에 담아 놓고 혼자서 마시려 드는 사람은 없을 것이다. 만일 혼자서만 마시려 든다면 그 물은 상하고 만다. 물질은 모으면 모을수록 많이 가지게 되지만 생명은 나눠주면 나눠줄수록 더 많이 가지게 된다.

澤火革

離下兌上

49. 澤火革

離下兌上

革은 已日이라야 乃孚하리니

元亨코 利貞하여 悔亡하니라.

彖曰 革은 水火相息하며

二女同居하되 其志不相得이 曰革이니

已日乃孚는 革而信之라

文明以說하여 大亨以正하니

革而當할새 其悔乃亡하니라.

天地革而四時成하며

湯武革命하여 順乎天而應乎人하니

革之時大矣哉라.

택화혁(澤火革) : 때가 차면 만인이 혁명을 믿게 된다. 크게 성취하고 인내하는 것이 유익하며 후회할 일은 소멸한다.

판단 : 택화혁(澤火革)은 물과 불이 서로 소멸시키려 하는 것이다. 두 여자가 한 집에서 같이 살면서 뜻이 서로 맞지 않는 것을 택화혁에 비유할 수 있다.

"때가 차면 만인이 혁명을 믿게 된다." 그가 혁명을 일으키면 대중이 그를 신뢰한다. 아랫괘인 허중리는 우아하게 밝고 윗괘인 상절태는 기뻐한다. 바르게 행동함으로써 크게 성취하니 혁명을 일으켜서 마땅함을 얻으면 그 후회할 일이 곧 소멸한다.

천지가 바뀌어 네 철이 형성되듯 탕왕과 무왕은 혁명을 이루어 하늘의 뜻에 순종하고 민중의 뜻에 호응하였다. 택화혁의, 시기에 적합한 작용은 위대하구나.

■ 풀이

본문의 이일(已日)을 '때가 차면'이라고 번역하였으나 이것을 기일(己日)로 읽어 "갑일 · 을일 · 병일 · 정일 · 무일을 지나 기일이 되면"으로 번역할 수도 있고, 이것을 사일(巳日)로 읽어 "무왕이 계사일(癸巳日)에 혁명을 일으키니"라고 번역할 수도 있다. 《서경》〈주서〉'무성'(武成)에는 "문왕이 하늘의 명을 받은 지 13년째 되는 해(기원전 1122년) 1월, 하늘에 달빛이 거의 없는 초사흘 계사일 날이 밝자 무왕은 아침 일찍 군사를 이끌고 주나라 도읍을 출발하여 상나라를 치러 갔다"(惟一月壬辰旁死魄이요 越翼日癸巳에 王朝步自周하사 于征伐商하시다)란 기록이 있다.

어떤 쪽으로 번역하든 대중이 혁명을 기다리고 대중이 혁명을 믿을 때만 혁명이 성공할 수 있다는 의미가 된다. 불이 타오르면 물이 마르고, 물이 쏟아지면 불이 꺼지는 것처럼 군자의 세력이 커지면 소인의 세력이 작아지고 소인의 세력이 커지면 군자의 세력이 작아진다. 소인들의 그릇된 세력이 군자의 세력을 소탕하려 들 때 혁명이 일어난다. 혁명이란 도저히 어찌할 수 없게 된 상황에서만 발생하는 것이다.

아랫괘인 허중리는 둘째 딸을 상징하고 윗괘인 상절태는 막내딸을 상징한다. 막내딸은 위에 있고 둘째 딸은 아래 있어서 서로 불화하여 집안에 분란을 일으키는 모양을 주역의 본문은 혁명 전의 나라 사정에 비유하였다. 그러나 일부다처제 시절에 한 남자의 애정을 얻음으로써 가정 안에서 유리한 지위를 차지하려는 두 여자의 싸움으로 보는 것이 더 그럴 듯하다. 여기서 한 남자란 권력이고 두 여자는 군자와 소인이다. 혁명을 완성하려면 안으로 우아하고 밝은 덕을 간직해야 하고 밖으로 화열(和悅)한 기상을 나타내야 한다.

혁명은 안할 수 있으면 말아야 하는 것이니, 혁명이건 개혁이건 혁신이건 고쳐서 가만히 놓아두는 것보다 나빠지는 일이 허다하기 때문이다. 혁명하는 것보다 유지하는 것이 언제나 더 중요하다. 그러나 전쟁을 통해서 평화를 이룰 수밖에 없을 경우가 있듯이 혁명을 통하지 않고는 세상을 바로잡을 수 없는 경우도 있는 것이다.

상나라의 탕왕은 요순 시대에 사도(司徒)로 있던 설(契)의 14세손이었다. 하(夏)나라의 걸(桀)왕의 실정으로 나라가 혼란해지자 기원전 1766년에 혁명을 일으켜 걸을 남쪽으로 쫓아냈다. 원래 하족은 하남성의 서북부 지역에서 활동했다. 이 지역을 중심으로 하여 동쪽인 하남성의 동부로부터 하북성의 서남부와 산동성의 서부에 이르는 지역이 상족의 활동범위였고, 서쪽인 섬서성 · 산서성 · 감숙성이 주족의 활동범위였다.

* * *

象曰 澤中有火革이니

君子 以하여 治歷明時하나니라.

初九는 鞏用黃牛之革이니라.

象曰 鞏用黃牛는 不可以有爲也일새니라.

六二는 已日이라야 乃革之니

征이면 吉하여 無咎리라.

象曰 已日革之는 行有嘉也니라.

九三은 征이면 凶이라 貞이라도 厲하니

革言이 三就면 有孚리라.

象曰 革言三就어니 又何之矣리오.

九四는 悔亡하여 有孚改命이니 吉하니라.

象曰 改命之吉은 信志也일새니라.

九五는 大人이 虎變이니 未占에 有孚니라.

象曰 大人虎變은 其文이 炳也니라.

上六은 君子는 豹變이요 小人은 革面이니

征이면 凶코 居貞이면 吉하리라.

象曰 君子豹變은 其文이 蔚也요

小人革面은 順以從君也니라.

鞏(공) - 묶다 | 就(취) - 나아가다 | 炳(병) - 빛나다 | 豹(표) - 표범
蔚(위) - 성하다

형상 : 호수 속에 불이 있는 것이 택화혁(澤火革)의 형상이다. 군자는 이것은 본받아 달력을 정리하고 절기를 규명한다.

첫째 양 : 황소의 가죽으로 묶는다.

형상 : "황소의 가죽으로 묶는다." 때가 되지 않았으니 행동하면 안 된다.

둘째 음 : 때가 차면 곧 혁명을 일으킬 수 있도록 준비해야 한다. 가면 좋고 허물이 없다.

형상 : "때가 차면 곧 혁명을 일으킬 수 있도록 준비해야 한다." 행동하면 아름다운 일이 있을 것이다.

셋째 양 : 정벌을 시작하면 나쁘다. 바르게 행동하면서 늘 위태롭게 여겨야 한다. 혁명해야 한다는 말이 들판과 시장과 조정에서 세 번 나오면 혁명의 성공을 확신할 수 있다.

형상 : "혁명해야 한다는 말이 들판과 시장과 조정에서 세 번 나온다." 혁명의 길이 아니고 어디로 가겠는가?

넷째 양 : 후회할 일이 소멸한다. 진실하게 행동하여 운명을 바꾼 것이니 좋다.

형상 : "운명을 바꾼 것이니 좋다." 대중이 그의 뜻을 믿는다.

다섯째 양 : 대인은 호랑이가 털을 갈듯이 변화한다. 점쳐 보지 않아도 성공을 믿을 수 있다.

형상 : "대인은 호랑이가 털을 갈듯이 변화한다." 호랑이가 털을 갈면 그 무늬가 찬란하다.

윗음 : 군자는 표범이 털을 갈듯이 변화하나 농민은 얼굴 표정만 바꾼다. 나아가면 나쁘고 머물러 인내하면 좋다.

형상 : "군자는 표범이 털을 갈듯이 변화한다." 표범이 털을 갈면 그 무늬가 정교하다. "농민은 얼굴 표정만 바꾼다." 혁명이 일어나도 농민의 생활이 달라지지는 않으므로 농민의 태도가 크게 바뀌지는 않으나 혁명에 대하여 기대하는 바가 있으므로 농민들은 새 임금의 정책에 순종한다.

■ 풀이

물은 불을 끄려고 하고 불은 물을 증발시키려 하여 두 사물이 서로 화합하지 못하는 경우가 있다. 시대에 맞지 않는 제도가 이윤율을 저하시키게 되면 자연히 제도의 폐단을 제거하려는 논의가 일어나는데, 기존의 제도에서 혜택을 보던 사람들이 변화를 방해하므로 집단적 주체들 사이에 투쟁이 전개되지 않을 수 없다. 현존하는 두 세력의 투쟁은 대부분의 경우에 임금과 이윤을 결정하는 계급투쟁이나 주택 · 교통 · 공해 등의 생활환경을 바꾸려는 대중운동처럼 반복되는 일상생활의 일부가 되어 있다. 그러나 독재적인 전제주의 사회에서는 계급투쟁과 대중운동이 정상적인 일상생활의 한 부분이 아니라 생사를 건 투쟁으로 전개된다. 호수가 아무리 커도 땅속 깊은 곳에 있는 고온의 유동성 물질이 밖으로 터져 나오면 말라버린다. 파시즘은 강한 것 같지만 대중의 저항이 폭발하면 끝내는 무너지고 만다. 그러나 혁명은 실패하면 큰 희생을 초래하는 일회적인 사건이니, 혁명을 설계하고 준비하는 사람들은 철저하고 세심하고 신중하게 행동하지 않을 수 없다.

행동의 시기가 왔다고 판단되기 전에는 결코 움직이지 말아야 한다. 황색은 중앙의 색이고 소는 순한 짐승이다. 중용을 지키고 완강하게 인내하며 경거망동하지 않는 것이 혁명가의 몸가짐이다.

혁명을 일으키지 않을 수 없다고 판단되면 그때에 비로소 혁명을 구체적으로 설계하고 준비한다. 능력과 지위를 검토하여 사람을 모으고 적당한 시기를 결단해야 한다. 모든 조건으로 보아 승리한다는 확신이 설 때에만 혁명을 추진해야 한다. 신중하되 우유부단하지 않아야 한다.

준비가 되었더라도 대중 속에서 "못 살겠다 갈아보자"는 말이 자연발생적으로 여러 번 나오기 전에 혁명을 감행하면 안 된다. 혁명이란 머릿속으로 꾸며낸 계획서에 맞춰 세상을 바꾸는 것이 아니고 대중의 생각을 실현하기 위하여 세상을 바꾸는 것이다. 독재자는 독단대로 강행하고 혁명가는 대중의 의견을 조정한다. 대중 속에 들어가 대중의 말을 듣고 여러 가지 말들을 갈피 짓는 절차는 혁명에도 필요하다. 대중과 만나기를 두려워하면 안 된다.

《서경》〈우서(虞書)〉'순전'(舜典)에는 "형벌을 행하되 다섯 가지 형벌을 법에 따라 세 곳에서 행하라"(五刑有服하되 五服三就하라)는 구절이 있다. 얼굴에 먹칠을 넣는 것, 코 베는 것, 발 자르는 것, 불알 까는 것, 죽이는 것 등 다섯 가지 형벌을 죄가 큰 자는 들에서, 죄가 작은 자는 시장과 조정에서 행하라는 것이다. 주역 본문의 삼취(三就)도 《서경》에서와 같이 들판과 시장과 조정을 가리키는 것이다.

혁명의 과정에서 인간의 창조능력과 수용능력이 융합된다. 새로움이 결여되면 혁명이 아니고 오래된 가치들이 배제되면 혁명이 아니다. 인간에게는 고정된 운명이 주어져 있지 않다. 성실한 인간은 운명을 바꿀 수 있다. 건강과 재산과 지식 중의 어느 것도 미리 주어져 있는 것은 없다. 인간의 운명을 결정하는 테두리라고 할 수 있는 국가형태도 불변하는 실체는 아니다. 대중이 바라면 주석제를 내각제로 바꿀 수도 있고 토지의 사유를 토지의 공유로 바꿀 수도 있다.

혁명에는 올바른 시기와 올바른 방법이 필요하고 혁명가는 이기심에서 벗어나 정말로 세상을 잘되게 하려는 동기와 대중의 실제적인 욕구를 해결할 수 있는 구체적 해답을 가지고 있어야 한다. 호랑이나 표범의 털갈이도 시기와 장소에 의존한다. 혁명의 결과는 나라의 구석구석까지 전파되어야 하고 나라 전체가 변화의 분위기로 가득 차 있어야 한다. 대중은 억압과 착취의 소멸을 생활 속에서 체험할 수 있어야 하고, 독단분자와 투기분자의 종식을 두 눈으로 직접 목격할 수 있어야 한다.

그러나 어떠한 혁명도 결국은 관습으로 가라앉아야 한다. 일시적인 변화는 혼란만 조장할 뿐이다. 혁명이 일어나도 농민과 노동자의 생활은 크게 변하지 않는다. 혁명이 기계와 식량을 갑자기 증가시킬 수는 없기 때문이다. 통일이 되어도 한국의 인구는 일본의 반이고 한국의 토지도 일본의 반이다. 혁명은 일상생활 속에서 변화를 실천하게 하는 섬세하고 정교한 절차를 요구한다. 혁명이 성공한 후에 집행되는 정책은 호랑이의 무늬처럼 찬란하기만 해서는 못쓰고 표범의 무늬처럼 정교하기도 해야 한다. 대중의 요구에 따라 혁명을 일으켰다 하더라도 대중은 혁명에 오랫동안 감격해 하지 않는다. 대중의 이반만 막을 수 있어도 정책은 성공했다고 평가해야 한다.

火風鼎

巽下離上

50. 火風鼎

䷱

巽下離上

鼎은 元吉하여 亨하니라.

彖日 鼎은 象也니 以木巽火亨飪也니

聖人이 亨하여 以享上帝하고

而大亨하여 以養聖賢하니라.

巽而耳目이 聰明하며

柔進而上行하고 得中而應乎剛이라

是以元亨하니라.

亨(팽) - 삶다 | 飪(임) - 밥

화풍정 (火風鼎) : 크게 좋고 성취한다.

판단 : 화풍정 (火風鼎) 은 솥과 솥발과 솥귀와 솥귀의 고리를 나타낸다. 나무에 불을 넣어 음식을 익히는 것이니 성인은 음식을 만들어 하느님께 드리고 또 음식을 많이 차리어 성현을 받든다.

아랫괘인 하절손은 공손함을 의미하며 윗괘인 허중리는 분명함을 의미하니 화풍정은 공손하게 행동하나 귀와 눈이 총기 있고 명민한 것이다.

유순한 선이 위로 향하여 나아가다 다섯째 줄에 이르러 중심 되는 자리를 얻고 둘째 줄의 강건한 선과 호응한다. 그러므로 크게 성취한다.

■ 풀이

화풍정은 첫째 음(陰)이 솥발이고, 둘째 셋째 넷째 양(陽)이 솥이고, 다섯째 음이 솥귀이고, 윗양이 솥귀의 고리가 된다.

솥은 일용할 양식을 요리하는 기구이면서 동시에 하느님께 바칠 동물을 요리하는 기구이고 또 잔치에 이바지할 음식을 요리하는 기구이다. 솥에 담겨 있는 것은 신체에 양분을 제공하는 음식일 뿐 아니라 정신에 자양을 제공하는 음식이기도 하다. 그런 의미에서 요리는 성스러운 과학이다. 요리사는 공손하게 행동해야 하고 항상 잘 듣고 잘 보아야 한다. 솥을 보면 그것을 만든 문화를 알 수 있다.

* * *

象曰 木上有火鼎이니

君子 以하여 正位하여 凝命하나니라.

初六은 鼎이 顚趾나 利出否라

得妾하여 以其子니 無咎리라.

象曰 鼎顚趾나 未悖也요

利出否는 以從貴也니라.

九二는 鼎有實이라 我仇有疾이나

不我能卽이니 吉하니라.

象曰 鼎有實이나 愼所之也니

我仇有疾은 終無尤也리라.

九三은 鼎耳革이라

其行이 塞하여 雉膏不食이나

方雨虧悔니 終吉이리라.

象曰 鼎耳革은 失其義也일새니라.

九四는 鼎이 折足하여 覆公餗하니

其形渥이라 凶토다.

象曰 覆公餗하니 信如何也오.

六五는 鼎이 黃耳金鉉이니 利貞하니라.

象曰 鼎黃耳는 中以爲實也니라.

上九 鼎玉鉉이니 大吉하여 無不利니라.

象曰 玉鉉在上은 剛柔節也일새니라.

凝(응) - 엉기다 | 顚(전) - 엎다 | 仇(구) - 짝 | 卽(즉) - 나아가다
尤(우) - 허물 | 雉(치) - 꿩 | 覆(복) - 엎다 | 餗(속) - 곰국 | 渥(악) - 젖다
鉉(현) - 고리

형상 : 나무 위에 불이 있는 것이 화풍정(火風鼎)의 형상이다. 군자는 이것을 본받아 자리를 바르게 하고 분부를 엄격하게 시행한다.

첫째 음 : 솥발을 들어올려 솥을 뒤집는다. 솥의 바닥에 남은 음식 찌꺼기를 제거하는 것이 유익하다. 아내와 첩이 화목하면 첩에게서 자식을 얻어도

허물이 없다.

형상 : "솥발을 들어올려 솥을 뒤집는다." 그것은 전혀 도리에 어긋나는 일이 아니다. "솥의 바닥에 남은 음식 찌꺼기를 제거한다." 솥의 고귀한 성질을 따르는 것이다.

둘째 양 : 솥에 먹을 것이 있다. 나의 동료가 나를 질시하나 그는 나에게 가까이 다가와 나를 해칠 수 없으니 좋다.

형상 : "솥에 먹을 것이 있다." 갈 바를 삼가야 한다. "나의 동료가 나를 질시한다." 조심하면 끝내 실수하지 않을 것이다.

셋째 양 : 솥귀가 떨어져 나르기 어렵다. 꿩고기가 있으나 먹지 못한다. 비가 내려 메마른 논밭을 적셔주듯 뉘우치면 마침내 좋은 일이 있을 것이다.

형상 : "솥귀가 떨어진다." 솥의 의의(意義)를 상실한 것이다.

넷째 양 : 솥발이 부러져 가장의 공국이 쏟아지고 그의 얼굴을 더럽히니 나쁘다.

형상 : "가장의 공국이 쏟아진다." 어떻게 그를 믿을 수 있겠는가?

다섯째 음 : 솥에 황색 솥귀와 금 고리가 있다. 흔들리지 않고 인내하는 것이 유익하다.

형상 : "솥에 황색 솥귀가 있다." 다섯째 음은 중심에 있으면서 허로써 실을 삼는다.

윗양 : 솥귀에 옥고리가 있다. 크게 좋고 유익하지 않음이 없다.

형상 : 옥고리가 위에 있다. 강건한 윗양과 유순한 다섯째 음이 스스로 절제하며 서로 보충한다.

■ 풀이

불은 음식이 다 될 때까지 계속해서 타고 있어야 한다. 솥 안에 있는 재료들은 열을 받으면서 끊임없이 변형되어 요리가 된다. 인간의 생활도 쉬지 않고 쇄신되어야 한다.

뒤집혀진 솥은 지금 사용되고 있지 않은 솥이다. 솥의 정상적인 상태는 아니나 솥바닥에 붙은 음식 찌꺼기를 제거하고 솥을 깨끗하게 씻어서 다시 사용하게 하기 위해서는 솥을 뒤집어 놓지 않으면 안 된다. 첩을 얻는 것도 정상적인 사태는 아니나 가정의 불화를 일으키지 않는다면 자식을 얻는 응급수단으로 필요하다. 바르게 놓고서는 깨끗이 씻을 수 없을 때는 엎어놓고 씻을 수밖에 없는 것이다. 올바른 목적을 달성하기 위해서 필요하다면 예외적인 행동도 허물이 되지 않는다.

소중한 것을 소유한 사람은 질시를 불러일으킨다. 동료가 질시하는 것으로 미루어 우리는 둘째 양이 소유하고 있는 것이 예사로운 것이 아님을 짐작할 수 있다. 그의 솥에 있는 먹을 것은 위대한 정신의 양식이다. 누구도 정신의 양식을 강탈하거나 파괴할 수 없다. 그에 대한 적대행위 자체가 무력하게 되는 것이다.

솥귀가 떨어지면 음식이 다 익어도 솥을 운반할 수 없다. 우리는 음식 중에서 가장 맛있고 영양 있는 꿩고기를 먹지 못한다. 우리는 그것을 제사에도, 잔치에도 사용하지 못한다. 그러나 미리 살펴보고 손질하지 않은 자신의 행동을 깊이 뉘우치면 마침내 좋은 일이 있다. 우리는 꿩고기를 먹을 수 있게 되고 그것을 제사에도, 잔치에도 사용할 수 있게 된다. 뉘우침은 마치 가뭄로 궁핍해진 대지를 적시는 비와 같다.

제사나 잔치를 위해 음식을 만드는 일뿐 아니라 끼니를 위해 음식을 만드는 일도 성스러운 작업이다. 요리에는 세심한 정성이 필요하다. 솥을 함부로 다루다가 솥발을 부러뜨려 가장의 공국을 쏟는 것은 요리하는 사람의 큰 실수이다. 요리하는 사람은 항상 청결하게 자기 몸을 가꾸고 재료의 모양을 면밀하게 관찰하고 음식이 조리되는 소리를 신중하게 들어야 한다. 얼굴에 음식이 튄 채 조리하는 요리사는 음식의 존귀함을 모독하는 사람이다. 요리하면서 품위를 지키기 못하는 사람은 창피를 당하게 된다.

황색은 중앙의 색이고 금은 견고한 물건이다. 다섯째 음은 중용의 덕을 실행하는 것이 황색 솥귀와 같고 허로써 실을 수용하는 것이 금 고리와 같다. 정신의 양식은 황금처럼 고귀한 중용의 덕이다.

옥은 부드럽고 아름다운 광휘를 가지고 있다. 솥귀에 걸려 있는 고리는 비록 솥의 작은 부분에 지나지 않으나 옥으로 다듬어져 있을 때 그것은 솥 전체를 찬란하게 빛낸다. 음식은 입으로 들어가 소화되고 배설되는 것이지만, 정성껏 마련한 조그만 꾸밈새가 요리 전체를 아름답게 한다. 음식은 결코 입에 넣고 삼키기만 하면 되는 것이 아니다. 요리에는 세부를 철저하게 완성하는 장인정신이 필요한 것이다.

重雷震

䷲

震下震上

51. 重雷震

䷲

震下震上

震은 亨하니 震來虩虩이라가 笑言啞啞이니
震驚百里라도 不喪匕鬯하리라.
象曰 震은 亨하니
震來虩虩은 恐致福也요
笑言啞啞은 後有則也라.
震驚百里는 驚遠而懼邇也니
出可以守宗廟社稷하여 以爲祭主也리라.

虩(혁) - 놀라다 | 啞(액) - 깔깔 웃다 | 匕(비) - 숟가락 | 鬯(창) - 울창술
邇(이) - 가깝다

중뢰진(重雷震) : 하는 일을 성취한다. 우레가 울려 두려워하다가 우레가 무사히 지나가 웃음소리를 낸다. 우레가 백 리를 울려도 제사지내는 사람은 숟가락으로 울창술을 떠서 술잔에 따를 때 술을 흘리지 않아야 한다.

판단 : "중뢰진(重雷震)은 하는 일을 성취한다. 우레가 울려 두려워한다." 두렵게 여기는 마음은 복을 가져온다.

"웃음소리를 낸다." 먼저 엄숙하게 행동하고 후에 온화하게 행동하니 법도가 있는 것이다.

"우레가 백 리를 울린다." 우레는 멀리 있는 사람들을 놀라게 하고 가까이 있는 사람들을 두렵게 한다.

제후국의 맏아들은 앞으로 나아가 종묘와 사직을 보호하고 나라의 제사를 맡아서 책임지는 제주가 되어야 한다.

■ 풀이

중뢰진(重雷震)은 우레를 의미할 뿐 아니라 지진을 의미하기도 하고 제후의 위엄 있는 법 집행을 의미하기도 한다. 법이 엄격하게 집행되면 처음에는 두려워하나 법도 있는 사회가 된 후에는 모두가 편안히 여기고 즐거워한다. 울창주(鬱鬯酒)는 검은 기장과 울금향(鬱金香 : 튤립)으로 빚어 제사의 강신(降神)에 쓰는 향기로운 술이다.

《의례(儀禮)》〈사관례(士冠禮)〉에 "관례를 지내는 사람은 나아가 대나무 자리에 앉아 왼손으로 술잔을 진설하고 오른손으로 마른 고기와 식혜를 진설한다. 제사를 드릴 때 숟가락으로 강주를 세 번 떠서 제사의 예를 행한다"(冠者卽筵坐, 左執觶 右祭脯醢 以柶祭醴三)는 기록이 있으니 상나라 말 주나라 초에는 제사드릴 때 숟가락으로 술을 떠서 술잔에 따랐음을 알 수 있다.

〈설괘전〉에 보면 하련진(下蓮震)은 첫째 줄에 이어진 선이 있으니 "첫 번 찾아서 아들을 얻었다 하여 맏아들을 상징한다"(震은 一索而得男이라 故로 謂之長男이라)고 하는 구절이 있다. 맏아들은 제사를 주장하는 상제가 된다. 그는 벼락이

치고 지진이 나더라도 법도에 맞게 조용히 제사를 지낼 수 있는 마음가짐을 지니고 있어야 한다. 제후는 그 자신이 제후국의 맏아들로서 법도를 따라 제사를 올리고 있으므로 사방 백 리나 되는 그의 영토에 법질서를 엄격하게 수립할 수 있는 것이다. 소인은 편안할 때에만 질서를 지키나 군자는 사고가 났을 때에도 질서를 지킨다.

* * *

象曰 洊雷震이니

君子 以하여 恐懼脩省하나니라.

初九는 震來虩虩이라가

後에 笑言啞啞이니 吉하니라.

象曰 震來虩虩 恐致福也요

笑言啞啞은 後有則也니라.

六二는 震來에 厲하여 億喪貝하고 躋于九陵이니

勿逐이라도 七日得하리라.

象曰 震來厲는 乘剛也일새니라.

六三은 震이 蘇蘇니 震行하면 無眚하리라.

象曰 震蘇蘇는 位不當也일새니라.

九四는 震이 遂泥로다.

象曰 震遂泥는 未光也니라.

六五는 震이 往來에 厲하여

億無喪有事로다.

象曰 震往來厲는 危行也요

其事在中하니 大無喪也니라.

上六은 震이 索索하여 視矍矍이니

征이면 凶하니

震不于其躬이요 于其隣이면 無咎어니와

婚媾면 有言이리라.

象曰 震索索은 中未得也일새요

雖凶無咎는 畏隣戒也일새니라.

洊(천) - 거듭 이르다 | 億(억) - 헤아리다 | 貝(패) - 재물
躋(제) - 오르다 | 索(삭) - 흩어지다 | 矍(확) - 두리번거리다

형상 : 우레가 거듭되는 것이 중뢰진(重雷震)의 형상이다. 군자는 이것을 본받아 두려움과 떨림 속에서 수신하고 반성한다.

첫째 양 : 우레가 울려 두려워하다가, 후에 우레가 무사히 지나가 웃음소리를 내니 좋다.

형상 : "우레가 울려 두려워한다." 두렵게 여기는 마음은 복을 가져온다. "웃음소리를 낸다." 먼저 엄숙하게 행동하고 후에 온화하게 행동하니 법도가 있는 것이다.

둘째 음 : 우레가 울리니 두렵게 여기고 재물을 상실할까 걱정스러워 아홉 언덕에 오른다. 제후가 따라가 불러들이지 않아도 아홉 언덕으로 달아난 백성들은 7일이 지나면 돌아올 것이다.

형상 : "우레가 울리니 두렵게 여긴다." 둘째 줄의 유순한 선이 첫째 줄의

강건한 선을 타고 있는 것이다.

셋째 음 : 우레에 불안해하나 우레가 왔다 갔다 해도 재앙이 없다.

형상 : " 우레에 불안해한다. " 셋째 음의 자리가 적당하지 않기 때문이다.

넷째 양 :우레가 드디어 진흙에 빠진다.

형상 : "우레가 드디어 진흙에 빠진다." 우레가 환하게 빛나지 못한다.

다섯째 음 : 우레가 왔다 갔다 하나 위태롭게 여기면 일에는 해가 없다.

형상 : 우레가 왔다 갔다 하나 위태롭게 여긴다. 그는 위험 속을 걷는다. 윗괘인 하련진의 중심에 있으므로 다섯째 음이 하는 일에는 큰 해가 없다.

윗음 : 우레에 몸이 떨리고 눈이 휘둥그렇게 된다. 가서 무슨 일을 하려고 하면 나쁘다. 벼락이 그의 몸에 떨어지지 않고 그의 이웃에 떨어진다. 허물은 없더라도 구혼하려 한다면 말이 있을 것이다.

형상 : "우레에 몸이 떨린다." 중심 위치를 얻지 못했기 때문이다. 비록 결과가 나쁘더라도 허물은 없다. 벼락이 이웃에게 경계하는 것을 보고 두렵게 여기어 스스로 반성하기 때문이다.

■ 풀이

두려움과 떨림은 극도로 조심하는 모양이다. 조심하는 마음가짐은 언제나 좋은 결과를 초래한다. 벼락이 치고 지진이 나도 침착한 태도를 잃지 않고 작업의 세부를 조금도 흐트러지지 않게 확인해야 한다. 두렵게 여기면 행동의 실수를 피하게 된다. 공자도 "빠른 우레와 매운 바람에도 반드시 얼굴빛이 변하였다(迅雷風烈必變이러시다 : 《논어》〈향당〉).

두려움과 떨림 속에서도 침착한 태도를 잃지 않는 사람의 제사는 하느님을 기쁘게 한다. 우레와 번개는 사람의 마음을 각성시킨다. 제후도 법을 집행할 때에 백성들을 두렵게 해야 하고 또 당황하지 않게 해야 한다. 두렵다고 하여 당황해 하는 사람은 작업을 수행해 낼 수 없기 때문이다.

벼락이 치거나 지진이 올 때 백성들은 집이 무너질까 염려하여 산으로 달아났다. 상나라 말 주나라 초의 주택은 대개 움막이었기 때문에 바람만 불어도 무너지기 쉬웠다. 《시경》〈대아〉 '문왕지습'(文王之什)에 "고공단보는 굴을 파고 흙집 지어 거처하였다. 그때는 아직 집이라고 할 만한 것이 없었다"(古公亶父 陶復陶穴하여 未有家室이러시다)는 구절이 있다. 고공단보가 빈(豳)에서 기산(岐山) 아래 주원(周原)으로 거주지를 옮긴 것이 기원전 1345년이었고, 무왕이 혁명을 일으킨 것은 기원전 1122년이었다. 그동안에 임금과 제후는 집을 지어 살았으나 민중의 주거는 변하지 않았다. 굴집은 만들기 쉬웠으므로 당시의 민중은 거주의 이전이 간편하였다. 더구나 당시는 유목 시대에서 농업 시대로의 이행기였다. 제후는 농민을 모으고자 하였으나 백성들은 불안하게 느껴지면 제후를 버리고 다른 성읍으로 떠날 수도 있었다. 농민을 철저하게 토지에 속박해 놓은 제도는 철기가 본격적으로 사용된 전국 시대(기원전 403년)부터 시행되었다. 천재지변으로 달아난 백성들을 억지로 불러 모을 수는 없었으나, 태풍과 지진은 일시적인 재해이니 바른 정치를 펴서 백성들을 다시 돌아오게 할 수는 있었다. 괘는 여섯 줄로 되어 있으므로 하나의 선은 여섯 줄을 다 거치고 나서 일곱 번째가 되면 원래의 자기 자리로 돌아올 수 있다. 본문의 7일은 제자리로 돌아오는 데 걸리는 시일을 가리킨다.

셋째 음은 양의 자리에 있는 유순한 선이므로 그 자리가 적당하지 않다. 머무는 자리가 적당하지 않고 중심에 있지도 않으며 여섯째 줄에도 유순한 선이 있어서 여섯째 음과 호응할 수도 없다. 불안하게 여기지 않을 수 없는 처지이나 그 편안하지 않다고 생각하는 마음이 환경의 재해에 용감하게 대처할 수 있게 된다. '소생할

소'(蘇)자는 겨울잠에서 막 깨어나려는 곤충이 뻣뻣하게 마비된 팔다리를 억지로 움직이는 모양을 의미한다.

넷째 줄의 이어진 선은 둘째 · 셋째 줄과 다섯째 · 여섯째 줄의 끊어진 선들에 포위되어 있다. 하나의 이어진 선이 네 개의 끊어진 선들에 갇혀 있는 것을 "우레가 드디어 진흙에 빠진다"고 표현하였다.

제후가 법을 엄격하게 집행하지 않으면 불법을 자행하는 자들의 세력이 커져서 법이 무력하게 된다. 그러나 아무리 위태로운 환경에 처하게 되더라도 목숨을 걸고 중용을 실행하면 피해를 최소로 하면서 공동작업을 수행할 수 있다. 주역에 나오는 일은 모두 공동작업을 가리킨다.

자기의 능력으로는 도저히 감당할 수 없는 재해에 직면했을 때는 벗어나려고 움직이는 것보다 참고 가만히 있는 것이 낫다. 다른 사람들이 경솔하게 움직이다 실패하는 것을 보고 스스로 반성하며 조용히 견디는 것이 최선의 선택이 되는 경우도 있는 것이다.

"지렁이도 밟으면 꿈틀한다"고 하지만 밟아도 꿈틀하지 않으면 밟다가 지치고 만다. 사람은 지렁이가 아니다. 지렁이는 밟히면 죽지만 사람은 어떠한 비극도 파괴할 수 없는 신비이다. 밟히면서도 살아남았다면 밟히지 않을 때 얼마나 편하게 살 수 있을 것인가. 개인의 원한과 앙심 때문에 반항하는 것은 옳지 않다. 공동작업을 방해하는 세력에 대한 반항만이 참다운 반항이다.

개인적인 분노는 옳지 않다고 하였으나 그것과 마찬가지로 섣부른 화해도 옳지 않다. 의견의 차이를 조정할 수 없는 경우에는 긴장을 지속하는 것이 옳은 태도이다. 자기의 생각과 다른데도 불구하고 구태여 화해하려고 생각을 바꿀 필요는 없는 것이다. 구혼하고 싶지 않으면서 주위 환경에 좌우되어 구혼하려고 하면 비난을 받게 된다.

重山艮

䷳

艮下艮上

52. 重山艮

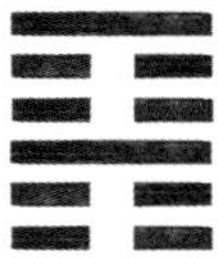

艮下艮上

艮其背에 不獲其身이라

行其庭하여도 不見其人이니 無咎니라.

彖曰 艮은 止也니

時止則止하고 時行則行하여

動靜이 不失其時일새

其道光明이니 艮其止는 止其所也일새니라.

上下敵應하여 不相與也일새

是以不獲其身이요

行其庭하여도 不見其人하여 無咎也니라.

중산간(重山艮) : 등진 채로 가만히 있고 몸을 특별히 움직이려고 하지 말라. 뜰을 거닐 때에 마음이 통하는 사람을 만나지 못하더라도 허물이 없다.

판단 : 중산간(重山艮)은 가만히 있는 것을 의미한다. 시기를 살펴서 그칠 만하면 그치고 갈 만하면 가는 것이다. 동정이 때를 잃지 않으니 중산간의 길은 밝고 환하다. 그칠 때에 멈추는 것은 그 자리에 그대로 머무르는 것이다. 첫째 음과 넷째 음, 둘째 음과 다섯째 음, 셋째 양과 윗양이 대립하고 호응하지 않는다. 그러므로 "몸을 특별히 움직이려고 하지 말라. 뜰을 거닐 때에 마음이 통하는 사람을 만나 보지 못하더라도 허물이 없다"고 한 것이다.

■ 풀이

불화가 생겼을 때 억지로 화해하려 하면 오히려 불화가 커진다. 가만히 있으면서 사태의 추이를 지켜보아야 한다. 싸울 것인가 아니면 화해할 것인가를 결정할 때에도 일신의 편의가 아니라 공동작업의 진전을 척도로 삼아야 한다. 장자는 "자기의 신체나 손발의 존재를 잊어버리고 눈이나 귀의 움직임을 멈추며 형체가 있는 육체를 떠나고 마음의 지각을 버려서 모든 차별을 넘어 도와 하나가 되는 것"(墮肢體하고 黜聰明하여 離形하고 去知하여 同於大通하니 此謂坐忘이라)을 좌망(坐忘)이라고 하였다.

조작된 지식과 무리한 간섭은 인간의 보편적 감정을 동요시킨다. 지혜롭다는 사람들의 조작과 책략, 독단과 투기는 사회의 혼란만 조장할 뿐이다. 좁은 시야는 객관적 조건들을 왜곡하여 해석함으로써 공동작업에 해를 끼친다. 천박한 이성은 사물의 본성에 어긋나는 행동을 하면서도 그것이 마치 올바른 행동인 것처럼 합리화한다. 인간은 본래부터 알고 있는 바에 의지하여 편안하고 여유 있는 마음으로 정성을 다하고, 집착하는 것도 아니고 방심하는 것도 아닌 사이에 마음을 두고, 잊지 않으면서 꾸준히 계속하여 공을 들임으로써만 자아편향을 제거한 객관정신에 도달할 수 있다.

맹자는 "속히 떠나가 버려야 할 경우에는 속히 떠나가 버리고 오래 머물러 있어야 할 경우에는 오래 머물러 있고 벼슬을 하지 않고 들어앉아 있어야 할 경우에는 들어앉아 있고 나가서 벼슬을 살아야 할 경우에는 벼슬을 살고 한 분이 공자이시다"(可以速而速하며 可以久而久하며 可以處而處하며 可以仕而仕는 孔子也시니라)하고 하였다.

* * *

象曰 兼山이 艮이니

君子 以하여 思不出其位하나니라.

初六은 艮其趾니 無咎나 利永貞하니라.

象曰 艮其趾는 未失正也니라.

六二는 艮其腓라 不拯其隨니 其心不快로다.

象曰 不拯其隨는 未退聽也일새니라.

九三은 艮其限이라 列其夤이니 厲薰心이로다.

象曰 艮其限이라 危薰心也니라.

六四 艮其身이니 無咎니라.

象曰 艮其身은 止諸躬也니라.

六五 艮其輔라 言有序니 悔亡하리라.

象曰 艮其輔는 以中으로 正也니라.

上九는 敦艮이니 吉하니라.

象曰 敦艮之吉은 以厚終也일새니라.

腓(비) - 장딴지 | 拯(증) - 구원하다 | 限(한) - 허리 | 夤(인) - 허리뼈
薰(훈) - 찌다 | 輔(보) - 뺨

형상 : 두 산이 나란히 솟아 있는 것이 중산간(重山艮)의 형상이다. 군자는 이것을 본받아 생각하는 것이 분수를 벗어나지 않도록 조심한다.

첫째 음 : 발을 움직이지 말라. 허물을 짓지 않을 것이다. 오래도록 인내하는 것이 좋다.

형상 : "발을 움직이지 말라." 바른 도를 상실하지 않을 것이다.

둘째 음 : 장딴지를 움직이지 말라. 들려고 하다 뜻대로 못하게 되면 마음이 불쾌할 것이다.

형상 : "들려고 하다 뜻대로 못하게 된다." 그가 금지하는 분부를 듣지 않기 때문이다.

셋째 양 : 허리를 움직이지 말라. 허리등뼈 근처의 살을 다치면 위태롭게 여기어 속이 타게 될 것이다.

형상 : "허리를 움직이지 말라." 위험하여 속이 타게 될 것이다.

넷째 음 : 몸을 움직이지 말라. 허물을 짓지 않을 것이다.

형상 : "몸을 움직이지 말라." 신체가 정욕에 흔들리지 않도록 금지하는 것이다.

다섯째 음 : 빰을 움직이지 말라. 말에 질서가 있으면 후회할 일이 소멸할 것이다.

형상 : "빰을 움직이지 말라." 중심에 있으면서 바르게 행동하려고 노력해야 한다.

윗양 : 관대하게 생각하고 움직이지 않으면 좋은 결과가 있을 것이다.

형상 : "관대하게 생각하고 움직이지 않으면 좋은 결과가 있을 것이다." 일이 저절로 잘 끝나게 될 것이다.

■ 풀이

군자는 현재의 위치에 따라 행동하고 분수에 벗어나는 짓을 하지 않는다. "윗자리에 있으면서 아랫사람을 누르지 않으며, 아랫자리에 있으면서 윗사람을 잡아당기지 않는다. 제 몸만 바르게 하려고 애쓰고 남에게 바라지 않으니 원망이 있을 리 없다. 위로 하늘을 원망하지 않고 아래로 사람을 탓하지 않는다. 군자는 하늘의 분부를 기다리며 쉽도록 사는데 소인은 위험하게 행동하면서 요행을 찾는다"(在上位하여 不陵下하며 在下位하며 不援上이요 正己而不求於人이면 則無怨이니 上不怨天하며 下不尤人이니라. 故로 君子는 居易以俟命하고 小人은 行險以徼行이니라 : 《中庸》 제14장). 설치고 바쁘게 뛰어다니면 몸만 다치게 된다. 일을 제대로 하려면 먼저 가만히 앉아 있을 줄 알아야 한다.

첫째 음은 제일 아랫자리에 있으므로 발에 비유되었다. 욕구를 절제하고 굳게 인내하여 바른 도를 지켜야 할 때이다.

둘째 음은 발의 윗부분인 장딴지에 비유되었다. 다리를 들려고 해도 뜻대로 되지 않는 상황에서는 억지로 나아가려고 하지 말고 가만히 앉아서 참된 마음으로 때를 기다려야 한다.

셋째 양은 아랫괘의 끝으로서 윗괘로 이행하는 자리에 있으므로 허리에 비유되었다. 능력 이상의 업적을 바라다가 허리를 다치지 않으려면 마음을 바르게 하고 조용히 반성해야 한다.

넷째 음은 오장육부가 들어 있는 몸통에 비유되었다. 온갖 병이 가슴과 배에서 생기는 것이니 몸이 나를 굴리지 못하게 하고 내가 몸을 굴릴 수 있도록 편안한 마음으로 심신을 수련해야 한다. 욕심의 불꽃은 먼저 위를 상하게 하고 다음에 등골뼈를 상하게 한다.

다섯째 음은 뺨에 비유되었다. 사회생활을 할 때에 언행보다 더 조심해야 할 것은 없다.

윗양은 가만히 있으면서도 관대한 마음으로 대중을 포용하고 밝은 덕을 휘황하게 밝힌다. 실로 이 '그칠 지'(止)자에는 심오한 뜻이 있다. 《대학》에서는 "그침을 안 후에 정함이 있다"(知止而后有定)고 하였고, 장자는 "그림자를 지우려고 달아나는"(形與影競走也) 사람을 비웃었고, 원효는 "그릇된 대상을 설정하는 모든 짓을 멈추는 일"(所言止者는 謂止一切境界相 : 《起信論疏》)이 무엇보다 중요하다고 하였다. 불교에서 말하는 참선에도 중산간괘의 의미와 서로 통하는 면이 적지 않다. 주역의 64괘 하나하나를 화두로 삼아 참선을 해보는 것도 주역을 읽는 좋은 방법의 하나가 될 수 있을 것이다.

風山漸

艮下巽上

53. 風山漸

艮下巽上

漸은 女歸라야 吉이니 利貞하니라

象曰 漸之進也는 女歸면 吉也라

進得位하니 往有功也요

進以正하니 可以正邦也니

其位剛得中也며 止而巽일새 動不窮也니라

풍산점(風山漸) : 여자가 시집가면 좋다. 바르게 행동하는 것이 유익하다.

판단 : 풍산점(風山漸)은 천천히 진행하는 것을 의미한다. 여자가 시집가면 좋다. 나아가면 자리를 얻을 것이고 일을 맡으면 보람이 있을 것이다. 바른 도로써 나아가면 나라를 바로잡을 수 있다. 다섯째 줄의 강건한 선이 중심 위치를 얻으며, 아랫괘인 상련간은 제자리에 가만히 머무르고 윗괘인 하절손은 공손하게 순종하니 움직여도 막히지 않는다.

■ 풀이

혼례는 바른 절차를 따라 천천히 진행해야 한다. 남자의 집안과 여자의 집안에서 서로 사람을 보내어 상대편의 인물·학식·인품 등을 알아보고 궁합을 맞춰 본 후에 신랑집에서 신부집으로 혼인을 청한다. 신부집에서 허혼의 편지가 오면 신랑집에서는 신랑의 사주와 납채문을 써서 아침 일찍 사당에 고하고, 홍색 보자기에 싸서 신부집으로 보낸다. 신부집에서도 신랑집에서 보내온 편지를 사당에 고하고 혼례일을 정하여 신랑집에 통지한다.

신랑집에서 혼인을 청하는 것을 납채(納采)라 하고, 양가가 서로 친가와 외가의 성씨를 묻는 것은 문명(問名)이라 하고, 신부집에서 가족회의를 열어 혼례에 대해 결정하는 것을 연길(涓吉)이라 한다.

신랑집에서 초례를 치르기 전에 신부집으로 "저의 아들 모(某)가 이미 나이가 차도 배필이 없어 염려하였사온데 높으신 사랑으로 소중한 따님을 아내로 삼게 하여 주시니, 조상의 예에 따라 삼가 납폐의 의식을 행하옵니다. 받아주시옵소서"(僕之幾子某 年既長成 未有伉儷 伏蒙尊慈 許以令愛貺室 茲有先人之禮 謹行納幣之儀 不備伏惟尊照 謹拜 上狀)라는 혼서(婚書)를 보낸다. 신랑의 사주(四柱 : 태어난 연월일시)를 적은 종이 위에 붉은 실과 푸른 실을 얽어 맺어 걸쳐두고 신부의 치마저고리 한 벌을 담은 혼함(婚函)에 혼서를 넣어 보내는데, 여유 있는 집에서는 다른 옷감을 더 넣어 보내기도 한다. 채단과 혼서를 보내는 것을 납폐(納幣)라 하고 사주단자를 보내면서 초례날을 묻는 것을 청기(請期)라 한다.

초례일에는 신랑이 신부집에 도착하여 신부의 어머니에게 기러기를 드리고 초례청에 나아가 신부와 맞절을 하고 술잔과 표주박으로 술을 부어 마신 후에 신부를 자기 집으로 맞아온다. 초례(醮禮)를 치르는 것을 친영(親迎)이라고 한다.

납채·문명·연길·납폐·청기·친영이 6례가 된다.

기러기는 한번 인연을 맺으면 생명이 끝날 때까지 연분을 지킨다하여 서약의 징표로 드리는데, 주나라 때에는 산 기러기를 신랑이 직접 드렸다. 《예기》〈혼의(昏義)〉에 "사위는 기러기를 가지고 들어가 읍하고 사양하며, 당에 올라 두 번 절하고 기러기를 올린 후 친히 신부의 부모로부터 신부를 받는다"(壻執鴈入하여 揖讓升堂하여 再拜奠鴈하되 蓋親受之於父母也라)는 기록이 있다.

* * *

象曰 山上有木이 漸이니
君子 以하여 居賢德하여 善俗하나니라
初六은 鴻漸于干이니
小子厲하여 有言이면 無咎리라
象曰 小子之厲는 義無咎也니라
六二는 鴻漸于磐이라
飮食이 衎衎하니 吉하니라.
象曰 飮食衎衎은 不素飽也니라.
九三은 鴻漸于陸이니
夫征이면 不復하고
婦孕이라도 不育하여 凶하니 利禦寇하니라.
象曰 夫征不復은 離群醜也요
婦孕不育은 失其道也요
利用禦寇는 順相保也니라.
六四는 鴻漸于木이니 或得其桷이면 無咎리라

象曰 或得其桷은 順以巽也일새니라.

九五는 鴻漸于陵이니 婦三歲를 不孕이나

終莫之勝이라 吉하니라.

象曰 終莫之勝吉은 得所願也니라.

上九는 鴻漸于逵라

其羽可用爲儀니 吉하리라.

象曰 其羽可用爲儀吉은 不可亂也일새니라.

干(간) - 물가 | 磐(반) - 반석 | 衎(간) - 즐기다 | 桷(각) - 평평한 가지
陵(릉) - 언덕 | 逵(규) - 큰 길

형상 : 산 위에 나무가 있는 것이 풍산점(風山漸)의 형상이다. 군자는 이것을 본받아 어진 덕행을 쌓고 풍속을 개선한다.

첫째 음 : 기러기가 천천히 물가로 날아간다. 어린 아이가 빨리 나아가려 하면 위태로우나 말을 듣고 천천히 나아가면 허물이 없다.

형상 : "어린 아이가 빨리 나아가려 하면 위태롭다." 옳게 행동해야 허물이 없다.

둘째 음 : 기러기가 천천히 물 가운데 있는 바위로 날아간다. 먹고 마시는 모습이 화락하니 좋다.

형상 : "먹고 마시는 모습이 화락하다." 혼자서 배부르기를 구하지 않고 음식을 함께 나눈다.

셋째 양 : 기러기가 천천히 평원으로 날아간다. 남편이 나가서 돌아오지 않고 아내가 아이를 배고도 기르려 하지 않으니 나쁘다. 도둑이 들어 함께

막는 것은 뜻을 모으게 되므로 서로에게 유익하다.

형상 : "남편이 나가서 돌아오지 않는다." 그는 무리를 떠난 기러기와 같으니 보기 흉하다. "아내가 아이를 배고도 기르려 하지 않는다." 바른 도를 상실한 것이다. "도둑이 들어 함께 막는 것은 뜻을 모으게 되므로 서로에게 유익하다." 부드럽게 서로 보살피게 되기 때문이다.

넷째 음 : 기러기가 천천히 나무로 날아간다. 어쩌다가 앉을 곳을 얻으면 허물이 없다.

형상 : "어쩌다가 앉을 곳을 얻는다." 넷째 음은 음의 자리에 있는 끊어진 선이므로 유순하고 공손하다.

다섯째 양 : 기러기가 천천히 언덕으로 날아간다. 아내가 삼 년 동안 아이를 배지 못하나 끝내 아무도 그 여자를 해치지 못하니 좋다.

형상 : "끝내 아무도 그 여자를 해치지 못한다." 그 여자는 소원을 이루게 된다.

윗양 : 기러기가 천천히 하늘 길로 날아간다. 무리를 지어 날갯짓하는 모습이 신성한 춤의 전범이 될 만하다. 좋은 결과가 있을 것이다.

형상 : "무리를 지어 날갯짓하는 모습이 신성한 춤의 전범이 될 만하다. 좋은 결과가 있을 것이다." 흐트러지지 않고 가지런히 날아가기 때문이다.

■ 풀이

나무들은 산에서 천천히 자란다. 혼례도 정당한 절차를 거쳐서 천천히 진행되어야 한다.

기러기는 가을에 와서 봄에 북쪽으로 가는 철새로서 강이나 바다나 늪에서 산다. 기러기는 물새이므로 물가로 날아가는 것이 기러기에게는 자연스러운 일이다. 기러기는 날 때에 절도가 있고 이동할 때에 질서가 있다. 어린아이는 절도 있게 움직이고 질서 있게 생활하는 예절을 익혀서 좋은 배필이 될 준비를 해야 한다. 절차를 무시하고 일을 서둘러 처리하는 버릇이 생기면 위험을 스스로 불러오게 된다. 사회생활뿐 아니라 가정생활에도 마땅히 따라야 할 규칙과 절차가 있다.

기러기가 물 가운데 있는 바위로 날아가면 고기를 잡기 쉬우므로 먹고 마시며 즐길 수 있다. 기러기는 물고기가 아무리 많아도 배부를 때까지 먹지는 않으니, 음식에 절도가 있는 것이다.

물새가 평원으로 날아가는 것은 자연스러운 일이 아니다. 가정으로 말하면 남편이 집을 나가 돌아오지 않는 것도 자연스러운 일이 아니다. 아내는 설혹 아이를 배었더라도 남편이 없는 집에서 아이를 기르고 싶지 않을 것이다. 그러나 부부가 동일한 목표를 향하여 협력할 수만 있다면 가정의 분란은 점차 소멸하게 될 것이다. 불화하던 부부라도 도둑이 들면 합심하여 대항한다. 평원으로 날아간 기러기들도 합심하여 질서 있게 곤경에 대처하면 다시 물가로 돌아올 수 있다.

기러기는 발에 물갈퀴가 있어서 물을 헤치어 나가는 데는 능숙하나 나뭇가지에 깃들이는 데는 서투르다. 둥근 가지를 움켜잡을 수 없기 때문이다. 그러나 나무에 가로로 뻗은 평평한 부분이 있으면 앉을 수 있다. 남의 아내가 되어 낯선 집에 살게 된 여자는 당황하지 말고 주어진 환경에 순응하면서 깃들일 자리를 찾아내야 한다. 어느 집안에 갓 시집 온 며느리가 그 집안의 규칙을 따르지 않는다면 그 여자는 그 집안의 억압을 견뎌내지 못할 것이다. 그러나 그 여자가 자기를 완전히 포기하고 그 집안의 가풍에 따르기만 한다면 그 여자의 인간성은 파괴되고 말 것이다. 그 여자는 그 집안의 규칙을 어떻게든 그 여자 자신이 견디고 살 만한 것으로 바꾸어 놓지 않으면 안 된다. 자기가 앉을 자리를 마련해야 하는 것이다.

분란이 많은 집에서는 아이를 배어도 불행하지만 애정으로 결속되어 있는 집에서는 아이가 없어도 행복하다. 가족들 한 사람 한 사람이 각각 스스로 보람을 느끼는 일을 하게 도와주는 것이 가정의 기능이다. 아이를 낳는 것은 물론 보람 있는 일의 하나이지만, 아이가 없다고 하여 보람 있는 일을 하지 못하는 것은 아니다. 다섯째 줄의 이어진 선은 둘째 줄의 끊어진 선과 호응하므로, 설령 누가 사이를 훼방하려 해도 그들의 결속을 손상하지 못한다.

기러기는 가을에 왔다가 봄에 북쪽으로 간다. 무리를 지어 하늘 길을 나는 모습이 온갖 장애를 이겨내고 오순도순 정답게 살아가는 부부의 모습과 같다. 가정의 평화는 그냥 주어지는 것이 아니라 고통을 극복하고 획득한 인간의 위대한 성취이다. 그것은 불변하는 대상이 아니라 나날이 새롭게 형성해야 할 사건이다. 부부가 아무리 서로 노력한다 해도 자연스러운 친화에는 3년 이상이 걸린다. 3년 동안 여러 가지 난관을 돌파해 내었다면 평생토록 해로할 수 있는 능력을 갖추었다고 할 만하다.

雷澤歸妹

兌下震上

54. 雷澤歸妹

兌下震上

歸妹는 征하면 凶하니 無攸利하니라.

彖曰 歸妹는 天地之大義也니

天地不交而萬物이 不興하나니

歸妹는 人之終始也라.

說以動하여 所歸妹也니

征凶은 位不當也요

無攸利는 柔乘剛也일새니라.

뇌택귀매(雷澤歸妹) : 적극적으로 가려고 하면 나쁘고 무익하다.

판단 : 뇌택귀매(雷澤歸妹)는 천지의 위대한 도리를 의미한다. 하늘과 땅이 서로 사귀지 않으면 만물이 흥성하지 못한다. 누이를 시집보내는 일은 인륜의 처음이요 끝이다. 아랫괘인 상절태는 기뻐함을 나타내고 윗괘인 하련진은 움직임을 나타내니 시집가는 누이가 기뻐하며 움직이는 것이다.

"적극적으로 가려고 하면 나쁘다." 둘째 양과 셋째 음, 넷째 양과 다섯째 음이 모두 적당한 자리에 있지 않다.

"무익하다." 셋째 줄의 유순한 선이 첫째 줄과 둘째 줄의 강건한 선을 타고 있고 다섯째 줄과 여섯 째 줄의 유순한 선이 넷째 줄의 강건한 선을 타고 있다.

■ 풀이

누이를 시집보내는 오빠의 마음은 착잡하고 불안하다. 제일 큰 걱정은 어린 누이가 시집의 가풍을 따르지 못하여 강제로 이혼당하여 쫓겨 오는 일이다. 그 다음으로 걱정되는 것은 누이가 버릇없고 못되게 굴어 남편과 불화하게 되는 일이다. 뇌택귀매는 끊어진 선이 이어진 선 위에 있는 형태를 보여준다. 괘의 모양이 버릇없는 새 며느리를 상징하고 있다.

상나라 말 주나라 초에는 어머니가 가족에 대하여 지배권을 행사하던 원시 가족제도의 유풍이 여전히 남아 있었다. 귀족계급의 여자들 중에는 남편을 무시하고 교만하고 사치하게 행동하는 여자들이 적지 않았다. 《춘추좌씨전》에서 귀족 계급 여자들의 간통사건만 추려서 정리해도 상당한 분량이 될 것이다. 그러나 다른 한편으로 이 시기에는 일부다처의 혼인형태가 일반화되어 있었다. 《춘추》 선공(宣公) 16년조에 "가을에 담(郯)나라의 백희(伯姬)가 돌아왔다"(秋郯伯姬來歸)고 기록되어 있는데, 좌씨의 〈전〉에는 "돌아왔다는 것은 쫓겨 온 것을 말한다"(來歸出也)고 풀이되어 있다. 성공(成公) 9년조에는 "2월 백희가 송나라에 시집갔다. 여름 계손행보가 송나라에 가서 치녀(致女)의 예를 행했다. 진나라 사람이 와서 백희를 따라 시집갔다"(二月 伯姬歸于宋. 夏季孫行父如宋致女, 晉人來媵)는 기록이 있고, 좌씨의 〈전〉에 "백희와 같은 희(姬) 성인 진나라의 공녀(公女)가 와서 백희를 따라 시집간 것은 예에 맞는 일이다"(晉人來媵禮也)라고 풀이되어 있다. 치녀(致女)란 공녀(公女)가 시집간 지 석 달 뒤에 대부를 보내어 방문하게 하는 것을 말한다.

이러한 기록을 통하여 상나라 말 주나라 초에는 이혼과 재혼이 자유스러웠음을 알 수 있다. 그러나 적(嫡)과 서(庶)의 구분은 엄격하였다. 적처의 아들을 적자라고 불렀고 첩의 아들을 서자라고 불렀다. 장자는 적자 중의 맏이고, 장자가 아니면 중자(衆子)이다. 정처가 낳은 장자만이 승습(承襲)의 자격을 가졌고, 첩이나 잉(媵)이 낳은 아들은 아무리 연장자라 할지라도 정처에게 아들이 있으면 승습의 자격을 가질 수 없었다. 그러나 《춘추》에는 적자를 죽이고 서자를 세운 경우가 여러 번 기록되어 있다.

* * *

象曰 澤上有雷 歸妹니
君子 以하여 **永終**하여 **知敝**하나니라.
初九는 **歸妹以娣**라
跛能履니 **征**이면 **吉**하리라.
象曰 歸妹以娣는 **以恒也**니
跛能履吉은 **相承也**일새니라.
九二는 **眇能視**니 **利幽人之貞**하리라.
象曰 利幽人之貞은 **未變常也**니라.
六三은 **歸妹以須**요 **反歸以娣**니라.
象曰 歸妹以須는 **未當也**일새니라.
九四는 **歸妹愆期**니 **遲歸**나 **有時**니라.

象曰 愆期之志는 有待而行也니라.

六五는 帝乙歸妹에

其君之袂不如其娣之袂良이나

月幾望이니 吉하리라.

象曰 帝乙歸妹不如其娣之袂良也는

其位在中하여 以貴行也니라.

上六은 女承筐無實하며 士刲羊無血이니 無攸利니라.

象曰 上六無實은 承虛筐也니라.

𢽱(폐) - 떨어지다 | 娣(제) - 동생 | 眇(묘) - 애꾸눈이 | 須(수) - 하녀
愆(건) - 어기다 | 袂(몌) - 소매 | 筐(광) - 광주리 | 刲(규) - 찌르다

형상 : 호수 위에 우레가 있는 것이 뇌택귀매(雷澤歸妹)의 형상이다. 군자는 이것을 본받아 죽을 때까지 길이 바른 도를 지키고 무너질 일을 미리 알아 대비한다.

첫째 양 : 누이를 시집보낼 때 동생을 따라 보낸다. 절름발이도 걸을 수는 있으나 걸을 때에 넘어지지 않도록 조심한다. 절름발이처럼 조심해서 걷는다면 가도 좋다.

형상 : "누이를 시집보낼 때 동생을 따라 보낸다." 예절에 맞는 행동이다. 절름발이처럼 조심해서 걸으니 좋다. 손윗누이와 손아랫누이가 서로 상대방의 뜻을 받드는 것이다.

둘째 양 : 애꾸눈이도 볼 수 있다. 애꾸눈이처럼 한 눈을 감고 시부모와 남편의 결점을 보지 말라. 말없는 사람이 인내하는 것이 유익하다.

형상 : "말없는 사람이 인내하는 것이 유익하다." 항상 지켜야 할 도리는 변화하지 않는다.

셋째 음 : 누이들을 시집보낼 때에 하녀를 함께 보냈는데, 하녀는 남고 누이는 동생과 함께 쫓겨나 돌아왔다.

형상 : "누이들을 시집보낼 때에 하녀를 함께 보냈다." 마땅한 행동이 아니다.

넷째 양 : 누이를 시집보낼 때에 시기를 연기한다. 늦게 시집가게 되나 적당한 때가 있는 것이다.

형상 : 시기를 연기하는 뜻은 충분히 숙고하고 시행하려는 데 있다.

다섯째 음 : 상나라 29대 임금 제을(帝乙)이 누이들을 문왕에게 시집보낼 때, 그 정실부인이 될 누이의 옷은 함께 시집가는 동생의 옷이 화려한 것만 같지 못하였다. 달이 거의 찼으나 다 차지는 않았으니 좋다.

형상 : "상나라 29대 임금 제을(帝乙)이 누이들을 문왕에게 시집보낼 때, 그 정실부인이 될 누이의 옷은 함께 시집가는 동생의 옷이 화려한 것만 같지 못하였다." 그 자리가 중심에 있으므로 고귀하게 행동하는 것이다.

윗음 : 여자가 바구니를 들었으나 과일이 없고 남자가 양을 찔렀으나 피가 나오지 않으니 유익한 바가 없다.

형상 : 윗음에 과일이 없다고 한 것은 빈 바구니만 들고 있는 것이다.

■ 풀이

뇌택귀매(雷澤歸妹)는 음의 자리인 둘째 줄과 넷째 줄에 이어진 선이 있고 양의 자리인 셋째 줄과 다섯 째 줄에 끊어진 선이 있다. 자리가 적당하지 않은 것이다. 첫째 양과 윗음은 바른 자리에 있으나 그 또한 양이 아래에 있고 음이 위에 있어서 온순하지 않은 여자의 성격을 나타내고 있다. 상절태(上絶兌)는 막내딸이고 하련진(下蓮震)은 맏아들이니 뇌택귀매는 큰 오빠가 막내 누이를 시집보내는 것이 된다. 누이가 어리므로 감정에 좌우되어 주부의 역할을 다하지 못할까 하는 오라비의 염려가 잘 드러나 있다. 상나라 말 주나라 초에는 손윗누이와 손아랫누이를 한 남자에게 시집보내는 것이 예절에 맞는 일이었다.

《서경》에 "요임금은 자신의 두 딸을 규수(嬀水)옆에 사는 우씨 집안의 순(舜)에게 시집보내며 딸들에게 순을 잘 공경하라고 당부하였다"(釐降二女于嬀汭하사嬪于虞하시고 帝曰 欽哉하라 하시니라)는 기록이 있으며, 《시경》〈대아〉'대명'(大明)에는 "큰 나라에 따님이 계셔 하늘의 선녀처럼 아름다우니 길일을 예로써 정하고 위수에서 몸소 신부를 맞으셨도다"(大邦有子하니 俔天之妹로다. 文定厥祥하시고 親迎于渭러시다)라고 하였고, 또 "아름다운 신나라의 따님이 맏아드님께 시집오시어 무왕을 낳으셨다"(纘女維莘이 長子維行하니 篤生武王이샷다)고 하였으니, 큰 나라란 상나라를 가리키고 신(莘)나라의 따님이란 정실부인이 되는 상나라 공녀(公女)와 성이 같은 여자로서 함께 시집온 여자를 가리킨다. 이렇게 시집오는 여자를 잉(媵)이라 하였는데 처도 아니고 첩도 아니라는 의미에서 부처(副妻)라고 부를 수 있을 것이다.

아무리 나이가 어리더라도 주부가 된 여자는 남편과 평생토록 같이 살 것을 결심하고 가정에 분란을 일으킬 만한 일을 미리 알아 피하여야 한다. 시부모의 의견을 묻지 않고 혼자서 결정하거나 남편의 사랑을 믿고 잉이나 첩을 업신여기면 안 된다. 주부가 감정에 흔들려 잉이나 첩들을 질투하면 이혼을 당하게 된다. 주부는 정직하게 행동하여 가정의 평화와 질서를 보존해야 한다. 함께 시집온 여자들은 다 친아우거나 사촌 아우이니 법도를 세우되 관대하게 대하고 특별히 말을 조심하여야 한다. 험담하고 고자질하고 뒷말하는 것은 가정불화의 큰 원인이 되기 때문이다.

몸종을 데리고 시집가는 것은 예사로운 일이니 구태여 "누이를 시집보낼 때 하녀를 함께 보낸다"고 특기할 필요가 없을 것이다. 그러므로 본문에서 '하녀'라고 한 것은 천박하게 행동하면 계집종보다 못한 신세가 된다는 것을 강조하는 말이다. 동생이 언니를 무시하고 방자하게 행동하면 언니와 함께 시집에서 쫓겨나게 된다는 경고이다.

혼례는 인륜의 큰일이므로 준비가 다 되지 않으면 연기해도 무방하다. 어떻게 해서든지 혼인을 성사시키려고만 하다가는 실수를 저지르기 쉽다. 시집보낼 때에 실수하면 누이의 일생을 결딴내게 될 것이니 혼인을 경솔하게 결정할 수 없다. 무엇보다 중요한 것은 누이 자신의 마음가짐이다. 누이를 교육하지 않고 시집보내는 것은 누이를 이혼 당하게 하는 것이다.

제을은 상나라 마지막 임금 주(紂)의 아버지이다. 그는 누이들을 문왕에게 시집보냈다. 정실부인은 시집갈 때 꾸미지 않는 것이 예절에 맞는 행동이었다. 덕을 높이고 장식을 낮추는 마음을 옷차림에 그대로 표현한 것이었다. 귀한 신분에도 불구하고 소박하고 겸손하게 행동하는 것이 다 차지 않은 달과 같다. 거의 차되 다 차지 않게 행동하는 것이 주부의 지혜이다.

고힐강(顧頡剛, 1893-1980)은 〈주역 괘 효사 속의 고사(周易卦爻辭中的故事)〉라는 논문에서 "제을이 두 딸을 문왕에게 시집보냈다"고 하였다〔《연경학보(燕京學報)》 제6집, 1929. 12〕. 그러나 다산은 "의심컨대 제을이 누이동생을 시집보낸 일이 있었는데 《사기》의 전(傳)에서 기재함을 잃은 듯하다"〔《주역사전(周易四箋)》〕고 하였다. 나는 다산의 설을 따라 번역하였다.

주부가 어리석게 행동하여 가정에 분란이 일어나면 희생의 제사조차도 무익하다. 제사를 지낼 때 주부는 바구니에 담긴 과일을 진설하고 남자는 양을 찔러 그 피를 뿌렸다. 여자가 바구니를 들었으나 과일이 없고 남자가 양을 찔렀으나 피가 충분히 나오지 않으니 제사를 드릴 수 없다. 제사를 받드는 것은 주부의 임무인데 제사를 받들지 못하였으니 이혼당할 수밖에 다른 도리가 없을 것이다.

《예기》〈곡례(曲禮)하〉에 "공후에게는 부인이 있고 세부(世婦)가 있고 처가 있고 첩이 있다"(公侯는 有夫人하며 有世婦하며 有妻하며 有妾이니라)고 기록되어 있는데, 일부다처의 혼인형태가 시행되던 때에 정실부인에게 가정의 운명이 달려 있었다고 해도 과언이 아니다.

雷火豐

䷶

離下震上

55. 雷火豐

離下震上

豐은 亨하니 王이라야 假之하나니

勿憂요 宜日中이니라.

象曰 豐은 大也니 明以動이라 故로 豐이니

王假之는 尙大也요

勿憂宜日中은 宜照天下也라.

日中則昃하며 月盈則食하나니

天地盈虛도 與時消息이어든

而況于人乎며 況于鬼神乎아.

假(격) - 이르다

뇌화풍(雷火豐) : 일을 성취한다. 일식이 있어 임금이 제사를 지낸다. 근심하지 말고 마땅히 해가 중천에 떠 있는 것처럼 행동하라.

판단 : 뇌화풍(雷火豐)은 성대함을 나타낸다. 아랫괘인 허중리는 환하고

윗괘인 하련진은 움직이므로 만물이 풍성하게 된다.

"임금이 제사를 지낸다." 높이는 것이 더 없이 성대하다.

"근심하지 말고 마땅히 해가 중천에 떠 있는 것처럼 행동하라." 마땅히 세상을 환하게 비추어야 한다.

해는 중천에 이르면 기울기 시작하고 달은 가득 차면 이지러지기 시작한다. 천지의 잔뜩 차는 것과 이지러지는 것은 때를 따라 줄었다 늘었다 하면서 순환하는 것인데 하물며 사람에게 찼다 비었다 함이 없겠으며, 하물며 귀신에게 줄었다 늘었다 함이 없겠는가?

■ 풀이

달이 태양과 지구의 사이에 끼여 태양의 일부 또는 전부가 가려지면 임금은 제사를 거행하여 재앙을 없애 달라고 기도하였다. 《예기》〈혼의(昏義)〉에는 "일식이 생기면 천자는 흰옷을 입고 육관(六官)의 직책을 다스렸다"(日食則天子素服以脩六官之職)는 기록이 있고, 《춘추좌씨전》 소공(昭公) 17년조에는 "일식이 있어서 천자는 성찬(盛饌)을 들지 않고 사(社)에서 북을 쳤다"(日有食之天子不擧 伐鼓於社)는 기록이 있다.

상나라 말 주나라 초에는 일식을 임금에게 불리한 현상으로 생각하였다. 임금은 일식을 하느님이 내리는 경고로 받아들였다. 일식은 온 세상을 순식간에 어둡게 하므로 모든 사람이 일식을 두려워하였다. 임금만이 더 없이 큰 일식의 위력을 소멸시킬 수 있었다.

* * *

象曰 雷電皆至 豐이니

君子 以하여 折獄致刑하나니라.

初九는 遇其配主하되 雖旬이나 無咎하니

往하면 有尚이리라

象曰 雖旬無咎니 過旬이면 災也리라.

六二는 豐其蔀라 日中見斗니

往하면 得疑疾이요 有孚發若하면 吉하리라.

象曰 有孚發若은 信以發志也니라.

九三은 豐其沛라 日中見沫요

折其右肱이니 無咎니라.

象曰 豐其沛라 不可大事也요 折其右肱이라.

終不可用也니라.

九四는 豐其蔀라 日中見斗니

遇其夷主하면 吉하리라.

象曰 豐其蔀는 位不當也일새요

日中見斗는 幽不明也일새요

遇其夷主는 吉行也니라.

六五는 來章이니 有慶譽하여 吉하리라.

象曰 六五之吉은 有慶也니라.

上六은 豐其屋하고 蔀其家하여 闚其戶라도 闃其無人이라

三歲라도 不覿이로소니 凶하니라.

象曰 豐其屋은 天際翔也요

闚其戶闃其無人은 自藏也니라.

蔀(부) - 포장 | 沛(패) - 늪 | 沬(매) - 작은 별 | 肱(굉) - 팔 | 闃(격) - 고요하다
覿(적) - 보다

형상 : 천둥이 울리고 번갯불이 번쩍이는 것이 뇌화풍(雷火豐)의 형상이다. 군자는 이것을 본받아 옥사(獄事)를 분명하게 판결하고 형벌을 엄격하게 집행한다.

첫째 양 : 갖추어 베푸는 임금을 만나 일식을 예고하고, 제사 드리고, 일식이 지난 후에 뒤처리를 하는 열흘 동안 함께 있어도 허물이 없다. 가서 일을 맡으면 인정을 받게 될 것이다.

형상 : "열흘 동안 함께 있어도 허물이 없다." 열흘이 지나 일식이 다 끝난 후에도 남아 있으면 재앙을 받는다.

둘째 음 : 일식이 널리 장막을 쳐 놓은 것 같아서 대낮에도 북두성을 본다. 조심 없이 가려고 하다가는 의심하는 병에 걸린다. 진실하게 뜻을 펴려고 하면 좋다.

형상 : "진실하게 뜻을 펴려고 하면 좋다." 믿음으로써 의지를 펴려고 하는 것이다.

셋째 양 : 일식이 초목이 무성하게 우거진 것 같아서 대낮에도 작은 별들을 본다. 오른팔을 부러뜨린 것처럼 움직이지 않으면 허물을 짓지 않는다.

형상 : "일식이 초목이 무성하게 우거진 것 같다." 큰일을 수행할 수 없다.

"오른팔을 부러뜨린 것처럼 움직이지 않는다." 끝내 쓸 수 없을 것이다.

넷째 양 : 일식이 널리 장막을 쳐 놓은 것 같아서 대낮에도 북두성을 본다. 편안한 임금을 만나면 좋은 결과가 있다.

형상 : "일식이 널리 장막을 쳐 놓은 것 같다." 넷째 양은 음의 자리에 있는 이어진 선이므로 자리가 적당하지 않다. "대낮에도 북두성을 본다." 어둡고 밝지 않다. "편안한 임금을 만나면 좋은 결과가 있다." 일이 시행된다.

다섯째 음 : 일식이 지나가고 밝은 빛이 비친다. 경사와 명예가 있으니 좋다.

형상 : 다섯째 음에 좋다고 한 것은 경사가 있으리라는 것이다.

윗음 : 드높은 집을 짓고 휘장으로 가리었다. 제사가 끝나 사람들이 돌아갔으니 문틈으로 엿보아도 사람이 없어 조용하다. 삼 년이 지나도 사람을 보지 못하면 나쁘다.

형상 : "드높은 집을 지었다." 집의 모양이 하늘로 나는 듯하다. "문틈으로 엿보아도 사람이 없어 조용하다." 스스로 숨는 것이다.

■ 풀이

상나라 말 주나라 초의 민중은 자연을 신비롭게 여겼고 우주에는 하느님의 주재(主宰)가 있다고 믿었다. 또 그때는 유목생활에서 농경생활로 전환하는 이행기였는데, 농업에는 계절의 변화를 아는 것이 필요했으므로 천문의 관찰이 발달하여, 상나라 시대의 갑골문에 이미 일식과 월식의 기록이 있었고 별들의 위치에 관한 기술이 있었다. 《시경》에도 천문에 관한 구절이 적지 않다. 〈빈풍(豳風)〉 '칠월'(七月)의 "7월이라 대화성이 흐르네"(七月流火)는 농부의 말이고, 〈당풍(唐風)〉 '주무(綢繆)'의 "삼성이 창문에 있네"(三星在戶)는 부인의 말이고, 〈소아〉 '참참지석'(漸漸之石)의 "달이 필수(畢宿)에 걸려 있네"(月離於畢)는 변경을 지키는 병졸의 말이다. 상나라 말 주나라 초에는 민중이 모두 천문을 알았다.

일식이 있으면 임금은 자신을 반성하고 재판 기록을 검토하여 잘못한 판결을 바로잡고 제사를 드려 하느님께 기도하였다. 일관(日官)의 예고에서부터 제사를 끝낼 때까지 열흘이 걸린다. 열이란 일정한 시간의 단위이다. 셈을 셀 때 손가락을 사용하는데, 손가락이 모두 열개이므로 열은 하나의 주기(週期)를 가리키는 수가 된다. 우리말의 다섯은 손가락을 '닫다'에서 온 말이고, 열은 손가락을 '열다'에서 온 말이다. 공동으로 할 작업이 있을 때 임금의 곁에서 임금을 돕는 것은 관리의 의무이지만 작업이 다 끝났는데도 임금의 곁에 남아 있는 것은 현명한 행동이 아니다. 일이 있으면 천둥과 번개가 함께 일어나듯 안팎에서 형체와 그림자처럼 협조해야 할 것이고, 일이 끝나면 공을 임금에게 돌리고 곧 떠나야 할 것이다. 같은 배에 탔을 때 풍랑을 만나면 원수도 협력하나 풍랑이 그치고 배가 육지에 닿으면 분쟁이 다시 일어난다. 첫째 줄의 이어진 선과 넷째 줄의 이어진 선은 원래 서로 호응하지 않으나 일식을 만나면 어쩔 수 없이 협력하게 된다.

상나라 말 주나라 초의 사람들은 천추(天樞)·천선(天璇)·천기(天璣)·천권(天權)·옥형(玉衡)·개양(開陽)·요광(搖光)의 일곱 별을 연결하여 국자 모양을 그리고 북두(北斗)라 하였다. 그들은 북두를 이용하여 방향과 계절을 측정하였다. 천선과 천추를 직선으로 연결하고 거리를 다섯 배 연장하면 북극성을 찾을 수 있었고, 국자의 자루 부분이 동쪽을 가리키면 봄이 되고, 남쪽을 가리키면 여름이 되고, 서쪽을 가리키면 가을이 되고, 북쪽을 가리키면 겨울이 되었다. 일식으로 해가 가려져서 대낮에 북두칠성이 나타나면 움직이지 말고 가만히 앉아서 진실하게 자신을 반성해야 한다. 뜻을 이루려면 먼저 진실하고 성실하게 자신을 반성해야 하기 때문이다. 정직이란 자신을 속이지 않는 것이다. 의심하는 병은 정신착란 또는 노이로제를 가리킨다. 일식이 진행되고 있을 때 나돌아 다니다가는 암귀(暗鬼)에 사로잡혀 정신병에 걸릴 것이라는 말이다.

셋째 양은 일식이 더 진행되어서 가장 어두운 때를 가리킨다. 빽빽하게 우거진 수목 속처럼 어두워서 작은 별들까지 보인다. 북두칠성은 큰곰자리에서 가장 뚜렷하게 보이는 일곱 개의 별이니 이제 북두칠성 주변의 작은 별들도 보이게 되었다는 것이다. 나라의 제사에 참여한 사람은 일식이 가장 심할 때 오른팔이 부러져서 움직일 수 없게 된 사람처럼 꼼짝하지 않고 일심으로 하느님께 기도만 해야 한다.

일식이 더 진행되면 다시 조금 덜 어두운 때가 온다. 잔별은 사라지고 다시 북두성만 보이게 되는 것이다. 임금이 평소의 진중함을 잃지 않고 편안한 마음으로 제사를 드리면 일식은 곧 소멸할 것이다. 편안한 마음은 자기를 속이지 않아서 두려움이 없는 마음이다.

다섯째 음은 일식이 소멸하고 햇빛이 나온 때를 가리킨다. 임금과 관리들이 마음을 합해 자연의 변고를 극복한 것이니 경사롭고 명예로운 일이라고 할 만하다.

임금은 드높은 집을 지어 거기서 나라의 제사를 지냈다. 상나라의 유적(遺蹟)에서는 기와가 발견되지 않았으니 그때의 지붕은 띠풀로 엮은 것이었을 듯하다. 주나라 초기에는 기와가 사용되었으나 띠풀로 지붕을 이고 흙으로 계단을 만드는 건축방법은 의연히 오래 지속되었을 것이다. 벽돌의 발명은 기와보다도 더 늦었다. 이러한 사정으로 미루어 하늘로 날듯이 드높은 집이라고 한 건축의 규모가 어느 정도였던가를 짐작해 볼 수 있다.

제사가 끝나고 사람들이 일상의 업무로 돌아가면 하느님을 모시는 사당은 텅 비게 된다. 사람들이 스스로 들어가기를 삼가는 것이다. 그러나 아무리 나라의 신사(神祠)라고 해도 너무 오랫동안 제사를 받들지 않으면 나라가 쇠약해진 증표가 된다. 평소에 조용하고 신성하게 관리하고 변고가 없더라도 기간을 정하여 제사를 받드는 일이 나라의 행사가 되어야 한다. 모든 공동작업에는 단합대회가 필요하기 때문이다. 단합대회를 너무 자주 하면 번거로움으로 공동작업을 방해하고, 단합대회를 너무 하지 않으면 소원함으로 공동작업을 방해한다. 《예기》〈명당위〉(明堂位)에는 "여름에는 약제를 지내고 가을에는 상제를 지내며 겨울에는 증제를 지내고 봄에는 사제(社祭)를 지낸다. 또 가을에는 농사의 풍흉을 살펴서 연말의 사제(蜡祭)를 준비한다"(夏礿하며 秋嘗하며 冬烝하며 春社하며 秋省하고 而遂大蜡하나니 天子之祭也니라)는 기록이 있다. 적어도 1년에 다섯 차례는 하느님께 제사를 드렸던 것이다.

火山旅

䷷

艮下離上

56. 火山旅

䷷

艮下離上

旅는 小亨하니 旅貞하면 吉하리라.

彖曰 旅小亨은 柔得中乎外而順乎剛하고

止而麗乎明이라

是以小亨旅貞吉也니

旅之時義大矣哉아.

화산려(火山旅) : 조금 성취한다. 나그네가 바르게 행동하면 좋다.

판단 : "화산려(火山旅)는 조금 성취한다." 다섯째 줄의 유순한 선이 윗괘의 중심 위치를 얻고 아래 위에 있는 넷째 양과 윗양의 이어진 선들에 순종하기 때문이다. 아랫괘인 상련간은 머무름을 나타내고 윗괘인 허중리는 밝음을 나타내니 화산려는 머물러서 밝은 데 의지하는 것이다. 그러므로 "조금 성취한다. 나그네가 바르게 행동하면 좋다." 화산려의 때에 알맞게 행동하는 의의는 위대하다.

■ 풀이

화산려(火山旅)에 등장하는 나그네는 외국에 일시적으로 머무르는 사람이다. 서주 시기에는 1,800개의 나라가 있었고 춘추 시기에는 그것들이 100여 개의 나라로 겸병되었다. 상나라 말 주나라 초에는 아마 1,800개보다 더 많은 나라들이 있었을 것이다. 《춘추좌씨전》에는 망명한 사람들에 대한 기록이 많이 있으니 화산려의 나그네도 혹시 다른 나라로 망명한 사람인지도 모른다. 외국에 거주할 때는 무엇보다 실수하지 않도록 조심해야 한다. 나서지 말고 화내지 말고 유연하고 신중하게 행동해야 한다. 그러나 또 어찌 보면 모든 사람이 얼마 안 있어 저승의 고향으로 돌아가야 할 나그네가 아닐 것인가?

* * *

象曰 山上有火 旅니

君子 以하여 明愼用刑하며 而不留獄하나니라.

初六은 旅瑣瑣니 斯其所取災니라.

象曰 旅瑣瑣는 志窮하여 災也니라.

六二는 旅卽次하여 懷其資하고 得童僕貞이로다.

象曰 得童僕貞은 終無尤也리라.

九三은 旅焚其次하고 喪其童僕이니

貞이라도 厲하니라.

象曰 旅焚其次하니 亦以傷矣요

以旅與下하니 其義喪也니라.

九四는 旅于處하고 得其資斧나 我心은 不快로다.

象曰 旅于處는 未得位也니 得其資斧나 心未快也니라.

六五는 射雉에 一失亡이나 終以譽命이리라.

象曰 終以譽命은 上逮也일새니라.

上九는 鳥焚其巢니 旅人이 先笑後號咷라.

喪牛于易이니 凶하니라.

象曰 以旅在上하니 其義焚也요

喪牛于易하니 終莫之聞也로다.

瑣(쇄) - 자질구레하다 | 次(차) - 여관 | 資(자) - 재물 | 斧(부) - 도끼
射(석) - 맞히다 | 咷(도) - 울다

형상: 산 위에 불이 있는 것이 화산려(火山旅)의 형상이다. 군자는 이것을 본받아 형벌을 집행할 때에 분명하고 신중하게 행동하며 옥사(獄事)를 질질 끌지 않는다.

첫째 음 : 나그네가 좀스럽게 행동한다. 이것은 스스로 재앙을 불러들이는 짓이다

형상 : "나그네가 좀스럽게 행동한다." 뜻하는 바가 막히어 재앙을 당한다.

둘째 음 : 나그네가 객사에 든다. 품에 재화를 간직하고 사내종을 얻으나 바르게 행동해야 한다.

형상 : "사내종을 얻으나 바르게 행동해야 한다." 끝내 허물이 없을 것이다.

셋째 양 : 나그네가 화재를 당하여 거처를 잃고 사내종도 가버린다. 가만히 있으면 위험하다.

형상 : "나그네가 화재를 당하여 거처를 잃는다." 또 그 몸을 다친다. 나그네

로서 하인을 다루는 데 실패한 것은 바른 의리를 상실했기 때문이다.

넷째 양 : 나그네가 거처에 들고 금전을 얻는다. 나의 마음은 불쾌하다.

형상 : "나그네가 거처에 든다." 넷째 양은 음의 자리에 있는 이어진 선이니 제자리를 얻지 못한 것이다. "금전을 얻는다." 마음은 기쁘지 않다.

다섯째 음 : 꿩을 쏘아 맞혔으나 꿩이 화살에 맞은 채 날아가 버려 화살만 잃었다. 마침내 명예와 복록이 있을 것이다.

형상 : 마침내 명예와 복록을 얻어 직위를 얻는다

윗양 : 둥지를 태운 새의 신세가 되어 나그네가 먼저는 웃고 나중에는 운다. 역(易)에서 소를 잃으니 나쁘다.

형상 : 나그네로서 윗자리에 있으면서 교만하게 행동한다. 윗양은 이어진 선이 음의 자리에 있으니 자리가 적당하지 않고 또 허중리의 윗자리가 되니 불에 탄다는 의미가 있다. "역에서 소를 잃는다." 끝내 소의 행방에 대하여 듣지 못한다.

■ 풀이

형벌은 부득이하여 시행하는 것이다. 외국으로 망명하는 것도 어쩔 수 없어서 가는 것이다. 산에 불이 나면 급격히 타 번지듯이 형벌의 집행이나 외국망명은 빠르게 결단해야 하고 질질 끌지 않아야 한다. 외국에 망명해 있다 하더라도 고향으로 어서 돌아갈 수 있는 방도를 정성껏 강구해야 한다.

외국에 일시적으로 체류하는 사람은 사소한 불편을 감수해야 한다. 원칙과 계획에 따라 행동하며 큰 불편을 고치려 하되 작은 불편은 견뎌야 하는 것이다. 만일 그가 사소한 일들에 대하여 일일이 불평한다면 그는 주위에 있는 사람들에게 배척을 받을 것이고 외국에서 고립되고 말 것이다. 외국에서 고립되는 것은 재앙이 아닐 수 없다.

외국에서 생활하려면 거처가 있고 재화가 있고 협조자가 있어야 한다. 외국에서 협조자를 얻으려면 내가 먼저 항상 정직하고 관대하게 행동해야 한다. 투기(投機)와 독단은 결코 오래가지 못한다.

숙소도 없고 협조자도 없이 외국에 머무르는 일은 더할 수 없는 불운이다. 그는 얼마 못가서 병이 들게 될 것이다. 협조자를 얻느냐 못 얻느냐 하는 것은 내게 덕이 있느냐 없느냐에 달린 문제이다. 그가 겸손하고 관대하게 행동하지 않았으므로 협조자가 그를 떠난 것이다.

넷째 양에 나오는 자부(資斧)는 도끼모양으로 만든 구리돈이다. 동으로 만든 화폐는 상나라 때부터 사용되었다. 나그네는 숙소를 얻고 재산을 모았다 하더라도 지위를 얻지 못하면 공동작업에 참여할 수 없다. 잠자기 전에 가야 할 길이 있는 사람의 마음은 편하지 않다. 사람은 보람 있는 일을 하기 위하여 이 세상에 태어났다. 외국으로 망명하는 것도 보람 있는 일을 위해서이고 고향으로 어서 돌아가려는 것도 보람 있는 일을 위해서이다. 집이 있고 돈이 있다 한들 마음에 드는 일이 없다면 기쁨을 어디에서 찾을 수 있겠는가?

설령 외국에 있다 하더라도 일심으로 정성을 다하다 보면 자기에게 맞는 일을 얻을 수 있다. 꿩을 쏘아 맞혔는데 꿩이 화살에 맞은 채 날아가다 떨어져 죽으면, 많은 사람이 그 광경을 보고 그의 활솜씨에 경탄할 것이다. 비록 화살은 잃는다 하더라도 그는 활 잘 쏜다는 명예를 얻고 직위도 얻을 수 있을 것이다. 그의 평판이 그 나라의 임금에게 알려지게 될 것이기 때문이다.

역(易)이란 상나라와 동이(東夷) 사이의 접경지대이다. 《춘추좌씨전》 소공(昭公) 11년조에 "주(紂)는 동이를 이겼으면서도 자기 몸을 죽였다"(紂克東夷隕其身)라는 기록이 있다. 상나라의 마지막 두 임금은 모두 동이와의 전쟁을 계속하였다. 제을은 수차에 걸쳐 장강과 회하 사이에 자리 잡고 있던 동이를 공격하여 승리를 달성하였으며, 악명 높은 폭군 제신은 직접 군사를 거느리고 동이를 정벌하여 약 2년간의 악전고투 끝에 승리를 달성하였으나 전쟁을 통하여 국력은 소모되어 있었다. 주나라 무왕은 이러한 때를 틈타 상나라를 멸망시켰다.

농업이 아직 발전하지 않았기 때문에 주로 유목에 의존하던 상나라 때에 상나라와 동이의 접경인 역(易)에서는 목축을 둘러싼 국경분쟁이 끊이지 않았다. 상나라 때에 외국에 가서 소와 양을 친 사람이 실제로 있었다. 《초사》〈천문(天問)〉에 등장하는 왕해는 유호국에 가서 소와 양을 기르는 일에 종사하였다. "왕해 그 아비 왕계의 덕을 지니니 그 아비 왕계는 크게 기뻐하였도다. 어찌하여 끝내 유호국에서 고생하며 소와 양을 쳤는가? 왕해의 간무춤이 어떻게 여인의 마음을 움직일 수 있었는가? 고른 몸과 부드러운 피부로 어떻게 왕해와 짝하였는가? 유호국의 왕해를 어떻게 만날 수 있었는가? 침상을 치고 먼저 나가서 그 목숨을 어떻게 보전하였는가? 왕해의 아우 항은 아비 왕계의 덕을 지니고 어떻게 큰 소를 얻었는가?" (該秉季德하니 厥父是臧이라. 胡終弊于有扈하여 牧夫牛羊인가? 干協時舞하니 何以懷之인가? 平脅曼膚하니 何以肥之인가? 有扈牧豎하니 云何而逢인가? 擊牀先出하니 其命何從인가? 恒秉季德하니 焉得夫朴牛인가?)

重風巽

巽下巽上

57. 重風巽

巽下巽上

巽은 小亨하니
利有攸往하며 利見大人하니라.
象曰 重巽으로 以申命하나니
剛이 巽乎中正而志行하며 柔皆順乎剛이라
是以小亨하니 利有攸往하며 利見大人하니라.

중풍손(重風巽) : 조금 성취한다. 나가서 일을 맡는 것이 유익하고 대인을 만나보는 것이 유익하다.

판단 : 윗사람은 부드럽게 분부를 내리고 아랫사람은 공손하게 분부를 받는다. 다섯째 줄의 강건한 선이 중심의 바른 자리에 들어가니 뜻이 시행되고, 첫째 줄과 넷째 줄의 유순한 선들이 다 다섯째 줄의 강건한 선에 순종한다. 그러므로 "조금 성취한다. 나가서 일을 맡는 것이 유익하고 대인을 만나보는 것이 유익하다"고 한 것이다.

■ 풀이

바람이 구름을 흩어지게 하듯이 바른 도는 의식에 침투하여 악을 제거하고 선을 깨우친다. 공손한 사람은 가는 데마다 성취하고 공손하지 않은 사람은 아무 데도 용납되지 못한다.

하절손은 끊어진 선이 두 개의 이어진 선 아래에 꿇어앉아 있는 것이다. 강건한 선은 중심에 있으면서 정중하게 행동하지 않으면 유순한 선을 복종시킬 수 없고 유순한 선은 공손하게 행동하지 않으면 작은 일도 성취할 수 없다.

바람은 어디든 스며들지 못하는 곳이 없다. 공손하게 생각하고 공손하게 행동하는 사람은 조금씩 쉬지 않고 전진하여 가까운 데서부터 먼 데까지 도달할 수 있고 낮은 데서부터 높은 데까지 오를 수 있다.

* * *

象曰 隨風이 巽이니
君子 以하여 申命行事하나니라.
初六은 進退니 利武人之貞이니라.
象曰 進退는 志疑也요 利武人之貞은 志治也니라.
九二는 巽在牀下니 用史巫紛若하야사
吉코 無咎리라.
象曰 紛若之吉은 得中也일새니라.
九三은 頻巽이니 吝하니라.
象曰 頻巽之吝은 志窮也니라.
六四는 悔亡하니 田獲三品이로다.

象曰 田獲三品은 有功也니라.

九五는 貞하야 吉하며 悔亡하며 無不利라.

無初有終이니

先庚三日하고 後庚三日이면 吉하리라.

象曰 九五之吉은 位正中也일새니라.

上九는 巽在牀下하야 喪其資斧니

貞이라도 凶하니라.

象曰 巽在牀下는 上窮也요

喪其資斧는 正乎凶也니라.

牀(상) - 평상 | 紛(분) - 어지럽다 | 田(전) - 사냥하다 | 資(자) - 재물

형상 : 바람이 바람을 따르는 것이 중풍손(重風巽)의 형상이다. 군자는 이것을 본받아 거듭 간곡하게 분부하여 일을 시행하게 한다.

첫째 음 : 나아갈까 물러설까 망설인다. 무인처럼 인내하는 것이 유익하다.

형상 : "나아갈까 물러설까 망설인다." 그의 의지가 동요하는 것이다. "무인처럼 인내하는 것이 유익하다." 그는 자신의 의지를 제어해야 한다.

둘째 양 : 상 아래 공손하게 엎드려 무당에게 치성을 드리도록 하면 좋고 허물이 없다.

형상 : "치성을 드리도록 하면 좋다." 둘째 양이 중심 위치를 얻었기 때문이다.

셋째 양 : 굿을 할 때 찡그리고 엎드리면 수치를 당한다.

형상 : "굿을 할 때 찡그리고 엎드리면 수치를 당한다." 뜻이 막히기 때문이다.

넷째 음 : 후회할 일이 소멸한다. 사냥하여 세 가지 짐승고기를 얻는다.

형상 : "사냥하여 세 가지 짐승고기를 얻는다." 공로가 있는 것이다.

다섯째 양 : 바르게 행동하면 후회할 일이 소멸하며 유익하지 않음이 없을 것이다. 처음은 나쁘나 끝은 좋다. 경(庚) 일의 3일 전인 정(丁) 일이나 경일의 3일 후인 계(癸) 일에 치성을 드리면 좋다.

형상 : 다섯째 양에 좋다고 한 것은 자리가 바로 중심에 있기 때문이다.

윗양 : 상 아래 공손하게 엎드려 치성을 드렸으나 금전을 상실하였다. 가만히 있으면 나쁘다.

형상 : "상 아래 엎드려 치상을 드린다." 윗자리에서 벗어날 도리가 없게 막혔기 때문이다. "금전을 상실한다." 틀림없이 바로 나쁜 일이다.

■ 풀이

바람이 계속 불어서 사물을 흔들듯이 군자는 간곡하게 거듭 분부하여 대중을 감화시킨다.

첫째 음은 진퇴를 결정하지 못하고 망설인다. 주역에서 문(文)은 양이고 무(武)는 음이다 첫째 음은 자신의 용력을 믿지 않고 무사답게 물러날 것을 결단하고 자신의 뜻을 보존한다. 자아편향에서 벗어나 단순하고 소박한 눈으로 보면 세상의 일에는 크게 의심할 것이 없다. 속 좁은 사람이 스스로 의심하며 부질없이 잇속을 가늠할 뿐이다. 이익이 있는 자리에서는 물러나는 것이 용기 있는 행동이다.

상나라 말 주나라 초의 사람들은 태양신으로 대표되는 선신들이 인간에게 행복을 가져다준다고 믿은 반면에, 암흑에 사는 악신들은 인간에게 불행을 가져다

준다고 믿었다. 무당은 인간의 세계와 신들의 세계를 중재하는 사람이었다. 무당은 병을 고치고 고기잡이나 사냥이 잘 되도록 하고 농경이 순조롭게 되도록 하기 위하여 굿을 하였다. 상나라에서는 노예들을 소나 양 등의 동물과 같이 제물로 사용하였다. 머리를 자르는 벌(伐)이라는 제사에는 1회에 5명에서 100명에 이르는 사람을 희생시켰다. 사람을 제물로 사용한 기록이 보이는 갑골편(甲骨片)은 1,350조각인데 그 가운데 기록된 희생자의 수는 13,052명이었다. 제사에 희생으로 사용된 사람의 수는 무정(武丁) 시대에 가장 많았고, 시대가 내려오면서 점점 줄어들어 제을과 제신의 시대에 오면 현저하게 적어졌다. 그러나 무당의 권위는 여전히 높았을 것이고 사람들은 무당을 불러 지성으로 신들에게 소원을 빌었을 것이다. 둘째 양에는 공손하게 비는 사람이 나오고 셋째 양에는 내키지 않아서 찡그리고 엎드린 사람이 나온다. 인문이 발달하여 미신을 믿지 않는 사람이 생기게 된 것으로 볼 수도 있겠으나 상나라 말 주나라 초의 사람들은 모두 정성스럽게 치성을 드리는 것을 좋은 일이라고 생각하였다. '손'(巽)자는 '부드럽다'는 의미와 '스며든다'는 의미를 가지고 있다. 중풍손에 무당이 등장하는 이유는 무당은 보이지 않는 신들의 세계에 스며들어갈 수 있는 사람이라는 데 있다.

《서경》〈하서〉'우공'(禹貢)에 푸른색, 흰색, 붉은색의 세 가지 빛깔의 구리를 '유금삼품'(惟金三品)이라고 하였다. 《춘추곡량전(春秋穀梁傳)》 환공(桓公) 4년조에 "네 철의 사냥은 다 종묘의 일이다. 봄에는 전(田)이라 하고 여름에는 묘(苗)라 하고 가을에는 수(蒐)라 하고 겨울에는 수(狩)라 한다. 네 철의 사냥의 용도는 세 가지이니 그 먼저 얻은 바에 따라 차례로 첫째는 건두(乾豆)가 되고 둘째는 빈객(賓客)이 되고, 셋째는 충군포(充君庖)가 된다"(四時之田皆爲宗廟之事也니 春曰田 夏曰苗 秋曰蒐 冬曰狩니라. 四時之田用은 三焉이니 唯其所先得을 一爲乾豆요 二爲賓客이요 三爲充君之庖니라)라는 기록이 있다. 빨리 죽은 짐승의 고기는 조상의 제사에 쓰고 조금 늦게 죽은 짐승의 고기는 손님 접대에 쓰고 가장 늦게 죽은 짐승의 고기는 제후의 부엌에서 요리하였다. 무당의 기원에 대한 신들의 반응이 영묘하여 넷째 줄에 등장하는 인물은 사냥에서 세 가지 용도에 쓸 고기를 모두 얻었다.

다섯째 양은 큰 굿을 올리기에 알맞은 날짜에 대하여 언급하고 있다. 경일의 3일 전은 정(丁) 무(戊) 기(己) 경(庚)이므로 정일이고, 경일의 3일 후는 경(庚) 신(辛) 임(壬) 계(癸)이므로 계일이다. 《서경》〈주서〉'무성'(武成)에 "4월 19일 정미날에 주나라 종묘에 성공을 아뢰는 제사를 지냈다. 온 나라의 전복(甸服)과 후복(侯服)과 위복(衛服)의 제후들이 다 모여 제물이 담긴 그릇을 들고 뛰어다니며, 무왕의 제사를 시중들었다. 사흘 뒤인 4월 22일 경술날 하늘에 시제(柴祭)를 지내고 산천에 망제(望祭)를 지내어 무공(武功)이 이루어졌음을 고하였다. 달이 기운 4월 25일 계축날에 사방의 제후와 모든 관리는 주나라로부터 새로 임명을 받았다"(丁未에 祀于周廟하시니 邦甸侯衛駿奔走하여 執豆籩하니라. 越三日庚戌에 柴望하사 大告武成하시니라. 既生魄에 庶邦家君暨百工이 受命于周하니라)라는 기록이 있다. 왕인지(王引之)는 《경의술문(經義述聞)》에서 정일과 계일이 제사나 굿에 좋은 날이라고 하였다.

윗음도 겉으로는 상 아래에 공순히 무릎을 꿇고 엎드려 있으나 그의 기도에는 참된 마음이 결여되어 있다. 그러므로 그는 재산을 잃게 될 것이다. 자부(資斧)란 도끼 모양으로 만든 구리 화폐이다. 그러한 위선적인 태도를 바꾸지 않고 고집하면 재앙을 피할 수 없을 것이다. 완고한 고집은 사태를 해결하는 데 아무런 도움도 되지 않는다. 부드럽게 사람의 마음에 스며드는 성실성을 지키고 공손하게 행동함으로써만 유종의 미를 거둘 수 있다. 처음에 잘못한 점을 반성하고 제거하지 않으면 나중에 큰 피해를 겪게 된다.

重澤兌

兌下兌上

58. 重澤兌

兌下兌上

兌는 亨하니 利貞하니라

彖曰 兌는 說也니 剛中而柔外하여 說以利貞이라.

是以順乎天而應乎人하여

說以先民하면 民忘其勞하고

說以犯難하면 民忘其死하나니

說之大民勸矣哉니라.

중택태(重澤兌) : 성취하니 인내하는 것이 유익하다.

판단 : 중택태(重澤兌)는 즐거워하는 것을 의미한다. 강건한 두 선의 위에 유순한 선이 있듯이 중심은 강건하고 행동은 유순하다. 즐겁게 인내하는 것이 유익하니 이러한 마음으로 하늘에 순종하고 사람들과 화합해야 한다. 즐거운 마음으로 민중의 선두에 서서 일하면 민중은 그들의 노고를 잊는다. 즐거운 마음으로 위험한 자리에 나아가 곤란을 피하지 않으면 민중은 죽음을 잊는다.

즐거운 마음으로 몸소 실천하는 행동의 위대함은 민중들로 하여금 서로 선을 권장하게 하는 데 있다.

■ 풀이

중택태(重澤兌)에는 자발성의 원리가 들어 있다. 바른 도를 즐거워하면 저절로 바른 도를 실천하게 된다. 실천하지 못하는 지식은 참다운 지식이 아니다. 지식을 실천하지 못하는 이유는 그 지식이 자발적으로 습득된 구체적 지식이 아니기 때문이다. 삶은 삶대로 가고 앎은 앎대로 가는 것은 말세의 증상이다. 우리나라의 고등학교 교육이 바로 그 실례이다. 삶 속에서 앎이 나오고 앎이 삶을 잘되게 하는 실학은 즐거운 지식이다.

한 사람의 지식은 언제나 제한되어 있다. 현실의 계기는 무한하고 지식의 내용은 유한하기 때문이다. 그러므로 우리가 스스로 이해하지 못하는 것들을 풀어서 밝혀줄 수 있는 다른 사람들이 필요하다. 자기교육과 상호교육은 하나가 되어야 하고 자기 학습과 상호 학습도 하나가 되어야 한다. 모르던 사람이 알게 되고 못하던 사람이 하게 되는 것보다 즐거운 일은 없다. 자기실현은 이해가 행동으로 발전하는 과정에서 몸소 체험하는 기쁨을 말한다. 그러나 자기실현의 기쁨은 위험에 직면하고 곤란에 대처한 노력의 결과이다.

곤란을 회피하는 사람의 이해는 편협하고 위험을 겪지 않은 사람의 행동은 천박하다.

* * *

象曰 麗澤이 兌니

君子 以하여 朋友講習하나니라.

初九는 和兌니 吉하니라.

象曰 和兌之吉은 行未疑也일새니라.

九二는 孚兌니 吉코 悔亡하니라.

象曰 孚兌之吉은 信志也일새니라.

六三은 來兌면 凶하리라.

象曰 來兌之凶은 位不當也일새니라.

九四는 商兌니 未寧介疾이면 有喜리라.

象曰 九四之喜는 有慶也니라.

九五는 孚于剝하여 有厲니라.

象曰 孚于剝은 位正當也일새니라.

上六은 引兌니라.

象曰 上六引兌는 未光也니라.

麗(리) - 걸리다 | 商(상) - 헤아리다 | 剝(박) - 깎다

형상 : 호수와 호수가 서로 걸려 있는 것이 중택태(重澤兌)의 형상이다. 군자는 이것을 본받아 친구들과 함께 배우고 익힌다.

첫째 양 : 온화하게 교환하니 좋다.

형상 : "온화하게 교환하니 좋다." 그의 행동이 의심스럽지 않은 것이다

둘째 양 : 진실하게 교환하니 좋고 후회할 일이 소멸한다.

형상 : "진실하게 교환하니 좋다." 그의 의지가 신뢰할 만하다.

셋째 음 : 밀고 들어와서 하는 수 없이 교환하면 나쁘다.

형상 : "밀고 들어와서 하는 수 없이 교환하면 나쁘다." 셋째 음은 양의 자리에 있는 끊어진 선이므로 자리가 적당하지 않다.

넷째 양 : 의논하여 교환한다. 편안하게 여기지 않고 미워하는 마음을 견고하게 하면 기쁨이 있다.

형상 : 넷째 양에 기쁘다고 한 것은 경사가 있다는 것이다.

다섯째 양 : 위험에 직면하여 곤란을 회피하지 않고 진실한 마음으로 위엄 있게 행동한다.

형상 : "위험에 직면하여 곤란을 회피하지 않는다." 다섯째 양은 양의 자리에 있는 이어진 선이니 그 자리가 적당하다.

윗음 : 유인하여 교환한다.

형상 : 윗음에 유인하여 교환한다고 한 것은 그쳐야 할 때 그치지 않으므로 지혜롭지 못하다는 것이다.

■ 풀이

두 호수가 서로 물을 주고받으면 서로 이익을 얻는다. 친구들과 함께 배우고 익히는 것도 서로 상대방을 유익하게 하는 일이다.

지식의 교환이건 상품의 교환이건 좁은 시야는 교환에 장애가 된다. 교환에는 남의 사정을 이해할 줄 아는 객관정신이 필요하기 때문이다. 교환은 혼자서 하는 행동이 아니고 반드시 상대가 있는 행동이므로 교환은 정직과 관대의 기율을 준수해야 한다. 만일 거짓을 용인하여 불신이 커지면 학교가 흔들리고 회사가 무너지고 급기야는 나라가 어지러워진다,

교환은 자발성을 전제로 한다. 두 사람이 모두 좋다고 생각해서 서로 교환하는 것이다. 어떤 사람이 밀고 들어와서 자꾸 조르는 바람에 마지못해 교환하는 것은

좋아서 교환한 것이 아니므로 정당한 교환이라고 할 수 없다. 교환에는 침착한 태도로 자기를 제어하는 조심성이 필요한 것이다.

군자가 말 잘하는 사람을 미워하는 이유는 그가 있음보다 나타남을 중시하고 바탕보다 꾸밈을 중시하는 데 있다. 의논하여 교환하려고 할 때에는 나쁜 사람과는 결코 타협하지 않겠다는 결심을 굳게 다짐하고 끝까지 마음을 놓지 말아야 한다. 결연하게 바른 도를 지키고 사악한 자를 미워하며 멀리해야 실수를 면할 수 있다. 정직과 성실은 표리가 없는 행동을 가리킨다.

그러나 모든 교환에는 위험이 따르다. 지식과 상품의 교환뿐 아니라 사랑과 빛의 교환에도 여러 가지 곤란이 내재되어 있다. 위험에 직면하여 곤란을 회피하지 않는 것이 진정한 용기이고 참다운 성실이다. 당연한 권리가 박탈되는 위급한 처지에서도 위엄을 지키고 품위를 잃지 않는 몸가짐은 오직 군자만이 해낼 수 있다. 인생의 역경에 부딪쳐서 손해를 오히려 이익으로 전환하는 지혜는 용기와 성실에서 나오는 것이다.

지위를 이용하여 사람을 유인하는 것은 비겁한 강요이지 교환이 아니다. 교환에는 의견의 차이를 인정하는 용기와 인내로 투기와 독단에 대항하는 성실이 전제되어야 한다.

風水渙

坎下巽上

59. 風水渙

䷺

坎下巽上

渙은 亨하니 王假有廟며

利涉大川하니 利貞하니라.

彖曰 渙亨은 剛이 來而不窮하고

柔得位乎外而上同일새라.

王假有廟는 王乃在中也요

利涉大川은 乘木하여 有功也니라.

假(격) - 이르다 | 廟(묘) - 사당

풍수환(風水渙) : 성취한다. 제사를 거행하려고 임금이 태묘(大廟)에 이른다. 큰 강을 건너는 것이 유익하고 바르게 행동하는 것이 유익하다.

판단 : 풍수환(風水渙)이 일을 성취하는 것은 둘째 줄의 강건한 선이 중심에 들어와 막히지 않고, 넷째 줄의 유순한 선이 윗괘에 자리를 얻어 위로 다섯째 줄의 이어진 선과 화동(和同)하기 때문이다.

"제사를 거행하려고 임금이 태묘에 이른다." 임금이 태묘의 안에 있는 것이다.

"큰 강을 건너는 것이 유익하다." 나무배를 타고 공을 세운다.

■ 풀이

주역에서는 아랫괘를 안괘라고 하며 윗괘를 밖괘라고 한다. 아랫괘의 어떤 자리에 있는 선을 말할 때 그 선이 안으로 들어왔다고 하고 윗괘의 어떤 자리에 있는 선을 말할 때 그 선이 밖으로 나갔다고 한다. 〈설괘전〉에 "하절손(下絶巽)은 나무를 상징한다"(巽爲木)라 하였으니 풍수환(風水渙)은 배를 타고 바람을 이용하여 큰 강을 건너는 모양을 나타낸다. 아랫괘인 중련감(中連坎)은 이어진 선이 두 개의 끊어진 선 사이에 갇혀 있고, 윗괘인 하절손은 끊어진 선이 두 개의 이어진 선 아래에 있다. 첫째 음과 넷째 음, 둘째 양과 다섯째 양이 서로 호응하지 못하고 분리되어 있다. 풍수환은 어지럽게 흩어져 있어서 가지런히 정돈되지 않으면 안 되는 상태를 가리킨다.

* * *

象曰 風行水上이 渙이니
先王이 以하여 享于帝하며 立廟하니라.
初六은 用拯馬壯하여 吉하니라.
象曰 初六之吉은 順也일새니라.
九二는 渙奔其机니 悔亡하리라.
象曰 渙奔其机는 得願也니라.

六三은 渙其躬이니 無悔리라.

象曰 渙其躬은 志在外也일새니라.

六四는 渙其群이라 元吉이니

渙에 有丘는 匪夷所思니라.

象曰 渙其群元吉은 光大也니라.

九五는 渙汗其大號며 渙王居니 無咎리라.

象曰 王居無咎는 正位也니라.

上九는 渙其血하여 去逖出이니 無咎리라

象曰 渙其血은 遠害也니라.

拯(증) - 돕다 | 奔(분) - 달아나다 | 机(궤) - 책상 | 逖(적) - 멀다

형상 : 바람이 물 위에 부는 것이 풍수환(風水換)의 형상이다. 옛날의 성왕은 이것을 본받아 하느님께 제물을 바치고 태묘를 세웠다.

첫째 음 : 돕는 말이 장대하니 좋다.

형상 : 첫째 음에 좋다고 한 것은 순하기 때문이다.

둘째 양 : 흐르는 물로 분주히 앉을 자리를 씻는다. 후회할 일이 소멸한다.

형상 : "흐르는 물로 분주히 앉을 자리를 씻는다." 그는 바라는 것을 얻는다.

셋째 음 : 흐르는 물로 몸을 씻으니 후회할 일이 소멸한다.

형상 : "흐르는 물로 몸을 씻는다." 셋째 음의 뜻은 서로 호응하는 윗양을 향한다.

넷째 음 : 흐르는 물로 무리의 더러움을 모두 씻으니 크게 좋다. 흐르는

물로 언덕을 씻는 것은 쉽게 생각할 수 있는 일이 아니다.

형상 : "흐르는 물로 무리의 더러움을 모두 씻으니 크게 좋다." 광명이 위대한 것이다.

다섯째 양 : 흐르는 물이 호한(浩汗) 하여 큰 소리를 낸다. 흐르는 물로 임금이 거처하는 도시를 씻으니 허물이 없다.

형상 : "흐르는 물로 임금이 거처하는 도시를 씻으니 허물이 없다." 다섯째 양이 바른 자리에 있기 때문이다.

윗양 : 흐르는 물로 전쟁의 핏자국을 씻어 멀리 보내니 허물이 없다.

형상 : "흐르는 물로 전쟁의 핏자국을 씻는다." 해를 멀리하는 것이다.

■ 풀이

어지럽게 흩어져 있는 사태를 정돈하려면 사람들의 마음을 한데 모아야 한다. 제사는 사람들의 마음을 결속시켜 준다. 하느님은 선과 악을 가르는 마지막 근거이다. 하느님을 믿지 않는 사람에게는 선을 악이라고 둘러대고 악을 선이라고 우겨댈 위험이 있다. 하느님을 믿음으로써만 인간은 단순하고 소박하게 생각하고 정직하고 관대하게 행동할 수 있다. 어지럽게 흩어져 있는 사태를 정돈하는 데는 순한 마음과 튼튼한 몸이 필요하다.

대략 7천 년 전부터 중국인들은 돼지와 개를 길렀고 소·양·말·닭을 길들이기 시작하였다. 상나라 말 주나라 초의 귀족들은 세상의 모든 것을 하느님이 주재한다고 생각하였다. 그들은 일상적으로 점복의 방법에 의하여 하느님의 의향을 물었으며, 점을 친 사연과 점괘, 때로는 점을 친 다음에 일어난 사건의 발전상태를 문자로 기록하여 짐승의 뼈에다 새겼는데 주로 거북의 배 껍질과 소의 견갑골에 새겼다(등 껍질은 쉽게 자국이 생기지 않으므로 배 껍질을 사용하였다). 이런 문자를 갑골문이라고 한다. 상왕조의 후기에 제사를 지낼 때는 한 번에 300마리, 400마리나 되는 소를 제물로 썼고 심지어는 한 번에 1,000마리의 소를 제물로 쓰는 일도 있었다. 소가 제사의 희생으로 많이 사용되었으므로 농업과 교통에는 주로 말이 사용되었다. 순하고 튼튼한 말은 좋은 농민과 훌륭한 관리의 상징이 되었다.

더러운 것을 없애어 깨끗이 하는 것은 생활의 중요한 일부이다. 《소학》에는 "모든 안과 밖의 사람들은 닭이 처음 울거든 다 세수하고 양치질하며 옷을 입고 베개와 잠자리를 걷는다. 방과 마루와 뜰에 물을 뿌려 소제하고 자리를 펴놓고 각자 자기의 맡은 일을 한다"(凡內外는 鷄初鳴이어든 咸盥漱하며 衣服하고 斂枕簟하여 灑掃室堂及庭하며 布席하고 各從其事니라)는 구절이 있다. 먼저 자신이 앉을 자리를 깨끗이 쓸고 닦아 놓은 후에 편안한 마음으로 앉아서 주변을 정돈할 방법과 순서에 대하여 검토해 보아야 한다.

다음에는 자신의 몸을 씻어서 머리를 맑게 해야 한다. 자신의 몸을 씻는다는 것은 물론 자아편향을 씻어버리고 객관정신을 얻는다는 것을 의미한다.

자기의 몸을 씻은 후에는 남의 몸을 씻어주어야 하고, 자기 집을 깨끗이 쓴 후에는 동네를 깨끗이 쓸어야 한다. 무리의 더러움을 씻고 언덕의 더러움을 쓰는 일은 마음이 트인 사람만이 할 수 있는 일이다. 제 한 몸도 주체하지 못하는 사람이 어찌 대중의 고통을 자기의 상처처럼 느끼는 군자의 마음을 짐작할 수 있겠는가?

임금이 거처하는 도시 전체를 깨끗이 씻으려면 많은 물이 필요하다. 주역의 본문에는 "흐르는 물이 호한하여 큰 소리를 낸다"고 적혀 있다. 호한(浩汗)은 물이 넓고 커서 질펀하게 흐르는 모양이다.

인류의 역사는 전쟁과 학살의 기록이다. 모든 도시는 전쟁과 학살의 흔적을 지니고 있다. 도시의 핏자국을 씻어내는 것은 전쟁과 학살에 반대하고 평화를 기약하는 행동이다.

水澤節

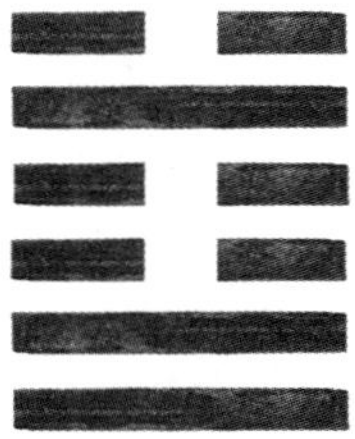

兌下坎上

60. 水澤節

兌下坎上

節은 亨하나 苦節은 不可貞이니라.

象曰 節亨은 剛柔分而剛得中일새요

苦節不可貞은 其道窮也일새라.

說以行險하고 當位以節하고 中正以通하니라.

天地節而四時成하나니

節以制度하여

不傷財하며 不害民하나니라.

수택절(水澤節) : 일을 성취하나 절약을 고통스럽게 여기면 인내하지 못할 것이다.

판단 : 수택절(水澤節)은 "일을 성취한다". 강건한 선들과 유순한 선들이 같은 수로 나누어지고 강건한 선이 중심에 있기 때문이다. "절약을 고통스럽게 여기면 인내하지 못할 것이다." 그 길은 막히고 만다.

아랫괘인 상절태는 기뻐함을 의미하고 윗괘인 중련감은 위험함을 의미하니 수택절은 기뻐하면서 위험을 무릅쓰는 것이다. 다섯째 줄의 이어진 선은 적당한 자리에서 절약한다. 그것은 중심의 바른 자리에 처하여 막힘이 없다.

천지가 절제하여 네 계절이 형성되듯이 제도에 의거하여 절약해야 한다. 제도로써 사욕을 절제하여 재산을 낭비하지 않아야 하고 민중에게 해를 끼치지 않아야 하는 것이다.

■ 풀이

검소하게 절약하면 무슨 일을 하든지 끝까지 수행할 수 있다. 그러나 절약을 위한 절약은 인색에 지나지 않는다. 절약이란 반드시 일을 성취하는 수단이어야 한다. 공자는 우(禹)의 검소한 생활을 크게 찬미하였다. "평소의 음식은 거칠었지만 제사는 지극하게 하였고, 평소의 의복은 허술하였지만 예복은 극진하게 하였으며, 살림집은 움막이었지만 농민을 위한 관개에는 힘을 아끼지 않았다"(菲飮食하되 而致孝乎鬼神하시고 惡衣服하되 而致美乎黻冕하시며 卑宮室하되 而盡力乎溝洫하시니라).

보람 있는 일을 성취하기 위하여 정성을 다하고 있을 때에는 자기도 모르게 절약을 견디게 된다. 절약은 항상 무엇을 위한 절약이다. 그 무엇이 결여되면 절약은 견디기 어려운 고통이 된다. 절약을 고통으로 여기면 자연히 사치하게 되지 않을 수 없다. 관리가 사치하면 나라가 병들고 서민이 사치하면 집안이 망한다.

* * *

象曰 澤上有水 節이니

君子 以하여 制數度하며 議德行하나니라.

初九는 不出戶庭이니 無咎리라.

象曰 不出戶庭은 知通塞也니라.

九二는 不出門庭이라 凶하니라.

象曰 不出門庭凶은 失時極也일새니라.

六三은 不節若이라가 則嗟若이니 無咎니라.

象曰 不節之嗟를 又誰咎也리오.

六四는 安節이니 亨하니라.

象曰 安節之亨은 承上道也니라.

九五는 甘節이라 吉하니 往有尙하리라.

象曰 甘節之吉은 居位中也일새니라.

上六은 苦節이라 貞이면 凶하나 悔亡하리라.

象曰 苦節貞凶은 其道窮也일새니라.

형상 : 호수 위에 물이 있는 것이 수택절(水澤節)의 형상이다. 군자는 이것을 본받아 수와 치수의 표준을 제정하고 덕과 행동의 모범을 가늠한다.

첫째 양 : 뜰을 나가지 않으니 허물이 없다.

형상 : "뜰을 나가지 않는다." 트인 것과 막힌 것을 알기 때문이다.

둘째 양 : 집을 나가지 않으니 나쁘다.

형상 : "집을 나가지 않으니 나쁘다." 적당한 시기를 놓친 정도가 심하다.

셋째 음 : 절약하지 않다가 비탄하게 되니 탓할 데가 없다.

형상 : "절약하지 않다가 비탄하게 된다." 또 누구를 탓하겠는가?

넷째 음 : 절약을 편안하게 여기니 성취한다.

형상 : "절약을 편안하게 여기니 성취한다." 넷째 음은 다섯째 양의 바른 도를 받들고 있다.

다섯째 양 : 절약을 감수하니 좋다. 가서 일을 맡으면 존경받는다.

형상 : "절약을 감수하니 좋다." 머무르는 자리가 중심에 있기 때문이다.

윗음 : 절약을 고통스럽게 여긴다. 바르게 행동하면, 나쁜 상황이지만 후회할 일이 소멸한다.

형상 : 절약을 고통스럽게 생각하면서 그대로 가만히 있으면 나쁘다. 그 길이 벗어날 도리가 없게 막히기 때문이다.

■ 풀이

바닷물은 무한하지만 호숫물은 유한하다. 한계를 정하여 그 이상 쓰지 않는 것이 절약이다. 욕망은 대상에서 대상으로 무한히 이동하므로 인간은 누구나 사치하고 낭비하기 쉬운 성향을 가지고 있다. 일의 대소와 경중을 계산하여 법도에 맞게 행동하려고 노력하지 않으면 도리를 버리고 이익을 택하기 쉬운 것이다.

첫째 양은 집에서 사려와 분별을 기른다. 만사에 척도가 있음을 배우고 바른 도가 단순하고 소박한 것임을 깨달아야 한다. 시야가 좁은 사람은 일마다 복잡하게 구부려 놓으나 눈 밝은 사람은 모든 일을 단순하게 펴놓는다.

둘째 양은 중심 위치에 있으니 집을 떠나 밖으로 나가서 세상을 위해 일해야 한다. 절약의 목적은 세상을 잘되게 하는 데 있다. 개인은 지식을 배우고 기술을 익히기 위하여 절약하고, 나라는 공장과 학교와 병원을 짓기 위하여 절약한다. 괴어서 흐르지 않는 물이 썩듯이 축적되어 투자되지 못하는 재산은 덕을 해친다. 절약하지 않으면 낭비하게 되고 낭비하면 곤궁하게 되며 곤궁하면 비탄하게 된다.

그러므로 셋째 음에 "절약하지 않으면 비탄하게 된다"고 한 것이다. 절제 없이 행동하여 화를 당했을 때는 스스로 자신을 책망하는 수밖에는 다른 도리가 없다.

그러므로 넷째 음에 "절약을 편안하게 여기니 성취한다"고 한 것이다. 자아편향을 버리고 객관적 척도에 적합하게 행동하는 것은 정직과 관대의 기율에 자연스럽게 수반되는 것이다. 자진해서 하는 절약은 편안하나 강요받아 하는 절약은 고통스럽다. 바른 도를 지키면 저절로 절약이 몸에 배는 것이지, 억지로 절약하고자 한다고 해서 절약이 되는 것은 아니다. 우리는 마땅히 작업을 위해 절약해야지 절약을 위해 절약하면 안 된다. 돈을 모아 놓고 쓰지 못한 채 죽는 사람은 어리석다. 절약을 감수하는 것은 작업에 필요하기 때문이다.

다섯째 양은 공동작업을 책임지는 자리에 있으므로 수입과 지출을 계산하지 않을 수 없다. 작업의 진행 단계에 따라 적절하게 지출하고 규모 있게 소비하는 것은 균형 있는 정신을 성취하는 훈련이 된다. 대나무의 마디들은 일정한 길이로 끊어져 있으나 속으로 통해 있다. 대나무의 속이 비어 있듯 사람의 마음도 비어 있어야 하며, 대나무의 마디가 일정한 치수로 나누어지듯이 사람의 행동도 객관적 척도에 따라 절제되어야 한다.

윗음은 작업을 마치고도 억지로 절약을 계속하려고 하므로 괴롭기만 하다. 하나의 일을 끝냈으면 새로운 일을 시작하기까지 휴식하면서 그동안 탕진한 기력을 보충해야 한다. 또 이미 새로운 일을 할 수 없는 나이가 되었으면 일에 연연하지 말고 방향을 바꾸어 하느님에 대한 명상을 시작해야 한다. 자아가 축소될 때 찾아오는 내심의 기쁨을 체험한 사람은 세속의 절약과 성취를 넘어서 자신의 죽음을 완성시킬 수 있다. 과일이 익어서 떨어지는 것처럼 죽음도 익어서 떨어진다.

風澤中孚

䷼

兌下巽上

61. 風澤中孚

兌下巽上

中孚는 豚魚면 吉이어니와

利涉大川하며 利貞하니라.

象曰 中孚는 柔在內而剛得中일새니

說而巽일새 孚乃化邦也니라.

豚魚吉은 信及豚魚也요

利涉大川은 乘木코 舟虛也요

中孚코 以利貞이면 乃應乎天也리라.

豚(돈) - 돼지

풍택중부(風澤中孚) : 새끼돼지와 물고기같이 변변찮은 제물을 올려도 진실한 마음으로 드리는 제사는 좋은 결과를 가져온다. 큰 강을 건너는 것이 유익하고 인내하는 것이 유익하다.

판단 : 풍택중부(風澤中孚)는 유순한 두 선이 셋째 줄과 넷째 줄에 있고 강건한 두 선이 아랫괘와 윗괘의 중심인 둘째 줄과 다섯째 줄에 있다. 아랫괘

인 상절태는 기뻐함을 의미하고 윗괘인 하절손은 공손함을 의미한다. 진실은 나라를 변화시킨다.

"새끼돼지와 물고기같이 변변찮은 제물을 올려도 진실한 마음으로 드리는 제사는 좋은 결과를 가져온다." 성실한 마음은 새끼돼지와 물고기에게도 전달될 수 있는 것이다.

"큰 강을 건너는 것이 유익하다." 나무배를 타는 것은 배의 속이 풍택중부(風澤中孚) 괘의 모양처럼 움푹 들어가 있기 때문이다.

진실한 마음으로 "인내하는 것이 유익하다." 그의 마음은 하늘과 호응한다.

■ 풀이

'믿을 부'(孚)자는 '손톱 조'(爪)자와 '아들 자'(子)자를 합친 글자로서 글자의 모양은 새끼나 알을 쥐고 있는 새의 발톱을 가리키고, 글자의 의미는 어미새가 알을 품고 따뜻하게 해서 부화시킨다는 뜻을 나타낸다. 풍택중부(風澤中孚)는 부화, 즉 생명을 부여하는 에너지가 활동하고 있음을 의미한다. 진실이란 진리를 전달하는 에너지이다.

풍택중부는 허중리(虛中離)를 두 배로 늘인 모양을 하고 있다. 가운데에 두 개의 끊어진 선이 있고 위와 아래에 각각 두 개씩의 이어진 선이 있다. 두 개의 끊어진 선은 마음이 비어 있음을 나타낸다. 기만과 편견 속에 갇혀서 쾌락과 이익을 추구하는 자아가 없어질 때 텅 빈 침묵 속에서 진리의 에너지가 활동하기 시작한다. 자아가 조용해질 때 우리는 비로소 하느님과 접촉할 수 있다. 진실의 힘은 새끼돼지와 물고기를 움직일 수 있을 정도로 강력하고 위대하다.

상나라 말 주나라 초에 선비나 서민은 제사에 새끼돼지와 물고기를 써도 무방하였다. 《의례(儀禮)》 〈사혼례(士昏禮)〉에 "새끼돼지를 반으로 나누어 같이 솥에 넣는데 발은 없애야 하고 물고기는 열네 마리가 있어야 한다"(特豚合升去蹄, 擧脯脊二祭肺二, 魚十有四)는 기록이 있다.

* * *

象曰 澤上有風이 中孚니

君子 以하여 議獄하며 緩死하나니라.

初九는 虞하면 吉하니 有他면 不燕하리라.

象曰 初九虞吉은 志未變也일새니라.

九二는 鳴鶴이 在陰이어늘 其子和之로다.

我有好爵하여 吾與爾靡之하노라.

象曰 其子和之는 中心願也니라.

六三은 得敵하여 或鼓或罷하며 或泣或歌로다.

象曰 或鼓或罷는 位不當也일새니라.

六四는 月幾望이니 馬匹이 亡하야사 無咎리라.

象曰 馬匹亡은 絶類하여 上也니라.

九五는 有孚攣如니 無咎니라.

象曰 有孚攣如는 位正當也일새니라.

上九는 翰音이 登于天이니 貞하면 凶하니라.

象曰 翰音이 登于天하니 何可長也리오.

緩(완) - 누그러지다 | 虞(우) - 헤아리다 | 爵(작) - 술잔 | 靡(미) - 나누다
攣(련) - 끌다 | 翰(한) - 날다

형상 : 호수 위에 바람이 있는 것이 풍택중부(風澤中孚)의 형상이다. 군자는 이것을 본받아 옥사를 의논하고 사형을 감형(減刑)한다.

첫째 양 : 준비를 갖추고 있으면 좋으나 다른 속셈이 있으면 불안하게 된다.

형상 : 첫째 양에 "준비를 갖추고 있으면 좋다"고 한 것은 뜻이 한결 같으며 바뀌지 않는다는 것이다.

둘째 양 : 학이 그늘에서 우니 그 새끼가 화답한다. "나에게 좋은 술잔이 있다. 나는 그대와 함께 술을 마시고 싶다."

형상 : "그 새끼가 화답한다." 중심에서 바라는 것이다.

셋째 음 : 채비 없이 적을 만나니 어떤 사람은 북을 치고 어떤 사람은 지쳐서 달아나고 어떤 사람은 울고 어떤 사람은 노래한다.

형상 : "어떤 사람은 북을 치고 어떤 사람은 지쳐서 달아난다." 셋째 음은 양의 자리에 있는 끊어진 선이니 자리가 적당하지 않다.

넷째 음 : 달이 거의 보름달처럼 둥글지만 아직 보름이 되지 않아서 가득 차지는 않았다. 말은 짝을 잃어도 주인의 분부에 순종하기만 하면 책망을 받지 않는다.

형상 : "말이 짝을 잃는다." 무리에서 떨어져 나와 윗사람을 받드는 것이다.

다섯째 양 : 진실한 마음으로 대중을 흩어 지지 않도록 바른 도에 잡아맨다. 허물이 없다.

형상 : "진실한 마음으로 대중을 흩어 지지 않도록 바른 도에 잡아맨다." 다섯째 양의 자리가 적당하기 때문이다.

윗양 : 닭이 하늘에 오르려 하니 고집하면 나쁘다.

형상 : "닭이 하늘에 오르려 한다." 그것이 어찌 오래갈 수 있겠는가?

■ 풀이

진실을 지키려는 노력은 생사를 건 투쟁이다. 공자는 "시퍼런 칼날을 밟을 수는 있을지라도 중용은 실행하지 못하리로다"(白刃을 可蹈也로되 中庸은 不可能也니라)라고 탄식하였다. 진실한 마음은 처벌할 때와 전쟁할 때에도 굳게 간직해야 한다. 공을 세운 사람에게는 의심이 있더라도 상을 주고, 죄를 지은 사람에게는 의심이 있으면 벌을 감해야 한다. 세상에는 어찌할 수 없어 저지른 악행도 있음을 고려하여 정직하고 관대하게 판단하면 죄인은 죽으면서도 사형을 선고한 사람을 원망하지 않을 것이다.

공동작업에 참여할 때에는 미리 충분한 준비를 갖춰 두지 않으면 안 된다. 한 사람이 실수하면 공동작업 전체가 실패로 돌아갈 수도 있기 때문이다. 그리고 공동작업에 참여하는 경우에는 오직 작업의 성취만 바라야 할 것이다. 개인의 명예와 이익을 추구하려는 속셈이 따로 있으면 일심으로 작업을 수행하지 못한다.

공동작업에 참여한 사람들 모두가 중심에서 작업의 성공을 원하고 있다면 그들의 사이는 막힘없이 트이게 될 것이다. 마음과 마음이 서로 통하는 사람들은 어떤 일을 하건 이루지 못할 것이 없다. 그들은 어미새와 새끼새가 서로 화답하듯, 친구들이 서로 술잔을 나누듯 자연스럽게 서로 어울려 작업을 이루어낸다.

셋째 음은 마음이 통하지 않는 사람들이 준비 없이 위기에 직면했을 때 일어나는 상황을 보여준다. 어떤 사람은 전진하고 어떤 사람은 후퇴하며 어떤 사람은 울고 어떤 사람은 웃는다. 상나라 말 주나라 초에 북을 치는 것은 전진하라는 신호였고 징을 치는 것은 후퇴하라는 신호였다.

공동작업을 할 때는 언제나 자기 혼자 가득 차지 않도록 조심해야 한다. 보름달이 되려고 하지 말고 조금 이지러진 채로 남아 있어야 한다. 주도자이건 협력자이건 공동작업에 참여하는 모든 사람은 남의 충고와 비판을 수용할 수 있는 마음가짐을 갖추고 있어야 한다. 그러나 협조자의 경우에는 동료들과의 관계보다 주도자와의 관계가 더 중요하다. 통일이 없는 다양성은 다양성이 없는 통일보다 못하기 때문이다. 일단 다양성의 통일이 이루어지면 군주적 통일보다는 최대분화의 통일이 공동작업에 더 적합할 것이다.

그러므로 공동작업을 주도하는 사람은 진실한 마음으로 함께 일하는 사람 모두를 바른 도에 따라 결속할 수 있어야 한다. 이때 주도자의 시야가 좁으면 군주적 통일이 된다. 비개입의 원칙을 지키면서 차이를 보존하도록 노력해야 최대분화의 통일이 되는 것이다. 주도자는 항상 배제의 원리가 아니라 포섭의 원리에 따라 행동해야 한다. 사람을 배제하거나 이탈하게 함으로써 유지되는 통일은 위기와 동요에 직면하면 물거품처럼 소멸한다.

공동작업에서 가장 중요한 것은 모두가 기력을 탕진하지 않도록 건강에 유의하는 것이다. 닭이 하늘을 날려고 든다면 날 수 없을 뿐 아니라 닭의 기력은 완전히 소진하고 만다. 공동작업에는 각자의 능력을 감안하여 달성가능한 목표와 구체적인 설계가 필요하다.

《예기》〈곡례하(曲禮下)〉에 "닭을 한음(翰音)이라 한다"(鷄曰翰音)는 구절이 있다. 닭은 높이 날지 못하는 짐승인데, 높이 날아서 하늘로 올라가려고 한다면 기력만 탕진하게 된다. 〈설괘전〉에 "하절손은 닭을 상징한다"(巽爲鷄)라 하였으므로, 윗괘인 하절손 때문에 풍택중부(風澤中孚)에 닭이 등장한 것이다.

雷山小過

䷽

艮下震上

62. 雷山小過

艮下震上

小過는 亨하나 利貞하니
可小事요 不可大事니
飛鳥遺之音에 不宜上이요 宜下면 大吉하리라.
象曰 小過는 小者過而亨也니
過以利貞은 與時行也니라.
柔得中이라 是以小事吉也요
剛失位而不中이라 是以不可大事也니라.
有飛鳥之象焉하니
飛鳥遺之音不宜上宜下大吉은 上逆而下順也일새니라.

뇌산소과(雷山小過) : 일을 성취할 수 있으나 인내하는 것이 유익하다. 작은 일은 할 수 있고 큰일은 할 수 없다. 나는 새가 소리를 남긴다. 큰일은 할 수 없으므로 위로 올라가려고 하면 안 된다. 작은 일은 할 수 있으므로 아래로 내려가려고 하면 크게 좋다.

판단 : 뇌산소과(雷山小過)는 끊어진 선들이 이어진 선들보다 많으나 "일을 성취할 수 있다." 끊어진 선들이 이어진 선들보다 많으므로 인내하는 것이 유익하고 알맞게 행동하는 것이 필요하다.

둘째 줄과 다섯째 줄의 유순한 선이 아랫괘와 윗괘의 중심 위치에 있으므로 작은 일을 하는 것이 좋고 셋째 줄의 강건한 선은 중심에 있지 않고 넷째 줄의 강건한 선은 양의 자리를 상실하였으므로 큰일을 하는 것은 불가하다. 셋째 줄과 넷째 줄의 이어진 선은 몸이 되고 첫째 줄과 둘째 줄 그리고 다섯째 줄과 윗줄의 끊어진 선은 날개가 되니 뇌산소과에는 나는 새의 형상이 있다. "나는 새가 소리를 남긴다. 큰일은 할 수 없으므로 위로 올라가려고 하면 안 된다. 작은 일은 할 수 있으므로 아래로 내려가려고 하면 크게 좋다." 위로 올라가려고 하는 것은 거꾸로 하는 것이고 아래로 내려가려고 하는 것은 바로 하는 것이다.

■ 풀이

뇌산소과(雷山小過)에는 끊어진 선들이 이어진 선들보다 많다. 여기서 작은 것들이 소중하고 세부가 중요하다는 의미가 파생된다. 아랫괘인 상련간은 정지를 의미하고, 윗괘인 하련진은 활동을 의미하므로, 뇌산소과는 조용하고 침착한 행동을 의미한다.

두 개의 이어진 선이 네 개의 끊어진 선 사이에 있으므로 뇌산소과는 안으로 차 있고 밖으로 비어 있으며 안으로 굳세고 밖으로 부드럽다. 배를 채우고 마음을 비우는 것이 공부하는 사람의 바른 태도이다. 공부하는 사람에게는 방심하지도 않고 집착하지도 않는 마음이 필요하다. 무엇보다 먼저 일상생활에서 자기의 자아를 작게 만들어야 한다. 자아를 축소하지 않으면 내 몸 안에서 순환하는 도의 길이 막히거나 터진다.

* * *

象曰 山上有雷 小過니

君子 以하여

行過乎恭하며 喪過乎哀하며 用過乎儉하나니라.

初六은 飛鳥라 以凶이니라.

象曰 飛鳥以凶은 不可如何也니라.

六二는 過其祖하여 遇其妣라

不及其君이요 遇其臣이니 無咎니라.

象曰 不及其君은 臣不可過也니라.

九三은 弗過防之면 從或戕之리니 凶하니라.

象曰 從或壯之 凶如何也오.

九四는 無咎하니 弗過遇之어니와

往하면 厲하리니 必戒하여 勿用永貞이니라.

象曰 弗過遇之는 位不當也요

往厲必戒는 終不可長也일새니라.

六五는 密雲不雨 自我西郊하여

公이 弋取彼在穴이로다.

象曰 密雲不雨는 已上也일새니라.

上六은 弗遇코 過之하여 飛鳥離之라

凶하니 是謂災眚이니라.

象曰 弗遇過之는 已亢也니라.

妣(비) - 할머니 | 戕(장) - 해치다 | 弋(익) - 주살

형상 : 산 위에 우레가 있는 것이 뇌산소과(雷山小過)의 형상이다. 군자는 이것을 본받아 행동에는 조금 지나치게 공손하고, 초상에는 조금 지나치게 애통하고, 용처에는 조금 지나치게 절약한다.

첫째 음 : 나는 새는 잡을 수 없으므로 나쁘다.

형상 : "나는 새는 잡을 수 없으므로 나쁘다." 어찌하지 못하는 것이다.

둘째 음 : 조부에게 직접 말하기 어려우면 조부를 지나 조모에게 가서 조모를 통해 조부에게 의견을 전하듯이, 제후를 배알할 수 없으면 먼저 관리를 만나 이야기하는 것이 실수하지 않는 방법이다.

형상 : "제후를 배알할 수 없다." 직책을 맡은 관리가 있는데도 그를 거치지 않고 제후에게 가는 것은 옳지 않다.

셋째 양 : 악을 보고도 그냥 지나치고 방비하지 않으면 악한 사람이 따라와 해칠지도 모르니 나쁘다.

형상 : "악한 사람이 따라와 해칠지도 모른다." 얼마나 큰 불운인가?

넷째 양 : 허물을 짓지 말고 그냥 지나치고 만나지 말라. 가서 일을 맡으면 위험이 있을 것이니 반드시 경계하고 오래 고집하지 말라.

형상 : "그냥 지나치고 만나지 말라." 넷째 양은 음의 자리에 있는 이어진 선이니 자리가 적당하지 않다. "가서 일을 맡으면 위험이 있을 것이니 반드시 경계하라." 끝내 오래가지 못할 것이다.

다섯째 음 : 구름은 밀집해 있으나 우리 서쪽 들판에 아직 비는 내리지 않는다. 제후가 둥지에 있는 새를 주살로 쏘아 잡는다.

형상 : "구름은 밀집해 있으나 아직 비는 내리지 않는다." 다섯째 음은 이미 윗자리에 있으나 호응할 양을 둘째 줄에서 발견할 수 없으므로 비를 이루지 못한다.

윗음 : 만나지 않고 지나가듯이 나는 새가 떠나니 잡을 수 없으므로 나쁘다. 이것을 재앙이라고 하는 것이다.

형상 : "만나지 않고 지나간다." 그가 너무 교만하여 아무도 그를 만나고 싶어 하지 않기 때문이다.

■ 풀이

윗괘인 하련진은 행동 · 초상 · 용처를 나타내고, 아랫괘인 상련간은 공손 · 애통 · 절약을 나타낸다. 공손은 교만을 교정하고, 애통은 무례를 교정하고, 절약은 사치를 교정하여 그때그때의 사정에 알맞게 처신하게 하는 것이다.

사냥에는 매우 절도 있는 행동이 필요하다. 호흡과 몸가짐이 안정되어야 하고 목표를 정확하게 조준하여 제때에 쏘아야 한다. 호흡이 조금이라도 흐트러지거나 시간이 조금이라도 어긋나면 사냥감을 놓치고 만다. 앉아 있는 새는 맞히기 쉬우나, 나는 새는 맞히기 어렵다.

공동작업에는 절차와 위계가 있다. 군대에는 소대 · 중대 · 대대 · 연대 · 사단 · 군단 등의 조직단위와 사무체계가 있다. 만일 한 사병이 소대장을 거치지 않고 군단장에게 직접 보고한다면 군대의 위계와 절차는 파괴되고 말 것이다. 사무체계는 알맞은 절차를 요구하는 것이다. 여러 사람이 공동으로 사냥할 때에도 잡은 짐승은 관리를 통하여 임금에게 바쳐야 한다. 임금이 아무리 가까이 있더라도 임금에게 직접 바치는 것은 분수에 맞지 않는 행동이다.

사냥을 할 때는 짐승들의 공격을 받지 않도록 조심해서 대비해야 한다. 짐승을 잡으려다 오히려 짐승에게 해를 입는다면 그것보다 나쁜 일은 없을 것이다. 셋째 양은 양의 자리에 있는 이어진 선이므로 자리는 적당하나 많은 음들의 사이에 있으므로 음의 위해를 조심하여 방비해야 한다.

넷째 양은 음의 자리에 있는 이어진 선이므로 셋째 양보다 더 나쁜 처지에 있다. 책임 있는 일을 맡으면 일을 완수하지 못한다. 오직 실수하지 않도록 조심해야 한다.

다섯째 음에 나오는 '서쪽 들판'은 임금의 사냥터이다. 상나라 말 주나라 초에는 도읍의 주위에 많은 수렵지가 있었다. 갑골문에 보이는 매우 잦은 대규모의 사냥은 왕실과 귀족의 중요한 행사였다. 유목 시대에 날짐승은 중요한 먹을거리가 되었고 농업 시대로 이행하고 나서 사냥은 스포츠가 되었으나 여전히 경제적 의미를 가지고 있었다. 갑골문에 가장 자주 나오는 사냥터는 필양(泌陽)지역인데, 이곳은 하남성의 중서부 또는 산동성의 서부로서 상구(商邱)에서 가까운 곳으로 추정되었다. 대체로 사냥터는 성읍과 성읍을 연결시키는 지역에 있었다. 주살은 끝에 줄을 매어 쏘는 화살이다. 제후가 사냥을 하면 많은 짐승을 잡아 대중에게 나누어주어야 할 것인데 굴에 있는 짐승을 주살로 쏘아 잡았을 뿐이니 은덕을 널리 펴지 못하는 것이다.

윗음에 나오는 새는 아예 멀리 날아가 버렸다. 사냥을 나가서 짐승을 잡지 못한 것이니 운이 나쁜 것이다. '재앙 재'(災)자는 환경의 변고로 해를 입는 것이고, '재앙 생'(眚)자는 자기의 실수로 해를 입는 것이다.

水火旣濟

䷾

離下坎上

63. 水火旣濟

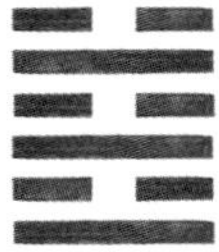

離下坎上

旣濟는 亨小나 利貞하니 初吉코 終亂하니라.

彖曰 旣濟亨은 小者도 亨也니

利貞은 剛柔正而位當也요 初吉은 柔得中也요

終止則亂은 其道窮也니라.

수화기제(水火旣濟) : 작은 일까지 성취하나 인내하는 것이 유익하다. 처음은 좋고 나중은 어지럽다.

판단 : 수화기제는 성취한다. 작은 것들도 성취된다. "인내하는 것이 유익하다." 강건한 선들은 양의 자리에 있고 유순한 선들은 음의 자리에 있으니 선들의 자리가 모두 바르고 적당하기 때문이다. "처음은 좋다." 유순한 선이 아랫괘인 허중리(虛中離)의 중심에 있기 때문이다. 끝날 때에는 혼란이 있다. 그 길이 막히기 때문이다.

■ 풀이

수화기제(水火旣濟)는 강을 다 건넜다는 느낌과 조화를 이루었다는 생각을 나타낸다. 안정된 사회에서는 구조만이 아니라 세부도 균형을 유지한다. 일용할 양식과 일용할 기계가 대중의 구매 욕망을 충족시켜 주고 있으며 중공업과 경공업과 자유선거가 사회 안에 자리를 잡고 있을 때에 우리는 그 사회를 구조가 안정된 사회라고 한다. 생활환경이 질서 있게 정돈되면 적법적인 투자는 늘어나고 위법적인 투기는 줄어든다. 주택문제 · 교통문제 · 공해문제 같은 환경문제가 해결될 때 우리는 그 사회를 세부가 안정된 사회라고 한다. 그러나 모든 사회는 설령 표면으로 보아 안정과 균형을 보이고 있는 사회라 하더라도 내면에는 계급투쟁과 제국주의로 대표되는 어긋남이 작용하고 있다. 계급투쟁과 제국주의의 시대에 안정된 사회를 형성하려는 노력은 실패할 수밖에 없다. 균형을 위한 투쟁은 끝내 실패할 수밖에 없다는 의미에서 쓸데없는 수난이다. 쓸데없는 수난을 반복하지 않을 수 없다는 것이 인간의 벗어날 수 없는 운명이다.

* * *

象曰 水在火上이 旣濟니
君子 以하여 思患而豫防之하나니라.
初九는 曳其輪하며 濡其尾면 無咎리라.
象曰 曳其輪은 義無咎也니라.
六二는 婦喪其茀이나 勿逐이면 七日에 得하리라.
象曰 七日得은 以中道也니라.
九三은 高宗이 伐鬼方하여 三年克之니 小人勿用이니라.

象曰 三年克之는 憊也니라.

六四는 繻有衣袽라 終日戒니라.

象曰 終日戒는 有所疑也니라.

九五는 東鄰殺牛 不如西鄰之禴祭 實受其福이니라.

象曰 東鄰殺牛不如西鄰之時也니

實受其福은 吉大來也니라.

上六은 濡其首니 厲하니라.

象曰 濡其首厲 何可久也리오.

曳(예) - 당기다 | 濡(유) - 적시다 | 茀(불) - 머리치장 | 袽(녀) - 해진 옷

형상 : 물이 불 위에 있는 것이 수화기제의 형상이다. 군자는 이것을 본받아 환난을 생각하고 예방한다.

첫째 양 : 위험을 보고 수레에 제동을 걸듯이 여우는 강을 건너다가 꼬리를 적시면 곧 돌아와서 허물을 피한다.

형상 : "수레에 제동을 건다." 그의 행동은 옳고, 그에게는 허물이 없다.

둘째 음 : 부인이 머리꾸미개를 잃는다. 소리 내어 찾지 말라. 7일 안에 두었던 곳이 생각날 것이다.

형상 : "7일 안에 두었던 곳이 생각날 것이다." 둘째 음은 중심에 있으면서 중용의 도를 실행하고 있다.

셋째 양 : 상나라 22대 임금 고종은 상나라의 서북쪽에 있는 귀방을 쳐서 3년 만에 이겼다. 소인은 이러한 대인의 행동을 따라하면 안 된다.

형상 : "3년 만에 이겼다." 지치지 않을 수 없었을 것이다.

넷째 음 : 해어진 저고리를 입고 하루 종일 경계한다.

형상 : "하루 종일 경계한다." 의심스러운 바가 있기 때문이다.

다섯째 양 : 동쪽 이웃에서 소를 잡아 성대하게 제사지내는 것이 서쪽 이웃에서 간소한 제사를 진심으로 드리어 실제로 복을 받는 것만 못하다.

형상 : 동쪽 이웃에서 소를 잡아 성대하게 제사지내는 것이 서쪽 이웃에서 그때그때의 사정에 맞추어 성실하게 제사지내는 것만 못하다. "실제로 복을 받는다." 좋은 일이 크게 있다.

윗음 : 여우가 강을 건너다 머리를 적시면 헤어 나오지 못하니 위태하다.

형상 : "여우가 강을 건너다 머리를 적시면 헤어 나오지 못하니 위태하다." 머리가 잠겼으니 어찌 오래갈 수 있겠는가?

■ 풀이

물을 끓일 때에 불이 너무 강하면 물이 증발해 버리고 물이 너무 많으면 넘쳐서 불을 꺼버린다. 물을 잘 끓게 하려면 불의 강도와 물의 분량이 다 적당해야 한다. 생명은 아슬아슬한 균형을 유지하면서 성장한다. 적당한 균형이 파괴되면 신체와 정신의 병이 찾아온다.

첫째 양에 나오는 여우는 강을 건너다 꼬리가 젖자 곧 돌아 나온다. 위험을 예측하고 지혜롭게 재난을 피한 것이다. 그러나 윗음에 나오는 여우는 꼬리가 젖어도 무모하게 나아가다가 끝내 머리까지 물에 잠기게 되고 만다. 돌아오지 못할 지점을 넘어서버린 것이다.

둘째 음과 넷째 음은 이러한 생명의 균형을 정성스럽게 보존할 줄 아는 여자들이다. 둘째 음은 머리꾸미개를 잃어버렸으나 소리 내어 말하지 않고 기다린다. 어느 날 문득 그것을 둔 자리가 생각난다.

넷째 음은 거친 삼베옷을 입고 실수하지 않도록 조심하며 하루 종일 집안일에 공을 들인다. 본문의 '비단 유'(繻)자는 '저고리 유'(襦)자로 보아야 한다. 짧은 저고리를 가리킨다. 상나라 말 주나라 초에는 아직 목화를 재배할 줄 몰랐다. 가난한 사람은 삼베옷을 입고 부유한 사람은 비단옷을 입었을 뿐이었다. 가장 보잘것없는 옷은 '갈'(褐)이라고 하는 것이었는데 그것은 굵은 베로 짠 옷이었다. 넷째 음에는 검소하고 근면한 여자의 모습이 그려져 있다.

셋째 양과 다섯째 양은 사회의 균형을 창조하는 남자들이다. 셋째 양은 상나라의 22대 임금 고종이고 다섯째 양은 주나라의 문왕이다.

방(方)이란 상나라의 성읍 밖에 있는 지역이다. 토방(土方) · 귀방(鬼方) · 공방(邛方) · 강방(羌方) · 인방(人方) · 우방(盂方) 등이 있었는데, 갑골문에는 상나라와 방들 사이의 전쟁이 많이 기록되어 있다. 세상에는 어쩔 수 없이 전쟁을 해야 하는 경우가 있다. 전쟁은 전쟁으로써만 막을 수 있다는 사실은 만고불변의 진리이다. 무조건 전쟁을 반대하는 자들은 정치적인 백치들이다. 우리는 마땅히 불의의 전쟁에 반대하고 정의의 전쟁에 찬성해야 하며 정의의 전쟁으로 불의의 전쟁을 막아야 한다. 그러나 전쟁이 오히려 사회적 균형의 조건이 되는 경우가 있다 하더라도 전쟁은 대인의 일이지 소인의 일이 아니다.

다섯째 양은 상나라 주왕(紂王)과 주나라 문왕에 대하여 말하고 있다. 주나라의 동북쪽에 있던 상나라의 주왕은 폭정을 했고 상나라의 서남쪽에 있던 주나라의 문왕은 선정을 했다. 다섯째 양에 나타난 동쪽 이웃과 서쪽 이웃의 대립에는 유목사회와 농경사회의 대립도 포함되어 있다. 상나라의 복점은 거북의 배 껍질과 소의 뼈를 사용했다. 거북의 등은 두껍고 평평하지 않으므로 주로 거북의 배 껍질을 사용했고 소는 어깨뼈와 정강이뼈를 사용했다. 제사에는 거북의 배 껍질을 쓰고 사냥에는 소의 정강이뼈를 쓰고 전쟁에는 소의 어깨뼈를 썼다. 갑골문의 자료에 의하면 1회의 제사에 100마리부터 1천 마리에 이르는 소를 제물로 사용하였다. 은허에서 출토된 것은 소의 뼈가 90%이고 거북의 배 껍질은 10% 정도이다. 거북의 배 껍질 17만 조각이 안양(安陽)에서 출토되었는데 10조각을 한 마리로 계산하면 이것은 약 1만 7천 마리의 거북에 상당한다. 등은 둥글고 배는 모가 나 있기 때문에 거북은 하늘과 땅의 모양을 갖추고 있는 동물로 여겨져서 점치는 데 사용하였다. 그러나 거북이 복점의 수요를 충족시킬 수 없게 되자 구하기 쉬운 소의 뼈가 거북의 가죽을 대신하게 되었다. 그런데 소를 농경에 사용하기 시작한 주나라 사람들은 소를 죽이고 싶어 하지 않았다.

주나라의 문왕은 소의 뼈 대신에 시초(蓍草 : 가새풀)를 사용하여 점치는 방법을 개발하였다. 주나라 사람들은 시초를 사용하여 제사를 간소하게 지내고 그 소를 농사에 이용하였다. 실제의 생활에서 복을 받은 것이다. 일반인들에게 우경(牛耕)이 상식화된 것은 춘추 시대 이후였다. 춘추 시대 농업의 특징은 철기의 보급과 우경의 확산에 있다.

火水未濟

䷿

坎下離上

64. 火水未濟

坎下離上

未濟는 亨하나

小狐汔濟하여 濡其尾면 無攸利리라.

彖曰 未濟亨은 柔得中也요

小狐汔濟는 未出中也요

濡其尾無攸利는 不續終也라

雖不當位나 剛柔應也니라.

汔(흘) - 거의

화수미제(火水未濟) : 일을 성취한다. 작은 여우가 얼어붙은 강을 보고 조심성 없이 강을 건너다가 저쪽 강변에 닿기 전에 얼음이 갈라져 꼬리를 적시게 되면 헤어 나올 도리가 없으니 유익한 바가 없다.

판단 : 화수미제(火水未濟)는 "일을 성취한다." 다섯째 줄의 유순한 선이 윗괘인 허중리의 중심에 있기 때문이다.

"작은 여우가 얼어붙은 강을 보고 조심성 없이 강을 건너다가 저쪽 강변에 닿기 전에 얼음이 갈라진다." 물속에서 벗어나지 못하고 있는 것이다.

"꼬리를 적시게 되면 헤어 나올 도리가 없으니 유익한 바가 없다." 끝까지 계속할 수 없는 것이다.

유순한 선이 양의 자리에 있고 강건한 선이 음의 자리에 있으므로 선들의 자리는 모두 적당하지 않으나 첫째 음과 넷째 양, 둘째 양과 다섯째 음, 셋째 음과 윗양이 상응하므로 강건한 선들과 유순한 선들은 서로 호응한다.

■ 풀이

중련감은 아래에 있어서 더 이상 내려갈 곳이 없고 허중리는 위에 있어서 더 이상 올라갈 곳이 없다. 물과 불이 서로 통하여 작용하지 못하니 화수미제는 분열과 혼란이 일반적으로 널리 퍼져 있는 사회를 나타낸다.

중공업과 경공업의 어긋남, 기계와 식량의 어긋남이 용인할 수 있는 정도를 넘어서면, 생활환경이 악화된다. 직장을 잃은 사람, 집 없는 사람이 늘어나고 계급투쟁이 격화되며 제국주의에 저항할 힘을 상실한다. 그러나 중공업과 경공업, 기계와 식량은 서로 화폐와 상품을 주고받으면서 어느 정도의 균형을 스스로 회복할 수 있는 자체 조정능력을 가지고 있다. 객관적인 조건들을 전체적으로 분석하지 않고 어긋남이 눈에 띌 때마다 그 부분의 불균형을 바로잡으려 하면 어긋남을 크게 만들 뿐이다.

구체적인 자료들을 수집하고 전체 국면을 설계하면서 한 단계 한 단계의 어긋남에 대처하지 않으면 안 된다. 현실은 결코 머릿속의 그림대로 움직여주지 않는다. 자아편향을 제거하고 객관정신에 입각하여 바꿀 것인가, 그대로 둘 것인가, 타협할 것인가를 결단해야 한다.

경험이 없는 어린 여우는 얼음이 어느 정도 굳었는지를 확인하지 않고 강을 건너다 돌아올 수 없는 지점을 넘어서고 만다.

* * *

象曰 火在水上이 未濟니

君子 以하여 愼辨物居方하나니라.

初六은 濡其尾니 吝하니라.

象曰 濡其尾는 亦不知極也니라.

九二는 曳其輪이니 貞이라 吉하리라.

象曰 九二貞吉은 中以行正也일새니라.

六三은 未濟에 征이면 凶하나

利涉大川하니라.

象曰 未濟征凶은 位不當也일새니라.

九四는 貞吉하여 悔亡이니

震用伐鬼方이면 三年에 有賞于大國이리라.

象曰 貞吉悔亡은 志行也니라.

六五는 貞吉하여 無悔니 君子之光이라.

有孚하니 吉하니라.

象曰 君子之光은 其暉吉也니라.

上九는 有孚于飮酒니 無咎어니와

濡其首면 有孚에 失是하리라.

象曰 飮酒濡首 亦不知節也니라.

暉(휘) - 빛나다

형상 : 불이 물 위에 있는 것이 화수미제(火水未濟)의 형상이다. 군자는 이것을 본받아 사물들을 구분하여 각각 알맞은 자리에 정돈하기 위하여 고심한다.

첫째 음 : 무모하게 강을 건너려던 여우가 꼬리를 적시고 수치를 당한다.

형상 : "무모하게 강을 건너려던 여우가 꼬리를 적신다." 극에 달해서도 그것이 끝인 줄 알지 못하기 때문이다.

둘째 양 : 위험을 예측하고 수레에 제동을 건다. 바르게 행동한 것이니 좋은 결과가 있을 것이다.

형상 : 둘째 양에 "바르게 행동한 것이니 좋은 결과가 있을 것이다"라고 한 것은 중심에 있으면서 바른 도를 실행한다는 뜻이다.

셋째 음 : 건널 수 없을 때에 출정하면 나쁘나 건널 수 있을 때에는 큰 강을 건너는 것도 유익하다.

형상 : "건널 수 없을 때에 출정하면 나쁘다." 셋째 음은 양의 자리에 있는 끊어진 선이므로 자리가 적당하지 않다.

넷째 양 : 바르게 행동하니 좋은 결과가 있고 후회할 일이 소멸한다. 문왕의 아버지 계력(季歷)이 한번 노하여 떨쳐 일어나 귀방을 쳐서 3년 만에 공을 세우고 큰 나라의 임금 고종에게서 상을 받았다.

형상 : "바르게 행동하니 좋은 결과가 있고 후회할 일이 소멸한다." 뜻이 시행되는 것이다.

다섯째 음 : 바르게 행동하니 좋은 결과가 있고 후회할 일이 소멸한다. 군자의 영광은 그가 대중을 믿고 대중이 그를 믿는 데 있다. 대중을 속이지 않으니 좋은 결과가 있는 것이다.

형상 : 군자의 영광이라는 것은 그의 광휘가 상서로움을 가리킨다.

윗양 : 서로 믿고 술을 마시는 것은 잘못이 아니다. 그러나 머리끝까지 취하는 것은 분명히 큰 잘못이다.

형상 : 술을 마시다가 머리를 적시는 것은 또한 절제를 모르는 짓이다.

■ 풀이

사회가 변동하는 과정에서 위기와 동요는 어쩌다 나타나는 현상이 아니라 늘 되풀이되어 나타나는 현상이다. 위기와 동요를 억지로 피하려다가는 오히려 혼란을 크게 만들기 쉽다. 모든 위기와 동요에는 창조적 가능성이 내재되어 있다. 과외교육의 비용이 폭발적으로 증대한다면 그것은 학교와 학원의 구분 자체를 새롭게 설정하는 계기가 될 수 있다. 어디서건 공부를 하고 점수를 받았으면 자격을 인정하고 입학시험을 치를 수 있게 하는 것이 비정상적인 과외교육을 바로잡는 방법이 될 수 있을지 모른다. 원리로 간단하게 환원할 수 없는 사실들을 있는 그대로 확인하고 위기와 동요를 조정할 수 있는 방법을 침착하고 신중하게 마련하여 성실하고 용기 있게 실행해야 한다.

물과 불은 인간의 생명을 유지해 주고 인간의 환경을 정화해 주지만, 또 어떤 때는 인간의 생명과 환경을 파괴하기도 한다. 물과 불의 객관적인 본성을 충분히 파악하지 못한 상태에서 함부로 물과 불을 다루면 해를 입지 않을 수 없다.

여우는 머리는 가벼우나 꼬리는 무거워서 꼬리가 젖으면 강을 건너기 어렵다. 건너기 전에 건널 수 있을까 확인하고 건너면서도 강물의 상태와 자신의 능력을 헤아리다가 위험하다고 여겨지면 즉시 되돌아올 수 있어야 한다. 무모하게 나서는 것보다는 능력을 연마하면서 기다리는 것이 낫다.

수레에 제동을 걸면 사고를 피할 수 있다. 깊이 생각하여 위기와 동요를 뚫어볼 수 있게 될 때까지 무모한 행동을 삼가야 한다. 사태를 해결하는 방법은 아는 사람에게는 단순하고, 모르는 사람에게는 복잡하다.

세상을 잘되게 하기 위해서는 죽어도 좋다는 용기와 언제든지 큰 강을 건너겠다는 결심이 필요한 것은 물론이지만 혼란의 시대를 규정하는 객관적인 조건들을 분석할 줄 모르고 상황 전체를 분명하게 파악하지 못하면 주관적인 성실성이 오히려 사태를 악화시키게 되는 경우도 있다. 그러나 일단 행동하기로 결정하였으면 바른 도가 인도하는 방향으로 어디까지든 계속해서 전진해야 한다.

상나라의 서북쪽에 있는 귀방은 주나라와 영토를 접하고 있었다. 상나라의 고종이 주나라의 계력에게 군대를 통솔하여 정벌하라고 명령했을 때 계력은 상나라를 돕는 것이 곧 주나라를 잘되게 하는 것이라고 판단하였다. 크게 노하여 떨쳐 일어나 3년 만에 귀방을 정벌하였다. 고종 시대의 갑골문에는 주나라 제후에게 분부한 기록과 주나라를 친 기록이 나온다. 주족(周族)은 때로는 상나라에 복종하고 때로는 상나라에 반항하였다. 계력이 산서성에 있는 여러 융적(戎狄)을 쳐서 주족의 세력을 크게 확장하자 상나라의 28대 임금 문정(文丁)은 기회를 타서 계력을 죽였다. 계력의 귀방 정벌은 상나라와 주나라의 관계가 악화되기 전인 상나라 22대 임금 고종 때 사건이었다. 무정(武丁)이라고도 하는 고종은 인접하고 있는 종족과 나라들을 끊임없이 공략하였다. 지금의 산서성 · 섬서성의 북부로부터 내몽고 자치구 하투 이북 지역에 걸쳐 활동하던 토방에 대항하여 여러 차례 3—5천 명의 병력을 출동하였고 상나라의 서북쪽에 있는 강방에 진공하기 위하여 한번은 1만 3천 명의 병력을 동원하였다. 지금의 섬서성, 내몽고 자치주 및 그 이북의 지역에서 활동하던 귀방과는 3년 동안 싸워서야 겨우 승리를 달성하였다.

경제가 안정되고 국방이 충실하다 하더라도 대중이 임금을 믿지 않으면 사회의 혼란은 가라앉지 않는다. 세무서는 시민의 경리를 조사할 수 있으나 시민은 세무서의 경리를 조사할 수 없다면 누구도 조세의 공정성을 신뢰하지 않을 것이다. 세무서마다 자료실에 세무서의 모든 장부를 복사하여 비치해 둠으로써 시민 누구나가 세무서의 경리를 열람할 수 있게 되어야 세무행정은 시민의 신뢰를 받을 수 있을 것이다. 군자의 가장 큰 영광은 대중의 신뢰를 받는 것이다.

그러나 서로 믿는다는 것이 무례하게 행동해도 좋다는 것은 아니다. 《서경》의 '주고'(酒誥)는 주공이 상나라의 유민들에게 술에 대하여 훈계한 말이다. 망한 상나라 백성들은 주왕(紂王)의 영향으로 술을 많이 마시는 버릇이 붙었다. 주공은 왕명으로 강숙(康叔)을 위(衛)나라에 봉하는 자리에서 강숙과 상나라 백성들에게 술에 대하여 훈계하였다. "하늘이 위엄을 떨치시어 징벌을 내리시고 우리 백성들이 크게 어지러워지고 덕을 잃은 것은 또한 술로 말미암은 허물이 아닌 것이 없다. 작은 나라 큰 나라들이 망하게 된 것도 술로 말미암은 죄가 아닌 것이 없다. 문왕께서 젊은이들과 관장들과 관리들에게 경계하여 이르시기를 늘 술을 마시지 말라 하셨다. 이에 여러 나라들이 오직 제사 때만 술을 마셨으며 덕이 있어 취하지 아니하였다"(天降威하시고 我民用大亂喪德은 亦罔非酒惟行이라. 越小大邦用喪도 亦罔非酒惟辜니라. 文王誥教小子와 有正有事하사 無彝酒하라 하시니라. 越庶國은 飮惟祀하니 德將無醉하니라).

술은 위험을 잊게 하고 혼란을 잊게 하고 죽음을 잊게 함으로써 결국은 안전을 위태롭게 하고 질서를 위태롭게 하고 생명을 위태롭게 한다. 우리는 극단을 알고 절도를 지킴으로써만 위기와 동요를 극복해 나갈 수 있다.

계사상전
(繫辭上傳)

계사하전
(繫辭下傳)

계사상전(繫辭上傳)

I

天尊地卑하니 乾坤이 定矣요
卑高以陳하니 貴賤이 位矣요
動靜有常하니 剛柔斷矣요

하늘은 높고 땅은 낮으니 그것을 따라 건괘와 곤괘의 자리가 결정되고, 낮은 자리에서 높은 자리까지 여섯 줄이 배열되고, 이러한 차이에 맞추어 귀한 자리와 천한 자리가 설정된다. 움직임과 고요함에는 일정한 법칙이 있으니 이러한 법칙에 호응하여 강건한 선과 유순한 선이 구별된다.

方以類聚코 物以群分하니 吉凶이 生矣요
在天成象코 在地成形하니 變化見矣라.

사건은 종류에 따라 모이고 사물은 무리에 따라 나누어진다. 사건과 사물이 모이고 나누어질 때에 길흉이 생긴다. 〔모여야 할 때에 모이지 않고 나누어져야 할 때에 나누어지지 않으면 나쁘다.〕 하늘에서는 해와 달과 별이 형상을 이루고, 땅에서는 식물과 동물이 형체를 이룬다. 하늘에 있는 형상들과 땅에 있는 형체들에는 음양의 변화가 나타나 있다.

是故로 剛柔相摩하며 八卦相盪하여
鼓之以雷霆하며 潤之以風雨하며
日月이 運行하며 一寒一暑하여
乾道成男하고 坤道成女하니

그러므로 강건한 선과 유순한 선이 서로 부딪치고 여덟 괘가 서로 자리를 바꾼다. 천둥과 번개로써 만물을 고동치게 하고, 바람과 비로써 만물을 윤택하게 하면서, 일월이 운행하여 한 번은 추워지고 한 번은 더워진다. 건(乾)의 도는 남성의 원리를 이루고 곤(坤)의 도는 여성의 원리를 이룬다.

乾知大始요 坤作成物이라.
乾以易知요 坤以簡能이니 易則易知요 簡則易從이요
易知則有親이요 易從則有功이요
有親則可久요 有功則可大요
可久則賢人之德이요 可大則賢人之業이니
易簡而天下之理得矣니 天下之理得而成位乎其中矣니라.

건은 사물의 위대한 시작을 주관하고 곤은 사물에 완성을 부여한다. 건은 용이하게 주관하고 곤은 간단하게 완성한다. 용이하면 알기 쉽고 간단하면 따르기 쉽다. 알기 쉬우면 가깝게 되고 따르기 쉬우면 공을 세우게 된다. 가깝게 되면 오래 지속할 수 있고 공을 세우게 되면 크게 발전할 수 있다. 오래 지속할 수 있는 것은 현인의 도덕이고 크게 발전할 수 있는 것은 현인의 사업이다. 용이하고 간단하기 때문에 우리는 세상의 이치를 파악할 수 있다. 세상의 이치는 괘의 중심 위치에 포착되어 있다.

II

聖人이 設卦하여
觀象繫辭焉하여 而明吉凶하며
剛柔相推하여 而生變化하니
是故로 吉凶者는 失得之象也요
悔吝者는 憂虞之象也요
變化者는 進退之象也요
剛柔者는 晝夜之象也요
六爻之動은 三極之道也니

성인이 괘를 제정한 후에 괘의 형상을 보고 글을 부가하여 길흉을 밝혔다. 강건한 선과 유순한 선이 서로 자리를 바꾸며 변화를 일으킨다. 그러므로 길한 것과 흉한 것은 성공과 실패의 상징이고 후회하는 것과 수치를 당하는 것은 근심과 걱정의 상징이다. 이어진 선과 끊어진 선이 서로 바뀌는 것은 나아감과 물러남의 상징이고 강건한 선이 유순한 선으로 나아가고 유순한 선이 강건한 선으로 물러나는 것은 낮과 밤의 상징이다. 여섯 개의 선들이 변동하며 움직임은 하늘과 땅과 사람의 도를 나타낸다.

是故로 君子所居而安者는 易之序也요
所樂而玩者는 爻之辭也니
是故로 君子居則觀其象而玩其辭하고
動則觀其變而玩其占하나니
是以自天祐之하여 吉无不利니라.

그러므로 군자가 머물러서 편안하게 여기는 것은 주역의 질서이고 즐거워하며 숙고하는 것은 괘의 선 하나하나에 해당하는 문장이다. 그러므로 군자는 일이 없으면 그 형상을 관찰하고 그 문장을 숙고하며 일이 있으면 그 변화를 관찰하고 점괘를 음미함으로써 하늘로부터 도움을 받아 길하여 유익하지 않음이 없다.

Ⅲ

彖者는 言乎象者也요 爻者는 言乎變者也요
吉凶者는 言乎其失得也요 悔吝者는 言乎其小疵也요
无咎者는 善補過也니

괘 전체의 판단은 괘의 형상에 대하여 언급하고 괘 한 줄 한 줄의 문장은 괘의 변화에 대하여 언급한다. 길흉은 득실에 대하여 언급하고 후회와 수치는 작은 결함에 대하여 언급한다. “허물이 없다”고 하는 것은 과오를 잘 보완하는 것을 의미한다.

是故로 列貴賤者는 存乎位하고 齊小大者는 存乎卦하고
辨吉凶者는 存乎辭하고 憂悔吝者는 存乎介하고
震无咎者는 存乎悔하니
是故로 卦有大小하며 辭有險易하니
辭也者는 各指其所之니라.

그러므로 귀천을 배열하는 것은 여섯 줄 하나하나의 자리에 근거하고 대소를 정하는 것은 괘 전체의 의미에 근거한다. 길흉을 변별하는 것은 문장에 의존하고, 후회와 수치를 근심하는 것은 선악에 의존하고, 두려워하며 허물을 짓지 않는 것은 뉘우치는 데 의존한다. 괘에는 큰 것과 작은 것이 있으며 문장에는 난해한 것과 평이한 것이 있다. 어떤 경우에나 괘 한 줄 한 줄의 문장은 사람들에게 각각 제 갈 길을 지시한다.

IV

易이 與天地準이라 故로 能彌綸天地之道하나니
仰以觀於天文하고 俯以察於地理라.
是故로 知幽明之故하며

彌(미) - 두루 | 綸(륜) - 휩싸다

주역은 천지와 대등하기 때문에 천지의 도를 망라할 수 있다. 위를 쳐다보며 천문을 관찰하고 아래를 내려다보며 지리를 관찰하기 때문에 은밀한 것과 분명한 것의 사유를 알게 된다.

原始反終이라 故로 知死生之說하며
精氣爲物이요 游魂爲變이라
是故로 知鬼神之情狀하나니라.

사물의 처음을 생각하고 사물의 마지막을 헤아리기 때문에 삶과 죽음의 문제를 알게 된다. 알뜰한 기운으로 만물이 형성되었다가 혼백이 떠나면 만물이 소멸하기 때문에 이러한 사실을 통하여 밝은 기운과 어두운 기운의 정상을 알게 된다.

與天地相似라 故로 不違하나니
知周乎萬物而道濟天下라 故로 不過하며
旁行而不流하여 樂天知命이라 故로 不憂하며
安土하여 敦乎仁이라 故로 能愛하나니라.

천지와 일치하기 때문에 도에 어긋나지 않는다. 지혜는 만물을 두루 포용하고 도는 온 세상을 바로 인도하기 때문에 과오를 범하지 않는다. 잗다란 일들까지도 세심하게 처리하되 중심을 잃지 않는다. 자연의 이치를 즐겁게 여기고 사회의 법칙을 기쁘게 따르기 때문에 근심하지 않는다. 환경을 편안하게 여기고 인자한 마음을 돈독하게 하기 때문에 사랑을 실천할 수 있다.

範圍天地之化而不過하며 曲成萬物而不遺하며
通乎晝夜之道而知라
故로 神无方而易无體하니라.

천지의 변화를 규정하되 지나치거나 모자라지 않고 만물을 하나하나 다 완성하여 어느 것도 버리거나 남겨두지 않고 낮과 밤의 도를 꿰뚫어보고 음양의 이치를 환히 알기 때문에 기운에는 일정하게 머무르는 장소가 없고 역에는 일정하게 나타나는 형태가 없다.

V

一陰一陽之謂道니 繼之者善也요 成之者性也라.
仁者 見之에 謂之仁하며 知者 見之에 謂之知요
百姓은 日用而不知라
故로 君子之道 鮮矣니라.

한 번은 음이 되고 한 번은 양이 되는 것을 도라고 한다. 도를 쇄신하는 것이 선한 행동이고 도를 완성하는 것이 사람의 본성이다. 인자한 사람은 도를 보고 인자하다고 하고 지혜 있는 사람은 도를 보고 지혜롭다고 한다. 일반 사람들은 날마다 도를 사용하면서도 그것이 무엇인지 알지 못한다. 그러므로 군자의 도를 실행하는 사람은 많지 않다.

顯諸仁하며 藏諸用하여
鼓萬物而不與聖人同憂하나니

諸(저)-어조사[之於]

시초로 점칠 때에 주역의 인자한 마음이 드러나고 가만히 있을 때에 주역의 작용은 괘 속으로 숨는다. 주역은 성인과 함께 만물을 고무하여 세상을 잘되게 하지만 주역은 성인처럼 마음에 근심을 품지는 않는다.

盛德大業이 至矣哉라.
富有之謂大業이요 日新之謂盛德이요
生生之謂易이요 成象之謂乾이요 效法之謂坤이요
極數知來之謂占이요 通變之謂事요 陰陽不測之謂神이라.

주역의 성대한 덕과 위대한 업적은 지극하다. 넉넉하게 가지고 있는 것을 위대한 업적이라 하고 날마다 새롭게 하는 것을 성대한 덕이라 한다. 낳고 또 낳는 것을 역이라 하고 형상을 이루는 것을 건이라 하고 건을 본받는 것을 곤이라 한다. 수를 정확하게 계산하여 미래를 예측하는 것을 점이라 하고 음양이 변화하고 순환하는 것을 활동이라 하고 음양을 헤아릴 수 없는 것을 신비라고 한다.

VI

夫易이 廣矣大矣라.
以言乎遠則不禦하고 以言乎邇則靜而正하고
以言乎天地之間則備矣라.

주역은 넓고 크다. 먼 것으로 말하면 그 무엇도 주역의 광대함을 축소할 수 없고 가까운 것으로 말하면 미세한 사물들도 주역 안에서 고요하고 바르게 존재한다. 천지로 말하면 자연과 사회의 원리가 모두 구비되어 있다.

夫乾은 其靜也 專하고 其動也 直이라 是以大生焉하며
夫坤은 其靜也 翕하고 其動也 闢이라 是以廣生焉하나니.

翕(흡)-모으다

건은 가만히 있을 때에 순수하고 움직일 때에 정직하다. 건은 이로써 생명을 위대하게 한다. 곤은 가만히 있을 때에 닫혀있고 움직일 때에 열려 있다. 곤은 이로써 생명을 광대하게 한다.

廣大는 配天地하고 變通은 配四時하고
陰陽之義는 配日月하고 易簡之善은 配至德하니라.

광대하고 위대한 것은 천지와 일치하고 변화하고 순환하는 것은 사시와 일치하고 음양의 원리는 일월과 일치하고 용이하고 간단한 선(善)은 더없이 높은 덕과 일치한다.

VII

子曰 易이 其至矣乎ㄴ저.
夫易은 聖人이 所以崇德而廣業也니
知는 崇코 禮는 卑하니 崇은 效天하고 卑는 法地하니라.
天地設位어든 而易이 行乎其中矣니
成性存存이 道義之門이라.

공자께서 말씀하셨다. "주역의 내용은 더없이 훌륭하다. 역은 성인이 덕을 높이고 일을 넓히는 방법이다. 지식은 고명하게 높여야 하고 예의는 겸손하게 낮춰야 한다. 높이는 것은 하늘을 본받는 것이고 낮추는 것은 땅을 본받는 것이다. 천지가 자리를 마련하니 역이 그 안에서 시행된다. 본성을 완성하여 곱고 깨끗하게 간직하는 것은 도의의 문이 된다."

Ⅷ

聖人이 有以見天下之賾하여 而擬諸其形容하며
象其物宜라 是故謂之象이요
聖人이 有以見天下之動하여 而觀其會通하여
以行其典禮하며 繫辭言하여 以斷其吉凶이라
是故謂之爻니

賾(색)-깊숙하다

성인은 세상의 깊은 이치를 보고 생긴 모양을 모방하여 사물의 올바른 형식을 그려내었다. 그러므로 그것을 형상이라 한다. 성인은 세상의 모든 움직임을 보고 그것들이 한데 모여 통하며 일정한 법칙에 따르는 것을 관찰하여 문장으로 길흉을 판단하였다. 그러므로 그것을 효(爻)라 한다.

言天下之至賾하되 而不可惡也며
言天下之至動하되 而不可亂也니
擬之而後에 言하고 議之而後에 動이니
擬議하여 以成其變化하니라.

세상의 지극히 깊은 이치를 말한 것이 괘의 형상이니 싫다고 여기면 안 된다. 세상의 지극히 미세한 움직임을 말한 것이 효의 문장이니 어지럽다고 여기면 안 된다. 주역을 공부하는 사람은 추측한 다음에 말하고 의논한 다음에 움직이며 추측과 의논으로써 변화를 완성해야 한다. 〔추측은 경험에 근거하여 판단하는 것이다〕.

鳴鶴이 在陰이어늘 其子和之로다.
我有好爵하여 吾與爾靡之라 하니
子曰 君子居其室하여 出其言에 善이면
則千里之外應之하나니 況其邇者乎여.
居其室하여 出其言에 不善이면
則千里之外違之하나니 況其邇者乎여.
言出乎身하여 加乎民하며 行發乎邇하여 見乎遠하나니
言行은 君子之樞機니 樞機之發이 榮辱之主也라.
言行은 君子之所以動天地也니 可不愼乎아.

풍택중부의 둘째 양에 “학이 그늘에서 우니 그 새끼가 화답한다. 나에게 좋은 술잔이 있으니 네가 오면 너와 함께 하려 한다”는 구절이 있다. 공자께서 말씀하셨다. “군자의 말은 집에서 낸 말이라도 그 말이 좋으면 천 리 밖에 있는 사람들이 찬성한다. 하물며 가까운 데 있는 사람들이야 어떠하겠는가? 집에서 낸 말이라도 그 말이 좋지 않으면 천 리 밖에 있는 사람들이 반대한다. 하물며 가까운 데 있는 사람들이야 어떠하겠는가? 말은 자신에게서 나가 대중에게 영향을 미치고 행동은 가까운 데 있는 사람에게 한 것도 먼 데 있는 사람에게까지 알려진다. 군자가 문이라면 언행은 문의 돌쩌귀와 같다. 돌쩌귀가 작동하면 문을 여닫을 수 있고 돌쩌귀가 고장 나면 문을 여닫을 수 없다. 언행은 군자에게 영예와 치욕의 원인이 된다. 언행은 군자가 세상을 움직이는 근거이다. 어찌 삼가지 않을 수 있겠는가?"

同人이 先號咷而後笑라 하니
子曰 君子之道 或出或處或黙或語나
二人이 同心하니 其利斷金이로다.
同心之言이 其臭如蘭이로다.

천화동인의 다섯째 양에 "사람들과 함께 한다. 처음엔 울고 나중엔 웃는다"는 구절이 있다. 공자께서 말씀하셨다. "군자의 도는 나가기도 하고 머물기도 하고 침묵하기도 하고 주장하기도 한다. 두 사람의 일치된 마음은 그 날카로움이 쇠를 끊을 만하고 마음속에서 일치하는 말은 그 향기가 난초와 같다."

初六藉用白茅니 无咎라 하니
子曰 苟錯諸地라도 而可矣어늘
藉之用茅하니 何咎之有리오. 愼之至也라.
夫茅之爲物이 薄而用은 可重也니
愼斯術也하여 以往이면 其无所失矣리라.

錯(조)-둔다

택풍대과의 첫째 음에 "흰 띠풀로 짠 자리를 깔고 제물을 올리니 허물이 없다"라는 구절이 있다. 공자께서 말씀하셨다. "제물은 그냥 땅에 놓아도 무방

한데 띠로 엮은 자리를 폈으니 어찌 허물이 있겠는가? 삼가는 마음이 지극한 것이다. 띠풀의 물건됨은 하찮으나 그것의 쓰임새는 소중하다. 이러한 마음가짐으로 조심해서 행동하면 실수하는 일이 없을 것이다."

勞謙이니 君子 有終이니 吉이라 하니
子曰 勞而不伐하며 有功而不德이 厚之至也니
語以其功下人者也라.
德言盛이요 禮言恭이니 謙也者는 致恭하여 以存其位者也라.

지산겸의 셋째 양에 "힘써 일하면서도 겸손하게 행동하는 군자에게는 일을 끝맺음이 있으니 좋다"는 구절이 있다. 공자께서 말씀하셨다. "힘써 일하고도 자랑하지 않고 공을 세우고서도 미덕으로 여기지 않으니 돈후한 성품의 극치이다. 그는 공덕이 있으면서도 스스로 자신을 낮추어 남의 아래에 두는 사람이라고 할 수 있다. 덕은 성대한 마음을 말하고 예는 공손한 태도를 말한다. 겸손이란 것은 공손한 태도를 극진히 하여 그의 지위를 보존하는 것이다."

亢龍이니 有悔라 하니 子曰 貴而无位하며 高而无民하며
賢人이 在下位而无輔라 是以動而有悔也니라.

중천건의 윗양에 "교만한 용에게는 뉘우침이 있다"는 구절이 있다. 공자께서는 말씀하셨다. "신분이 존귀하나 지위가 없고, 지위가 높으나 따르는 대중이 없다. 현명한 사람이 아래에 있기는 하나 그의 도움을 받지 못한다. 그러므로 움직이면 후회할 일이 있다."

不出戶庭이면 无咎라 하니

子曰 亂之所生也則言語以爲階니

君不密則失臣하며 臣不密則失身하며

幾事不密則害成하나니

是以君子愼密而不出也하나니라.

수택절의 첫째 양에 "집을 나가지 않으면 허물이 없다"라는 구절이 있다. 공자께서 말씀하셨다. "혼란이 발생할 때에 혼란은 말의 계단을 타고 상승한다. 임금이 치밀하지 않으면 신하를 잃고 신하가 치밀하지 않으면 목숨을 잃는다. 일을 시작할 때에 치밀하게 준비하지 않으면 일을 완성할 때 방해를 받는다. 그러므로 군자는 주도면밀하게 숙고하고 말을 가볍게 내지 않는다."

子曰 作易者는 其知盜乎ㄴ저.

易曰 負且乘이라 致寇至라 하니

負也者는 小人之事也요 乘也者는 君子之器也니

小人而乘君子之器라 盜思奪之矣며

上慢코 下暴라 盜思伐之矣니

慢藏이 誨盜며 冶容이 誨淫이니

易曰 負且乘致寇至라 하니 盜之招也라.

공자께서 말씀하셨다. "주역을 지은 사람은 도적에 대하여 잘 아는구나! 뇌수해의 셋째 음에 '짐을 지고 또 수레를 타니 도적을 오게 만드는 것이다'라는 구절이 있다. 짐을 등에 지는 것은 천한 사람이 하는 일이고 수레는 귀한 사람이 타는 것이다. 천한 사람이면서 귀한 사람의 수레를 타면 도적이 빼앗으려고 생각하게 된다. 윗사람이 게으르고 아랫사람이 거칠면 도둑은 공격하려고 생각하게 된다. 보관을 태만하게 하는 것은 도적을 유혹하는 짓이고 얼굴을 야단스럽게 다듬는 것은 음탕한 자를 끌어들이는 짓이다. 뇌수해의 셋째 음에 '짐을 지고 또 수레를 타니 도적을 오게 만드는 짓이다'라고 한 것은 그러한 행동이 도적을 초청하는 것이나 마찬가지라는 의미이다."

IX

天一 地二 天三 地四 天五 地六 天七 地八 天九 地十이니
天數五요 **地數五**니 **五位相得**하며 **而各有合**하니
天數二十有五요 **地數三十**이라
凡天地之數五十有五니 **此所以成變化**하며 **而行鬼神也**라.

하늘은 1이고 땅은 2이다. 하늘은 3이고 땅은 4이다. 하늘은 5이고 땅은 6이다. 하늘은 7이고 땅은 8이다. 하늘은 9이고 땅은 10이다. 〔남근은 하나로 이어져 있고 하문(下門)은 가운데가 비어 있으므로 상나라 말 주나라 초의 사람들은 홀수를 남성의 수로 보고 짝수를 여성의 수로 보았다.〕 1, 2, 3, 4, 5, 6, 7, 8, 9, 10 가운데 천수가 다섯이고 지수가 다섯이다. 〔하도(河圖)에는 동쪽에 3과 8, 서쪽에 4와 9, 남쪽에 2와 7, 북쪽에 1과 6, 중앙에 5와 10이 배치되어 있으니〕 다섯 자리의 수들이 서로 어울리면 천수는 천수대로, 지수는 지수대로 각각 합계가 나온다. 천수의 합은 25이고 지수의 합은 30이고 천수와 지수의 합은 55이다. 이것이 변화를 완성하게 하고 귀신을 행동하게 하는 원인이다. 〔1, 2, 3, 4, 5를 생수(生數)라 하고 6, 7, 8, 9, 10을 성수(成數)라 하는데 생수가 성수보다 더 기본적인 수이다. 생수 중에서 홀수를 합하면 9

가 되고 생수 중에서 짝수를 합하면 6이 되므로 이어진 선을 9로 표시하고 끊어진 선을 6으로 표시한다.〕

大衍之數 五十이니 其用은 四十有九라.
分而爲二하여 以象兩하고
掛一하여 以象三하고 揲之以四하여 以象四時하고
歸奇於扐하여 以象閏하나니
五歲에 再閏이라 故로 再扐而後에 掛하나니라.

揲(설) - 시초를 세다 | 扐(륵) - 손 사이에 시초를 끼다

점에 필요한 시초의 수는 50개이지만 사용하는 시초의 수는 49개이다. 49개의 시초(蓍草)를 둘로 나누어서 하늘과 땅을 상징하고 한 개를 따로 떼어내어 하늘과 땅 사이에 있는 사람을 상징하고 네 개씩 계산하여 네 철을 상징한다. 나머지 시초를 손가락 사이에 끼워서 윤달을 상징한다. 5년 동안에 윤달이 두 번 있으므로 손가락에 끼우는 일을 두 번 거듭한 후에야 이어진 선 또는 끊어진 선 하나를 얻게 된다. 〔50개 가운데 하나를 뽑아낸다. $50-1=49=R$. 이 한 개는 괘 하나를 얻을 때까지 나머지 49개와 섞지 않는다. 49를 임의로 양분하여 두 손에 나누어 쥔다. $R=R_1+R_2$. 오른손에 있는 것을 바닥에 놓고 그 가운데 하나만 집어 왼손 약손가락과 새끼손가락 사이에 낀다. $(R_1-1)+R_2=48$. 왼손에 있는 것을 네 개씩 세어 나눈 나머지를 왼손 가운뎃손가락과 약손가락 사이에 낀다. $R_2 \equiv r_2 \pmod{4}$. 바닥에 놓은 것을 네 개씩 세어 나눈 나머지를 왼손의 집게손가락과 가운뎃손가락 사이에 낀다. $R_1-1 \equiv r_1 \pmod{4}$. 왼손의 손가락 사이에 끼었던 것들을 모으면 5나 9가 된다. $1+r_1+r_2=5$ 또는 9. 그 5나 9를 제외한 나머지를 두고 처음부터 반복하면 4나 8을 얻는다. 다시 그 4나

8을 제외한 나머지를 두고 처음부터 반복하면 또 4나 8을 얻는다.〕

乾之策이 **二百一十有六**이요 **坤之策**이 **百四十有四**라.
凡三百有六十이니 **當期之日**하고
二篇之策이 **萬有一千五百二十**이니 **當萬物之數也**하니

중천건을 산출하는 시초의 수는 36×6=216이고, 중지곤을 산출하는 시초의 수는 24×6=144이니, 216+144=360은 한 해의 날수에 해당한다. 주역 상경 · 하경의 64괘 384효를 산출하는 시초의 수는 이어진 선 192개에 192×36=6912와 끊어진 선 192개에 192×24=4608을 합하여 6912+4608=11,520이니 만물의 수와 일치한다.

〔이어진 선 또는 끊어진 선 하나하나는 손가락 사이에 끼운 시초로 결정할 수도 있고 바닥에 놓인 시초로 결정할 수도 있으나 흔히 바닥에 놓인 시초를 세어 그것이 49-(5+4+4), 즉 사구 36이면 동그라미(○)로 표시하고, 49-(9+4+4) 또는 49-(5+8+4), 즉 사팔 32면 끊어진 선(- -)으로 표시하고, 49-(9+8+4) 또는 49-(5+8+8), 즉 사칠 28이면 이어진 선(—)으로 표시하고, 49-(9+8+8), 즉 사육 24면 곱하기표(×)로 표시한다.

원래 9는 이어진 선을 나타내는 수이고 6은 끊어진 선을 나타내는 수이나 여기에 이어진 선을 나타내는 7과 끊어진 선을 나타내는 8을 추가한 것이다. 사구 36은 동양, 사육 24는 동음, 사팔 32는 정음, 사칠 28은 정양이 되니 정(靜)은 불변하나 동(動)은 움직여서 변화한다. 정음과 정양으로 계산해도 (32×6)+(28×6)=360이 되고, (192×32)+(192×28)=11,520이 되어서 마찬가지 결과가 되나 동양과 동음으로 이어진 선과 끊어진 선을 대표하게 한 것이다. 사구 36에서 36을 동양의 책(策)이라 하고 구(九)를 동양의 수라고 하며, 사육 24에서

24를 동음의 책이라 하고, 육(六)을 동음의 수라고 한다.

주자는 양의를 음양이라 하고, 사상을 노양(⚌) 소음(⚍) 노음(⚏) 소양(⚎)이라 하였으나 다산은 주역의 본문에 근거하여 양의를 천지라 하고 사상을 네 계절이라 하였다.〕

是故로 四營而成易하고 十有八變而成卦하니
八卦而小成하여 引而伸之하며 觸類而長之하면
天下之能事畢矣리니

그러므로 네 번 경영하여 변화를 이루고 열여덟 번 변화하여 괘 하나를 이룬다. 〔49개의 시초를 둘로 나누는 것이 첫 번째 경영이다. 그 가운데 하나를 손가락 사이에 끼워 놓는 것이 두 번째 경영이다. 네 개씩 세어서 덜어내는 것이 세 번째 경영이다. 남은 시초를 손가락 사이에 끼우고 그 수효를 계산하는 것이 네 번째 경영이다. 이것을 세 번 반복하면 괘의 한 줄을 알게 되고 열여덟 번 반복하면 괘의 여섯 줄을 다 알게 된다.〕 8괘는 작은 괘를 이룬다. 작은 괘를 바탕으로 삼아 거듭하면 64괘가 되고 동류에 접촉하여 증가시켜 나가면 384효가 전개되어 세상의 가능한 상황이 모두 포함된다.

顯道하고 神德行이라 是故로 可與酬酌이며 可與祐神矣니
子曰 知變化之道者 其知神之所爲乎ㄴ저.

주역은 변화의 도를 드러내 주고 덕행을 신비롭게 제시해 주기 때문에 주역을 공부하는 사람들은 함께 사랑과 빛을 주고받을 수 있으며 자연의 신묘한 작용을 도울 수 있다. 공자께서 말씀하셨다. "변화의 도를 아는 사람은 자연의 작용을 안다."

X

易有聖人之道四焉하니
以言者는 尙其辭하고 以動者는 尙其變하고
以制器者는 尙其象하고 以卜筮者는 尙其占하나니

역에는 네 가지 성인의 도가 있다. 말하는 사람은 괘의 문장을 중시하고 행동하는 사람은 괘의 변화를 중시하고 문물과 제도를 정비하는 사람은 괘의 형상을 중시하고 시초를 뽑는 사람은 괘의 점을 중시한다.

是以君子將有爲也하며 將有行也에 問焉而以言하거든
其受命也如嚮하여 无有遠近幽深히 遂知來物하나니
非天下之至精이면 其孰能與於此리오.

그러므로 군자는 계획하려 하고 행동하려 할 때에 주역에 묻고 주역을 참고하여 말한다. 주역이 하늘의 분부를 받아 전하는 것은 메아리가 소리에 응하는 것 같으니 먼 곳과 가까운 곳, 오묘한 것과 심원한 것을 가리지 않고 마침내 미래의 일을 알려준다. 세상에서 가장 알뜰한 사람이 아니라면 누가 이러한 일에 동참할 수 있겠는가?

參伍以變하며 錯綜其數하여 通其變하여
遂成天地之文하며 極其數하여 遂定天下之象하니
非天下之至變이면 其孰能與於此리오.

시초를 흩었다 모았다 하며 변화시키고 수를 분할했다 조합했다 하며 헤아린다. 그 변화에 통달하여 괘와 효의 형식을 완성하고 그 수를 끝까지 탐구하여 괘와 효의 형상을 결정한다. 세상에서 가장 변화무쌍한 사람이 아니라면 누가 이러한 일에 동참할 수 있겠는가?

易은 无思也하며 无爲也하여
寂然不動이라가 感而遂通天下之故하나니
非天下之至神이면 其孰能與於此리오.

역에는 사려함도 없고 작위함도 없다. 고요히 침묵하며 움직이지 않다가 감응하면 드디어 세상의 모든 일에 통한다. 세상에서 가장 신통한 사람이 아니라면 누가 이러한 일에 동참할 수 있겠는가?

夫易은 聖人之所以極深而研幾也니
唯深也 故로 能通天下之志하며
唯幾也 故로 能成天下之務하며
唯神也 故로 不疾而速하며 不行而至하나니

주역은 성인이 심오한 원리를 끝까지 탐구하고 미묘한 기미를 자세히 연구한 결과이다. 심오한 원리를 탐구하였기 때문에 세상 사람들의 의향을 환히 알 수 있고 미묘한 기미를 연구하였기 때문에 세상의 모든 일을 이룰 수 있다. 주역의 작용이 더없이 신비롭기 때문에 성인은 서두르지 않아도 빠르게 갈 수 있고 가려고 하지 않아도 저절로 목표에 도달할 수 있다.

子曰 易有聖人之道四焉者, 此之謂也라.

공자께서 "역에는 네 가지 성인의 도가 있다"고 말씀하신 것은 이러한 내용을 의미하는 것이다.

XI

子曰 夫易은 何爲者也오.
夫易은 開物成務하여 冒天下之道하나니 如斯而已者也라.
是故로 聖人이 以通天下之志하며 以定天下之業하며
以斷天下之疑하나니라.

공자께서 말씀하셨다. "역은 무엇을 하는 것인가? 역은 사물을 밝히고 일을 이루고 세상의 바른 도를 간직한다. 이와 같은 것일 따름이다." 그러므로 성인은 이로써 세상 사람들의 생각을 통찰하고 세상 사람들의 일을 결정하고 세상 사람들의 의문을 해결한다.

是故로 蓍之德은 圓而神이요 卦之德은 方以知요
六爻之義는 易以貢이니
聖人이 以此로 洗心하여 退藏於密하며
吉凶에 與民同患하여 神以知來코 知以藏往하나니
其孰能與於此哉리오. 古之聰明叡知神武而不殺者夫ㄴ저.

그러므로 시초의 성질은 원만하고 신비로우며 괘의 성질은 반듯하고 지혜롭다. 여섯 효의 의미는 바뀜으로써 길흉을 알려주는 데 있다. 성인은 여섯 효로써 마음을 깨끗하게 씻고, 물러나서 은밀한 데 자취를 감추고 길흉을 민중과 더불어 함께 근심한다. 신비로운 시초로 미래를 알고 지혜로운 괘로 과거를 간직한다. 누가 이러한 일에 동참할 수 있었을까? 옛날의 총명하고 마음이 밝고 생각이 지혜로우며 신묘한 무력을 가지고 있으면서도 사람을 죽이려 하지 않은 사람들만이 동참할 수 있었다.

是以明於天之道而察於民之故하여
是興神物하여 以前民用하니
聖人이 以此齋戒하여 以神明其德夫ㄴ저.

그러므로 하늘의 도를 통찰하고 민중의 일을 관찰하여 이 신성한 시초 점을 창안함으로써 민중의 생활을 인도하였다. 성인은 이로써 몸을 깨끗이 하고 덕을 신성하게 하였다.

是故로 闔戶를 謂之坤이요 闢戶를 謂之乾이요
一闔一闢을 謂之變이요 往來不窮을 謂之通이요
見을 乃謂之象이요 形을 乃謂之器요
制而用之를 謂之法이요
利用出入하여 民咸用之를 謂之神이라.

闔(합)-닫다

그러므로 문이 닫힌 것을 곤이라 하고 문이 열린 것을 건이라 하고 한 번 열렸다가 한 번 닫히며 엇바뀌는 것을 변화라 하고 끝없이 왕래하는 것을 변통이라 한다. 나타나 보이는 것을 형상이라 하고 형태가 분명한 것을 대상이라 하고, 일정하게 제정하여 응용하는 것을 법칙이라 하고, 드나드는 데 쓸모 있게 하여 민중이 모두 사용하는 것을 신통한 도라 한다.

是故로 **易有太極**하니 **是生兩儀**하고 **兩儀生四象**하고
四象이 **生八卦**하니 **八卦定吉凶**하고 **吉凶**이 **生大業**하나니라.

그러므로 역에는 태극이 있으니 이것이 음(⚋)과 양(⚊)의 양의를 생성하고, 양의가 태양(⚌) 소음(⚍) 태음(⚏) 소양(⚎)의 4상을 생성하고, 사상이 삼련건(☰) 상절태(☱) 허중리(☲) 하련진(☳) 하절손(☴) 중련감(☵) 상련간(☶) 삼절곤(☷)의 8괘를 생성한다. 8괘는 길흉을 결정하고 길흉은 위대한 일을 성취하게 한다.

是故로 **法象**이 **莫大乎天地**하고 **變通**이 **莫大乎四時**하고
縣象著明이 **莫大乎日月**하고 **崇高 莫大乎富貴**하고
備物하며 **致用**하며 **立成器**하여 **以爲天下利 莫大乎聖人**하고
探賾索隱하며 **鉤深致遠**하여 **以定天下之吉凶**하며
成天下之亹亹者 莫大乎蓍龜하니라.

亹(미)-부지런하다

그러므로 본받을 만한 것은 천지보다 큰 것이 없고, 변통하는 것은 네 철보다 큰 것이 없고, 형상을 나타내어 뚜렷이 밝히는 것은 일월보다 더 큰 것이 없고, 존엄하고 고귀한 것은 부귀보다 더 큰 것이 없고, 온갖 사물을 구비하여

쓰임새를 개발하며 우뚝 서서 유용한 물건을 만들어 세상을 유익하게 하는 사람은 성인보다 더 큰 사람이 없다. 복잡한 것을 갈피 짓고 은밀한 것을 찾아내며 심오한 것을 탐구하고 원대한 것을 추구하여 세상의 길흉을 결정하고 세상 사람들이 부지런히 힘쓰도록 북돋아 주는 데는 시초점보다 더 큰 것이 없다.

是故로 天生神物이어늘 聖人이 則之하며
天地變化어늘 聖人이 效之하며
天垂象하여 見吉凶이어늘 聖人이 象之하며
河出道하며 洛出書어늘 聖人이 則之하니

그러므로 하늘은 신성한 시초점을 만들었고 성인은 그것을 본받았다. 천지가 변화하니 성인이 그것을 모방하고 하늘이 괘의 형상을 드리워서 길흉을 나타내니 성인이 그것을 재현한다. 황하에서 그림이 나오고 낙수에서 글이 나오니 성인은 이것을 본떴다. 〔하도에는 동쪽에 3과 8, 서쪽에 4와 9, 남쪽에 2와 7, 북쪽에 1과 6, 중앙에 5와 10이 배치되어 있고, 낙서에는 동쪽에 3, 서쪽에 7, 남쪽에 9, 북쪽에 1, 중앙에 5, 동남쪽에 4, 동북쪽에 8, 서남쪽에 2, 서북쪽에 6이 배치되어 있다. 주자는 하도의 6, 7, 8, 9가 시초점의 근본이 된다고 보았고, 낙서가 홍범구주(洪範九疇)의 근본이 된다고 보았다.〕

易有四象은 所以示也요 繫辭焉은 所以告也요
定之以吉凶은 所以斷也라.

역에 4상이 있는 것은 보여주기 위해서이고, 괘의 한 줄 한 줄에 문장을 첨가한 것은 알려주기 위해서이고 길흉으로 결정하는 것은 결단하기 위해서이다.

XII

易曰 自天祐之라 吉无不利라 하니
子曰 祐者는 助也니
天地所助者順也요 人之所助者信也니
履信思乎順하고 又以尙賢也라
是以自天祐之吉无不利也니라.

화천대유의 윗양에 "하늘로부터 도움을 받으니 좋고 유익하지 않음이 없다"는 구절이 있다. 공자께서 말씀하셨다. "돕는다는 것은 잘되게 하는 것을 의미한다. 하늘이 도와주는 것은 순종하기 때문이고 사람이 도와주는 것은 믿음직한 데가 있기 때문이다. 신의를 지키고 순종하려고 노력하고 현인을 존경하기 때문에 하늘로부터 도움을 받으니 좋고 유익하지 않음이 없다"고 한 것이다.

子曰 書不盡言하며 言不盡意니
然則聖人之意를 其不可見乎아.
子曰 聖人이 立象하여 以盡意하며
說卦하여 以盡情僞하며
繫辭焉하여 以盡其言하며
變而通之하여 以盡利하며
鼓之舞之하여 以盡神하니라.

공자께서 스스로 질문하셨다. "글은 말을 다 표현하지 못하고 말은 생각을 다 표현하지 못한다. 그렇다면 성인의 생각은 알 수 없는 것인가?" 공자께서 스스로 대답하셨다. "성인은 형상을 세워서 생각을 나타내고 괘를 베풀어 참과 거짓을 가려내고 괘의 한 줄 한 줄에 문장을 부가하여 말하려고 한 것을 완전하게 표현한다. 변통하여 세상을 유익하게 하고 고무하여 정신의 가능성을 완전하게 실현한다."

乾坤은 其易之縕也인저.
乾坤이 成列而易이 立乎其中矣니
乾坤이 毁則无以見易이요
易을 不可見則乾坤이 或幾乎息矣리라.

건곤은 역의 깊은 비밀이다. 건곤이 배열하면 역이 그 가운데 들어선다. 건곤이 무너지면 역을 지각할 수 없게 되고 역을 지각할 수 없게 되면 건곤도 어쩌면 거의 움직이지 않게 될지 모른다.

是故로 形而上者를 謂之道요 形而下者를 謂之器요
化而裁之를 謂之變이요 推而行之를 謂之通이요
擧而措之天下之民을 謂之事業이라.

그러므로 형태를 초월한 형식을 도라고 하고 형태를 갖춘 질료를 대상이라고 한다. 자연히 바뀌는 것과 계획하여 바꾸는 것을 변화라 하고 시간의 흐름에 따라 이행하는 것을 트임이라 하고 바른 도를 들어서 세상 사람들에게 응용하게 하는 것을 사업이라 한다. 〔주역은 현상을 물질적 질료와 수학적 형식으로 구분하여 파악한다.〕

是故로 夫象은 聖人이 有以見天下之賾하여
而擬諸其形容하며 象其物宜라 是故謂之象이요
聖人이 有以見天下之動하여 而觀其會通하여
以行其典禮하며 繫辭言하여 以斷其吉凶이라 是故謂之爻니

그러므로 대저 형상은 성인이 세상의 깊은 이치를 보고 생긴 모양을 모방하여 사물의 올바른 형식을 그려낸 것이다. 그러므로 그것을 형상이라 하는 것이다. 성인은 세상의 모든 움직임을 보고 그것들이 한데 모여 통하며 일정한 법칙에 따르는 것을 관찰하여 문장으로 길흉을 판단하였다. 그러므로 그것을 효라 하는 것이다.

極天下之賾者는 存乎卦하고 鼓天下之動者는 存乎辭하고
化而裁之는 存乎變하고 推而行之는 存乎通하고
神而明之는 存乎其人하고
黙而成之하며 不言而信은 存乎德行하니라.

세상의 깊은 이치를 구명(究明)하는 것은 괘에 의존하고 세상의 모든 변동을 고무하는 것은 괘의 한 줄 한 줄에 부가된 문장에 의존하고 시간의 흐름에 따라 이행하는 것은 트임에 의존한다. 바른 도를 신비롭게 밝히는 것은 그 사람에게 의존하고 잠자코 있으면서 성취하며 말하지 않아도 사람들이 믿는 것은 덕행에 의존한다.

계사하전(繫辭下傳)

I

八卦成列하니 象在其中矣요
因而重之하니 爻在其中矣요
剛柔相推하니 變在其中矣요
繫辭焉而命之하니 動在其中矣라.

8괘가 배열하니 형상이 그 가운데 있다. 8괘에 의지하여 8괘를 포개니 384효가 64괘의 가운데 있다. 강건한 선과 유순한 선이 서로 추동하니 변화가 그 가운데 있다. 64괘의 한 줄 한 줄에 문장을 부가하여 충고하니 움직임이 그 가운데 있다.

吉凶悔吝者는 生乎動者也요 剛柔者는 立本者也요
變通者는 趣時者也라. 吉凶者는 貞勝者也니

길하고 흉하며 후회하고 수치를 당하고 하는 것은 움직임의 결과로 나타나는 것이다. 강건한 선과 유순한 선은 역의 바탕을 확립하는 것이다. 변통한다는 것은 때에 맞게 나아가는 것이다. 길흉이란 것은 항상 어느 한쪽이 이기게 되어 있는 것이다.

天地之道는 **貞觀者也**요 **日月之道**는 **貞明者也**요
天下之動은 **貞夫一者也**라.

천지의 도는 항상 용이하고 간단한 이치를 보여주는 것이다. 일월의 도는 항상 낮과 밤에 햇빛과 달빛을 비춰주는 것이다. 세상의 모든 움직임은 항상 지극한 정성 하나로 귀착되는 것이다.

夫乾은 **確然**하니 **示人易矣**요
夫坤은 **隤然**하니 **示人簡矣**니
爻也者는 **效此者也**요 **象也者**는 **像此者也**라.
爻象은 **動乎內**하고 **吉凶**은 **見乎外**하고
功業은 **見乎變**하고 **成人之情**은 **見乎辭**하니라.

隤(퇴) - 부드럽다

건은 꿋꿋하게 용이한 도를 보여주고 곤은 부드럽게 간단한 도를 보여준다. 효는 이러한 도를 재현하는 것이고 형상은 이러한 도를 모방하는 것이다. 효와 형상은 64괘의 안에서 움직이고 길흉은 64괘의 밖에서 행동의 결과로 나타난다. 작업의 결과는 변화에서 드러나고 성인의 마음은 64괘의 한 줄 한 줄에 부가된 문장에 나타나 있다.

天地之大德曰生이요 成人之大寶曰位니
何以守位오. 曰仁이요.
何以聚人고. 曰財니
理財하여 正辭하며 禁民爲非曰義라.

천지의 큰 덕은 생명을 낳는 데 있고 성인의 큰 보배는 올바른 자리를 지키는 데 있다. 무엇으로 자리를 지킬 수 있는가? 인자한 행동으로 자리를 지킬 수 있다. 무엇으로 사람을 모을 수 있는가? 재물로 사람을 모을 수 있다. 재물을 관리하고 법령을 바로잡아 민중이 비행을 저지르지 못하도록 규제하는 것을 정의라고 한다.

II

古者包犧氏之王天下也에
仰則觀象於天하고 俯則觀法於地하며
觀鳥獸之文과 與地之宜하며
近取諸身하고 遠取諸物하여
於是에 始作八卦하여 以通神命之德하며 以類萬物之情하니

옛날에 복희(伏犧)가 세상을 다스릴 때에 그는 위를 우러러보며 하늘에서 형상을 관찰하였고 아래를 내려다보며 땅에서 법칙을 관찰하였다. 새짐승의 모양과 지형의 적합한 상태를 관찰하여 가깝게는 몸에서 취하고 멀게는 사물에서 취하여 비로소 8괘를 그려내었으니 사람들은 8괘를 사용하여 신명한 덕에 통할 수 있었고 만물의 상태를 분류할 수 있었다.

作結繩而爲網罟하여 以佃以漁하니 蓋取諸離하고

노끈을 엮어서 그물을 만들어 새와 물고기를 잡았으니 이것은 대개 중화리에서 취한 것이다. 〔도구를 발명한 사람에게는 도구를 만들기 전에 미리 도구의 형상이 머릿속에 그려져 있었을 것이고, 어떤 사람이 64괘의 형상에서 착상을 얻어 도구를 발명하는 것은 얼마든지 가능한 일이다. 허중리에 걸린다는 뜻이 있으므로 중화리가 새나 물고기가 걸리는 그물을 나타낸다고 보는 것도 무리한 추측은 아니니다. 그러나 그물·쟁기·시장·선박·절구·활·집·관·글자는 사회생활의 요구와 노동체계의 필요에 응하여 발명된 것이지 64괘의 암시에 의하여 발명된 것이 아니다. 쟁기가 풍뢰익에서 시장이 화뢰서합에서 배가 풍수환에서 절구가 뇌산소과에서 활이 화택규에서 집이 뇌천대장에서 관이 택풍대과에서 글자가 택천쾌에서 나왔다고 하는 것은 본말을 전도시킨 것이다. 그러므로 〈계사하전〉의 제2장은 상나라 말 주나라 초 사람들이 가지고 있었던 사고방식의 한 면을 짐작해 볼 수 있다는 점에서 흥미로운 내용이라고 하겠으나 자세히 뜯어읽을 필요는 없는 부분이라 하겠다.〕

包犧氏沒커늘 神農氏作하여
斲木爲耜하고 揉木爲耒하여
耒耨之利로 以敎天下하니 蓋取諸益하고

斲(착) - 깎다 | 耜(사) - 보습 | 揉(유) - 휘다 | 耒(뢰) - 쟁기 | 耨(누) - 김매다

복희씨가 죽자 신농씨가 일어나 나무를 깎아 보습을 만들고 나무를 휘어 쟁기를 만들어 보습과 쟁기의 이익을 세상 사람들에게 가르쳤으니 이것은 대개 풍뢰익에서 취한 것이다. 〔하절손은 침투하고 하련진은 움직이므로 풍뢰익은 땅속에 침투하여 흙을 뒤집어엎으면서 움직이는 보습과 쟁기를 나타낸다.〕

日中爲市하여 致天下之民하며 聚天下之貨하여
交易而退하여 各得其所케 하니 蓋取諸噬嗑하고

한낮에 시장을 열어 세상 사람들을 부르고 세상의 재화를 모아서 사람들이 교역하고 돌아가 각각 필요한 것을 얻게 하였으니 이것은 대개 화뢰서합에서 취한 것이다. 〔허중리는 대낮이고 하련진은 움직임이니 화뢰서합은 대낮에 사람들이 분주하게 움직이는 시장을 나타낸다.〕

神農氏沒커늘 黃帝堯舜氏作하여
通其變하여 使民不倦하며
神而化之하여 使民宜之하니
易이 窮則變하고 變則通하고 通則久라.
是以自天祐之하여 吉无不利니
黃帝堯舜이 垂衣裳而天下治하니 蓋取諸乾坤하고

신농씨가 죽자 황제·요·순이 차례로 일어나 생산 활동의 발전에 맞추어 문물제도를 바꾸었다. 민중들이 게으르지 않도록 가르치고 신묘한 덕으로 그들을 감화시켜 마땅히 해야 할 일을 하게 하였다. 역의 도는 막히면 바뀌고 바뀌면 트이며 트이면 영구히 지속한다. 그러므로 하늘로부터 도움을 받아 좋고 유익하지 않음이 없다. 황제와 요와 순은 의상을 드리우고 있었어도 세상이 다스려졌으니 이것은 대개 건괘와 곤괘에서 취한 것이다.

刳木爲舟하고 剡木爲楫하여
舟楫之利로 以濟不通하여

致遠以利天下하니 蓋取諸渙하고

刳(고) - 쪼개다 | 剡(염) - 깎다

나무를 쪼개어 배를 만들고 나무를 깎아 돛대를 만들어 배와 돛대의 편리함으로 통행하지 못하던 강을 건너 먼 곳까지 도달할 수 있게 하여 세상을 유익하게 하였으니 이것은 대개 풍수환에서 취한 것이다. 〔중련감은 물이고 하절손은 나무이니 풍수환은 배를 나타낸다.〕

服牛乘馬하여 引重致遠하여 以利天下하니 蓋取諸隨하고

소를 길들이고 말을 타며 소와 말로 무거운 물건을 운반하여 먼 곳까지 갈 수 있게 하여 세상을 유익하게 하였으니 이것은 대개 택뢰수에서 취한 것이다. 〔하련진은 움직이고 상절태는 활발하니 택뢰수는 잘 움직이는 소나 말을 나타낸다.〕

重門擊柝하여 以待暴客하니 蓋取諸豫하고

문을 겹으로 하고 목탁을 쳐서 도적에 대비하였으니 이것은 뇌지예에서 취한 것이다. 〔괘의 이름이 준비하는 행동을 의미한다.〕

斷木爲杵하고 掘地爲臼하여
臼杵之利로 萬民이 以濟하니 蓋取諸小過하고

나무를 잘라 공이를 만들고 땅을 파서 절구를 만들어 절구와 공이의 편리함으로 모든 사람이 깨끗하게 찧은 곡식을 먹을 수 있게 하였으니 이것은 대개 뇌산소과에서 취한 것이다. 〔상련간은 가만히 있는 절구를 나타내고 하련진은 움직이는 절굿공이를 나타낸다.〕

弦木爲弧하고 **剡木爲矢**하여
弧矢之利로 **以威天下**하니 **蓋取諸睽**하고

나무를 휘어 활을 만들고 나무를 깎아 화살을 만들어 활과 화살의 이용으로 세상에 위엄을 나타내었으니 이것은 대개 화택규에서 취한 것이다. 〔상절태는 두려워하지 않는 모양을 나타내고 허중리는 무기를 나타낸다.〕

上古엔 **穴居而野處**러니 **後世聖人**이 **易之以宮室**하여
上棟下宇하여 **以待風雨**하니 **蓋取諸大壯**하고

아주 옛날에는 굴속에서 살고 들판에서 거처하였다. 후세에 성인이 이것을 집으로 바꾸어 대들보를 올리고 서까래를 얹어 바람과 비를 피하게 하였으니 이것은 대개 뇌천대장에서 취한 것이다. 〔네 개의 이어진 선 위에 있는 두 개의 끊어진 선이 지붕을 나타낸다.〕

古之葬者는 **厚衣之以薪**하여 **葬之中野**하여 **不封不樹**하며
喪期无數러니 **後世聖人**이 **易之以棺槨**하니 **蓋取諸大過**하고

옛날에는 장사지낼 때에 섶나무를 두껍게 덮고 들판에 매장하였고 봉분도 하지 않았고 나무도 심지 않았다. 애도하는 기일에도 정해진 기간이 없었다.

후세에 성인이 이것을 속널과 겉널로 바꾸었으니 이것은 대개 택풍대과에서 취한 것이다. 〔첫째 음과 윗음은 흙을 나타내고 그 사이에 있는 네 개의 이어진 선은 속널과 겉널을 나타낸다.〕

上古엔 **結繩而治**러니 **後世聖人**이 **易之以書契**하여
百官이 **以治**하며 **萬民**이 **以察**하니 **蓋取諸夬**니라.

아주 옛날에는 노끈을 매어 마디를 이룬 매듭으로 의사를 전달하며 세상을 다스렸다. 후세에 성인이 이것을 글자와 문서로 바꾸어 관리들은 이것으로 직무를 보았고 민중은 이것으로 모든 일을 살폈으니 이것은 대개 택천쾌에서 취한 것이다. 〔삼련건은 대나무로 결은 판을 나타내고 상절태는 문서를 나타낸다.〕

Ⅲ

是故로 **易者**는 **象也**니 **象也者**는 **像也**요
彖者는 **材也**요 **爻也者**는 **效天下之動者也**니
是故로 **吉凶**이 **生而悔吝**이 **著也**니라.

그러므로 역이란 형상이다. 형상이란 표상으로 재현한 것이다. 판단이란 괘의 의미를 구성하는 재료이다. 효란 세상의 움직임을 모방한 것이다. 그러므로 성공과 실패가 생기고 후회와 수치가 나타난다.

Ⅳ

陽卦는 多陰하고 陰卦는 多陽하니 其故는 何也오.

陽卦는 奇요 陰卦는 耦일새라.

其德行은 何也오.

陽은 一君而二民이니 君子之道也요

陰은 二君而一民이니 小人之道也라.

양괘에는 끊어진 선이 많고 음괘에는 이어진 선이 많다. 그 이유는 무엇인가? 양괘는 홀수이고 음괘는 짝수이기 때문이다. 그 덕행은 어떠한가? 양괘는 한 선이 임금 노릇하고 두선이 백성 노릇하니 군자의 도이다. 음괘는 두 선이 임금 노릇하고 한 선이 백성 노릇하니 소인의 도이다. 〔하련진(☳) 상련간(☶) 중련감(☵)은 양괘이고 하절손(☴) 허중리(☲) 상절태(☱)는 음괘이다.〕

Ⅴ

易曰 憧憧往來면 朋從爾思라 하니

子曰天下何思何慮리오.

天下同歸而殊塗하며 一致而百慮니 天下何思何慮리오.

日往則月來하고 月往則日來하여 日月이 相推而明生焉하며

寒往則暑來하고 暑往則寒來하여 寒暑相推而歲成焉하니

往者는 屈也요 來者는 信也니

屈信이 相感而利生焉하니라.

尺蠖之屈은 以求信也요 龍蛇之蟄은 以存身也요
精義入神은 以致用也요 利用安身은 以崇德也니
過此以往은 未之或知也니 窮神之化 德之盛也라.

蠖(확)-자벌레

택산함의 넷째 양에 "자주 서로 왕래하며 친구들이 너의 생각을 따른다"는 구절이 있다. 공자께서 말씀하셨다. "세상이 무엇을 생각하고 무엇을 염려하겠는가? 세상은 같은 근원으로 돌아가나 사물들은 널리 분산되어 있으므로 돌아가는 길을 달리한다. 세상은 하나의 도에 이르게 되어 있으나 사람들의 생각은 다양하다. 세상은 자연스러운 이치에 따라 저절로 움직여 나아간다. 세상이 무엇을 생각하고 무엇을 염려하겠는가? 해가 가면 달이 오고 달이 가면 해가 온다. 해와 달은 교체하며 밝은 빛을 생성한다. 추위가 가면 더위가 오고 더위가 가면 추위가 온다. 추위와 더위는 교체하며 한 해를 형성한다. 간다는 것은 수축하는 것을 의미하고 온다는 것은 확장하는 것을 의미한다. 수축과 확장의 자연스러운 상호작용으로 모든 유익한 현상들이 발생하는 것이다. 자벌레가 굽히는 것은 장차 펴려고 하는 것이다. 용과 뱀이 겨울잠을 자는 것은 자신을 보존하려고 하는 것이다. 의리를 알뜰하게 구명하여 정신을 맑게 하는 것은 장차 세상에 나가서 쓰려고 하는 것이다. 수축하고 확장하는 이치를 유익하게 이용하여 몸을 편안하게 하는 것은 세상을 잘 되게 할 수 있는 자기 내면의 덕을 존중하여 인위적인 조작 없이 행동하려고 하는 것이다. 이러한 지식을 넘어서 더 나아간다면 모든 지식을 초월하여 세상과 하나가 된다. 자기의 내면에 잠재해 있는 신비로운 능력을 완전히 실현하고 자연과 사회의 모든 변화를 속속들이 꿰뚫는 것이 덕의 극치이다."

易曰 困于石하며 據于蒺藜라
入于其宮이라도 不見其妻니 凶이라 하니
子曰 非所困而困焉하니 名必辱하고
非所據而據焉하니 身必危하리니
旣辱且危하여 死期將至어니 妻其可得見邪아.

택수곤의 첫째 음에 "돌에 막히고 납가새에 기댄다. 집에 들어가 아내를 보지 못하니 나쁘다"는 구절이 있다. 공자께서 말씀하셨다. "곤경을 당할 곳이 아닌데도 곤경을 당하는 것이니 명성이 더럽혀지지 않을 수 없고, 의지할 곳이 아닌데도 의지하는 것이니 몸이 위태롭게 되지 않을 수 없다. 이미 더럽혀지고 위태롭게 되었다면 죽을 날이 멀지 않은 것이다. 어찌 아내를 볼 수 있겠는가?" 〔택수곤의 셋째 음은 넷째 양이 돌처럼 앞을 막고 둘째 양이 납가새처럼 가시로 찌르므로 나아가지도 못하고 물러나지도 못한다. 윗음이 또한 음효이므로 호응할 수 없으니 집에 들어가 아내를 보지 못하는 것과 같다.〕

易曰 公用射隼于高墉之上하여 獲之니 无不利라 하니
子曰 隼者는 禽也요 弓矢者는 器也요 射之者는 人也니
君子 藏器于身하여 待時而動이면 何不利之有리오.
動而不括이라 是以出而有獲하나니 語成器而動者也라.

뇌수해의 윗음에 "제후가 높은 성벽에 앉은 매를 쏘아 맞히니 유익하지 않음이 없다"는 구절이 있다. 공자께서 말씀하셨다. "매는 사냥의 대상이고 활과 화살은 무기이고 쏘는 사람은 사냥의 주체이다. 군자는 무기를 마련하여 몸에 간직하고 적당한 때를 기다려서 행동한다. 어찌 유익하지 않음이 있겠는가? 움직여도 막히지 않기 때문에 밖으로 나가면 얻는 것이 있다." 뇌수해의 윗음은 무기를 갖추기 전에 움직이지 말라는 충고이다.

子曰 小人은 不恥不仁하며 不畏不義라.
不見利면 不勸하며 不威면 不懲하나니
小懲而大誡 此小人之福也라.
易曰 屨校하여 滅趾니 无咎라 하니 此之謂也라.
善不積이면 不足以成名이요 惡不積이면 不足以滅身이니
小人이 以小善으로 爲无益而弗爲也하며
以小惡으로 爲无傷而弗去也라.
故로 惡積而不可掩이며 罪大而不可解니
易曰 何校하여 滅耳니 凶이라 하니라.

공자께서 말씀하셨다. "소인은 자신의 불인(不仁)을 부끄럽게 여기지 않고 자신의 불의를 두렵게 생각하지 않고 이익을 보지 않으면 노력하지 않는다. 위엄 있게 징계하지 않을 수 없으니 작은 징계로 큰 잘못을 저지르지 않게 하는 것은 소인에게 복을 주는 것이다. 화뢰서합의 첫째 양에 '족쇄를 채우고 발을 자르니 허물을 짓지 못 한다'는 구절이 있으니 바로 이것을 말하는 것이다. 선행이 축적되지 않으면 명성을 이루는 데 충분하지 않고 악행이 축적되지 않으면 몸을 망치는 데까지는 가지 않는다. 소인은 작은 선행은 이로울 것이 없다고 생각하여 하지 않고 작은 악행은 해로울 것이 없다고 생각하여 버리지 않는다. 그러므로 악행이 축적되어 가릴 수 없게 되고 죄가 중대하여 씻을 수 없게 된다. 화뢰서합의 윗양에 '형틀을 씌우고 귀를 자르니 나쁘다'고

하는 구절이 있다." 〔소인은 인의를 모르므로 인의로 소인을 꾸짖는 것은 쓸데없는 짓이다.〕

子曰 危者는 安其位者也요 亡者는 保其存者也요
亂者는 有其治者也니
是故로 君子 安而不忘危하며 存而不忘亡하며
治而不忘亂이라.
是以身安而國家를 可保也니
易曰 其亡其亡이라야 繫于苞桑이라 하니라.

공자께서 말씀하셨다. "위험하다고 생각하는 것이 그 자리를 편안하게 하는 것이다. 멸망한다고 생각하는 것이 존립하도록 보호하는 것이다. 어지럽다고 생각하는 것이 질서 있게 정돈하는 것이다. 그러므로 군자는 편안할 때에 위험을 잊지 않고 존립할 때에 멸망을 잊지 않고 가지런할 때에 어지러움을 잊지 않는다. 이로써 그는 몸을 안전하게 하고 나라와 집안을 보존할 수 있다. 천지비의 다섯째 양에 '잘못되면 어쩌나, 잘못되면 어쩌나 하고 걱정하며 마음을 뽕나무 밑동처럼 견고한 원칙에 매어둔다'란 구절이 있다."

子曰 德薄而位尊하며 知小而謀大하며
力小而任重하면 鮮不及矣니니
易曰 鼎이 折足하여 覆公餗하니
其形渥이라 凶이라 하니 言不勝其任也라.

공자께서 말씀하셨다. "덕은 적으나 자리는 높고 지식은 작으나 계획은 크고 역량은 부족하나 임무가 중요하면 화가 미치지 않는 경우가 드물다. 화풍정의 넷째 양에 '솥발이 부러져 가장의 공국이 쏟아지고 그의 얼굴을 더럽히니 나쁘다'는 구절이 있다. 이것은 임무를 감당하지 못함을 말하는 것이다."

子曰 知幾其神乎ㄴ저.
君子上交不諂하며 下交不瀆하나니 其知幾乎ㄴ저.
幾者는 動之微니 吉之先見者也니
君子見幾而作하여 不俟終日이니
易曰 介于石이라 不終日이니 貞코 吉타 하니
介如石焉커니 寧用終日이리오. 斷可識矣로다.
君子知微知彰知柔知剛하나니 萬夫之望이라.

공자께서 말씀하셨다. "기미를 알고 그만두는 것은 신묘한 지혜이다. 군자는 윗사람과 교제할 때 아첨하지 않고 아랫사람과 교제할 때 업신여기지 않는다. 그는 일의 기미를 알기 때문이다. 기미란 움직임의 미세한 것이고 좋은 운이 먼저 나타나는 것이다. 군자는 기미를 보면 즉시 행동하고 하루가 다 지나갈 때까지 기다리지 않는다. 뇌지예의 둘째 음에 '돌보다 굳게 예비하고 잘못은 하루가 끝나기 전에 고치며 바르게 행동해야 좋다'는 구절이 있다. 의지가 돌처럼 굳은데 어찌 종일토록 기다리겠는가? 그가 사심 없이 결단하리라는 것은 누구나 알 수 있는 일이다. 군자는 미세한 것을 보면 분명한 것을 알며 유순한 것을 보면 강건한 것을 안다. 모든 사람이 군자를 우러러보는 이유가 여기에 있다."

子曰 顔氏之子 其殆庶幾乎ㄴ저
有不善이면 未嘗不知하며 知之면 未嘗復行也하나니
易曰 不遠復이라 无祇悔니 元吉이라 하니라.

공자께서 말씀하셨다. "안회는 바른 도의 기미를 아는 데 거의 가깝게 있구나. 좋지 않은 점이 있으면 알지 못한 적이 없었고 알면 다시 저지른 적이 없었다. 지뢰복의 첫째 양에 '멀리 가지 않고 돌아온다. 뉘우칠 일이 생기기 전에 돌아오니 크게 좋다'는 구절이 있다."

天地絪縕에 萬物이 化醇하고 男女構精에 萬物이 化生하나니
易曰 三人行엔 則損一人코 一人行엔 則得其友라 하니
言致一也라.

"하늘과 땅이 기운을 주고받으니 만물이 변화하여 순수한 형태를 갖춘다. 암컷과 수컷이 정기를 섞으니 만물이 변화하고 생성한다. 산택손의 셋째 음에 '세 사람이 같은 일을 시행할 때는 그 중 한 사람이 반대하고 이탈하기 쉽다. 한 사람이 책임지고 일을 시행할 때에 오히려 동료의 협조를 얻기 쉽다'는 구절이 있다. 이것은 하나가 나뉘어 둘이 되고 둘이 모여서 하나가 되는 이치를 말하는 것이다." 〔수를 두 가지 숫자로 나타냄으로써 수를 셀 때 1 다음은 한자리 올려 10으로 적고, 다시 10이 둘 모일 때 100으로 적듯이, 둘씩 모일 때마다 한자리씩 올려서 수를 세는 이진법은 가장 자연스러운 기수법이다.〕

子曰 君子安其身而後에야 動하며
易其心而後에야 語하며

定其交而後에야 求하나니

君子脩此三者故로 全也하나니

危以動하면 則民不與也코 懼以語하면 則民不應也코

无交而求하면 則民不與也하나니

莫之與하면 則傷之者至矣나니

易曰 莫益之라 或擊之리니 立心勿恒이니 凶이라 하니라.

공자께서 말씀하셨다. "군자는 몸을 안전하게 한 후에 행동하고 마음을 편안하게 한 후에 말하고 사귐을 확고하게 한 후에 요구한다. 군자는 이 세 가지 조건을 실천하므로 일을 온전하게 마친다. 위험하게 행동하면 대중이 찬성하지 않는다. 두려워하면서 말하면 대중이 호응하지 않는다. 사귐이 안정되기 전에 요구하면 대중은 아무것도 주지 않는다. 대중과 함께 있지 못하면 해치려는 자가 다가온다. 풍뢰익의 윗양에 '거들지 않는 자들은 간혹 쳐서 굴복시켜야 한다. 마음을 정하고 일관되게 행동하지 않으면 나쁘다'는 구절이 있다."

VI

子曰 乾坤은 其易之門邪아

乾은 陽物也요 坤은 陰物也니

陰陽이 合德하여 而剛柔有體라.

而體天地之撰하며 以通神明之德하니

撰(찬)-일

공자께서 말씀하셨다. "건곤은 역의 문인가? 건은 양을 대표하는 것이고 곤은 음을 대표하는 것이다. 음양이 서로 작용하여 결합하니 강건한 선과 유순한 선이 모양을 가지게 되고 이로써 천지의 일을 구체적으로 실현하고 이로써 신비롭고 광명한 덕을 속속들이 꿰뚫는다.

其稱名也 雜而不越하나 **於稽其類**엔 **其衰世之意耶**인저.

괘의 이름은 잡다한 듯하나 괘의 의미에서 벗어나 있지 않다. 이름과 의미를 분류하고 그 내용을 살펴보니 64괘에는 쇠퇴하는 시대가 반영되어 있음을 알겠다.

夫易은 **彰往而察來**하며 **而微顯闡幽**하며
開而當名辨物과 **正言斷辭 則備矣**라.

주역은 과거를 밝히고 미래를 살피며 드러난 현상을 미세한 세부까지 파악하고 숨은 이치를 분명하게 해명한다. 64괘와 384효를 하나하나 뜯어보면 적당한 명칭으로 변별된 사물들과 정확한 표현으로 판단된 문장들이 갖추어져 있음을 알 수 있다.

其稱名也小하나 **其取類也大**하며
其旨遠하며 **其辭文**하며 **其言**이 **曲而中**하며 **其事肆而隱**하니
因貳하여 **以濟民行**하여 **以明失得之報**니라.

일컫는 명칭은 작으나 적용되는 종류는 크다. 의미는 심원하고 문장은 미묘

하다. 말은 우아하나 사리에 맞으며 내용은 정돈되어 있으나 은밀한 이치를 포함하고 있다. 길흉이 확정되지 않은 괘와 효로 대중의 행동을 인도하여 득실의 결과를 알려준다."

Ⅶ

易之興也 其於中古乎아.
作易者 其有憂患乎ㄴ저.

주역이 이루어진 것은 중고 시대이었던가? 주역을 지은 사람에게는 우환이 있었던 듯하구나!

是故로 履는 德之基也요 謙은 德之柄也요
復은 德之本也요 恒은 德之固也요
損은 德之修也요 益은 德之裕也요
困은 德之辨也요 井은 德之地也요 巽은 德之制也라.
履는 和而至하고 謙은 尊而光하고
復은 小而辨於物하고 恒은 雜而不厭하고
損은 先難而後易하고 益은 長裕而不設하고
困은 窮而通하고 井은 居其所而遷하고 巽은 稱而隱하니라.

천택리는 덕의 기초이다. 지산겸은 덕의 손잡이이다. 지뢰복은 덕의 근본이다. 뇌풍항은 덕의 견고함이다. 산택손은 덕을 닦는 방법이다. 풍뢰익은 덕의 넉넉한 여유이다. 택수곤은 덕의 척도이다. 수풍정은 덕의 터전이다. 중풍손은 덕의 규제이다. 천택리는 조화하면서 목표에 도달한다. 지산겸은 존경받고 영광을 누린다. 지뢰복은 작은 사물이라도 자세히 변별한다. 뇌풍항은 복잡해도 싫증을 내지 않는다. 산택손은 처음에 어려우나 나중에 쉬워진다. 풍뢰익은 길이 여유있게 행동하고 책략을 쓰지 않는다. 택수곤은 막힌 처지에 있으면서도 트인 마음을 간직한다. 수풍정은 바른 자리에 있으면서 사람들의 마음을 착한 데로 옮기게 한다. 중풍손은 균형 있게 행동하나 드러나지 않게 한다.

履以和行코 **謙以制禮**코 **復以自知**코 **恒以一德**코
損以遠害코 **益以興利**코 **困以寡怨**코 **井以辨義**코
巽以行權하나니라.

천택리로 행동을 조화롭게 한다. 지산겸으로 예절을 제정한다. 지뢰복으로 자신을 반성한다. 뇌풍항으로 덕을 한결같이 지킨다. 산택손으로 해를 멀리 한다. 풍뢰익으로 이익을 일으킨다. 택수곤으로 원한을 줄인다. 수풍정으로 정의를 분별한다. 중풍손으로 상황에 맞게 행동한다. 〔《맹자》〈이루장구(離婁章句)〉에 "남녀가 직접 주고받고 하지 않는 것은 예이고 형수가 물에 빠지면 손으로 끌어당겨 주는 것은 상황에 따른 조치이다"(男女授受不親은 禮也요 嫂溺이어든 援之以手者는 權也니라)는 구절이 있다. 본문의 권세 권(權)자는 상황에 따른 조치를 의미한다.〕

易之爲書也 不可遠이요 **爲道也 屢遷**이라
變動不居하여 **周流六虛**하여 **上下无常**하며
剛柔相易하여 **不可爲典要**요 **唯變所適**이니

주역의 글됨은 멀리할 수 없다. 도의 본성은 거듭거듭 옮기는 데 있다. 끊임없이 변동하며 잠시도 멈추지 않고 괘의 여섯 자리를 두루 유전한다. 오르고 내리는 데 일정한 때가 없고 강건한 선과 유순한 선이 서로 바뀌는 데 일정한 기준이 없으니 오직 변화하는 대로 따를 뿐이다.

其出入以度하여 **外內**에 **使知懼**하며 **又明於憂患與故**라.
无有師保나 **如臨父母**하니 **初率其辭而揆其方**컨댄
旣有典常이어니와 **苟非其人**이면 **道不虛行**하나니라.

법도에 맞게 출입하며 내외에서 두려움을 알게 한다. 주역은 우환과 우환의 연고를 해명해 주어서 태사와 태보가 없어도 사람들은 부모가 가까이 계셔서 늘 여쭈어 볼 수 있는 것처럼 주역에 물어볼 수 있다. 먼저 문장을 따라 의미를 이해한 후에 나아갈 방향을 헤아리면 세상에는 지켜야 할 법도가 있음을 알게 된다. 진실로 사람다운 사람이 아니면 도는 공허하게 되고 시행되지 않을 것이다. 〔《서경》·〈주서〉 '주관'(周官)에 "태사와 태부와 태보를 세웠으니 이들이 바로 삼공이다"(立太師太傅太保하니 玆惟三公이니라) 라는 구절이 있다.〕

IX

易之爲書也 原始要終하여 以爲質也코
六爻相雜은 唯其時物也라.
其初는 難知요 其上은 易知니 本末也라.
初辭擬之하고 卒成之終하니라.

주역의 글됨은 시작부터 차례로 추론하여 결말을 귀납하는 것으로 바탕을 삼는다. 여섯 효가 서로 섞여 있는 것은 오직 그 특수한 상황과 특정한 사물을 반영하는 것이다. 첫째 효는 알기 어려우나 윗효는 알기 쉬우니 그것은 그 두 효가 본말의 관계에 있기 때문이다. 첫째 효에 부가된 문장은 원인을 추측하고 윗효에 부가된 문장은 결과를 결정한다.

若夫雜物과 撰德과 辨是與非는 則非其中爻면 不備하리라.
噫라. 亦要存亡吉凶인댄 則居可知矣어니와
知者觀其彖辭하면 則思過半矣리라.

만약 사물들을 섞어서 그것들의 성질을 선택하고 그것들의 시비를 변별하려면 중간에 있는 효들이 있어야 한다. 중간에 있는 효들이 없으면 사물의 다양한 성질을 찾아낼 수 없다. 여섯 효만 갖추어지면 존망과 길흉을 평소에 알 수 있다. 지혜로운 사람은 괘의 총괄적인 판단을 읽고 괘 전체의 의미를 반 이상 생각해 낼 수 있다.

二與四 同功而異位하여 其善이 不同하니

二多譽코 四多懼는 近也일새니

柔之爲道不利遠者컨마는

其要无咎는 其用柔中也일새라.

三與五는 同功而異位하여

三多凶코 五多功은 貴賤之等也일새니

其柔는 危코 其剛은 勝耶인저.

둘째 효와 넷째 효는 모두 짝수인 음의 자리에 있으므로 기능이 같으나 자리의 위치가 다르므로 그 가치가 동일하지 않다. 둘째 효에는 기림이 많고 넷째 효에는 두려움이 많다. 왜냐하면 넷째 효는 임금의 자리인 다섯째 효에 가까운 자리에 있기 때문이다. 임금의 자리에 가까이 있을 때는 두려워하지 않을 수 없다. 유순한 선의 도는 다섯째 효로부터 멀리 떨어져 있는 것이 유익하지 않으나 둘째 음이 구하는 것에 대체로 허물이 없음은 유순한 선이 아랫괘의 중심에 있기 때문이다. 셋째 효와 다섯째 효는 모두 홀수인 양의 자리에 있으므로 기능이 같으나 셋째 효는 신하의 자리에 있고 다섯째 효는 임금의 자리에 있으므로 자리의 위치가 다르다. 셋째 효에는 나쁜 일이 많고 다섯째 효에는 보람 있는 일이 많은 것은 귀천에 차등이 있기 때문이다. 셋째 줄과 다섯째 줄에 유순한 선이 있으면 위험하나 강건한 선은 그 자리를 감당할 수 있다.

X

易之爲書也 廣大悉備하여

有天道焉하며 有人道焉하며 有地道焉하니

兼三才而兩之라. 故로 六이니
六者는 非他也라 三才之道也니

주역의 글됨은 광대하여 모든 것을 포함하고 있다. 주역에는 하늘의 도가 있고 땅의 도가 있고 사람의 도가 있다. 이 삼재(三才)를 함께 모아 두 배로 하므로 여섯이 된다. 여섯이라는 것은 다른 것이 아니라 삼재의 도에 지나지 않는다.

道有變動 故로 曰爻요 爻有等 故로 曰物이요
物相雜 故로 曰文이요 文不當이라 故로 吉凶生焉하니라.

도에는 변동이 있으므로 효라고 한다. 효에는 차등이 있으므로 사물을 반영한다고 한다. 사물은 서로 뒤섞이므로 효마다 특징을 가진다고 한다. 효의 특징이 상황에 맞지 않는 경우가 있으므로 길흉이 발생한다.

XI

易之興也 其當殷之末世周之盛德耶아. 當文王與紂之事耶인저.
是故로 其辭危하여 危者를 使平하고 易者를 使傾하니
其道甚大하여 百物을 不廢하나 懼以終始면 其要无咎리니
此之謂易之道也라.

주역이 형성된 것은 상나라 임금의 가계가 끝에 이르고 주나라 임금의 덕이 융성해지던 시대인가? 주나라 문왕과 상나라 주왕의 일에 해당하는구나! 그러므로 주역의 문장들이 자주 위험에 대하여 경계하고 있나 보다. 위험하다고 생각하는 사람은 평화를 이룩하고 편안하다고 생각하는 사람은 몰락을 초래한다. 주역의 도는 위대하여 온갖 사물 가운데 어느 것도 배제하지 않는다. 시종 두려워하고 허물이 없도록 노력하는 것을 주역의 도라고 한다.

XII

夫乾은 天下之至健也니 德行이 恒易以知險하고
夫坤은 天下之至順也니 德行이 恒簡以知阻하나니

건은 세상에서 가장 강건하다. 건의 어질고 착한 행실은 항상 모든 일을 평이하게 수행하나 험난한 상황도 깊이 이해하고 있다. 곤은 세상에서 가장 유순하다. 곤의 어질고 착한 행실은 항상 모든 일을 간단하게 수행하나 막히는 상황도 깊이 이해하고 있다.

能說諸心하여 能研諸侯之慮하여
定天下之吉凶하며 成天下之亹亹者니

마음속 깊이 도를 기뻐할 수 있고 세상을 잘되게 하려는 생각을 가다듬을 수 있으면 세상의 온갖 길흉을 확정하고 세상의 모든 노력을 완성할 것이다.

是故로 變化云爲에 吉事有祥이라.
象事하여 知器하며 占事하여 知來하나니

그러므로 변화란 행동을 말하는 것이다. 좋은 일에는 상서로운 조짐이 있게 마련이니 괘의 형상으로 대상을 알고 괘의 점으로 미래를 안다.

天地設位에 聖人이 成能하니
人謀鬼謀에 百姓이 與能하나니라.
八卦는 以象告하고 爻象은 以情言하니
剛柔雜居而吉凶을 可見矣라.

천지가 자리를 잡고 성인이 자기의 능력을 완성하니 사람이 설계하고 귀신이 계획하는 일에 민중도 능력껏 참여하게 된다. 8괘는 형상으로 알려주고 64괘와 384효에 부과된 문장은 실정으로 말해 준다. 강건한 선과 유순한 선이 섞여 있으니 길흉을 구체적으로 볼 수 있다.

變動은 以利言하고 吉凶은 以情遷이라.
是故로 愛惡相攻而吉凶이 生하며
遠近이 相取而悔吝이 生하며
情僞相感而利害生하나니
凡易之情이 近而不相得하면
則凶或害之하며 悔且吝하나니라.

변동은 이익에 따라 드러나고 길흉은 사정에 따라 바뀐다. 그러므로 사랑과 미움이 서로 싸워서 길흉을 생성하고 먼 것과 가까운 것이 서로 부딪쳐 후회와 수치를 생성하고 참과 거짓이 갈마들며 이익과 손해를 생성한다. 대체로 주역의 뜻은 가까우면서도 조화를 얻지 못하면 나쁘다는 데 있다. 가까이 있으면서도 조화를 얻지 못하면 혹 해를 당하거나 후회하게 되거나 또는 수치를 당하게 된다.

將叛者는 **其辭慙**하고 **中心疑者**는 **其辭枝**하고
吉人之辭는 **寡**하고 **躁人之辭**는 **多**하고
誣善之人은 **其辭游**하고 **失其守者**는 **其辭屈**하니라.

배반하려는 사람은 말 속에 부끄러움이 있고 마음에 의심을 품고 있는 사람은 말 속에 어수선함이 있다. 덕이 있는 사람은 말이 적고 조급한 사람은 수다스럽다. 착한 사람을 중상하는 사람의 말은 들떠 있고 지켜야 할 바른 도를 상실한 사람의 말은 비굴하다.

설괘전
(說卦傳)

서괘전
(序卦傳)

잡괘전
(雜卦傳)

설괘전(說卦傳)

I

昔者聖人之作易也에 幽贊於神明而生蓍하고
參天兩地而倚數하고 觀變於陰陽而立卦하고
發揮於剛柔而生爻하니
和順於道德而理於義하며 窮理盡性하여 以至於命하니라.

옛날에 성인들이 주역을 만들었다. 그윽이 신명을 도와 시초로 점치는 방법을 창안하고 하늘에 3, 땅에 2를 할당하여 수를 계산하였다. 음양에서 변화를 관찰하여 8괘를 세우고 강건한 선과 유순한 선을 조절하여 384효를 제정하였다. 온화하고 양순하게 도덕을 따르고 의리에 적합한 질서를 수립하였으며 사리를 깊이 연구하고 자기의 본성을 완전히 실현하여 천명(天命)의 이해에 도달하였다.

II

昔者聖人之作易也는 將以順性命之理니
是以立天之道曰陰與陽이요
立地之道曰柔與剛이요
立人之道曰仁與義니
兼三才而兩之라 故로 易이 六畫而成卦하고
分陰分陽하며 迭用柔剛이라.
故로 易이 六位而成章하니라.

옛날에 성인들이 주역을 만들었다. 주역으로 인성 (人性) 과 천명 (天命) 의 이치에 순종하고자 하였기 때문에 하늘의 도를 설정하고 그것을 음과 양이라고 하였으며 땅의 도를 설정하고 그것을 강건과 유순이라고 하였으며 사람의 도를 설정하여 그것을 인과 의라고 하였다. 삼재 (三才) 를 함께 모으고 두 배로 하였으므로 주역에서는 여섯 줄이 괘를 구성하게 되었다. 양의 자리와 음의 자리를 나누고 유순한 선과 강건한 선을 번갈아 사용하였으므로 주역에서는 여섯 자리가 기본형식을 이루게 되었다.

III

天地定位에 山澤이 通氣하며
雷風이 相薄하며 水火不相射하여 八卦相錯하니
數往者는 順코 知來者는 逆하니 是故로 易은 逆數也라.

射(역) - 싫어하다

하늘과 땅이 자리를 잡으니 산과 호수가 기를 통하고 우레와 바람이 서로 근접하고 물과 불이 서로 싫어하지 않는다. 8괘가 서로 혼합되는 것이다. 지나간 일을 헤아리는 것을 바로 센다고 하고 앞으로 올 일을 아는 것을 거꾸로 센다고 한다. 그러므로 주역은 앞으로 올 일을 헤아리는 것이다.

Ⅳ

雷以動之코 風以散之코 雨以潤之코 日以烜之코
艮以止之코 兌以說之코 乾以君之코 坤以藏之하나니라.

우레로 움직이게 하고 바람으로 흐트러지게 하고 비로 윤택하게 하고 해로 건조하게 한다. 간(☶)으로 멈추게 하고 태(☱)로 기쁘게 하며 건으로 주재(主宰)하게 하고 곤으로 거두게 한다.

Ⅴ

帝出乎震하여 齊乎巽하고 相見乎離하고 致役乎坤하고
說言乎兌하고 戰乎乾하고 勞乎坎하고 成言乎艮하니라.

하느님께서 우리에게 부여하신 생명의 활력은 진(☳, 6시)에 태양처럼 솟아나 손(☴, 9시)에 가지런히 하루를 시작하고 이(☲, 대낮)에 다른 사람들과 협력하고 곤(☷, 15시)에 힘써 일하고 태(☱, 18시)에 기뻐하고 건(☰, 21시)에 자신과 싸워서 자신의 잘못을 제거하고 감(☵, 자정)에 하느님의 위로를 받으며 안식하고 간(☶, 3시)에 생명의 활력을 다시 회복한다.

萬物이 出乎震하니 震은 東方也라.

齊乎巽하니 巽은 東南也니 齊也者는 言萬物之潔齊也라.

離也者는 明也니 萬物이 皆相見할새니 南方之卦也니

聖人이 南面而聽天下하여 嚮明而治하니 蓋取諸此也라.

坤也者는 地也니 萬物이 皆致養焉할새

故로 曰致役乎坤이라.

兌는 正秋也니 萬物之所說也일새 故로 曰說言乎兌라.

戰乎乾은 乾은 西北之卦也니 言陰陽相薄也라.

坎者는 水也니 正北方之卦也니 勞卦也니 萬物之所歸也일새

故로 曰勞乎坎이라.

艮은 東北之卦也니 萬物之所成終而所成始也일새

故로 曰成言乎艮이라.

만물은 진(☳)에서 나온다. 진(☳)은 동쪽이다. 손(☴)에서 가지런하게 정리한다. 손(☴)은 동남쪽이다. 가지런하게 정리한다는 것은 만물이 정결하게 정돈되어 있다는 것을 말한다. 이(☲)는 밝음을 의미한다. 만물이 서로 만나 협력하는 것이다. 이(☲)는 남쪽에 있는 괘이니 성인이 남쪽을 향하여 앉아서 세상 사람들의 말을 널리 듣고 명철하게 갈피 지어 다스리는 것은 대개 이(☲)에서 취한 것이다. 곤(☷)은 땅이다. 만물이 땅에서 양육되므로 곤(☷)에서 힘써 일한다고 말한다. 태(☱)는 한가을이니 만물이 기뻐하는 때이다. 그러므로 태(☱)에서 기뻐한다고 말한 것이다. "건(☰, 21시)에 자신과 싸워 자신의 잘못을 제거한다"고 한 것은 건(☰)이 서북쪽에 있는 괘이므로 음양이 여기서 서로 부딪힘을 말한 것이다. 감(☵)은 물이고 북쪽에 있는 괘이다. 위로받음을 의미하는 괘이니 만물이 돌아가 쉬는 바이므로 "감(☵, 자정)에 하느님의 위로를 받으며 안식한다"고 말한 것이다. 간(☶)은 동북쪽에 있는 괘이다. 만물의 끝나고 다시 시작함이 여기서 완성되므로 "간(☶, 3시)에 생명의 활력을 다시 회복한다"고 말한 것이다.

VI

神也者는 妙萬物而爲言者也니
動萬物者 莫疾乎雷하고 撓萬物者 莫疾乎風하고
燥萬物者 莫熯乎火하고 說萬物者 莫說乎澤하고
潤萬物者 莫潤乎水하고 終萬物始萬物者 莫盛乎艮하니
故로 水火相逮하며 雷風이 不相悖하며
山澤이 通氣然後에야 能變化하여 旣成萬物也하니라.

기(氣)의 신비한 작용이란 만물을 형성하고 있음을 의미한다. 만물을 움직이게 하는 것은 우레보다 더 빠른 것이 없다. 만물을 흩어지게 하는 것은 바람보다 더 빠른 것이 없다. 만물을 마르게 하는 것은 불보다 더 따뜻한 것이 없다. 만물을 기쁘게 하는 것은 호수보다 더 큰 기쁨을 주는 것이 없다. 만물을 적시는 것은 물보다 더 축축한 것이 없다. 만물을 끝나게 하고 만물을 시작하게 하는 것은 간(☶)보다 더한 것이 없다. 그러므로 물과 불이 가까워지고 우레와 바람이 서로 거스르지 않게 되고 산과 호수가 기를 통하게 된 후에야 변화가 가능해지고 만물이 완성되는 것이다.

Ⅶ

乾은 健也요 坤은 順也요 震은 動也요 巽은 入也요
坎은 陷也요 離는 麗也요 艮은 止也요 兌는 說也라.

건(☰)은 강건한 것이고 곤(☷)은 유순한 것이고 진(☳)은 움직이는 것이고 손(☴)은 스며드는 것이고 감(☵)은 빠지는 것이고 이(☲)는 의존하는 것이고 간(☶)은 정지하는 것이고 태(☱)는 기뻐하는 것이다.

Ⅷ

乾爲馬요 坤爲牛요 震爲龍이요 巽爲鷄요 坎爲豕요
離爲雉요 艮爲狗요 兌爲羊이라.

건(☰)은 말이고 곤(☷)은 소이고 진(☳)은 용이고 손(☴)은 닭이고 감(☵)은 돼지이고 이(☲)는 꿩이고 간(☶)은 개이고 태(☱)는 양이다. 〔중천건은 용이고 중지곤은 암말이고 중화리는 암소라는 여섯 줄 괘의 본문 내용과 다른 것이 흥미롭다.〕

Ⅸ

乾爲首요 坤爲腹이요 震爲足이요 巽爲股요 坎爲耳요
離爲目이요 艮爲手요 兌爲口라.

건(☰)은 머리이고 곤(☷)은 배이고 진(☳)은 발이고 손(☴)은 다리이고 감(☵)은 귀이고 이(☲)는 눈이고 간(☶)은 손이고 태(☱)는 입이다.

X

乾은 天也라 故로 稱乎父요

坤은 地也라 故로 稱乎母요

震은 一索而得男이라 故로 謂之長男이요

巽은 一索而得女이라 故로 謂之長女요

坎은 再索而得男이라 故로 謂之中男이요

離는 再索而得女라 故로 謂之中女요

艮은 三索而得男이라 故로 謂之少男이요

兌는 三索而得女라 故로 謂之少女라.

건(☰)은 하늘을 상징하므로 가족에서는 아버지에 해당하고, 곤(☷)은 땅을 상징하므로 가족에서는 어머니에 해당한다. 진(☳)은 첫째 줄에 이어진 선이 있으니 한 번 구하여 아들을 얻었다 하여 맏아들이라 하고, 손(☴)은 첫째 줄에 끊어진 선이 있으니 한 번 구하여 딸을 얻었다 하여 맏딸이라 한다. 감(☵)은 둘째 줄에 이어진 선이 있으니 두 번 구하여 아들을 얻었다고 하여 둘째 아들이라고 하고, 이(☲)는 둘째 줄에 끊어진 선이 있으니 두 번 구하여 딸을 얻었다 하여 둘째딸이라 한다. 간(☶)은 윗줄에 이어진 선이 있으니 세 번 구하여 아들을 얻었다 하여 막내아들이라 하고, 태(☱)는 윗줄에 끊어진 선이 있으니 세 번 구하여 딸을 얻었다 하여 막내딸이라 한다.

XI

乾은 **爲天 爲圜 爲君 爲父 爲玉 爲金 爲寒 爲氷 爲大赤 爲良馬 爲老馬 爲瘠馬 爲駁馬 爲木果**라.

건(☰): 하늘, 둥긂, 임금, 아버지, 옥, 금, 추위, 얼음, 아주 붉은색, 좋은 말, 늙은 말, 마른 말, 얼룩말, 나무 열매.

坤은 **爲地 爲母 爲布 爲釜 爲吝嗇 爲均 爲子母牛 爲大輿 爲文 爲衆 爲柄**이요 **其於地也**에 **爲黑**이라.

곤(☷): 땅, 어머니, 베, 솥, 인색, 균등, 송아지를 데리고 다니는 어미소, 큰 수레, 무늬, 무리, 손잡이, 땅에 있는 검은색.

震은 **爲雷 爲龍 爲玄黃 爲旉 爲大塗 爲長子 爲決躁 爲蒼筤竹 爲萑葦**요
其於馬也에 **爲善鳴 爲馵足 爲作足 爲的顙**이요
其於稼也에 **爲反生**이요 **其究 爲健**이요 **爲蕃鮮**이라.

旉(부) - 펼치다 | 萑(환) - 갈대 | 馵(주) - 뒷다리가 흰 말

진(☳): 우레, 용, 짙은 황색, 꽃, 큰 길, 맏아들, 조급한 판단, 녹색의 어린 대나무, 갈대, (말들 가운데) 잘 우는 말, 뒷다리가 흰 말, 기운 좋은 말, 이마에 흰 털이 난 말, (농작물 가운데) 뿌리채소, (마지막으로 요약하면) 강건한 것, 번성하는 것.

巽은 爲木 爲風 爲長女 爲繩直 爲工 爲白 爲長 爲高 爲進退 爲不果 爲臭요 其於人也에 爲寡髮 爲廣顙 爲多白眼 爲近利市三倍요 其究 爲躁卦라.

손(☴) : 나무, 바람, 맏딸, 먹줄, 목공, 흰색, 긴 것, 높은 것, 진퇴, 과감하게 결정하지 못함, 냄새, (사람 가운데) 머리숱이 적은 사람, 이마가 넓은 사람, 눈에 흰자위가 많은 사람, 시장에서 세 곱절의 이익을 거둔 사람, (마지막으로 요약하면) 조급함을 경계하는 괘.

坎은 爲水 爲溝瀆 爲隱伏 爲矯輮 爲弓輪이요
其於人也에 爲加憂 爲心病 爲耳痛 爲血卦 爲赤이요
其於馬也에 爲美脊 爲亟心 爲下首 爲薄蹄 爲曳요
其於輿也에 爲多眚이요 爲通 爲月 爲盜요
其於木也에 爲堅多心이라.

감(☵) : 물, 도랑, 매복, 휘인 것을 바로 함, 활과 바퀴, (사람 가운데) 우울한 사람, 심장에 병이 든 사람, 귀를 앓는 사람, 혈액 순환에 문제가 있어 혈압이 높은 사람, 얼굴이 붉은 사람, (말 가운데) 등이 아름다운 말, 마음이 급한 말, 머리를 늘어뜨린 말, 발굽이 얇은 말, 천천히 걷는 말, (수레로서는) 결함이 많은 수레, 잘 달리는 수레, 달뜬 밤에 가는 수레, 도둑맞은 수레, (나무 가운데) 단단하고 심이 많은 나무.

離는 爲火 爲日 爲電 爲中女 爲甲冑 爲戈兵이요
其於人也에 爲大腹이요

爲乾卦 爲鼈 爲蟹 爲蠃 爲蚌 爲龜요
其於木也에 爲科上槁라.

蠃(라) - 소라 | 蚌(방) - 조개

이(☲) : 불, 해, 번개, 둘째딸, 갑옷, 무기, (사람 가운데) 배가 큰 사람, 건조함을 나타내는 괘, 자라, 게, 소라, 조개, 거북, (나무 가운데) 속이 비고 가지 끝이 마른 나무.

艮은 爲山 爲徑路 爲小石 爲門闕 爲果蓏 爲閽寺 爲指
爲狗 爲鼠 爲黔喙之屬이요
其於木也에 爲堅多節이라.

蓏(라) - 풀 열매

간(☶) : 산, 오솔길, 작은 돌, 문, 열매, 내시, 손가락, 개, 쥐, 부리가 검은 새, (나무 가운데) 단단하고 마디가 많은 나무.

兌는 爲澤 爲少女 爲巫 爲口舌 爲毁折 爲附決이요
其於地也에 爲剛鹵요 爲妾 爲羊이라.

태(☱) : 호수, 막내딸, 무당, 입과 혀, 부딪쳐서 꺾임, 붙어 있는 것을 제거함, 불모지, 첩, 양.

서괘전(序卦傳)

I

有天地 然後에 萬物生焉하니 盈天地之間者唯萬物이라

故로 受之以屯하니 屯者盈也니

천지가 있게 된 후에 만물이 생성되었다. 하늘과 땅 사이의 공간에 온갖 사물이 가득 차 있으므로 건과 곤의 다음에 수뢰준이 온다. 수뢰준은 우주를 가득 채우고 있는 태초의 혼돈을 의미한다.

屯者는 物之始生也라 物生必蒙이라

故로 受之以蒙하니 蒙者蒙也니 物之穉也라.

物穉不可不養也라

故로 受之以需하니 需者는 飮食之道也라.

飮食必有訟이라 故로 受之以訟하고

수뢰준은 사물이 처음 생성되는 것이다. 막 생겨났을 때 생물은 미숙하므로 수뢰준의 다음에 산수몽이 온다. 산수몽은 사리에 어둡고 어리석은 것을 의미하니 생물의 유치한 상태를 가리킨다. 유치한 상태에 있는 사물은 양육되어야 하고 보호되어야 한다. 그러므로 산수몽의 다음에 수천수가 온다. 수천수는 먹고 마시는 도를 의미한다. 먹고 마시며 예를 돌아보지 않으면 분쟁이 발생한다. 그러므로 천수송이 뒤를 잇는다.

訟必有衆起라 故로 受之以師하고
師者는 衆也니 衆必有所比라
故로 受之以比하고 比者는 比也니

분쟁이 커지면 군중이 들고 일어나므로 천수송의 다음에 지수사가 온다. 지수사는 집단을 의미한다. 집단에는 단합이 필요하므로 지수사의 다음에 수지비가 온다. 수지비는 단합과 결속을 의미한다.

比必有所畜이라 故로 受之以小畜하고
物畜然後에 有禮라 故로 受之以履하고
履而泰 然後에 安이라 故로 受之以泰하고

단합하면 역량이 축적되므로 풍천소축이 뒤를 잇는다. 물질이 축적된 후에는 예절이 있어야 하므로 풍천소축 다음에 천택리가 온다. 사람들이 서로 예절을 이행하면서 너그럽게 행동한 후에 사회가 안정되므로 천택리의 다음에 지천태가 온다.

泰者는 通也니 物不可以終通이라 故로 受之以否하고

物不可以終否라 故로 受之以同人하고

與人同者는 物必歸焉이라 故로 受之以大有하고

有大者는 不可以盈이라 故로 受之以謙하고

有大而能謙이 必豫라 故로 受之以豫하고

지천태는 트임을 의미한다. 어떤 사물이든 막히지 않고 계속 나아갈 수만은 없으므로 지천태의 다음에는 천지비가 온다. 어떤 사물이든 끝내 막혀 있기만 한 것은 없으므로 천지비의 다음에 천화동인이 온다. 남과 함께 고락을 같이하는 사람에게는 만물이 귀속되므로 천화동인의 다음에는 화천대유가 온다. 크게 소유한 사람은 가득 차게 되지 않도록 조심해야 하므로 지산겸이 뒤를 잇는다. 크게 소유하고 있으면서도 겸손하게 행동할 수 있으면 반드시 편안하게 살 수 있으므로 지산겸의 다음에 뇌지예가 온다.

豫必有隨라 故로 受之以隨하고

以喜隨人者必有事라 故로 受之以蠱하고

蠱者는 事也니 有事而後에 可大라

故로 受之以臨하고 臨者는 大也니

편안한 생활에는 시중드는 사람이 있게 마련이므로 택뢰수가 뒤를 잇는다. 기쁜 마음으로 남을 따르는 사람에게는 할 일이 많으므로 택뢰수의 다음에 산풍고가 온다. 산풍고는 처리해야 할 일을 의미한다. 일을 맡은 후에야 능력을 크게 펼칠 수 있으므로 산풍고의 다음에 지택림이 온다. 지택림은 대인이 대중에게 접근하는 것을 의미한다.

物大然後에 可觀이라 故로 受之以觀하고

可觀而後에 有所合이라 故로 受之以噬嗑하고

嗑者는 合也니 物不可以苟合而已라

故로 受之以賁하고 賁者飾也니

致飾然後에 亨則盡矣라 故로 受之以剝하고 剝者剝也니

사물이 크면 잘 관찰할 수 있으니 풍지관이 뒤를 잇는다. 관찰하여 사정을 이해하고 나면 결합할 수 있으므로 풍지관의 다음에 화뢰서합이 온다. 화뢰서합은 다양한 사물들을 하나로 결합하는 것을 의미한다. 사물들이 구차하게 결합하면 안 되므로 산화비가 뒤를 잇는다. 산화비는 우아하게 꾸미는 것을 의미한다. 바탕보다 꾸밈을 중시하면서 일을 성취하려 하면 곧 기력을 탕진하게 된다. 그러므로 산화비 다음에 산지박이 온다. 산지박은 박탈을 의미한다.

物不可以終盡이니 剝이 窮上反下라 故로 受之以復하고

復則不妄矣라 故로 受之以无妄하고

有无妄然後에 可畜이라 故로 受之以大畜하고

사물들이 끝내 소진되기만 할 수는 없으니 산지박은 위에서 막히면 아래로 돌아온다. 그러므로 지뢰복이 뒤를 잇는다. 바른 도로 돌아오면 망령되이 행동하지 않게 되므로 지뢰복의 다음에 천뢰무망이 온다. 정직하게 노력한 후에 덕을 쌓을 수 있으므로 천뢰무망의 다음에 산천대축이 온다.

物畜然後에 可養이라 故로 受之以頤하고

頤者는 養也니 不養則不可動이라 故로 受之以大過하고
物不可以終過라 故로 受之以坎하고
坎者는 陷也니 陷必有所麗라
故로 受之以離하니 離者는 麗也니라.

물질이 축적된 후에 인재를 양성할 수 있다. 그러므로 산뢰이가 뒤를 잇는다. 산뢰이는 보살펴서 자라게 하는 것을 의미한다. 바르게 자라지 않으면 옳게 행동할 수 없으므로 산뢰이의 다음에 택풍대과가 온다. 사물은 끝까지 균형에서 벗어나 있을 수 없으므로 택풍대과의 다음에 중수감이 온다. 중수감은 구렁에 빠지는 것을 의미한다. 구렁에 빠질 때는 의지할 것을 찾아야 하므로 중수감의 다음에 중화리가 온다. 중화리는 의지하고 부착하는 것을 의미한다.

II

有天地 然後에 有萬物하고 有萬物 然後에 有男女하고
有男女 然後에 有夫婦하고 有夫婦 然後에 有父子하고
有父子 然後에 有君臣하고 有君臣 然後에 有上下하고
有上下 然後에 禮義有所錯니라.

천지가 있게 된 후에 만물이 있게 되고 만물이 있게 된 후에 남녀가 있게 되고 남녀가 있게 된 후에 부부가 있게 되고 부부가 있게 된 후에 부자가 있게 되고 부자가 있게 된 후에 군신이 있게 되고 군신이 있게 된 후에 상하가 있게 되고 상하가 있게 된 후에 예의가 질서 있게 자리를 잡게 된다.

夫婦之道 不可以不久也라 故로 受之以恒하고 恒者는 久也니

택산함이 나타내는 부부의 도는 항구하게 지속되지 않으면 안 되므로 택산함의 다음에 뇌풍항이 온다. 뇌풍항은 오래 지속되는 것을 의미한다.

物不可以久居其所라 故로 受之以遯하고
遯者는 退也니 物不可以終遯이라 故로 受之以大壯하고
物不可以終壯이라 故로 受之以晉하고
晉者는 進也니 進必有所傷이라 故로 受之以明夷하고
夷者는 傷也니 傷於外者必反其家라 故로 受之以家人하고

사물은 한자리에 영구히 머무를 수 없으므로 뇌풍항의 다음에 천산돈이 온다. 천산돈은 물러남을 의미한다. 세상에서 끝까지 물러나기만 할 수는 없으므로 뇌천대장이 뒤를 잇는다. 사물들은 꿋꿋한 상태로 끝까지 유지할 수 없으므로 뇌천대장의 다음에 화지진이 온다. 화지진은 나아감을 의미한다. 나아가기만 하다가는 다치게 되므로 화지진의 다음에 지화명이가 온다. 지화명이는 밝은 질서가 손상되는 것을 의미한다. 밖에서 다친 사람은 반드시 집으로 돌아가므로 지화명이의 다음에 풍화가인이 온다.

家道窮必乖라 故로 受之以睽하고
睽者는 乖也니 乖必有難이라 故로 受之以蹇하고
蹇者는 難也니 物不可以終難이라
故로 受之以解하고 解者는 緩也니

가정의 도가 막히면 오해가 생기므로 풍화가인의 다음에 화택규가 온다. 화택규는 어긋남을 의미한다. 사이가 어긋나면 곤란한 일이 발생하므로 수산건이 뒤를 잇는다. 수산건은 곤란한 일을 의미한다. 사물들이 끝까지 곤란한 처지에 놓여 있게 되지만은 않으므로 수산건의 다음에 뇌수해가 온다. 뇌수해는 긴장의 완화를 의미한다.

緩必有所失이라 故로 受之以損하고
損而不已면 必益이라 故로 受之以益하고
益而不已면 必決이라 故로 受之以夬하고
夬者는 決也니 決必有所遇라 故로 受之以姤하고
姤者는 遇也니

풀어서 느슨하게 하면 잃어버리는 것이 있게 되므로 산택손이 뒤를 잇는다. 현명하게 인내하면 손실은 얼마 동안 계속되다가 일정한 한도에 이르러 이익으로 전환한다. 그러므로 산택손의 다음에 풍뢰익이 온다. 이익이 그치지 않고 증가하면 능력의 한계를 초과한다. 그러므로 풍뢰익의 다음에 택천쾌가 온다. 택천쾌는 단호한 결단을 의미한다. 단호하게 결단하면 동의하는 사람을 만나게 되므로 택천쾌의 다음에 천풍구가 온다. 천풍구는 만남을 의미한다.

物相遇而後에 聚라 故로 受之以萃하고
萃者는 聚也니 聚而上者를 謂之升이라 故로 受之以升하고
升而不已면 必困이라 故로 受之以困하고
困乎上者必反下라 故로 受之以井하고

생물들은 서로 만나면 모여서 무리를 형성한다. 그러므로 택지췌가 뒤를 잇는다. 택지췌는 모이는 것을 의미한다. 현인들이 모여서 높은 자리를 맡게 되는 것을 승진이라고 한다. 그러므로 택지췌의 다음에 지풍승이 온다. 올라가기만 하고 그치지 않으면 곤경에 처하게 되므로 지풍승의 다음에 택수곤이 온다. 위에서 곤란을 당한 사람은 반드시 아래로 되돌아온다. 그러므로 택수곤의 다음에 수풍정이 온다.

井道不可不革이라 故로 受之以革하고

우물을 관리하는 방법은 더러워지면 깨끗하게 쳐내야 하는 것이니 수풍정의 다음에 택화혁이 온다.

革物者莫若鼎이라 故로 受之以鼎하고
主器者莫若長子라 故로 受之以震하고
震者는 動也니 物不可以終動하여 止之라
故로 受之以艮하고
艮者는 止也니 物不可以終止라 故로 受之以漸하고
漸者는 進也니 進必有所歸라 故로 受之以歸妹하고
得其所歸者必大라 故로 受之以豐하고 豐者는 大也니

사물을 바꾸는 것은 먹을거리를 음식으로 만드는 솥만 한 것이 없으므로 화풍정이 뒤를 잇는다. 제기를 주관하는 사람은 맏아들만 한 사람이 없으므로 화풍정의 다음에 중뢰진이 온다. 중뢰진은 움직임을 의미한다. 사물은 계속 움직이기만 할 수 없고 적당한 때에 멈춰야 한다. 그러므로 중뢰진의 다음에 중산간이 온다. 중산간은 멈추는 것을 의미한다. 사물이 끝내 가만히 있을 수만은 없으니 풍산점이 뒤를 잇는다. 풍산점은 진행을 의미한다. 진행에는 귀착되는 곳이 있으므로 풍산점의 다음에 뇌택귀매가 온다. 귀착할 곳에 도달한 사람은 큰일을 성취할 수 있으므로 뇌택귀매의 다음에 뇌화풍이 온다. 뇌화풍은 성대한 것을 의미한다.

窮大者必失其居라 故로 受之以旅하고
旅而无所容이라 故로 受之以巽하고 巽者는 入也니

더 나갈 수 없을 만큼 세력을 증대한 사람은 반드시 그 자리를 상실한다. 그러므로 화산려가 뒤를 잇는다. 나그네이면서 용납될 곳이 없으니 깃들일 곳을 찾지 않을 수 없다. 그러므로 화산려의 다음에 중풍손이 온다. 중풍손은 스며드는 것을 의미한다.

入而後에 說之라 故로 受之以兌하고
兌者는 說也니 說而後에 散之라 故로 受之以渙하고
渙者는 離也니

바라던 곳에 들어가면 기뻐하므로 중풍손의 다음에 중택태가 온다. 중택태는 기뻐하는 것을 의미한다. 기쁨이 다하면 흩어지게 되므로 풍수환이 뒤를 잇는다. 풍수환은 분리와 분산을 의미한다.

物不可以終離라 故로 受之以節하고
節而信之라 故로 受之以中孚하고
有其信者는 必行之라 故로 受之以小過하고

사물들은 계속해서 끝까지 분리되어 있을 수만은 없으므로 풍수환의 다음에 수택절이 온다. 절도 있게 행동하면 사람들의 신뢰를 얻으므로 수택절의 다음에 풍택중부가 온다. 신념이 있는 사람은 반드시 실행하므로 뇌산소과가 뒤를 잇는다.

有過物者는 必濟라 故로 受之以旣濟하고

物不可窮也라 故로 受之以未濟하여 終焉하니라.

사물에 과도하게 공을 들이는 사람은 반드시 세상을 구제한다. 그러므로 뇌산소과의 다음에 수화기제가 온다. 사물은 종국에 도달할 수 없으므로 수화기제의 다음에 화수미제가 와서 주역을 마무리한다.

잡괘전(雜卦傳)

乾剛坤柔요 比樂師憂니라.

중천건은 강건하고 중지곤은 유순하다. 수지비는 즐거워하고 지수사는 비탄한다.

臨觀之義는 或與或求니라.

지택림과 풍지관의 의미는 증여하거나 탐구하는 데 있다.

屯은 見而不失其居요 蒙은 雜而著니라.

수뢰준은 땅 위로 모습을 드러내었으나 땅에 뿌리를 내리고 있으니 자신의 거처를 떠나지 않은 풀을 의미한다. 산수몽은 지식이 분화되어 있지 않아서 혼잡한 상태에 있으나 자신의 미숙함을 깨닫는 어린아이를 의미한다.

震은 起也요 艮은 止也니라.

損益은 盛衰之始也니라.

大畜은 時也요 无妄은 災也니라.

중뢰진은 시작하고 중산간은 중지한다. 산택손과 풍뢰익은 융성과 쇠퇴의 발단을 보여준다. 산천대축은 알맞은 때를 얻어서 쾌적한 나날을 보내고 천뢰무망은 예기하지 못한 재난을 만난다.

萃는 聚而升은 不來也니라.

謙은 輕而豫는 怠也니라.

噬嗑은 食也요 賁는 无色也니라.

택지췌는 취합하고 지풍승은 위로 밀고 나아가 돌아오지 않는다. 지산겸은 경솔을 경계하고 뇌지예는 태만을 경계한다. 화뢰서합은 여러 종류의 음식을 잘 씹어서 소화하고 산화비는 일정한 색의 제한이 없으므로 온갖 종류의 색을 다 사용한다.

兌는 見而巽은 伏也니라.

중택태는 기쁨을 드러내고 중풍손은 공손하게 엎드린다.

隨는 无故也요 蠱는 則飭也니라.

택뢰수는 아무런 탈이 없고 산풍고는 정돈해야 할 일이 많다.

剝은 爛也요 復은 反也니라.

晉은 晝也요 明夷는 誅也니라.

산지박은 씨가 트도록 과일이 부패하는 것을 의미하고 지뢰복은 극단을 알고 극단을 피하여 바른 도로 돌아오는 것을 의미한다. 화지진은 낮에 나아가므로 안전하고 지화명이는 어두운 데서 움직이므로 해를 입는다.

井은 通而困은 相遇也니라.

수풍정은 모든 사람에게 통하나 택수곤은 만나는 사람들끼리도 뜻이 통하지 않는다.

咸은 速也요 恒은 久也니라.

택산함은 신속하게 호응하고 뇌풍항은 항구하게 지속한다.

渙은 離也요 節은 止也니라.

解는 緩也요 蹇은 難也니라.

睽는 外也요 家人은 內也니라.

否泰는 反其類也니라.

풍수환은 헤어져 흩어지고 수택절은 분수를 알고 멈춘다. 뇌수해는 긴장을 완화하고 수산건은 어려운 일을 만난다. 화택규는 동료들과 소원한 것이고 풍화가인은 가족들이 친밀한 것이다. 천지비와 지천태는 그 상황이 상반된다.

大壯則止요 遯則退也니라.

뇌천대장은 그칠 줄 알아야 하고 천산돈은 물러날 줄 알아야 한다.

大有는 衆也요 同人은 親也니라.
革은 去故也요 鼎은 取新也니라.
小過는 過也요 中孚는 信也니라.
豐은 多故요 親寡는 旅也니라.

화천대유는 규모가 큰 것을 의미하고 천화동인은 가깝게 사귀는 것을 의미한다. 택화혁은 낡은 폐단을 제거하고 화풍정은 새로운 질서를 수립한다. 뇌산소과는 도를 넘고 풍택중부는 진심으로 신뢰한다. 뇌화풍은 아는 사람이 많고 화산려는 친한 사람이 적다.

離는 上而坎은 下也니라.

중화리는 위쪽으로 향하고 중수감은 아래쪽으로 향한다.

小畜은 寡也요 履는 不處也니라.

풍천소축은 적다고 여기고 더 노력해야 하고 천택리는 가만히 있으려고 하지 말고 정성껏 실천해야 한다.

需는 不進也요 訟은 不親也니라.

大過는 顚也니라.

姤는 遇也니 柔遇剛也요 漸은 女歸니 待男行也니라.

頤는 養正也요 旣濟는 定也니라.

歸妹는 女之終也요 未濟는 男之窮也니라.

夬는 決也라 剛決柔也니

君子道長이요 小人道憂也니라.

수천수는 나아가지 못하고 천수송은 친교하지 못한다. 택풍대과는 첫째 줄과 윗줄의 끊어진 선이 중간에 있는 네 개의 이어진 선을 지탱하지 못하여 뒤집어진다. 천풍구는 만남을 의미하니 첫째 줄의 유순한 선이 그 위에 있는 다섯 개의 강건한 선들을 만나는 것이다. 풍산점은 여자가 시집가는 것이니 남자를 기다려서 절차를 거쳐야 한다. 산뢰이는 바른 덕을 기르는 것이고 수화기제는 균형을 창조하는 것이다. 뇌택귀매는 처녀 시절이 끝나는 것이고 화수미제는 남자의 활동이 막히는 것이다. 택천쾌는 단호하게 결단하는 것이니 다섯 개의 강건한 선이 윗줄에 있는 하나의 유순한 선을 결연하게 배제하여 평화를 유지하는 것이다. 군자의 도는 성장하나 소인의 도는 근심스럽기만 하다.

부록—64괘의 새로운 분류

주역의 세계는 일종의 땅굴이며, 땅속에 박힌 줄기들이 얼크러져 있는 세계이다. 주역에는 많은 입구들이 있으나, 어느 누구도 그 입구들의 배치와 사용방법을 분명하게 알지 못한다.

8괘의 모양에 대해서는 비교적 쉽게 이해할 수 있을 것이다. 天(111)은 움직이고 地(000)는 가만있다. 雷(100)와 澤(110)은 위가 가만있고 아래가 움직이나, 山(001)과 風(011)은 위가 움직이고 아래가 가만있으며, 水(010)는 변두리가 가만있고 가운데가 움직이나, 火(101)는 변두리가 움직이고 가운데가 가만있다.

8괘의 모양에는 상나라 말 주나라 초(서기전 12—11세기) 사람들의 상상력이 반영되어 있다. 그들에 의하면 우레는 땅속에서 퍼져 나오고, 비는 내려오는 동안에도 하늘에 걸려 있다(澤은 원래 비를 가리켰다). 산 위에서 나무가 자라고 짐승이 뛰놀므로 그들은 산의 모양을 위가 움직이는 것으로 그렸고, 바람이 불면 나무나 짐승의 윗부분이 흔들리므로 바람의 모양 또한 위가 움직이는 것으로 그렸다. 물은 움직이지 않는 양쪽 기슭 사이에서 움직이고, 햇빛의 움직임 속에는 움직이지 않는 흑점이 있다(火는 원래 해를 가리켰다).

이어진 선이 남자를 대표하고 끊어진 선이 여자를 대표한다고 보면, 첫째 줄이 이어진 선인 雷는 큰 아들을 상징하고, 둘째 줄이 이어진 선인 水는 둘째 아들을 상징하고, 셋째 줄이 이어진 선인 山은 셋째 아들을 상징하며, 첫째 줄이 끊어진 선인 風은 첫째 딸을 상징하고, 둘째 줄이 끊어진 선인 火는 둘째 딸을 상징하고, 셋째 줄이 끊어진 선인 澤은 셋째 딸을 상징한다.[1)]

그러나 주역의 기본 단위는 세 줄로 구성된 8괘가 아니라 여섯 줄로 구성된 64괘이다. 주역의 구조를 이해하려면 64괘의 하나하나를 검토해 보아야 하는데, 주역 본문의 순서대로 검토하는 것보다는 괘의 의미를 중심 삼아 몇 갈래로 구분하여 검토하는 것이 바람직하다.[2)]

重天乾, 重地坤, 수화旣濟, 화수未濟, 화산旅 등의 다섯 괘에는 다른 모든 괘에 두루 통하는 의미가 들어 있다(이하의 논술에서 이어진 선은 1로, 끊어진 선은 0으로 표기하고 괘의 중심선은 줄의 차례수를 한자로 표기하겠다).

중천乾(五 : 111111)의 주인공은 용이다. 용은 물속에 잠겨 있다가 사람들이 사는 밭에 나가 위대한 사람에게 배우기도 하고 오랜 시간의 정성과 숙고와 노력을 다한 후에도 물에서 멀리 벗어나지 않는다. 그 용은 끝내 하늘을 날 수 있게 되지만, 다된 용에게는 뉘우침이 있을 뿐이다. 인간의 창조력을 용에 비유한 것은 시대적 용법이라 하겠으나 다된 사람과 못된 사람을 동일한 의미로 사용하는 보편적 용법을 우리는 중천乾의 이미지에서 엿볼 수 있다.

중지坤(二 : 000000)의 수용능력은 누런 치마를 입은 여자의 음전함에 비유된다. 누른빛은 땅의 색이고 복판의 색이다. 치마는 몸의 아래 부분을 감싸는 옷이

---

1) 徐世大, 《周易闡微》(臺北 : 臺灣開明書店, 1963), p. 11.
2) 괘의 의미는 주로 程頤의 《易程傳》(臺北 : 文津出版社, 1987)에 의지하여 해석하였다.

다. 중심에 서되 아랫자리에 즐겨 머무르는 사람은 서리를 밟으면 즉시 얼음이 굳게 얼 때가 올 것을 예측하고, 곧고 바르고 큰마음을 굳게 지키되 아름다움을 항상 내면에만 간직하여 겉으로 드러나게 하지 않는다. 수용력을 증진시키기 위해서는 무엇보다 자루를 묶듯 입을 닫아 함부로 지껄이지 않아야 한다. 중지坤이 제 능력을 믿고 용인 체하고 나서면 검고 누런 피를 흘리는 사태에 이른다. 하늘은 검고 땅은 누르다 하였으니 하늘과 땅이 싸울 때에 검고 누런 피가 흐를 것은 당연한 일이다.

수화既濟(二 : 101010)는 다된 상태이다. 수화기제는 상나라 말기의 역사적 사실을 강을 건너는 여우에 비유하였다. 사태가 다 됐으면 수레바퀴를 멈추어야 한다. 여우는 꼬리를 치켜들고 강을 건너다 꼬리가 젖으면 더 가지 않는다. 그것은 머리꾸미개를 잃어버린 부인이 찾지 않고 가만있는 것과 같다. 머리를 치장하지 않고 수레를 타는 것은 여자의 올바른 행동이 아니다. 그녀는 나다니지 말고 다시 머리치장을 마련할 때까지 조용히 기다려야 한다. 상나라 22대 임금 高宗(武丁)은 鬼方(지금 北京 북쪽 내몽고 자치구와의 경계에 살던 北狄 부족들)과 싸워 3년 만에 겨우 이겼다. 고생 끝에 얻은 평화이니 짧은 누더기[3]를 입고 하루 종일 경계해야 할 터인데도 그의 후손들은 방심하다가 주나라에게 나라를 잃었다. 주역의 본문은 그 사실을 "동쪽 사람들이 소 잡아 제사 드리는 것이 서쪽 사람들이 간소하게 제사하여 실제로 복 받는 것만 못하다"고 표현하였다. 꼬리가 젖었는데도 그냥 나아가다 머리를 적시게 된 여우는 죽을 수밖에 없는 것이다.

화수未濟(五 : 010101)는 채 못 된 상태이다. 여기서도 어린 여우는 귀와 발을 제대로 간수하지 못하여 꼬리를 적신다. 역시 수레바퀴를 멈춰야 한다. 채 못 된 상태에서 하는 일은 성취되기 어려우나 큰 강을 건너는 각오로 죽음을 무릅쓰

3) 胡樸安, 《周易古史觀》(上海 : 上海古籍出版社, 1989), p. 268.

면 오히려 큰일을 이룰 수 있다. 인내하는 것이 무난하고 좋은 처지이나 문왕의 아버지 계력이 하듯이 한 번 성내어 귀방을 치면 큰 나라로부터 상을 받을 수도 있다. 군자의 덕이 휘황하게 빛나면 대중이 그를 믿고 정성을 다해 따른다. 그러나 어린 여우는 머리를 적시고 물에 빠지는 실수를 저지른다. 상나라는 마지막 임금이 술을 절제하지 못하여 망했다.

화산旅(五 : 001101)는 인생을 고된 나그넷길에 비유하였다. 나그네는 항상 여행의 목적에 충실해야 하고 목적과 무관한 작은 일에 바쁘면 안 된다. 노자를 충분히 지닌 나그네는 여관을 얻고 종을 바르게 부릴 수 있다. 반드시 해야 할 일만 하게 하는 것이 종을 바르게 부리는 방법이다. 방자하게 행동하는 나그네는 거처도 종도 구하지 못한다. 주역의 본문은 이러한 사태를 거처를 태우고 종도 도망친 처지라고 하였다. 거처를 마련하고 돈을 간수하고 있더라도 나그네는 항상 경계해야 한다. 나그네에게는 유쾌하게 즐길 여유가 허용되지 않는다. 나그네가 자기의 창조력과 수용력을 충실하게 함양하여 첫 화살 하나로 꿩을 맞힐 수 있게 되면 명예와 목숨을 보존한 채 여행을 마칠 수 있을 것이다. 그러나 대부분의 나그네는 처음에 웃고 나중에 운다. 주역은 조심성 없는 나그네의 말로를 새의 보금자리가 타는 것과 易[4](지금의 天津, 당시에는 주나라와 北狄 부족과의 국경)에서 소를 잃는 것에 비유하였다.[5]

가족구성과 노동체계는 백만 년의 인류사를 관통하는 인간의 근원적인 조건이다. 자기 집 여자를 다른 집에 보내는 것은 근친상간의 금지를 의미하고, 노동의 수확을 나누는 것은 서로 뜯어먹지 말자는 약속을 의미한다. 주역의 열여섯 괘가

---

4) 徐世大, 앞의 책, p. 49.

5) 先天八卦는 乾坤坎離를 기본 괘로 삼고, 後天八卦는 坎離震兌를 기본 괘로 삼으나, 나의 분류는 象數나 義理가 아니라 상식에 근거하여 해석하려고 시도해 본 것이다.

가족구성과 노동체계에 연관되어 있다.

택산咸(四, 五 : 001110)은 남녀의 정감이 발가락에서 시작하여 넓적다리와 등살을 거쳐 볼과 뺨과 혀까지 퍼져나가는 과정을 묘사하였다. 택산함은 발가락과 넓적다리가 느낄 때까지는 머물러 있으라고 권고하였다. 안정되지 못한 마음, 동요하는 마음으로 왕래하면, 자주 만나는 짝과는 정감이 통할 것이나 가족과 사회의 인정을 받기는 어려울 것이기 때문이다. 정감에도 인내가 필요하다.

산화賁와 뇌택歸妹와 풍산漸은 혼인과 관계된 괘들이다.

산화賁(二, 六 : 101001)는 혼인의 준비이다. 흠치르르하게 꾸미되 분수에 맞도록 한다. 도적처럼 하지 말고 구혼하는 사람답게 흰 말을 타고 말머리를 높이 하고 가서 여자의 집 동산에서 혼례를 올린다. 넘치기보다는 차라리 비단이 모자라서 인색한 듯이 보이는 것이 결국에는 좋다. 혼례는 어디까지나 소박하게 치러야 한다.

뇌택歸妹(五 : 110100)는 여자집의 사정이다. 누이를 시집보내려면 절름발이를 걸을 수 있게 하듯이 훈련시켜야 한다. 누이를 못난 여자로 여기고 시집보내는 것이 누이에게 아내다운 아내노릇을 하게 하는 것이다. 비록 다소 늦더라도 절차를 밟아서 시집보내는 것이 좋다. 상나라 29대 임금(마지막 임금 紂는 30대이다) 帝乙은 누이를 시집보내면서 정실부인이 될 신부의 옷소매를 따라 보내는 동생의 옷소매보다도 검소하게 했다. 가정의 법도가 무너지면 조상에게 제사드릴 때 여자가 밤과 대추를 마련하지 못하고 남자가 양을 잡아도 피가 흐르지 않는다.

풍산漸(二, 五 : 001011)은 여자가 남자의 집에 들어간 후의 일이다. 처음 시집간 여자는 기러기가 물가에 이른 것과 같다. 미숙하여 여기저기서 비판을 받는다. 어린애처럼 모든 일을 위태롭게 여겨야 한다. 기러기가 물가의 바위에서 주린 배를 채우듯 신부는 먹는 것과 마시는 것을 편하게 즐기되 배부른 데 이르지 않도록 절제하고, 기러기가 뭍에 이르러 힘을 다해 날려고 애쓰듯이 신부는 남편에게 헌신하며 가정의 평화를 깨뜨리는 도적을 막아야 한다. 잠시라도 헌신의 마음을 잃으면 남편이 나가서 돌아오지 않고 아이를 배어도 기르지 못하는 사건이 생길 수도 있다. 기러기가 나무에 오르면 평평한 가지를 골라 힘을 기르듯 신부는 집안을 정돈하여 남편을 쉬게 해야 한다. 헌신과 희생의 정신만 있다면 아무도 부부의 사이를 방해하지 못한다. 부부의 유대가 공고하면 비록 3년 동안 아이를 배지 못하더라도 끝내 나쁜 일이 일어나지 않고 기러기가 하늘의 큰 길을 날듯이 바른 길을 따라 사는 데 익숙해진다.

풍화家人(二, 五 : 101011)은 행복한 가정의 필요조건이다. 여자와 아이들이 제 맡은 소임에 게으르면 가정의 평화는 유지되지 못한다. 남자들은 힘을 모아 집을 부유하게 하고 언제나 가족의 앞에 서서 실제 행동으로 정직과 관대의 모범을 보여야 한다.

뇌풍恒(二 : 011100)은 가족의 질서이다. 항구적인 질서를 깊이 염원하고 후회할 일을 피하는 것이 중요하다. 덕을 한결같이 지키지 않으면 수치를 당하게 되고 사냥을 나가도 짐승을 잡지 못하게 된다. 여자가 남자를 따르는 것은 좋고 남자가 여자를 따르는 것은 나쁘다. 항구한 질서가 공고하게 되기 전에 가족이 동요할 만한 일을 하면 안 된다.

산풍蠱(五 : 011001)는 효도[6]이다. 성숙한 아들만이 부모의 실수를 이해하고 부모의 뜻을 받들어 부모의 일을 정성껏 처리해 낼 수 있다. 주역의 본문은 제대로 된 아들이 있으면 아버지에게 허물이 없다고 지적하고 있다. 부모의 걱정거리를 처리하다 보면 후회할 일도 있겠으나 가만히 있지 말고 여유 있게 대처하면 결국은 명예를 얻는다. 부모의 일에 대해서는 묵묵히 정성을 다하면 그만이지 자주

---

6) 胡樸安, 앞의 책, p. 76.

가서 부모에게 제가 한 일을 자랑할 필요가 없다. 주역은 효도를 정치보다 중요하게 평가한다.

덕과 효성이 가족의 내면구조라면 건축과 교육은 가족의 외면구조이다.

택풍大過(二, 四 : 011110)는 건축[7]이다. 지붕에 흰 띠풀을 깔아 비를 막고 대들보가 휘지 않도록 주의해서 건축해야 한다. 주역의 본문은 건축에는 조화가 중요함을 강조하고 있다. 늙은 남자가 젊은 여자를 얻는 것은 자식을 낳을 수 있으므로 이롭고, 늙은 여자가 젊은 남자를 얻는 것은 허물할 것은 아니나 자식을 낳을 수 없으므로 명예롭지 않다는 말은 불균형이 용인될 수 있는 정도를 가리킨다. 어느 정도의 불비례는 용인할 수 있으나 이마가 잠겨도 계속해서 강을 건너려 하는 것처럼 균형과 비례를 상실한 건축은 곤란하다는 것이다.

산수蒙(二, 五 : 010001)은 교육이다. 아이를 가르칠 때 잘못하면 반드시 처벌해야 한다. 족쇄와 수갑을 벗겨 놓은 채 내버려두면 안 된다. 규율을 견디는 아이는 받아 가르치고, 인내하지 못하는 아이는 취하지 말아야 한다. 주역은 제자 받는 것을 아들 장가들이는 데 비유하였다. 집안 살림을 감당할 수 있는 아들에게는 여자를 얻어 주되 돈 있는 여자를 보고 몸을 간직하지 못하는 남자처럼 되게 하지 말아야 한다. 아이가 몽매한 것은 당연하다. 무식하기 때문에 곤란한 일을 당하여 무식한 것을 자각하고 배우려 하는 아이는 몽매함을 깨우쳐 주어야 한다. 몽매하다고 하여 가르치지 않는다면 그 아이는 도둑이 되고 말 것이다.

수풍井(五 : 011010)은 원래 900묘의 토지를 가리켰다.[8] 100묘씩 소유한 여덟 집이 한 井을 구성하는데 하나의 井에 사는 사람들은 公田의 중앙에 있는 우물에서 물을 길어 먹었다. 수풍井은 고르게 노동하고 고르게 분배하는 정전제의 장점

---

7) 胡樸安, 앞의 책, p. 119.

8) 趙岡 · 陣鍾毅(尹貞粉 譯), 《中國土地制度史》(大光文化社, 1985), p. 11.

을 찬양하고 있다.

상나라 말 주나라 초의 노동체계는 농업과 목축으로 이루어져 있었다. 수천需, 산뢰頤, 산지剝, 천뢰无妄은 농사이고 풍천小畜, 산천大畜은 목축이다.

수천需(五 : 111010)는 추수를 기다리며 일하는 농민들의 노동과정을 묘사한다.[9] 이 괘에는 들과 모래밭과 진흙이 나오는데 농사일을 꾸준히 하면 거친 모래밭이 기름진 진흙이 된다는 뜻이다. 추수할 때에는 큰 도둑떼가 들기 쉽다. 피 흘리며 싸워 구멍에서 내보낸다고 할 때의 구멍은 농민들의 움집이다. 추수가 끝나 먹고 마시며 즐길 때에는 작은 도둑들이 들기 쉽다. 작은 도둑들을 주역의 본문은 '부르지 않은 손님'이라고 하였다.

산뢰頤(五, 六 : 100001)는 농사일의 방법이다. 네 마음속의 신령스러운 창조력과 수용력을 버려둔 채 나의 음식을 쳐다보며 농사일을 거르면 안 된다는 것은 농민 각자가 남을 부러워하지 말고 자기 일에만 충실하라는 뜻이다. 농사일의 올바른 방법을 위배하면 쉬지 않고 노동해도 성과가 없다. 농사일의 올바른 방법에 따라서 재배하고 위태롭다고 여기고 큰 강을 건너듯 신중하면서도 과감하게 노동해야 곡식을 잘 기를 수 있다.

산지剝(六 : 000001)은 수재이다.[10] 물이 들어 침상의 다리를 못 쓰게 하고 침상의 언저리를 못 쓰게 하고, 끝내는 침상의 판을 엎어 피부를 다치게 한다. 곡식이 떨어지고 큰 과일까지 못 먹게 되면 군자는 수레를 타고 피할 수 있으나 농민들은 집을 잃고 방황할 뿐이다.

천뢰无妄(一, 五 : 100111)은 농사일의 고통이다.[11] 농사일은 성실하고 거짓

---

9) 胡樸安, 앞의 책, p. 20.
10) 위의 책, p. 98.
11) 위의 책, p. 106.

없이 자연의 도리에 순응해야 한다. 자연은 갈지 않아도 거둔다. 농민들이 아무리 자연의 질서를 따르려 해도 공동경작용 소를 행인이 훔쳐가는 것과 같은 재앙이 끊이지 않는다. 병이 들기도 하고 수확을 못 내기도 한다. 고된 노동 때문에 생긴 것이므로 병은 약을 쓰지 않아도 쉬면 낫는다. 병보다 더 무서운 것은 고된 노동에도 불구하고 수확을 내지 못하는 것이다.

풍천小畜(五 : 111011)은 목축할 짐승을 잡는 사냥이다. 잡은 짐승들을 끌고 돌아오다 수레의 바퀴살이 빠졌다. 마을 사람들이 반목하고 남편과 아내까지 반목하기 쉬우나 서로 믿음으로써 두려운 상황을 벗어난다. 혼자서만 부유하려 하지 말고 사냥에 참여한 사람 전부를 결속시켜야 한다.

산천大畜(五, 六 : 111001) 역시 사냥과 목축이다. 수레에서 굴대가 벗겨지는 것 같은 위험한 일이 예측되면 사냥을 그만두어야 한다. 좋은 말을 타고 쫓을 때에도 어렵게 여기고 인내해야 하며, 날마다 수레 모는 방법과 짐승 몰이할 방법을 연습해야 한다. 송아지의 뿔에 나무틀을 대어 뿔의 모양을 바르게 해야 하고 어금니 날카로운 큰 돼지를 거세하여 고기를 부드럽게 해야 한다. 주역의 본문은 민중과 함께 사냥하고 목축하는 것을 하늘거리 거닐 듯 떳떳하게 하라고 충고하였다.

가족구성과 노동체계에 근거하여 국가가 형성된다. 상나라 말 주나라 초의 국가형태는 제사와 조세와 군대를 세 꼭짓점으로 하는 삼각형의 형태로 되어 있었다. 택지萃, 풍수渙, 지풍升, 뇌화豐, 화풍鼎이 제사에 관련된 괘들이다.

택지萃(四, 五 : 000110)는 제사가 국가의 단합대회였음을 보여준다. 혼란이 일어나 사회생활을 어지럽힐 때 하느님께 도와달라고 기도하면 사람들이 손을 잡고 웃게 된다. 서로 끌어당기듯 모여 성실하게 간소한 제사를 지내야 한다.

제사에 익숙지 않은 대중은 모여서 의논이 분분하나 제사의 순서가 정해지고 제사 모임의 자리가 정해져서 각자 자기 직분을 지키게 하면 질서가 잡힌다. 그래도 믿지 않는 대중을 걱정하여 한탄하고 눈물과 콧물을 흘리는 것이 나라 제사를 지내는 사람의 마음가짐이다.

풍수渙(五 : 010011)은 제사 드리는 사람의 단정한 몸가짐이다. 渙과 煥은 물이나 불이 만드는 아름다운 무늬이다. 자기 몸부터 단정하게 하고 무리를 단정하게 하고 도시 전체를 단정하게 해야 한다.

지풍升(五 : 011000)은 제사의 절차이다. 무리가 나아가 사당에 올라 성실하게 제사를 드린다. 성읍에 들어가듯 머뭇거리지 않는다. 왕이 주나라의 발원지 岐山에서 제사하니 대중이 층계를 오르듯 나아왔다. 모질고 어두워 오르지 않는 사람들이 있더라도 왕은 끝까지 인내해야 한다.

뇌화豐(五 : 101100)은 일식 때 드리는 제사이다. 움직이지 말고 성실하게 제사 지내야 하며 오른팔을 부러뜨린 것처럼 움직이지 말아야 한다. 명철한 충고자가 와서 경사롭게 제사를 마칠 수 있게 될 것이다. 언제나 제사지내는 심정으로 대중과 통해야 한다.

화풍鼎(五, 六 : 011101)은 제사 후의 잔치이다. 鼎은 세 발 달린 큰 솥이다. 公卿의 솥에는 황금 솥귀가 달려 있고 임금의 솥에는 옥으로 장식한 고리가 달려 있다. 황금의 성질은 강하고 유능하며 옥의 성질은 부드러우면서도 견고하다.

지수師와 천화同人은 국가형태의 필수요소인 군대와 연관된 괘이다. 지수師(二, 五 : 010000)는 군대·군비·군무·전쟁에 관한 일이다. 군대는 규율에 맞추어 질서 있게 내어야 한다. 군율이 잘 서지 않으면 나라가 망한다. 군대의 핵심에 있는 사람은 왕에게 신임을 얻어야 한다. 아직 훈련이 안된 군대는 싸우더라도 시체만 싣고 오게 된다. 항상 물러나 준비하는 것이 좋다. 밭에 짐승이 들 듯 적이 침략하면 단호하게 지시하고 한번 내린 명령을 바꾸지 않아야 한다. 맏아들이 통솔할 때 아우들이 게으르게 자리만 차지하다 시체를 싣고 오면 아우라 하더라도 군율에 따라 처벌해야 한다.

천화同人(二, 五 : 101111)은 전쟁의 목적이 평화에 있음을 보여준다. 적이 침략한다는 소식을 듣고 군대가 집합할 때 왕이나 제후의 친척만 집합하면 승리할 수 없다. 대중을 모이게 해야 한다. 무기를 풀숲에 숨기고 높은 언덕에 올라 적의 동태를 살피면 적은 3년이 되어도 군대를 일으키지 못할 것이다.

국가형태는 조세체계에 근거하고 조세체계는 관료제도에 근거한다.

화천大有(五 : 111101)는 천자와 제후의 관계이다. 그들은 사귀되 서로 어렵게 여겨야 한다. 제후는 큰 수레에 공물을 실어 진상하고 천자는 제후를 인정하고 대접한다. 성대하지만 않으면 서로 허물이 없다. 천자와 제후가 서로 단순하고 소박한 마음으로 대하면 하늘의 도움을 받는다.

택뢰隨(一, 五 : 100110)는 관료제도에 대해서 기술한다. 관리는 관직이 바뀌어도 참아야 하며, 늘 문을 나서 대중과 사귀어야 한다. 변변치 못한 사람에게 매이면 사람다운 사람을 잃고 사람다운 사람에게 매이면 변변치 못한 사람을 잃는다. 밝은 지혜로 성실하게 원칙을 따라야 한다. 원칙에 대해서는 따르지 않고 가만히 있는 것이 언제나 나쁘다.

지택臨(一, 二 : 110000)은 대중에게 접근하는 임금의 태도이다. 임금은 분부를 따르지 않는 사람까지도 포용하여 그들이 임금의 정직하고 관대한 마음을 느낄 수 있도록 대중에게 다가가야 한다. 달다고 여겨지는 것만 구하여 다가가면 이로울 바가 없다. 지성으로 다가가야 하고 그들의 장점과 단점을 지혜롭게 분간하며 다가가야 한다. 어디까지나 대중을 잘되게 하려는 후덕한 마음으로 그들에게 다가가야 하는 것이다.

수지比(五 : 000010)는 임금의 사회규제이다. 항아리에 물을 채우듯 질서를 유지해야 한다. 먼저 자기 자신을 가지런하게 규제하고 질서를 따르지 않는 대중을 규제하고 밖으로 다른 나라를 규제하여 국제정치의 질서를 유지해야 한다. 분명하게 규제하되 사소한 벗어남은 용인하는 것이 좋다. 임금은 사냥할 때 세 방면에서 짐승을 몰도록 하여 제 앞에 오는 짐승을 쏘았는데, 도망치는 짐승은 그대로 놓아주었다.

국가형태에서 조세체계는 형벌체계와 중복된다.

화택睽(二 , 五 : 110101)는 갈등의 세계이다. 주역의 본문은 갈등이 심한 처지를 돼지들이 흙을 뒤집어 쓴 것과 같고, 귀신들이 수레에 가득 실려 있는 것과 같다고 묘사하고 있다. 반목과 갈등은 희생자를 낳게 마련이라는 뜻일 것이다.

천수訟(五 : 010111)은 분쟁이다. 분쟁을 길게 끌지 말아야 하며 분쟁하다 이길 수 없으면 얼른 달아나야 한다. 분쟁 속에 휩쓸려 있을 때는 집안의 유산을 지키면서 인내하는 것이 임금의 일에 참여하는 것보다 낫다. 분쟁을 이길 수 없으면 자기를 반성하며 하늘의 분부에 귀를 기울이고 지더라도 편안한 마음으로 인내할 수 있어야 한다. 그가 정말 성실하다면 분쟁이 그를 해치지 못한다. 분쟁으로 얻은 것은 정당한 수익이 아니다.

택수困(二, 五 : 010110)은 가난이다. 주역은 가난한 처지를 어두운 골짜기에 갇히어 3년 동안이나 햇빛을 보지 못하게 된 경우에 비유하였다. 억지로 가난을 벗어나려고 하다간 남을 허물할 수 없는 괴로움을 당하게 된다. 가시덤불에서 돌에 눌려 괴로움을 당하고 집에 들어가도 처를 보지 못한다. 그릇된 방법으로 가난에서 벗어나려고 하다가는 처자도 보존하지 못하게 된다.

화뢰噬嗑(五 : 100101)은 처벌이다. 처벌하여 다시 나쁜 짓을 하지 못하게 하는 것은 소인을 이롭게 하는 것이다.

택천夬(五 : 111110)는 처벌을 결정하는 마음가짐이다. 앞서 나가 씩씩한 체하고 서둘러 결정하다가 이기지 못하면 허물이 된다. 쇠비름의 억센 뿌리를 자르듯 중용을 행하면서 단호하게 결정해야 한다.

뇌수解(二, 五 : 010100)는 처벌의 목적이 용서와 화해에 있음을 보여준다. 용서와 화해에는 허물이 없으나 용서하고 화해하려고 해도 짐을 지고 또 수레를 타서 스스로 도둑을 부르는 자들도 있다. 화장을 짙게 해서 희롱하는 남자를 스스로 부르는 여자와 같다. 적절한 처벌은 용서와 화해에 기여한다. 평화를 방해하는, 열등하나 높은 자리에 있는 인물을 제거하면 용서와 화해가 쉽게 이루어진다.

산택損, 풍뢰益, 지천泰, 천지否는 국가형태의 성장과 침체를 의미하는 괘들이다.

산택損(五 : 110001)은 자기 것을 덜어 남에게 보태주는 희생과 양보이다. 손해 볼 줄 알아야 공동작업을 성취한다. 자기 일을 마치면 즉시 가서 남의 일을 도와야 한다. 자기 것을 덜어 대중에게 보태줄 줄 모르는 사람은 아무 일도 성취하지 못한다. 중용을 지키고 인내하지 못하기 때문이다. 자기 것을 덜어 남에게 보태주는 것은 두 사람 사이에서 행해지는 것이 좋다. 삼각관계가 되면 연애가 잘 되지 않듯이 공동작업도 두 사람의 사이에서 잘 수행된다. 주역의 본문은 세 사람이 가면 한 사람이 이탈하게 되고 한 사람이 가면 벗을 얻는다고 하였다. 공동작업이라도 혼자서 하는 듯이 성심껏 해야 한다는 말이다.

풍뢰益(二, 五 : 100011)은 널리 미치는 은덕이다. 큰일을 일으켜 대중을 돕는다. 중용을 행하면서 제후에게 보고하면 수도를 옮기라고 해도 믿고 따를 것이다. 대중을 믿고 은혜를 베풀면 대중도 나를 믿고 나의 덕을 은혜롭게 여긴다. 항구적인 중용에 근본을 두지 않으면 도움을 받고서도 이익이라고 여기지 않는 대중에게 공격을 받기도 한다. 보태주는 행동보다 중용이 더 중요하다.

지천泰(二, 五 : 111000)는 순조로운 처지이다. 얼크러진 띠풀을 뽑으면 뿌리에 얽힌 가지들이 함께 나오듯이 뜻을 같이하는 무리와 공동으로 작업해야 한다. 거친 사람들을 포용하고 황하를 건너서 먼 곳에 사는 사람도 버리지 않아야 한다. 평평하기만 하고 기울어지지 않는 것이 없고 가기만 하고 돌아오지 않는 것이 없다. 어렵게 여기고 인내하면 일을 성취할 수 있다.

천지否(五 : 000111)는 불운한 처지이다. 얼크러진 띠풀을 뽑으면 뿌리에 얽힌 가지들이 함께 나오듯 무리와 함께 협조하고 인내해야 한다. 대중을 포용하고 원칙에 순종해야 하는데, 소인은 원칙이 없으므로 포용하기 쉽고 대인은 원칙이 있으므로 포용하기 어려운 듯하나 실제로는 대인만이 대중을 포용할 수 있다. "망할까 망할까" 하며 근심하고 든든한 뽕나무에 매듯이 바른 마음을 굳게 지켜야 한다.

重山艮, 천풍姤, 수뢰屯, 수산蹇, 重水坎, 重火離는 천지否와 마찬가지로 구체적인 사건에 언급하지 않고 사회생활의 어려움을 막연하게 진술하는 괘들이다.

중산艮(六 : 001001)은 금지이다. 멈추고 그치는 것은 괴로운 일이지만 돌아다니는 것보다 더 해롭지는 않다. 발을 움직이지 못하게 된 사람은 자기의 처소에서 인내할 수 있고 장딴지를 움직이지 못하게 된 사람은 마음이 불쾌하지만 역시 장딴지를 따라 움직이는 발을 들 수 없으므로 나돌아 다니는 위험을 피할 수 있다. 허리를 움직이지 못하게 된 사람은 위태롭게 여기어 마음을 태우지만 오히려 조심함으로써 오래 살 수 있다. 몸을 움직이지 못하게 된 사람은 제 나를 잊을 수 있고 볼을 움직이지 못하게 된 사람은 말에 조리가 있어 후회할 일이 없다.

천풍姤(二, 五 : 011111)는 장애 또는 방해이다. 수레의 청동으로 만든 제동장치를 풀지 말고 대비해야 한다. 볼기에 살이 없어 가지 못하고 머뭇거리듯 위태하다고 여기고 조심하면 큰 허물은 피할 수 있다. 참외를 구기자나무 잎으로 싸놓듯이 빛나는 광채를 드러나지 않게 간직하면 하늘에서 떨어지는 좋은 일이 있다. 참외가 저절로 떨어지듯 덕의 광휘가 저절로 드러난다.

수뢰屯(一, 五 : 100010)은 힘겨운 일이다. 도적만이 아니라 구혼하는 사람이 있기는 하나 여자가 가만히 있으면 10년이 지나야 시집가게 될 것이다. 안내자 없이 사슴을 잡으러 숲에 들면 헤매게 된다. 조짐을 살피고 관망하면서 함부로 움직이지 말아야 한다. 혼인할 사람을 구하러 나서되 혼자가지 말고 반드시 도움을 받아야 한다. 작은 일에는 가만히 있어야 하고 큰일에는 가만히 있으면 안 된다.

수산蹇(五 : 001010)은 어려운 일이다. 가면 어렵고 오면 명예롭다. 왕과 신하가 어려워 절름거린다. 그들의 몸가짐 때문이 아니라 서로 믿지 않기 때문이다. 어려워하며 크게 절름거리면 사정을 알고 도와줄 벗이 온다. 위대한 인간을 찾아 정직하고 관대한 행동을 배워야 한다.

중수坎(二, 五 : 010010)은 함정이다. 오거나 가거나 구덩이뿐이다. 험한 데서 험한 것을 베고 누웠다가 깊은 구덩이로 떨어진다. 술과 밥을 질그릇에 담아 방의 서남쪽 모퉁이에서 간소하게 제사 드린다. 험한 일을 겪고 윗사람과 아랫사람이 모여 간소하게 잔치하는 모습이다. 구덩이에서 나왔을 때 특별히 조심하지 않으면 밧줄로 묶여 가시덩굴에 갇힌다. 모함하는 사람은 도처에 있으므로 경계와 방비를 늦추면 위험하다.

중화離(二, 五 : 101101)는 방비이다. 적과 동지가 잘 구분되지 않는 상황에서는 무조건 공경해야 한다. 중용의 길을 밟으며 약탈을 방비한다. 해가 기울어 서산에 걸리면 흙으로 구운 딱딱이(缶 : 주나라의 土鼓)를 치며 경계해야 한다. 딱딱이를 두드리지 않고 노래하고 논다면 도둑이 갑자기 와서 불 지르고 죽이고 죽인 시체를 내버릴 것이니 사람들이 눈물을 흘리며 슬퍼하게 된다.

사회가 어지러우면 혁명이 일어나지 않을 수 없다. 지화明夷, 重雷震, 화지晋, 택화革, 지뢰復은 혁명의 전후 과정을 설명하는 괘들이다.

지화明夷(二, 五 : 101000)는 혁명전야이다. 어진 사람들이 모두 상처를 입는다. 왼쪽 다리를 조금 다쳤으나 타고 갈 말이 건장하니 거사할 수 있다. 상나라 폭군 紂의 머리를 얻을 수 있더라도 일을 서두르지 말고 인내해야 한다. 箕子가 옳은 사람을 죽이는 시대에 처신하듯이 인내해야 한다. 밝지 아니하고 어두워만 져서 상나라 紂임금은 처음에는 하늘에 올랐으나 나중에는 땅속으로 들어갔다.

중뢰震(一 : 100100)은 어두운 시대에 반대하는 최초의 충격이다. 충격이 오니 사람들이 놀라서 두려워하다가 재물을 버리고 언덕으로 피한다. 사욕을 버려야 살아남는다. 가만히 있지 말고 자기를 쇄신하고 떨쳐 일어나야 재앙을 피한다. 미리 두려워하고 서로 조심하면 충격이 그의 몸과 그의 이웃에 미치지 않을 것이다.

화지晋(五 : 000101)은 혁명의 설계이다. 나아가기도 하고 꺾이기도 한다. 인내하고, 신뢰를 얻지 못하더라도 여유를 가져야 한다. 나아가되 근심스럽게 여기고 인내하면 주나라 시조 后稷의 어머니 姜嫄에게서 큰 복을 받는다. 대중이 믿으면 후회할 일이 없다. 얻고 잃음을 근심하지 말고 원칙에 따라 나아가야 한다.

택화革(五 : 101110)은 혁명이다. 누런 소의 가죽으로 굳게 맨 것처럼 스스로 본분을 지키고 가볍게 움직이지 않아야 한다. 바꾸자는 말이 들판과 시장과 조정에서 나오면 혁명의 가능성을 믿을 수 있다. 주나라 무왕은 주나라의 법을 즉시 시행하지 않고 상나라의 법을 반대하지 않았으며, 기자 등 갇힌 사람들을 풀어주고 상나라 창고에 쌓인 곡식을 대중에게 나누어주었다. 대중에게 믿음이 있으면 천명을 바꿀 수 있다. 호랑이가 털갈이하여 누런 바탕과 검은 줄을 잘 보이게 하듯이 대인(임금)도 자기를 변혁한다. 군자(관리)는 표범이 털갈이하여 얼룩무늬를 드러내듯 변하나 농민은 얼굴만 바꾼다. 지배자가 누구로 바뀌건 농민들의 삶에는 큰 영향이 없기 때문이다. 혁명 후에는 안정이 필요하므로 다시 행동하면 나쁘고 머물러 인내해야 좋다.

지뢰復(一 : 100000)은 혁명 후의 안정이다. 너무 멀리 가지 않고 돌아와야 뉘우치는 데 이르지 않는다. 돌아오지 않고 헤매면 재앙이 있다. 군대를 시행하면 크게 패할 것이고 그 나라의 임금에게 나쁜 일이 일어날 것이고 10년에 이르도록 정벌할 수 없을 것이다.

이제 남은 열하나의 괘들은 모두 시대에 대처하는 개인의 마음가짐에 연관된 내용이다. 그 내용은 단순하고 소박하게 생각하고 정직하고 관대하게 행동하라는 한마디로 요약될 수 있겠으나 열한 개의 괘들은 각각 괘들마다의 특수한 경우를 상정하고 있다.

풍지觀(五, 六 : 000011)은 주의 깊은 관찰이다. 소인은 어린애처럼 협소하게 관찰하고 여자는 방안에서 문틈으로 엿보듯이 은밀하게 관찰한다. 여자처럼 슬그머니 살펴보는 것도 때를 기다리며 인내하는 사람에게는 그릇된 행동이 아니나 당당한 태도라고 할 수는 없다. 대중은 자기의 삶을 관찰하고 득실을 따져서 나아가거나 물러난다. 군자는 나라의 임금을 관찰하고 임금에게 손님 노릇하는 것이 이로운가 해로운가를 결정한다. 임금은 대중의 삶을 관찰하고 조세체계와 형벌체계와 군대체계를 결정한다. 어지럽게 흩어진 세상을 관찰할 때에 나올 만한 가장 자연스러운 결정은 물러나는 것이다.

천산遯(五 : 001111)은 소인들을 멀리 하기 위한 은퇴이다. 군자는 물러남을 좋아하고 소인은 물러남을 좋아하지 않는다. 뜻을 바르게 지키는 사람은 물러남을 아름답게 여기고 소인을 멀리하고 편안한 데에 거처한다. 원한과 앙심을 품고 물러나는 것은 올바른 은둔이 아닐 것이다.

뇌산小過(二, 五 : 001100)는 삼가야 할 지나친 행동이다. 깃털이 자라기 전에 날려고 하는 새는 제대로 날지 못한다. 새가 보금자리로 돌아오지 않고 자꾸만 날다가는 사냥꾼의 손에 든다. 지나치게 행동하고 제어하지 못하는 것을 재앙이라고 한다. 그러나 행동에 지나치게 공손하고 초상에 지나치게 슬퍼하고 용처에 지나치게 검소한 것은 마땅히 지나치게 행동해야 할 때에 지나치게 행동하는 것이다.

뇌지豫(四 : 000100)는 예비이다. 미리 준비할 때는 조심하고 신중해야 한다. 날을 마치기 전에 행동할 때가 올 것이니 인내하지 않으면 안 된다. 맹목적으로 예비하면 이루었다고 여겨지더라도 바꾸어야 할 일이 있게 된다.

천택履(五 : 110111)는 계획의 실천이다. 소박하게 실천하면 무슨 일을 하나 허물이 없다. 애꾸도 볼 수 있으나 밝게 보지는 못하며 절름발이도 걸을 수 있으나 남과 함께 걷지는 못한다. 호랑이를 길들일 만큼 지혜롭다고 믿고 호랑이 꼬리를 밟았는데 호랑이가 사람을 물고 말았다. 재주는 없고 욕심만 강한 武人이 임금이 되려고 하는 경우에 일어남직한 사건이다.

重風巽(五 : 011011)은 부드럽게 침투해 들어가는 행동이다. 나아가려고 하기도 하고 물러나려고 하기도 하며 결정을 하지 못하기 쉽다. 상 아래에 엎드려 무당들에게 치성을 드리도록 하면 큰 허물은 없을 것이다. 찡그리며 억지로 온순하게 하려고 하면 막힌다. 사냥하여 三品을 얻으니 후회할 일이 없다. 上品은 가슴 뒤에서 쏘아 왼쪽 흉부로부터 어깨를 관통해 잡은 짐승이니 조상의 제사에 썼고, 中品은 오른쪽 귀로부터 복부를 관통해 잡은 짐승이니 나라 손님의 접대에 썼고, 下品은 넓적다리 아래를 쏘아 왼쪽 허벅지로부터 어깨를 관통해 잡은 짐승이니 임금의 수랏상에 썼다. 빨리 죽은 짐승이 늦게 죽은 짐승보다 더 맛이 있다는 기준에서 분류한 것이다.

수택節(五 : 110010)은 예절이다. 예절을 익히기 전에는 말하지 말고 나가지 말아야 하나 예절을 익혔으면 사회에 나가 실습해야 한다. 예절을 편안하게 지킬 수 있으면 형통하고 예절을 즐겁게 지킬 수 있으면 가는 곳마다 존중받는다. 예절을 괴롭게 지키면 안 된다. 사람들은 엄격하고 고통스러운 예절을 오래 감당치 못한다.

지산謙(三 : 001000)은 겸손이다. 겸손한 군자는 큰 강을 건너더라도 좋다. 공로가 있으면서도 겸손한 군자에게는 마침이 있다. 혼자서 부유하려 하지 않고 이웃과 함께 부유하려 하니 무력으로 정벌해도 이롭다.

풍택中孚(五 : 110011)는 성실이다. 마음속 깊숙한 데서 우러나오는 원은 반드시 이루어진다. 좋은 행동과 좋은 말은 집안에서 해도 천 리 밖에서 응한다. 패거리를 모으려 하지 말고 성실하게 앞으로만 나아가야 한다. 다른 사람들과 서로 믿고 긴밀히 결속하면 허물이 없다. 닭은 아무리 애써도 하늘을 날 수 없다. 새벽을 알리는 직분에 만족해야 한다. 그쳐야 할 줄 모르고 날려고 하면 나쁘다.

뇌천大壯(四 : 111100)은 바르고 꿋꿋한 노력이다. 정당하게 생활하지 않고, 정당하지 않은 생활을 고집하는 것은 숫염소가 울타리를 들이받다가 뿔이 울타리에 걸리어 물러날 수도 없고 나아갈 수도 없는 것처럼 위태롭다.

重澤兌(二, 五 : 110110)는 화합의 기쁨이다. 내적 조화가 이루어져 아무에게도 의심받지 않는다. 스스로 믿으면 대중도 그를 믿는다. 편안하지 않은 이유를 헤아리고 미워함을 굳게 하면 기쁨이 있다. 그러나 미워해야 할 사람을 미워하지 않으면 화합의 기쁨을 얻지 못한다.

주역

초판발행 2006년 5월 15일
2판 발행 2010년 3월 18일
2판 3쇄 2018년 2월 5일

옮긴이 김인환

펴낸곳 고려대학교출판부
www.kupress.com
kupress@korea.ac.kr
02841 서울특별시 성북구 안암로 145
02-3290-4230, 4232
Fax 923-6311

찍은곳 네오프린텍(주)

ISBN 978-89-7641-714-5 03140

값 29,000원